首批国家级一流本科课程　配套教材

新编21世纪新闻传播学系列教材

• 传播学系列 •

传播心理学

The Psychology of Communication

陈　锐　倪　桓　余小梅　编著

中国人民大学出版社
· 北京 ·

编著者简介

陈 锐 博士，中国传媒大学新闻学院副教授、硕士生导师，中国社会心理学会传播心理专业委员会副秘书长。主讲传播心理学、传播心理研究方法、质化研究、基础统计等课程，研究领域为传播效果与舆论引导、影视产业与受众心理等，主要著作有《少数民族地区电视传播效果研究》《政法舆情危机应对实务手册》等。

倪 桓 博士，中国传媒大学新闻学院副教授、硕士生导师，中国社会心理学会传播心理专业委员会副秘书长，中国心理学会注册心理师。主讲传播心理学、人际传播、积极心理学等课程，研究领域为新媒体传播心理、传播与心理健康等，主要著作有《手机短信传播心理探析》。

余小梅 中国传媒大学新闻学院教授、硕士生导师，中国传媒大学传播心理研究所副所长，中国社会心理学会传播心理专业委员会副主任委员。主讲普通心理学、传播心理学、广告心理学等课程，研究领域为传播心理效果、心理素质、心理测量等，主要著作有《广告心理学》《主持人心理素质》等。

内容简介

本教材从心理学视角阐释传播过程中的各种现象和议题，涵盖大众传播、群体传播、人际传播等范畴，兼顾新媒体传播中的新态势。主要内容分为四部分：第一部分绪论，阐明传播心理学的研究对象、方法及理论流派，介绍传播心理学在国内外的发展历史与现状；第二部分介绍传播者心理，涉及传播者的自我意识、观察判断、印象管理、有效倾听、移情能力、情绪情感调控、创新应变等传播能力和素质；第三部分介绍接收者心理，涉及接收者的注意状态、信息处理、需求动机、心理发展、态度变化；第四部分介绍新媒体与传播心理，包含网络与人际传播心理、心理学视角下的网络舆情、谣言传播的心理研究等。

本教材拓宽传播研究视野，除大众传播外，还对其他传播类型，诸如群体传播、人际传播中的心理现象进行分析梳理，填补了国内同类教材的空白；另外，专辟章节对社交网络等新媒体传播中的心理现象给予关注，具有时代感和前沿特征。

总　序

中国人民大学出版社策划出版的“新编21世纪新闻传播学系列教材”，是一套在新闻传播学领域内，皋牢百代，卢牟六合，贯穴古今，笼罩中外，密切联系新闻传播工作的实际，广泛吸收新闻传播学的最新研究成果，高挹遐揽，取精用宏，供新世纪的高等院校新闻传播院系教学使用的系列教材。

20世纪初以来的100年，是世界新闻传播事业飞速发展的100年。这100年来，随着科学技术的不断发展，继报纸、期刊、通讯社之后，广播、电视、网络和多种新媒体相继问世，新闻传播的媒介日趋多元化，新闻传播的手段日趋现代化，“地球村”变得越来越小，新闻传播事业对世界政治、经济和文化的影响则变得越来越大。

这100年，也是中国新闻事业飞速发展的100年。尤其是中国改革开放以来，发展得尤为迅猛。

进入新世纪以后，中国新闻事业发展的势头更为迅猛。报纸、期刊、通讯社、广播电台、电视台的数量在宏观调控下，虽无大变化，但软硬件的实力都有了很大的提高。据2011年12月出版的《中国新闻年鉴》的最新统计数字，2010年全国共出版报纸1 939种，平均期印数2.14亿份。共出版期刊9 884种，平均期印数1.63亿份。全国共有广播电台227座，电视台247家，广播电视台2 130家，教育电视台44家。广播综合人口覆盖率为96.78%，电视综合人口覆盖率为97.62%。

另据2012年1月中国互联网络信息中心（CNNIC）发布的《第29次中国互联网络发展状况统计报告》，截至2011年12月底，中国网民规模已达到5.13亿，互联网普及率达到38.3%。其中，手机网民数量为3.56亿，博客和个人空间用户数量为3.19亿，微博用户数量为2.5亿，社交网站用户数量为2.44亿，网络视频用户数量为3.25亿。中国居民中具备上网条件和技能的人已经基本转化为网民，大专及以上学历人群中互联网使用率已达96.1%。中国网站总数为230万个，网页数量为866亿个。

这样大的发展规模，这样快的发展速度，在世界和中国新闻事业史上都是空前的。回顾既往，盱衡未来，新闻传播事业在21世纪还将保持旺盛的发展势头。新闻传播，作为上层建筑和意识形态的一个重要组成部分，在全面准确地宣传党的基本理论、基本路线和基本方针以及各项决策，反映人民群众的伟大业绩和精神风貌，以及推动改革开放和社会主义现代化建设等方面，必将继续发挥重要的作用。

与新闻传播事业的发展相配合，这100年来，为中国的新闻战线培养和输送人才的中国新闻教育，也有了相应的发展。中国的新闻教育起始于20世纪初，迄今有近90年的历史。新中国成立前的30年，虽然先后在个别院校中设立了新闻系或新闻专科，但规模都不大，设备也不够完善，在校学生人数，最多的时候不超过400人，30年间累计培养出来的毕业生还不到3 000人。新中国成立后，为了给新中国的新闻事业培养人才，新闻教育有了新的发展，但到20世纪60年代中期为止，全国的新闻教育机构也还只有14家。当时全国只有343家报社、78座广播电台和13家电视台，革命老区来的新闻工作骨干正当盛年，足以支撑大局，新闻系和新闻专业的学生统招统分，基本上能够满足中央和省市以上新闻单位梯队建设方面的需要。"文化大革命"爆发后，新闻事业进入低谷，新闻人才的培养也被迫中辍。拨乱反正之后，新闻事业有了飞速的发展，但新闻工作的人才却出现了断层，明显供不应求，因而极大地推动了新闻教育的发展。中国的新闻教育得以重整旗鼓并得到空前迅猛的发展，主要是改革开放以来的这30多年的事情。30多年来，中国新闻教育和中国新闻事业同步发展。截至2011年，全国设有新闻传播学类院、系、专业的高校已由改革开放之初的两三所增加到800所以上，各种类型和层次的专业教学点已不下1 000个。新闻专业的教学已从单一的大学本科教育，发展到博士生、硕士生、本科生、大专生、成人教育、函授教育等多层次的格局，不少院系还设置了新闻传播学方向的博士后流动站。改革开放之初，全国在校新闻系科学生总共只有500来人，现在仅在校本科生就有16万人左右，硕士和博士研究生3万人左右，办学层次、办学规模、办学水平都有了很大的提高。进入新世纪以后，随着新闻传播事业的加速发展和新闻战线人才需求的不断增加，中国的新闻教育还将有更大幅度的发展。

一般说来，新闻教育质量的高低，起决定作用的主要是两个因素：一个是师资，一个是教材。两者之间，教材的作用更大。这是因为，师资的多少和良窳，往往受办学主客观条件的限制，而教材一旦完成，就可以直接嘉惠于学子，风行四海，无远弗届。进一步说，一部好的教材，不仅可以满足教学的需要，培养出一大批人才，而且还可以同时拥有一定的学术含量，推动新闻传播学研究的发展。1919年出版的徐宝璜的《新闻学》，1927年出版的戈公振的《中国报学史》，就是这方面的很好的例子。这两本书都是作者在高等学校从事新闻学理论和新闻史教学时作为教材编写出来的，出版之后，立即引起世人的关注和推崇，一再重版，历久不衰，至今仍然是公认的新闻学理论和新闻史方面的传世之作和经典之作。正因为这样，新闻教育的前辈们，历来十分重视教材的建设。新中国成立初期的十来年，坊间出版的新闻学方面的书籍，绝大部分是教材。改革开放以后，新闻传播学研究空前繁荣，新闻学方面的书籍大量问世，但教材仍然在其中占了很大的比重。这些教材，覆盖了新闻传播学的方方面面，经过出版家和众多作者们的长期努力，门类和品种基本配套齐全，曾经为同时期的新闻教学做出过重要的贡献。但是，随着时间的推移和新闻工作实际的飞速发展，这些教材的体例日显陈旧，观点和内容也亟待调整和更新。一些属于学科前沿和科技含量较高的新开课程的教材尚付阙如，使现有的教材出现了不少缺口。在新世纪已经到来之际，集聚力量，重新编写出一套体系完整，门类齐全，能够为新世纪的新闻教育和新闻人才培养服务的新闻传播学的系列教材，已经成为人们的共识和新闻业界与新闻教育界的迫切需求。

呈现在读者面前的，就是应这样的需求产生的一套系列教材，它将涵盖新闻学、传播学两个二级学科的方方面面内容，满足新闻、广播、电视、广告、媒体经济、新媒体等多个专业的教学需要。负责这些教材编写工作的，是中国人民大学、复旦大学、北京大学、清华大学、中国传媒大学、中国青年政治学院等多所著名院校长期从事新闻传播学方面教学与研究工作的专家学者，其中有相当大的一部分编写者是相关学科的国家级的学术带头人，堪称一时之选。收入本系列的教材中，既有国家级重点教材，也有部级重点教材，其他的也是经过严格筛选的精品，所以，本套系列教材的质量是有保证的，其权威性也将得到社会的认同。

21世纪是一个高度信息化的时代，是信息经济和知识经济占主导地位的时代。信息经济和知识经济有两大支柱，一是以高科技为代表的传播技术产业，二是从事新闻和信息产品生产的媒体产业。新闻传播学作为将这两大领域有机联结的桥梁，在今后的国家建设和社会发展中必将发挥越来越重要的作用。中国人民大学出版社经过精心策划，隆重推出这套系列教材，是具有高度的前瞻性和战略眼光的。在这里，我谨代表编委会和全体作者向中国人民大学出版社表示由衷的感谢。

这部系列教材开始策划于20世纪的最后一年，21世纪初起陆续问世，迄今已编写出版了50余种。在体例和内容的创新和开拓等方面，远远超过同时期出版的同类教材。其中的有些教材，还根据整个新闻传播理论与实践的发展和新闻传播学教学与研究的发展，陆续作了必要的补充和修订，重新出版，实现了内容的与时俱进。

这批教材的问世，将会为新闻传播事业和新闻教育事业的发展和繁荣、为新世纪新闻传播人才的培养做出它应有的贡献。这是出版者和全体作者共同的一点希望。是为序。

方汉奇

2012年3月15日

于中国人民大学宜园

前　言

以"人"为本，应对变革

奉献在各位读者面前的这本书，实在是一部"难产"之作，自立项以来，至今已有数年，这中间全书目录结构亦经多次调整。幸赖中国人民大学出版社翟江虹女士锲而不舍的坚持与督促，而今终于能与大家见面。

本书写作过程之所以如此"艰难"，除了作者的懈怠之外，还在于作者团队对于"传播心理学"这一主题的探索在不断地深入。

其一，本书的所有作者均就职于中国传媒大学新闻学院传播心理研究所，一直从事新闻与传播心理研究与教学工作。自20世纪90年代以来，各大高校的新闻院系纷纷开设新闻与传播心理学相关课程，但这些课程到底讲什么、应该怎么讲，却没有统一的标准，任课教师多是在自己熟悉的优势领域展开课程讲解。中国传媒大学新闻学院传播心理研究所作为全国最早开设新闻心理学本科生课程，最早设立传播心理学（最初为新闻心理学）硕士、博士专业方向的教学科研机构，曾陆续出版过一些新闻与传播心理研究方面的书籍，其中有些书被不少高校在相关教学中作为教材使用，在使用过程中我们得到了宝贵的意见与建议反馈。此外，研究所多年来培养的百余位硕士、博士毕业生在高校任教者不少，从近年他们反馈的信息看，传播心理学教材亟待更新以适应当前时代发展的需要。这既促使我们想要出版一部符合当下新时代传媒实践发展的传播心理学教材，同时也让我们不胜惶恐，怕这部教材出版之后，依然显得"过时"。所以在写作过程中，我们力求密切联系迅速发展变化的传媒业界实践，不断探索新的研究内容。

其二，中国传媒大学传播心理研究所作为中国社会心理学会传播心理专业委员会秘书处所在地，常规性地组织全国新闻与传播心理学研讨会，并邀请业界专家参会，对新闻与传播心理的研究和教学提出意见。此外，还专门就新闻与传播心理的教学问题组织专家研讨，并走访各新闻院系征询大家的建议。从反馈情况来看，目前我国高校开设新闻与传播心理学相关课程的院系已不在少数，而缺少专业师资和与时俱进的专业教材是当前面临的最突出问题。如果能够编著出版符合时代特色和传媒实践发展的专业教材，对于新闻传播院系更好地开展课堂教学不无助益。

出于以上考虑，虽然教材写作过程充满挑战，但我们依然尽力而为。

传播心理学教材面临的挑战主要在于以下两方面：

首先是新闻传播学与心理学的交叉和融合。这是新闻与传播心理研究领域的老问题，但经过二十多年的发展，新闻传播学与心理学“两张皮”的现象仍然存在，不少新闻传播领域的研究文章、期刊论文（包括学生论文）中貌似使用了心理学的概念和理论，实则只是粗浅地借用、套用甚至是误用。这是未来学科发展必须要解决的问题，也是本书力求避免并希望有所突破的地方。本书的撰写结合新闻传播实践、案例和相关研究，尽可能地让两者在理论和实践层面达到融合。

其次是传播心理学如何紧跟传媒实践的发展。众所周知，当前传媒业界的实践发展日新月异，新技术、新理念、新形式层出不穷，相对而言，学术研究似乎总是滞后。作为用以教授未来新闻工作者的“教科书”，如何才能让学生感到既有趣，又有用，还有料，这是我们在写作过程中时常考虑的问题。也正因如此，本书的章节才历经多次调整，内容也不断更新，以致多次延误预定的出版时间。

不过，在这样的反复摸索和探讨尝试的过程中，我们确定的将“以人为本”作为本书的主线这一点没有变。不管媒介技术和传播理念如何变革，也不管心理学和新闻传播学的研究旨趣存在多少差异，新闻传播实践活动终究离不开“人”这一主题。传播者自己首先是作为人存在的，受众也同样是作为人存在的，新闻传播实践活动其实就是人与人的互动过程。有鉴于此，只要抓住对“人”的理解，我们就掌握了最本质的“武器”。相对于纷繁复杂变化着的新闻传播实践来说，传媒形态虽然千变万化，然而万变不离其宗，这个“宗”就是新闻传播实践中的“人”。人类的心理现象、心理规律的变化相对来说更加稳定，虽然受到新的环境刺激可能会有新的反应，但本质内容依然保持不变。

因此，本书以传播中“人”的心理活动为主体，以传播活动的基本模式为框架结构，阐述人在传播活动中的心理现象发生、发展的规律，具体分为四个部分。

第一部分是绪论，即第一章，介绍了传播心理学的研究框架与内容、基本概念及其关系、研究成果与方法以及历史发展等。

第二部分聚焦于传播者心理，包括第二章至第八章的内容，阐述了传播者在从事新闻传播领域的职业工作中出现的心理活动特点，重点讲解了传播者从事此类工作必备的心理素质，如良好的自我意识、观察判断能力、倾听能力、移情能力（同理心）、情绪情感的调控能力、创新与应变能力等，同时还介绍了培养与提高这些心理素质的具体方法。

第三部分聚焦于接收者（受众）心理，包括第九章至第十三章的内容，从接收者接收信息的心理过程出发，剖析了接收者接收信息时的注意状态、感知觉、思维、记忆、需求与动机等心理活动规律，以及在传播活动中接收者态度变化的规律。此外还介绍了传播活动对接收者心理发展特征的影响。

第四部分聚焦于当下，介绍了新媒体与传播心理，包括第十四章至第十六章的内容。在新媒体环境中，某些传统的新闻传播模式已不足以解释当下的传播实践发展，因此，这一部分打破了“传播者”与“接收者（受众）”的二元结构，结合当下时代需求和研究热点，以及未来学科发展趋势，开放性地介绍了社交网络与人际传播心理、心理学视角下的网络舆情、谣言传播的心理研究等。

我们希望本书能够解决新闻传播实践与教学面临的一些问题，但也自知能力与水平有限，书中出现的不妥或错误之处，敬请各位前辈与同人指正。

本书获得中国传媒大学中央高校基本科研业务费专项资金（the Fundamental Research Funds for the Central Universities）资助，特此感谢。

编著者

2019年7月

目　　录

第一部分　绪　论

第二部分　传播者心理

第三部分　接收者心理

第四部分　新媒体与传播心理

第一部分

绪论

我们在心理上对信息的需求犹如生理上对饮食的需求，不可或缺。因而，人类的生存过程也始终需要传播活动。传播活动的基本构成是传播者通过一定的方式把信息传递给接收者，即传播者—信息—接收者。可见，传播活动的实质是信息在传播者与接收者之间进行流动，并在其心理及行为上产生影响，从而达到一定的传播效果。传播效果的好坏受到传播者和接收者在传播中的心理活动的影响，这种影响是双方互动作用的结果。传播心理学正是探讨和总结这方面的各种规律的一门交叉学科，其学科的理论基础是传播学和心理学的理论。在传播学的形成过程中，心理学曾助一臂之力，这两者的相通之处就在于传播心理。以传播心理学的视角看，人类传播活动都是要通过其活动主体“人”的心理变化发生作用的。因此，传播心理学要研究的主题就是人们通过信息传递在心理上产生了什么影响、其规律是什么。

正因为如此，本书的结构框架以“人”为主体而生成，按照传播模式阐述参与传播活动的人在传播活动中心理现象发生、发展的规律。本书内容具体分为四个部分：第一部分是绪论，即第一章，介绍传播心理学的基本概念与研究内容、研究方法、历史发展以及研究成果等，第二部分和第三部分分别介绍传播者心理和接收者（受众）心理，第四部分介绍新媒体与传播心理，探讨当前新媒体环境下传播活动新课题中突出的特定心理现象及规律。

第一章

传播心理学概述

【本章学习要点】

1. 传播心理学的研究框架
2. 传播心理学的应用原则
3. 传播心理学的研究方法
4. 传播心理学的历史发展

你是否对人类的传播活动心生好奇？毕竟人从第一声啼哭就开始了自己终其一生的“传播”活动。传统的传播学按规模和组织性把传播分为人内传播、人际传播、组织传播、群体传播、大众传播，并总结了从线性传播到信息论和控制论传播等多种传播模式，那么你是否思考过这些传播活动或传播模式背后隐藏着什么样的心理现象和心理规律？

传播学的学科基础之一是心理学，因为两者之间有天然的联系，传播活动离不开人的参与，而人的传播行为背后必然有一套复杂的心理活动。想要更清晰和更深刻地理解、解释、预测和控制人类的传播行为，就必须从心理学的角度去把握人类传播。

本章将从传播心理学的内涵讲起，涵盖传播活动中的心理现象以及传播心理学的研究内容，纵览国内外新闻与传播心理研究的历史发展过程和现状，并提供传播心理学常用的研究方法。

第一节　传播心理学的研究范畴

在学科划分中，传播学与心理学本来是两个彼此独立的学科，然而这两个学科却有着千丝万缕的联系：对传播学学科形成有着至关重要影响的所谓“四大奠基人”中，霍夫兰和卢因的身份是心理学家，拉斯韦尔被称为政治心理学的开创者，拉扎斯菲尔德的众多研究是与心理学家合作完成的；被称为“传播学之父”的施拉姆也曾在艾奥瓦大学心理学系跟随G.E.西肖尔教授从事心理学博士后工作……所以缺失了心理学的传播至少是不完整的。传播心理学到底是什么呢？下面让我们一起来了解传播心理学的概念及其研究内容等。

一、传播心理学是什么

（一）传播心理学的概念

传播心理学是心理学和传播学的交叉学科，是把心理学的普遍规律应用于传播活动中的一门新兴学科，是探索参与传播活动的人在传播活动中的心理现象及其存在的心理规律的一门学科。

由此而知，传播心理学的研究对象是传播活动中参与者（人）的心理现象及其规律。传播心理学的研究视角是以人为传播活动的核心，重点落在传播活动中信息如何在人的心理层面流转并对人的心理产生影响，其中最主要的是传播者与接收者的心理现象与规律。

（二）传播心理学视角下的传播者与接收者

信息传播在我们的生活中必不可少。传播活动就是信息在传播者与接收者之间流动的过程。当人发布信息时即为传播者，当人接收信息时就是接收者，二者是传播过程中的角色，可以是不同的人，也可以是同一个人在不同时间承担的不同角色。在早期大众传播过程中传播者常表现为主动方，接收者相对较为被动。随着传播技术的发展，信息渠道与信息量增多，接收者的主动性越来越强并被传播者重视，二者的互动性成为重要特性。在现今新媒体传播中，传播者与接收者的互动更为重要。在大数据技术参与的信息推送中，传播者似乎更加主动，但这背后是以对接收者个体行为与兴趣爱好的分析为基础的，与早期大众传播的“枪弹论”中传播者的主动是有区别的。

传播技术的发展使得传播样态发生了很多变化，传播活动参与者的称谓变化多少可以体现出这种变化，如宣传者与受众、传者与受者、传受者、传播者与接收者、用户等等。然而无论称谓怎样变化，传播活动终究是信息对参与者心理产生影响的过程。

二、传播活动中的心理现象

我们先作为信息传播的接收者来看看下面两幅图（见图1-1、图1-2）都传递了哪些信息。

图1-1，既可判断为湖边树下有一对情侣，也可认知为一个呈横卧姿态的婴儿；图1-2，既可看成美女面庞的侧面，又可看作一个像巫婆的老妇的面容。那么在同一个传播活动中，传播者与接收者如何达成信息共识呢？例如图1-2，如果传播者的本意是画一个美丽的少女，但接收者却看成巫婆，那么在传播过程中就出现了错位的解读。如何在传播中避

免这种错位的解读？这之中有什么规律？如何让自己所传递的信息从众多信息中脱颖而出被接收者注意到？这些问题都是传播心理学所探讨研究的内容。

图 1-1　视角选择例图 a

图 1-2　视角选择例图 b

（一）心理现象的内涵

心理现象即心理活动的表现形式，是人们时刻都在产生着的、人在心理活动中所具有的特征性现象。心理现象的构成包括心理活动的共性部分、个性部分以及心理活动的背景状态（见图 1-3）。

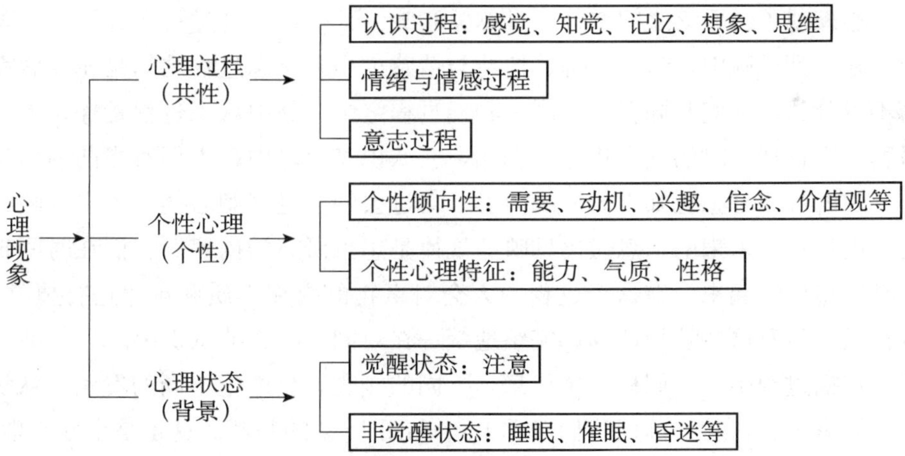

图 1-3　心理现象的构成

心理活动的共性部分也称心理过程，包括：（1）认识过程，如感觉、知觉、记忆、想象、思维，这也是人们接收与加工信息的过程；（2）情绪与情感过程；（3）意志过程，这也是发动与调控传播行为的过程。

心理活动的个性部分也称个性心理，包括：（1）个性倾向性，如需要、动机、兴趣、信念、价值观等，这也是人们进行传播活动的内在动力和判断标准；（2）个性心理特征，如能力、气质、性格，这些特征体现了我们每个人在传播活动中的不同风格与魅力。

心理活动的背景状态也称心理状态，包括：（1）觉醒状态，如注意，这是我们在传播活动中最初对信息的筛选；（2）非觉醒状态，如睡眠、催眠、昏迷等。

（二）心理现象各因素之间的关系

心理现象的各个方面不是孤立的，而是相互关联，共同存在于统一的心理活动之中。也就是说，人的心理现象是一个大系统，它由许多亚系统组成（如认识过程等），“心理现象各亚系统相互联系、相互制约，形成一个多功能、多层次、多水平的纵横交叉的立体网状结构。对某一心理现象进行系统分析，就是要找出这一现象中尽可能多的成分，将这些成分再分析为必要而充分的亚结构，查明诸亚结构之间、亚结构与整体之间的联系。系统不是僵死不变的，而是可变化的。亚系统的改变会引起整体系统的变化，而亚系统的变化又必然发生在整体系统之中，受整体系统的影响”①。任何一种心理现象都应放在整个系统中加以研究。

例如，当看到“一个透明玻璃杯里装了半杯水”这样一个客观事物时，你描述自己的判断可以是以下几种：（1）“杯子里有半杯水”，（2）“杯子里还有半杯水呢”，（3）“杯子里只有半杯水了”。第一种是客观描述，第二种是带有乐观情绪的描述，第三种是带有消极情绪的描述。当然还可以有更多种的描述，在此不一一列举。可见，人们的情绪情感和价值观等因素都会影响其对事物的判断，即影响其认识活动。

那么，心理现象各因素之间有什么具体关联呢？其中，心理过程研究了人心理活动的共性规律。在心理过程中，认识过程、情绪与情感过程和意志过程之间是相互联系、相互影响、密不可分的，它们共同存在于同一心理过程之中。其中认识过程是探讨人们在对信息（刺激物）进行加工时的共有规律。例如，在认识过程之中，人们对当前的信息（刺激物）做出反映的规律是感觉知觉研究的内容；对过去的信息（刺激物）做出反映的规律是记忆研究的内容；对未来的信息做出反映的规律是想象研究的内容。它们在时间轴上使人的认识活动完整延续起来。在这个过程中人会对事物的内在本质和规律进行概括与抽象，就是思维活动。所有这些认识活动都完整地统一在对同一事物的认识中。

在信息传播过程中，对同样一个信息，不同的接收者会产生不同的看法与认识，所谓仁者见仁、智者见智，就如前面我们对图1-1和图1-2的判断。这正是个性心理导致的，个体在注意和认识事物的过程中选择的角度与内容不同。这是每个人心理活动的特色，也正是个性心理要探讨的内容。

心理过程和个性心理也是紧密相关的。没有心理过程，个性心理就无法形成，同时，已经形成的个性心理特征又制约着心理过程，并在心理过程中表现出来，使每个人的心理过程都具有独特的色彩。而每个人在不同的背景状态如注意状态和睡眠状态下，其心理活动的共性与个性规则也是不同的。

---

① 朱智贤．心理学大词典［M］．北京：北京师范大学出版社，1989：768.

总之，心理现象中的各个方面都是统一在一起，相互联系、不可分割的。这种系统的观点是我们分析传播活动中人的心理规律时所要遵循的。

【延伸阅读】　心理学的起源

在人类文明的发展过程中从不缺少人类对心理现象的思索。西方在古希腊时期就对“灵魂”进行了探究，哲学家亚里士多德（Aristotle，前 384—前 322）的《论灵魂》探索了灵魂与肉体的关系等问题，是西方最早论述各种心理现象的著作。中国传统文化里蕴含着深刻的心理学思想。中国关于身心关系的探究较西方更早，散见于诸子百家的论著中。直到 19 世纪，心理学才成为一门独立的科学。当时由于生理学的发展和实验方法的推广，心理学逐渐形成独立的科学体系，一般以威廉·冯特于 1879 年在德国莱比锡建立了世界上第一个心理学实验室作为心理学独立的标志。

（三）心理现象的生理基础

人的心理现象的实质是人脑对客观事物能动的反映，心理现象的生理基础主要是神经系统以及内分泌系统的体液调节。“神经系统是由神经元构成的异常复杂的机能系统。由于结构和功能不同，可以将神经系统分成外周神经（peripheral nervous system，PNS）和中枢神经系统（central nervous system，CNS）两部分。”① 脑即为中枢神经系统最重要的部分。神经活动最基本的形式是反射，包括先天的无条件反射和后天的条件反射。执行反射的神经结构是反射弧，即感受器接收信息，经传入神经将信息传至中枢神经做出反映，再由传出神经传到效应器做出应答。目前由于传媒技术和人工智能以及脑科学的快速发展，在传播心理研究中关于人类接收信息的神经认知方面的探讨越来越受到重视。

三、传播心理学的研究内容

上述传播活动参与者的心理现象及其规律是传播心理学研究的大范畴，按照开篇绪论谈到的体例结构，本书把传播心理学的具体研究内容分为“传播者心理”和“接收者（受众）心理”以及“新媒体与传播心理”。其中传播者心理和接收者心理是本领域一贯研究的内容，也是本书要阐述的主要内容。下面以本书第二部分（传播者心理）和第三部分（接收者心理）的研究思路与框架结构为线索，概述传播心理学研究的主体内容。其中，

① 彭聃龄．普通心理学［M］．4 版．北京：北京师范大学出版社，2012：63.

传播者心理主要阐述了一直以来对传媒从业者心理素质和心理健康的研究；接收者心理是从传播心理效果的立场来探讨信息传播对接收者的心理影响。

（一）对传媒从业者心理素质和心理健康的研究

1. 传媒从业者心理素质及心理健康的研究历程

在我国经济持续增长的大平台下，传媒技术快速发展，新兴媒体不断出现，传媒行业得以加速扩展，各种传播样态层出不穷，竞争日趋激烈。这些都对传媒从业者提出了更高的要求。“如何培养和选拔新时代新闻传播事业的合格人才”“我国新闻传播从业者应具备怎样的心理素质，如何培养”“我国新闻传播从业者心理健康状况及如何维护”等问题成为我国传媒领域需要解决的问题，也是传播心理学不断研究的课题。

我国较早对传媒从业者心理素质及心理健康的研究可追溯到20世纪80年代。如刘京林的《选拔和培养新闻记者的一个新课题》等文章认为传统新闻媒体的新闻记者应当具备的心理素质有敏锐的社会知觉、辐射思维、出色的言语表达能力、较强的心理适应性等，随后又对记者的向性等个性特征进行了初步分析。[①] 90年代相关研究开始多样与具体，如1997年余小梅在北京广播学院出版社出版的《广告心理导论》中探讨了作为传播领域的广告人应具有的与其职业特点相适应的心理素质；1999年北京广播学院出版社出版的论文集《传播·媒介与心理》中收录研究新闻从业者心理素质的相关文章：虞达文的《新闻敏感与记者直觉》、赵赜的《记者与采访对象的言语交流及其心理效应》、陈崇山的《中国女新闻工作者满意程度研究》、余小梅的《对记者或主持人社会技能结构的分析研究》、张轶楠的《我国新闻工作者心理健康研究》等。21世纪至今，随着传媒业的迅速发展，相关的研究有所深入并结集成书，如余小梅的《主持人心理素质》、曹茹的《新闻从业者职业倦怠研究》等，但都还没有形成全面完善的测评体系。且至今此类研究成果大都聚焦于大众传媒的从业者，而对新媒体从业者心理素质和心理健康的观照相对较少。

2. 传媒从业者心理素质及心理健康的研究意义

以传播心理学的视角看，心理素质是指以先天的禀赋为基础，在环境和教育影响下形成并发展起来的稳定的心理品质，泛指人的心理活动的能力。心理素质涵盖了人心理和行为的内在依据，以及外在的、适应性的心理和行为功能。传媒从业者具备与职业相适合的良好的心理素质是其成功完成职能的必要前提，因而研究与传媒从业者职业相适合的心理素质是传播实践的迫切要求，有利于对我国新闻传播领域人才的选拔与培养，有利于新闻从业者个人事业的成功与发展，更有利于新闻传播效果的提升。

在我国新闻实践中，培养与选拔合格的从业者常常从考察其综合素质入手，主要包括政治素质、业务素质、身体素质和心理素质。新闻从业者的心理素质是一个不断发现和发展的动态的养成过程。从这个视角看，无论是政治素质、业务素质还是身体素质的提高都需要通过其心理活动（如认识过程等）来进行。因此，可以说新闻从业者的心理素质是其

---

① 刘京林．传播心理学理论与实践［M］．北京：中国言实出版社，2015：6.

个体胜任所在职位的基础，影响着其他素质的发展，对新闻从业者心理素质的培养是提高其他素质的前提，同时新闻从业者心理素质的优劣也影响着传播效果的好坏。虽然心理素质的重要性已经被逐渐认识到了，但至今在业界选拔新闻传播人才的实际工作中对从业者心理素质的考察还是不够重视。

3. 传媒从业者心理素质的具体内涵（详见第二章至第八章）

中国传媒大学新闻学院传播心理研究所的老师们通过多年对我国各类新闻媒体从业者的调研，发现与其具体职业（例如记者、主持人、编辑等）相适合的特定心理素质结构，并提出相应的测评模式，主要包括认知模式（指在新闻传播活动中传播者认识过程的各种能力组合，包括自我认识、观察判断、应变与创新、信息加工能力等）、控制模式（指在新闻传播活动中新闻从业者对行为的发动、制止与调控，包括印象管理、行动执行、自我调控等）、情感模式（指在新闻传播活动中新闻从业者的移情能力即同理心、亲和能力等）、个性风格（即个性魅力，魅力指能够吸引人的力量）、心理健康水平（主要包括适应力、抗压力、职业倦怠以及创伤后应激障碍即 PTSD 的防治等），这些模式是相互影响的，且不同媒体的各类具体职业的从业者所需的特定心理素质结构也不尽相同。本书在第二部分从传播者心理的角度对上述研究做了阐述并介绍了测评、培养和提高的方法。

（二）从传播心理效果看接收者心理研究①

在传播活动中信息对接收者的心理影响一定会体现在传播心理效果上。传播心理效果是指呈现的信息使接收者产生的各种心理变化与效应，即传播活动在接收者的心理层面产生了哪些有效的影响与结果。传播心理效果是传播效果的微观层面。而传播效果通常指传播活动所产生的有效结果，在大众传播活动中就是对受众所产生的一切影响和结果的总体。评价大众传播活动的效果常常从社会效果、经济效果和心理效果等层面来考察。从根本上讲，传播活动的所有效果都要通过影响参与者的心理来实现，因而心理效果就显得格外重要。本书第三部分（接收者心理）正是以影响传播心理效果的各个因素为出发点，考察信息传播是如何作用于接收者心理的。

1. 接收过程中的心理效果指标

无论传统媒体还是新媒体都非常看重传播效果，常常以收视率、收听率、阅读率、覆盖率、点击率、发行量、转发量、粉丝量、点赞量、下载量、播放量、用户量、日活跃用户量以及渗透率、占有率、流量、算法、大数据分析，以及用户忠诚度、满意度等作为测评其效果的指标。这些指标固然很重要，但它们大都是反映传播效果某个侧面的表层现象，更多反映量上的变化。忠诚度与满意度虽然可以在一定程度上反映其心理层面的效果，但对其深层影响的探讨仍然十分有限。哪些指标可以更加深入细致、全面真实地科学评价其传播心理效果呢？从信息对接收者心理影响的过程来看，考察传播心理效果主要有

---

① 余小梅．探析新闻传播效果的心理指标［C］//人民共和国党报论坛（2007 年卷）．北京：中国传媒大学出版社，2008：154－160.

三个指标：注意度、认知度和态度。它们之间是相互影响、综合作用的。

虽然信息对接收者的心理影响过程十分复杂，但主要的流程可以概括为图 1－4 所示。当信息到达接收者的感觉器官时，只有那些被接收者注意到的信息才能得到其有意识的进一步认知加工并确定是否接受；而未被注意的信息则消失，即被过滤掉，或许进入了接收者的潜意识。

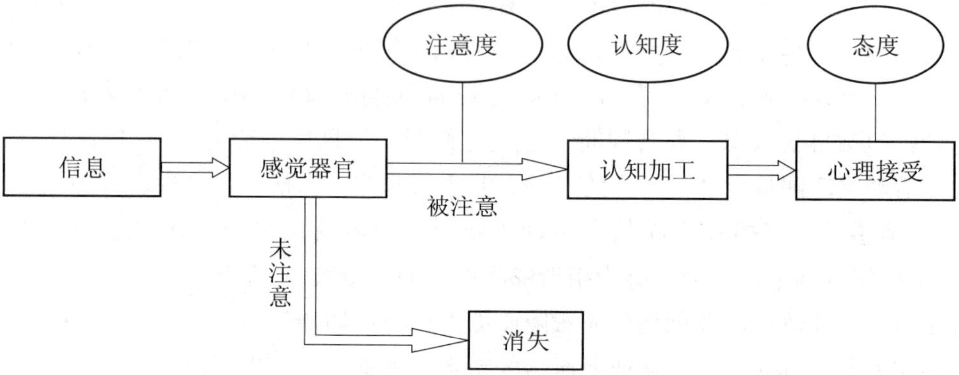

图 1－4　信息对接收者心理影响的主要流程

（1）注意度（详见第九章）。

在信息的海洋中，人的选择从注意开始。注意度指传播活动中信息能否引起接收者的注意以及引发注意的程度，它是信息对人心理影响的第一步。注意是为人的心理活动提供背景的一种心理状态。注意是心理活动对一定对象（例如某个新闻信息）的指向与集中。由于人在同一时间内只能注意一定范围内的对象，无法注意所有对象，因而注意的指向使人在某个瞬间的心理活动会选择某些信息而忽略另一些信息，并能够使心理活动在选出的信息上保持一段时间，用于认识过程中对信息的加工；集中则可以使选择的信息与无关信息区别开来，离开其他干扰，保证注意的对象能够得到清晰鲜明的反映。

对信息接收者来说，注意具有选择、维持和调节监督的功能。选择功能指接收者会选择那些符合自己需要与兴趣的、对自己有意义的、与当前活动相关的信息，并会被信息本身的特性（如新异性、变化性、对比性等）所吸引。维持功能指筛选出的信息能够在意识中持续一段时间，为其认知加工提供前提条件。调节监督功能体现在它能够对其他干扰活动进行排除与纠正，使接收者顺利完成对选出信息的认知加工。

测评注意度有多种方法，例如，可以从接收者注意状态的类别来评价。接收者对信息的注意状态有三种：有意注意（随意注意）、无意注意（不随意注意）、有意后注意（随意后注意）。有意注意是指有预定目的、需要一定意志努力（如克服困难）的注意状态，是一种主动的注意。无意注意指的是事先没有预定目的、也不需要意志努力的注意状态。无意注意是一种定向反射，即客观刺激使个体产生的一种应答性反应，因而是一种被动的注意。有意后注意是在有意注意的基础上发展起来的一种特殊形式，是有预定目的但不需要意志参与、克服困难的注意，类似于有目的的入迷状态。在通常情况下，接收者对信息的注意更多的是有意注意和无意注意，且在特定情况下二者可以相互转化。因此，准确了解接收者处于何种注意状态，可以有效地评析信息（如某个新闻节目）的传播心理效果。例如在大众传播中，某个节目的接收人数中若有意注意的人数多，说明这个节目的内容比较符合接收者的需要与兴趣，并且表明这些接收者对该节目具有一定的忠诚度，他们愿意付出一定的意志努力有目的地看或听这档节目。若接触某个节目的人中大多数是无意注意，则表明该节目更多地依靠形式表现吸引人，应在节目内容上更准确地把握并满足接收者的需要与兴趣，以期使其从无意注意转化为有意注意，提高他们对该节目的忠诚度。因此，某节目或信息引起接收者注意度的状况是考察其传播心理效果最基础的指标。

（2）认知度（详见第十章）。

如图1-4所示，被接收者注意到的信息必须经过认知加工，才能产生重要的心理影响。认知度指接收者对信息的认识加工程度，主要包括对信息进行理解、记忆、推理分析的程度，它是传播心理效果的重要指标。认知“是人脑反映客观事物的特性与联系并揭露事物对人的意义与作用的心理活动”[①]，即人们信息加工的心理活动。人脑接收外界输入的信息，经过大脑的加工处理，转换成内在的心理活动，进而支配人的行为，这个信息加工的过程就是认知过程，它包括感觉、知觉、记忆、想象、思维等。大众传播活动中对接收者的认知度考察较多的是理解和记忆这两个层面。

理解是“个体运用已有知识、经验，以认识事物的联系、关系直至其本质、规律的思想活动”[②]。关于理解的实质，各学派的心理学家持有不同的观点。认知心理学派认为，理解就是把新信息同化到已有的认知结构中，或者是扩大原有的认知结构，把新信息顺应到认知图式中，产生新的认知结构。由此而知，接收者对信息的理解程度是认知度的重要体现。

“记忆是在头脑中积累和保存个体经验的心理过程，运用信息加工的术语讲，就是人脑对外界输入的信息进行编码、存储和提取的过程。”[③] 人们在生活中感知过的事物、思考过的问题、体验过的情感、进行过的行为等都通过记忆保存在头脑中。接收者对信息的记忆度在很大程度上体现了其认识的程度，尤其对广播电视媒体而言，信息转瞬即逝，接收者对信息的认识基本上是在记忆加工中完成的。

接收者的记忆程度可分为三种水平：识记（编码）、保持（存储）和再现（提取，包括再认与回忆）。识记是人对感知过的信息形成一定的联系；保持是进一步巩固已形成的联系；再认是已感知过的信息再次出现时，能将其辨认出来；回忆是把以前经历过的、现在不在眼前的信息在头脑中回想起来，达到回忆的水平，其记忆程度最高。

传播要想达到好的心理效果，信息必须要让接收者看得懂、理解得准、记得住。因此，对认知度的考察就显得格外重要。

（3）态度变化（详见第十三章）。

传播活动的重要目的是通过影响接收者态度的变化进而影响其社会行为。因为心理学

---

① 朱智贤．心理学大词典［M］．北京：北京师范大学出版社，1989：536．

② 同①386．

③ 彭聃龄．普通心理学［M］．北京：北京师范大学出版社，2004：206．

研究认为人的态度可以通过后天习得与改变。态度的变化是可以通过心理学的客观测评方法加以测量的。态度的变化更为综合地反映了接收者的心理变化倾向，它体现出接收者对信息的心理接受程度。因此，考察接收者态度的变化可以测评信息传播的心理效果。

态度是指接收者依据自己的经验与观念对所接收的信息产生的一种评价性、持续性的反应倾向。它是由认知因素、情感因素和行为意向三部分构成的一个动态的综合系统。态度的认知因素"即对态度对象的思想、信念与知识，尤其是伴有评价的信念的认知成分"①，反映出人对所接收到的信息或赞同或反对等评价及相应的评价程度。态度的情感因素反映出人对所接收到的信息或喜欢或厌恶等情绪、情感体验以及相应的体验程度。与认知因素相比，态度的情感因素更为直接与快捷地影响着态度的变化。态度的行为意向是指行为的准备状态，它影响行为的方向，反映出人对所接收到的信息或接近或回避等意向以及相应的程度。态度的这三种构成因素之间相互依存、相互影响、相互制约。

从态度的三种构成因素看，其本身就是心理过程的综合体现；从态度与行为的关系看，态度影响行为，态度是行为的内在倾向，当环境适宜时态度与行为一致；从态度与需要的关系看，通常信息如果能够满足接收者的某种需要与兴趣，就能够产生积极的情感体验，导致肯定的态度。因而，接收者的态度变化是测评传播心理效果的一个更为综合的指标。

态度的变化包含两个方面：形成与改变。形成是从无到有的过程；改变是使已有态度发生变化的过程，包括方向和强度。依据心理学家凯尔曼（H. C. Kelman）提出的态度变化的三个阶段可以评价态度改变的程度。这三个阶段分别是依从、认同和内化。第一阶段为依从，属于最表层的、外控的态度变化。在此阶段的态度变化常常是迫于外界压力的表面化的改变。例如，在社会影响下，人为了得到某种利益或为了避免某些惩罚，公开表示接受新闻信息所传达的某种观念，但私下却并未接受。这种态度变化的程度最浅且不稳定，一旦外界压力解除就很可能又回到原有态度上。第二阶段是认同，在此阶段，信息使人产生的情感可直接影响其态度的变化。由于态度中的情感因素发生了变化，因而态度变化的程度更为深入与主动。接收者出于喜爱乐于接受信息所传达的某种观念，这种认同是自愿发生的，带有较多的情绪、情感因素。如果能够保持其存在一段时间，很有可能导致态度进入下一阶段。第三阶段为内化，是态度变化程度最深刻、最稳定的层次。在这一阶段中，接收者不仅在情感上产生了认同，而且将信息所传达的观念在理性认知上融化吸收，完全从内心接受，并纳入自己的价值体系之中。此时完成了深层的态度改变。内化了的态度稳定性好，不会轻易发生改变。使接收者达到这一程度的态度变化是传播的最好效果。

2. 从各个指标的整合作用考察接收者心理

在传播实践中，一些新闻媒体常常为了追求高注意度用尽各类"博眼球"的表现手段，例如"标题党"的夸张炫目标题等，却忽略了这些信息使接收者产生的态度是什么，

---

① 朱智贤．心理学大词典［M］. 北京：北京师范大学出版社，1989：658.

积极还是消极。如果使接收者产生了消极的态度，接收者对新闻信息的心理倾向是不愿意或拒绝接受的，那么，即使新闻信息获得了较高的注意度，其整体效果也不会好。因为各心理指标之间存在着有机的联系，它们共同存在和作用于接收者的心理系统，每种心理指标产生的效果都是相互影响的，其总体传播心理效果是各个指标产生效力的整合。

各心理指标之间的相互关系以及它们与传播活动之间的关联见图1－5。

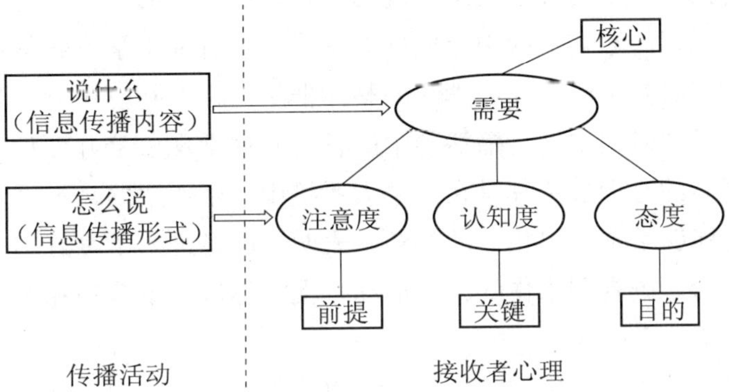

图1－5　传播活动中各心理指标的关系

任何一个传播活动都包含内容与形式两个方面。传播内容即确定“说什么”，传播形式即确定“怎么说”。二者相辅相成，相互统一。

在考虑“说什么”的时候，其核心的心理依据是传播活动中人的某些需要，且应是符合社会伦理价值标准的需要，因而评价传播内容的心理效果，核心就是看其能否符合并满足传播活动参与者的这些需要。例如，我国的新闻传播要符合新闻的党性原则，在此前提下，新闻传播者可依据接收者的心理需要来确定新闻说什么，同时新闻选择的内容应符合社会伦理道德和法规的要求。新闻信息恰当地满足接收者的需要是获得良好传播效果的要义（详见第十一章、第十二章）。

内容确定后，要依据接收者的心理规律和传播规律来确定“怎么说”，以达到最佳的效果。因此，在传播心理效果的指标中，注意度是前提，认知度是关键，态度变化是目的。

引起接收者注意是传播成功的心理基础，因此注意度是考察传播心理效果的基础指标。要提高接收者的注意度，首先要使信息能够符合并满足接收者的需要与兴趣，其次在信息的呈现形式上要符合并利用人的注意规律。接收者对信息的注意度高，仅仅意味着信息能够更顺利地被筛选出来，并不能说明对信息的认识程度。而认知度才是测评接收者理解和记住信息内涵与意义的重要心理指标。在传播中如何提高认知度呢？一是满足接收者需要，二是符合其认知规律。传播效果的更高标准是考察传播活动对接收者态度的影响，评价其态度变化的状况与程度，先影响其态度进而才能影响其行为，因此态度变化是一个综合性的心理指标。总之，只有考虑到各种心理因素之间的相互联系才能达到最佳的传播效果。

四、学习与应用传播心理学需注意的原则

在学习与应用传播心理学知识时我们应记住以下的词：整体框架、问题意识、灵活应用，并以此作为应遵循的原则。

前面概述了传播心理学的许多概念、规则以及它们之间的关联等等，目的是给读者呈现一个整体概貌，以期能够在头脑中形成框架图式。这有利于学习和掌握以后章节中探讨的具体规律。在学习时要了解传播心理学的整体框架，在实际应用分析具体问题时更要有整体系统的观点。虽然研究中把传播活动中的各类心理学现象分开而论，但实际上人的心理是个大系统，所有的心理现象都是在这个大系统中发生作用的，不可割裂。

如果看本书时能够常常提出相关的问题，表明你已经进入了良好的学习状态。问题意识不仅是学习的动力，更有利于你的认识活动，促使你进一步搜集相关资料深入探索并应用于实践。

传播心理学是一门注重应用的学科，本书也着重强调此方面。学习传播心理学的最终目的是学会用传播心理学的视角来看问题，并把学到的传播心理学知识变成自己解决问题的工具，能够灵活应用到传播实践中，而不是死记一堆原理规则或照搬某个成功案例。当我们把传播心理学的某个规则或“效应”应用于实践时，首先要分清它是在何种特定的时空条件下总结出来的，要具体情况具体分析，然后根据现有的特定条件灵活运用。

综上所述，学习与应用传播心理学的原则为：了解整体框架、具备问题意识、灵活实践应用。

第二节　传播心理研究的方法

上述研究内容显示出，传播心理学更加注重问题导向和实践应用，研究方法十分开放。这一学科目前尚处于比较年轻的状态，通常是综合运用传播学与心理学的研究方法，至今尚缺少自己独创的方法。下面仅介绍几种常用的方法。

一、观察法

观察法是在被观察者不被觉察的自然状态下，有目的有计划有规律地观察并记录其外部行为表现，如行为轨迹、动作、言语、表情（包括微表情）甚至各种可测量的生理反应等，以此来分析其心理活动的方法。这源自行为主义心理学，此理论认为可以通过观察分析人的外显行为来推测其心理活动。观察者可借助一些现代化的仪器和装置进行观察。观察法的作用是搜集人们在传播活动中的各种行为反应，以此作为客观的“一手材料”形成

数据，在此基础上进行分析推测、概括提炼。观察所得结果还可用来检验假设，验证研究者的某种假想。它几乎是各类研究方法中的一个基本手段。由于这种方法主要是观察者先推测再证明，而环境中各种影响因素很难控制，因此常常与其他方法结合使用。现在的许多大数据分析就是记录了人们的各种行为轨迹并以此为基础进行分析推测（参见第三章第三节）。

二、调查法

调查法是有目的、有计划地通过多种途径搜集研究对象某方面的各种材料，进行分析、综合进而得出结论的研究方法。它可以通过书面或口头回答问题等方式了解被测试者的心理活动。其优点是总体上易于进行，能在短时间同时调查很多对象，获取大量资料，并能对资料进行量化处理，经济省时。其主要缺点是被测试者由于种种原因可能对问题做出虚假或错误的回答。调查的可能方法与途径是多种多样的，在传播心理学的研究中，最常用的调查方法主要有问卷法、访谈法等。

问卷法是当调查的范围比较大时，采用一种书面提问的问卷方式进行资料搜集，并做出分析、综合，得到某一结论的研究方法。采用问卷调查方法时，首先确定调查的主题，然后围绕它设置相应的问题，再进行分析与归纳并得出结论。

访谈法是研究者按照统一的设计或一定结构的要求，通过与调查对象进行口头直接交谈的方式来搜集对方有关心理与行为资料的研究方法。这种方法最大的特点是，在整个访谈过程中，研究者与被调查者是面对面进行交流，相互影响、相互作用，针对性强，灵活、真实、可靠，而不像观察法那样由观察者单方面进行观察活动。在一定程度上，通过访谈法研究者能获知有关调查对象的更多的、更有价值的、更深层的心理活动情况，便于深入了解人或事件的多种因素及其内部原因。但访谈法比较花费人力和时间，调查范围比较窄。此方法要求研究者具有很高的专业素质和能力。访谈调查时，要按照一定的原则和目的编制访谈计划，访谈时提问的内容、顺序、方式、记录都有统一的要求。提问时，用开放式问题开始，不应采用带有暗示性的问题，应通过不断地提问与追问让讨论持续进行。追问主要是为了引导被调查者更全面精确深入地回答问题。追问因目的不同可分为两大类：一类是为了获得更详尽的客观材料；另一类是为了获得更深入的对原因的解释，即探讨被调查者的内在动机。追问可结合投射法来进行。

三、投射法

投射法是心理学中用来探讨潜在的动机和情感的一种研究方法。心理学研究认为，人们在看某物或某事时，总是会把自己的经验、看法等个人特征投射到对物或事的评价与分析上，因而可以透过他对某物或某事的看法来推测他本身的个人特征和内在动机。由于是分析他人或他事，不易引发自我防卫，因而这种反应更为真实。研究对象接收到一个可以用多种方式加以解释的模糊刺激，在做出反应时会把自己通常隐藏起来的需要、期望、担忧情绪等投射到对这些客观刺激的解释上。研究者可通过对研究对象的这些反应的间接推测了解其内心的深层想法。常用的投射方法有词句联想法、文章完成法、购物表法、绘画测验法、主题统觉法，以及其他方法中使用的一些投射技巧等。

【延伸阅读】 如何运用投射法探寻真正的动机

在广告传播实践中，有一则利用购物单投射法准确了解消费者动机的实例值得借鉴。20 世纪 40 年代初，美国某品牌研制出了速溶咖啡。这是针对消费者爱喝咖啡但觉得煮咖啡麻烦的心理而研发的。此咖啡初上市时，广告的主题就是突出速溶咖啡的省时方便，但销售无起色。为了找到其原因，心理学家设计了两张家庭主妇的食品购物单。

购物单甲：

1 听发酵粉、2 块面包、1 串胡萝卜、1 磅速溶咖啡、1.5 磅碎牛肉、2 听桃子罐头。

购物单乙：

1 听发酵粉、2 块面包、1 串胡萝卜、1 磅新鲜咖啡、1.5 磅碎牛肉、2 听桃子罐头。

两张购物单中除了甲是速溶咖啡，乙是新鲜咖啡这一项不同外，其余全部相同。调查者让被调查的家庭主妇（称为被试）看这两张购物单，并推测按这两张购物单买东西的家庭主妇甲和乙各有什么特点。结果发现被试对甲、乙两个家庭主妇的描述差异很大。对购买速溶咖啡的主妇甲的描述是喜欢凑合、图省事的妻子。而买新鲜咖啡的主妇乙则被描绘成勤劳能干、喜欢烹调、热爱家庭的妻子。由此速溶咖啡销售不畅的原因被找到了：家庭主妇们不愿意被认为是懒惰的，所以不愿意购买速溶咖啡。鉴于此，广告主题从宣传速溶咖啡的省时方便改为宣传速溶咖啡的美味可口，突出宣传它是“百分之百的纯咖啡”，芳香新鲜。由此诱发了消费者的购买动机，速溶咖啡被迅速推广。从这个例子中可知，通过投射法可以了解消费者内心真正的想法。

四、量表法

量表法是指通过编制心理量表对个体或群体（被试）进行测量研究的方法。量表是根据测量的目的编制的一系列测验项目（任务或问题），每个项目都有规定的标准分数。心理量表由于是经过标准化的，所以有较高的信度与效度，其结果可进行量化的统计分析。量表法在传播心理研究中常常用于研究人们对某传播信息的态度。通过态度测量既可了解被试原有的态度，也可了解其态度的改变。常用的量表有瑟斯顿量表、李克特量表和语义差异量表等。另外，还可以通过编制标准化的心理测验了解被试的个性和心理素质等。

五、实验法

实验法是在观察与调查的基础上，在控制和改变某种条件的情况下，创设一定的情境，促使一定的心理现象产生，从而找出其发生的原因和变化的规律。它不仅可以搜集数据，还可人为地控制和操作某种变量。实验法可分为实验室实验法和自然实验法。实验室实验法是在严格控制外界条件的情况下，用各种仪器在实验室中测定客观指标的方法，如用眼动仪、生物多导仪、脑电、核磁等来测量信息接收者心理变化的一系列客观指数。实验室实验更多地依赖研究者的设计和科技手段的发展。自然实验法是在日常生活情况下，或在模拟自然的情况下，适当控制外界条件，有目的地研究信息接收者某种行为与心理产生的原因与变化规律。这种方法的特点是可通过这种人为的对变量的控制，揭示变量间的因果关系。变量间的因果关系即某些变量发生变化会引起另一些变量发生相应的变化。实验法中的实验者是主动的，通过对自变量的一系列控制和对因变量的观察，可从复杂的因素关系中确认有关变量之间的因果关系，有较高的效度。然而实验法中对变量的操纵难以避免人为化的影响，且在自然实验中对一些突发事件的影响也难以控制，因此这种方法要在大量的观察研究和测量的基础上实施。

六、内容分析法

内容分析法是一种对第二手资料进行分析，以揭示其中蕴含的规律的方法。它是对传播内容进行客观、系统、量化的分析的方法，也是传播心理研究中常用的一种方法。研究中常常把内容分析法与其他方法结合起来，用于探讨作品的各种构成要素与效果之间的关系。运用内容分析法进行研究时常用的步骤有：确定要分析的问题，对每一个问题进行严格的定义，指定可以掌握、容易操作的内容分析标准和编码方法或评分方法；对现有的待研究的第二手资料（如作品的内容等）进行科学抽样；对编码员进行训练，使其熟练掌握分析标准和编码评分等；对编码后获得的数据资料进行统计分析。

除上述方法外，在传播心理研究中还有文本分析、个案研究、文献法、民族志等多种方法。准确运用这些方法需要研究者具有较高的科学素养和专业技术，尤其是心理学和统计学方面的专业知识。

第三节　传播心理学研究纵览

传播心理学在中国是如何发展至今的，中间又经历了什么？国外的传播心理学又是如何发展的，与中国有哪些不同呢？

一、我国新闻与传播心理研究领域的历史回顾

我国传播心理学的产生有其特殊的过程。从传播心理学的母体学科心理学和传播学在我国的发展看，改革开放以后即20世纪70年代后期我国才恢复心理学教学与研究，传播学在20世纪80年代才传入我国，90年代才步入正常发展轨道。因此，我国早期对大众传播领域的心理学研究是传统媒体改革背景下的新闻心理研究。之后，随着传媒领域的迅速发展，新闻心理研究扩展为新闻与传播心理研究。经过几十年的发展，虽然在教学与传播实践中不断取得成果，并且得到了业界与学界越来越多的重视，但如果把传播心理学作为一门严谨的学科，目前它整体上仍然处于不成熟的阶段。21世纪初有学者就认为“如果提出传播心理学这个概念的话，它是具有某些共同特征的诸多研究的统称”①。因此，我国传播心理学的发展历程必然是在我国新闻与传播心理研究领域的发展历史中展开的。

我们姑且粗略地把这段历史分成两个时期：一是早期兴起时期，二是持续发展时期。

（一）早期兴起时期（20世纪中期至2000年）

我国传播心理学研究领域的开创者之一、中国传媒大学传播心理研究所刘京林教授认为：“在20世纪80年代初就有了新闻心理学，直到90年代中后期才有了传播心理学”，“如果把传播心理学视为同类研究的统称，并从传播心理学研究的内容考量，传播心理学涵盖新闻心理学的结论也是可以成立的。”② 此阶段以传播心理学命名的研究很少，如1989年韩向前编著了《传播心理学》等，多数研究集中在新闻心理学领域。刘京林在回顾我国新闻心理学的历史发展时认为，我国对于新闻心理学较全面的、形成一定规模的研究虽然是在20世纪80至90年代，但是对新闻心理现象的研究却可以追溯到20世纪20年代。当时，我国新闻界的有识之士曾把新闻心理作为新闻学研究的一项重要内容。中华人民共和国成立后至1994年5月其发展可分为三个阶段：萌芽期、酝酿期和初步形成期③，1994年6月至2000年年底为逐渐扩展期。

1. 萌芽期（1949年至1978年）

此阶段，读者心理、采访心理等方面的研究是重点。“文化大革命”十年，心理学被打成伪科学，我国对新闻心理学的研究在这一时期也几乎停滞。1978年新闻心理学的研究才得以恢复。1978年至1979年间，新华社记者李耐因和在复旦大学新闻系任教的徐培汀提出在我国开展新闻心理学研究的观点。但这一时期提出具体研究内容的还较少。

2. 酝酿期（1979年至1986年6月）

此阶段有几十篇新闻心理学方面的论文问世。除读者心理外，开始出现研究广播听众、电视观众心理、采访心理、编辑心理和播音员心理的论文。1985年8月广西大学的朱

---

① 刘晓红，卜卫．大众传播心理研究［M］．北京：中国广播电视出版社，2001：342.
② 刘京林．传播心理学理论与实践［M］．北京：中国言实出版社，2015：序5.
③ 刘京林．新闻心理学概论［M］．四版．北京：中国传媒大学出版社，2007：14-20.

执中编写了《采访与采访心理学》，新华社副社长郭超人撰文阐述了新闻工作者的政治素质与心理素质的关系。

3. 初步形成期（1986 年 7 月至 1994 年 5 月）

1986 年 7 月，上海复旦大学新闻学院的张骏德、刘海贵出版了第一本以“新闻心理学”命名的专著。1986 年 10 月 23 日，首都新闻学会同当时的中国人民大学新闻系联合举行了“新闻学与相邻学科”学术讨论会，社会心理学被列入“相邻学科”之一，新闻学和心理学的专家学者坐到一起共同探讨这两门学科的内在联系。据不完全统计，在这八年里，仅新闻心理学的专著（含论文集）在我国就出版了 14 本，约 400 万字（截至 1994 年 5 月）。1992 年 11 月新闻心理学教学正式纳入我国高等教育学科分类序列，成为新闻理论下面的一个学科。为了总结我国新闻心理学的研究成果，1994 年 5 月由北京广播学院（现中国传媒大学）牵头主办，召开了我国首届新闻心理学研讨会。会后，刘京林、周光荣将研究成果整理成《新闻心理学论文集》出版。这些对我国新闻心理学的深入发展起到了积极的推动作用。

4. 逐渐扩展期（1994 年 6 月至 2000 年年底）

从新闻心理学初步形成至 2000 年年底，以传播心理学命名的研究也逐渐兴起。此时新闻与传播心理研究与教学逐步进入正轨。① 1995 年新闻心理学正式列入全国高等教育新闻专业自学考试科目。1995 年中国传媒大学开始招收新闻心理学方向硕士研究生，1998 年改为传播心理学方向。这期间又召开了两届研讨会，1999 年第三届研讨会由“新闻心理学研讨会”改名为“新闻与传播心理学研讨会”，学者们就传播心理学这一新兴学科的历史、现状以及未来发展走势进行了广泛的交流。1999 年，刘京林、罗观星将研讨会成果整理成论文集《传播·媒介与心理》出版。

2000 年 11 月，北京广播学院（现中国传媒大学）成立了我国第一所传播心理研究所，并聘请了新闻传播学与心理学领域有影响力的 9 位顾问、31 位兼职教授。此阶段传播心理学研究与教学从名义和内容上都进入了新时期。

（二）持续发展时期（2001 年至 2018 年）

2001—2018 年，我国传播心理学进入持续发展时期。

第一，全国性研究学会成立。2001 年 10 月，中国社会心理学会在第五届会员代表大会上宣布成立传播心理专业委员会（筹）。2006 年 10 月，民政部正式批准传播心理专业委员会为中国社会心理学会下属的一个二级学会（现为传播心理学专业委员会），其常设地址在北京广播学院（现中国传媒大学）新闻学院内，日常秘书处工作由该学院的传播心理研究所承担。该专业委员会的主任委员前任是中国传媒大学传播心理研究所刘京林教授，现任为北京外国语大学袁军教授。

第二，1994—2018 年持续召开了 11 届全国新闻与传播心理研讨会。自 1994 年召开首

---

① 刘京林．传播心理学理论与实践［M］．北京：中国言实出版社，2015：36.

届全国新闻与传播心理研讨会后，至 1999 年共开了三届研讨会。2002 年 11 月中国社会心理学会传播心理专业委员会组织召开了“第四届全国新闻与传播心理研讨会暨中国社会心理学会传播心理专业委员会第一届年会”。至 2018 年，该专业委员会联合其他高校共同主办了 11 届全国新闻与传播心理研讨会暨八届传播心理专业委员会学术年会，2011 年出版了第三本论文集《发展融合与传播心理》。最近几次研讨会都有国外本领域的学者参加，加强了学术研究的国际交流。2018 年的研讨会国外参会学者最多，有俄罗斯莫斯科大学、法国雷恩大学、美国哥伦比亚大学的专家。该专业委员会 24 年不间断地组织召开全国性研讨会，取得丰硕成果。2018 年 7 月，在中国社会心理学会第九届会员大会上，该专业委员会第一任主任委员刘京林教授被中国社会心理学会授予“中国社会心理学贡献奖”。2019 年 7 月，在中国社会心理学会 2019 年学术年会上，该专业委员会获得优秀专业委员会奖。中国社会心理学会下属 13 个专业委员会，其中 3 个获得此奖。这些极大地促进了我国新闻与传播心理研究的持续发展（详见附录四）。

第三，连续编辑内部学术交流刊物。2001 年 9 月开始至今，中国传媒大学传播心理研究所定期编辑内部学术交流刊物《新闻与传播心理研究动态》电子版，每年 3～5 期，从全国正式出版的学术期刊中，挑选出研究主题符合新闻与传播心理研究的学术论文，并分享给感兴趣的同行（相关研究参见附录三）。

第四，研究内容不断拓展，研究方法更加科学，研究成果逐步增加。这一时期，我国传播心理学的研究主要涉及新闻心理、广播电视心理、广告心理、互联网心理、传者-受众心理、传播效果、舆论心理和现实社会的焦点问题等几大方面。其研究方法也更加注重实证性研究，实验研究增多，方法更加多元。据不完全统计，自 2000 年至 2016 年，全国共出版新闻与传播心理研究相关著作 153 本（包括教材）①，其中 2000—2010 年出版的著作有 90 余本（详见附录一）②。这一时期发表在核心期刊上的论文逐渐增多。有研究对 1994—2017 年新闻传播学和心理学核心期刊（各四本）中涉及新闻传播心理领域的文章进行了关键词共时性分析和历时性分析，发现 2000 年前这八本核心期刊中没有相关论文，这表明这期间正是新闻传播心理研究领域初步兴起的时期，其研究论文在学术上还不够专深。同时也由于我国新闻传播心理研究作为一个新兴交叉领域，至今还没有本领域的专业学术期刊。国外已有针对本领域的专业期刊，如《媒介心理学》(*Media Psychology*) 等。该研究还发现在 2001—2017 年的期刊论文中，新闻传播学对心理学理论的引入越来越专业化与科学化；心理学的研究视阈越来越聚焦到网络、社交媒体等新闻传播学研究议题上；社交媒体成为这两个学科进一步深入结合的重要场域（详见附录二）③。

第五，课程教学持续拓展。2003 年中国传媒大学在传播学博士点中开始招收传播心理学方向的博士研究生。“据 2004 年我们对全国 138 所新闻学院、校（系）的调查了解，

---

① 袁军 2016 年在第十届全国新闻与传播心理研讨会上的发言，详见附录三。

② 石慧敏，牛新权．传播心理学研究 10 年回顾与思考（2000—2010）[C] //发展・融合与传播心理．北京：中国广播电视出版社，2011：365.

③ 此研究为中国传媒大学传播心理研究所陈梓鑫、董玮、余小梅 2018 年所做，详见附录二。

目前已有 42 所高校开设了新闻心理学和传播心理学课程。”① 这之后，传播心理学课程逐渐被更多的新闻传播学类专业院校所开设（参见附录三）。2018 年 1 月底，教育部发布了我国高等教育领域首个国家标准，即《普通高等学校本科专业类教学质量国家标准》。在这个标准里规定了全国本科新闻传播学类专业的理论课程设置要求，其中在传播学专业列出的八门专业类必修课程中就有传播心理学课程。

第六，研究队伍不断壮大，团队力量不断增强（详见附录三）。

第七，国际化与本土化研究同步发展（详见附录三）。

综上历程，如果我们坚持以问题为导向的多元研究路径，坚持研究的起止点能够顺应并服务于传播实践的需求，坚持理论上不断创新与深化，那么传播心理学的未来必定会有更加广阔深远的发展空间。

二、国外的媒介心理学发展简述②

与我国从新闻心理学延伸出来的传播心理学不同，国外比如美国、德国等更倾向于将与大众传播相关的心理学研究称为媒介心理学。各国也相继成立研究组织，出版杂志，著书立说。

（一）美国的媒介心理学

美国的媒介心理学发端于 20 世纪 60 年代前后，主要是社会心理学家参与到与传播学相关的研究课题中来，因此媒介心理学的理论储备和研究方法也有很多是来自社会心理学的。1982 年，一些从事媒介活动的心理健康专业人员发起成立媒介心理学协会（AMP），同年 3 月，首届媒介心理学学会在美国圣迭戈召开，随后又分别于 1983 年秋和 1984 年在旧金山和洛杉矶召开了两次学术会议。1985 年该协会成为美国心理学会（American Psychological Association，APA）第 46 分会——媒介心理学分会（Division of Media Psychology），1997 年更名为“媒介与传播技术心理学分会”（Division of Media Psychology and Technology）③，一是鼓励其成员更多地从事研究工作，二是要求心理学家在参与媒介活动时，要严格地遵守由 APA 公共信息委员会和第 46 分会共同确定的职业伦理。

实际上，当时美国心理学会已经建立了三个涉及传播和公共关系的永久部门——公共信息委员会（Public Information Committee，PIC）、公共传播办公室（Public Communication Office）和公共关系实践主管办公室（Public Relations Office of the Practice Directorate）。从中不难发现，美国的媒介心理学有明显的实用性，其目的不在于形成一个独立的学科，而是让心理学的知识更好地应用到媒介当中并服务于公众，即发端于心理学并服务于媒介。APA 还建有媒介推荐服务数据库，可向媒介推荐具备资格，可接受采访且愿意为媒介提供服务的心理学家名单，而媒介心理学家也已成为美国一个颇具规模的职业群

---

① 刘京林．传播心理学理论与实践［M］．北京：中国言实出版社，2015：36．

② 本部分由中国传媒大学新闻学院传播心理研究所博士生李玲撰文整理。

③ 刘晓红．媒介心理学及美国心理学会第 46 分会：媒介心理学分会［J］．新闻与传播研究，1997（3）．

体。表 1-1 中简介了部分美国媒介心理学专著。

表 1-1　　美国媒介心理学部分专著列表①

书名	作者	出版时间（年）	内容简介
《演说心理学》（*The Psychology of Speech*）	Jon Eisenson，J. Jeffery Auer，John V. Irwin	1938	该书讨论的中心内容是演说心理，涉及演说的性质、起源与目的，演说的基本心理规律和传播过程，个体和群体在各类演说中的基本心理特征，最后讨论了演说与人格的关系
《传播心理学》（*The Psychology of Communication*）	George A. Miller	1967	该书收录了作者过去发表的有关传播心理的论文，内容涉及信息与记忆、大脑信息处理的容量和极限、传播以及认知之间的关系等
《传播心理学》（*The Psychology of Communication*）	Daniel K. Stewart	1968	该书集中讨论了传播中的观念和意义，如何测量和评估传播过程、传播与理解之间的关系、传播与真理等
《人类传播心理学》（*The Psychology of Human Communication*）	John Parry	1968	该书以信息为核心概念，广泛讨论了与信息相关的心理学问题，包括信息的类型、人类传播的障碍、复杂行为中的传播难题等
《心理学和媒介的发展前景》（*Perspective on Psychology and the Media*）	American Psychological Association	1997	媒介心理学会论文集，包括《儿童的移情与媒介：揭示电视对儿童的潜在影响》《媒介暴力对儿童、青少年和成年人的冲击》《媒介心理学的先驱》《电视中的媒介心理学家》《心理学家在新媒介中的角色》等
《再看心理学和媒介》（*Psychology and the Media：A Second Look*）	American Psychological Association	1999	媒介心理学会论文集，包括《媒介希望从消息源中获得什么》《这是你在媒介工作的理由吗？——我必须知道的 21 件事》《利用媒介提升夫妻关系正面形象：多元途径》《媒介同化：青少年、暴力以及粗鲁》等

（二）德国的媒介心理学

根据德国社会心理学会媒介心理学分会官方网站的介绍，德国社会心理学会在 1994 年汉堡会议之后，成立了一个名为“媒介心理学”的工作小组，针对当时已有的研究，促进相关领域心理学家的交流与合作。1999 年，由德国研究基金会（DFG）资助的首次媒介心理学会议在科隆举办，会议产生了一个以实验为导向的研究小组，并向会议的资助方 DFG 提交了一个主题为“电子媒介与社会情感”的项目包。2000 年春季，德国的社会心理学会（DGP）媒介心理学分会正式成立，成为媒介心理学走向制度化并进一步展开深入研究

① 柯泽．美国传播心理学发展的历史流变［J］．新闻爱好者，2015（6）：26-33.

的重要步骤之一。该分会的主要任务包括：支持德国社会心理学会的工作，采纳其建议，尤其是在媒体使用方面；促进德国社会心理学会及德国研究基金会各子领域的交流；促进德语媒介心理学学科内部交流；巩固和进一步发展与媒介相关的基础和应用研究的理论及方法；深化国际合作；组织科学会议。该学会着力于“媒介心理学”的学科建设，包括研究导向及课程设置等，平均两年举办一次会议论坛，并同时组织博士研讨会，设立电子邮件分发名单，对该领域有卓越贡献者给予奖励。截至 2019 年 5 月，德国社会心理学会媒介心理学分会相继举办了 10 次学科论坛，第 11 次会议将于 2019 年在开姆尼茨工业大学举办。[①]

随着媒介心理学论坛的相继举办，德国学界与媒介心理学相关的专业设置和研究机构也在各大学陆续出现，比如耶拿·弗里德里希·席勒大学传播心理学系、杜伊斯堡-埃森大学社会心理学系媒体与传播专业、伊尔梅瑙大学媒体心理学与媒体概念系、科布伦茨-兰道大学传播学心理学/媒体教育专业、科隆大学传播与媒体心理学专业、雷根斯堡大学心理学系教育心理学与媒体心理学专业、曼海姆大学媒体与传播科学研究所、锡根大学媒体心理学实验室等。进入 21 世纪，德语媒介心理学教材也竞相出现，比较有代表性的如曼戈尔德、沃德尔和本特（R. Mangold、P. Vorderer & G. Bente）于 2004 年出版的《媒介心理学教程》（*Lehrbuch der Medienpsychologie*），巴提尼克和阿佩尔（B. Batinic & L. Appel）于 2008 年出版的《媒介心理学》（*Medienpsychologie*）以及特内普特和赖内克（S. Trepte & L. Reinecke）于 2013 年出版的《媒介心理学》（*Medienpsychologie*）。

（三）国外媒介心理学杂志简介

虽然德国媒介心理学对于学科建设颇为关注，但媒介心理学杂志仍然以在美国出版发行的居多，现将目前检索到的部分杂志列表如下（见表 1－2）。

表 1－2　　国外媒介心理学部分杂志列表

名称	出版信息	内容简介或部分文章
《放大镜杂志》（*The Amplifier Magazine*）	2 期/年	美国媒介与传播技术心理学分会官方杂志，包括分会重要业务消息、成员意见建议，以及少量的研究报告
《媒介心理学》（*Media Psychology*）	4 期/年	作为一本跨学科期刊，致力于发表处于心理学与媒介传播交叉领域的理论和实证研究，包括媒介的使用、过程及影响、效果等
《大众媒介文化心理学》（*Psychology of Popular Media Culture*）	4 期/年	例如，2017 年第 2 期部分文章：《“那是谁?”：在流行文化中置身局外的负面后果》《以正义之名联合：社交媒体中的整合过程如何影响在线警惕性》等
《媒介心理学期刊》（*Journal of Media Psychology*）	4 期/年	例如，2017 年第 1 期部分文章：《技术科学与人类行为学》《沉浸技术对自然相关性和亲环境行为的影响》《字幕、复杂性和语言能力对在线教育视频学习的影响》《影响社会变革的互动叙事》等

① 参见德国社会心理学会媒介心理学分会官方网站 http：//www.medienpsychologie-dgps.de。

续前表

名称	出版信息	内容简介或部分文章
《美国媒介心理学期刊》(*American Journal of Media Psychology*)	12 期/年	发表媒介心理学理论和实证研究的论文以及书评
《网络心理学、行为和社交网络》(*Cyberpsychology, Behavior, and Social Networking*)	12 期/年	致力于理解当今由社交媒体构成的社会、行为和心理影响，研究对象包括 Facebook、Twitter、YouTube 等社交网络，人在移动设备、虚拟社区、电脑游戏中的行为，以及网购、网瘾、网络欺凌、网络治疗等问题
《人类行为计算机》(*Computers in Human Behavior*)	12 期/年	该期刊致力于从心理学的角度审视计算机的使用，包括相关理论著作、研究报告、文献综述、软件评论、书评和公告等

【思考题】

1. 传播心理学告诉我们什么?
2. 学习传播心理学有什么好处?
3. 学习与应用传播心理学的原则是什么?
4. 传播心理学的研究方法有哪些?
5. 传播心理学的历史与发展是怎样的?

【推荐阅读】

1. 刘京林．大众传播心理学［M］. 修订版．北京：中国传媒大学出版社，2005.
2. 刘京林．新闻心理学概论［M］.5 版．北京：中国传媒大学出版社，2015.
3. 刘京林．传播心理学理论与实践［M］. 北京：中国言实出版社，2015.
4. 刘晓红，卜卫．大众传播心理研究［M］. 北京：中国广播电视出版社，2001.
5. 哈里斯．媒介心理学［M］. 北京：中国轻工业出版社，2007.
6. 勒庞．乌合之众：大众心理研究［M］. 北京：中央编译出版社，2014.
7. 普罗宁娜．媒介心理学：记者思维模式与新闻文本生成［M］. 北京：中国人民大学出版社，2016.
8. 余小梅．主持人心理素质［M］. 武汉：华中科技大学出版社，2006.
9. 余志海．记者心理与采访行为研究［M］. 北京：中国社会科学出版社，2006.
10. 林之达．传播心理学教程［M］. 北京：北京大学出版社，2012.
11. 方建移．传播心理学［M］. 杭州：浙江教育出版社，2016.

第二部分

传播者心理

每个人都梦想成为一个优秀的传播者，无论是在个人的日常生活中还是把信息传播作为自己的职业发展方向，我们都需要具备一些优秀的心理素质，以便于顺利开展传播活动。

但你是否也经历过传播过程中的一些挫败感，无论如何努力也不能达成预定的传播目标，或者在传播活动中感觉到筋疲力尽甚至心力交瘁？这一切都让我们意识到，在传播活动中做到得心应手并非易事。

那么出现这些挫败感，到底是哪个环节出了问题？

对于传播者而言，哪些心理素质是至关重要的？

传播者心理这一部分包括第二章至第八章的内容，阐述了传播者在新闻传播领域的职业工作中出现的心理活动特点，重点分析了此职业要求其从业者（即传播者）必须具备的心理素质，如良好的自我意识，以及观察判断能力、印象管理能力、倾听能力、移情能力（同理心）、情绪情感的调控能力、创新与应变能力等，同时还介绍了培养与提高这些心理素质的具体方法。

第二章

传播者的自我意识

【本章学习要点】

1. 自我意识的含义和结构
2. 传播者自我认知和评价的来源
3. 传播者提升自尊水平的方法
4. 传播者自我调节的建议

两千年前的古希腊先哲苏格拉底曾经说过："认识你自己。"对自我的认识和把握几乎是每个人生而为人的最根本任务。我们对自己的认识、评价即"自我意识"，贯穿传播活动的始终。只要我们处于清醒状态，就必然会将自我意识带入传播过程，影响到作为传播者的我们如何看待自己的一系列观念，如何被自己的情绪情感所牵引，如何在有意识的控制过程中增强自我调节能力。当然，传播者的自我意识也会影响到传播过程中的人际互动，影响到传播者如何理解他人以及与他人的关系，包括直接的交流对象和间接的受众群体。

自我意识不是一个确定不变的概念，而是一个在我们整个生命中不断发展、变化的过程。了解传播者的自我意识，明晰我们对于自我的认识、情绪和控制的规律，有助于我们以一个更加完整的"人"的状态进入到传播活动中。

第一节　自我意识是什么

所谓"自我"（self），是指个体意识中关于自己的基本特征的一个总的观念、图式或框架。① 自我意识是指一个人对自己存在的全部认识，是对自己身心活动的觉察。这是一

---

① 卢家楣等．心理学：基础理论及其教育应用［M］．上海：上海人民出版社，2004：529.

种自己对于所有属于自己的身心状况，以及对自己与周围世界关系的认识，具体包括认识自己的生理状况（如身高、身材、外貌等）、心理特征（如兴趣、能力、气质、性格等）以及自己与他人的关系。①

一、“约哈里之窗”

传播心理学有关自我意识的研究最著名的理论莫过于“约哈里之窗”（Johari Window）。该理论是由美国心理学者约瑟夫·卢夫特（Joseph Luft）和哈里·英汉姆（Harry Ingham）在 20 世纪 50 年代提出的，两位学者的名字各取一部分即成为“约哈里之窗”名称的来源（见图 2-1）。

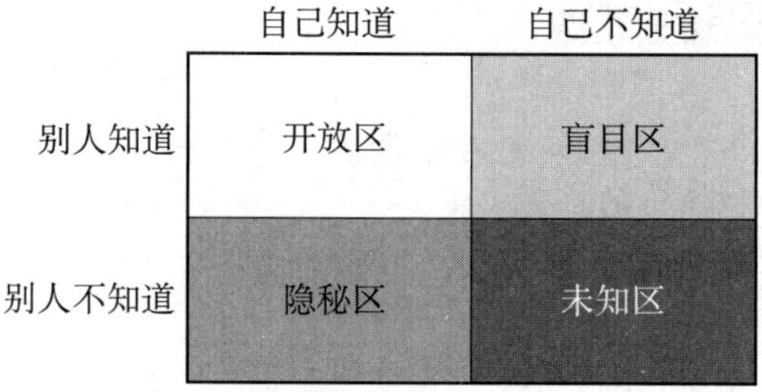

图 2-1 约哈里之窗示意图

根据这个理论，人的内心世界被分为四个区域，每个区域都代表了某个不同的自我：开放区（open）、盲目区（blind）、隐秘区（hidden）、未知区（unknown）。

开放区域的自我：代表所有关于自己的信息，包括行为、态度、感受、愿望、动机和想法等。这些信息是自己对外公开、其他人都知道的。至于开放的程度，取决于我们所处的环境及交流对象。例如，面对那些让我们感到安全和舒适的人，我们更愿意透露自己的信息，而在有些人面前我们可能更喜欢封闭自己。

盲目区域的自我：代表他人了解而自己却没有意识到（或不了解）的有关自我的信息，包括一些下意识的口头禅、自我防御方式或者受压抑的经历等等。

隐秘区域的自我：代表自己向他人隐瞒的信息。无论是否与传播内容有关，这些信息都是自己在任何沟通过程中都不想透露的。隐秘区的自我有两个极端——过度暴露和完全隐藏。过度暴露者什么都说，比如婚姻、财务状况等个人隐私信息；完全隐藏者则什么都不说，他们只谈别人，不谈自己。

未知区域的自我：包括所有别人和自己都不知道的有关自我的信息。这部分信息有时可以通过一些特殊技术获得，比如心理投射测试或者梦境分析。

“约哈里之窗”不是静止的而是动态的，这个关于自我的模型是一个内部可以互动的整体。在模型总体大小不变的情况下，各个部分的大小可以变化，并且此消彼长。如果一

① 时蓉华．现代社会心理学［M］．上海：华东师范大学出版社，2007：120.

个区域变小了，那么其他一个或几个区域就会变大；如果一个区域变大了，那么其他一个或几个区域就会变小。例如，如果你披露了自己的一个秘密，扩大了"开放区域的自我"，这就意味着"隐秘区域的自我"会缩小；而且，因为你主动披露了自己的信息，"盲目区域的自我"也会相应变小。这个模型强调自我的各个部分并非彼此孤立，而是一个相互影响的整体，我们可以通过内、外部的努力来改变"约哈里之窗"四个区域的分布。

"约哈里之窗"同时是一个阐释自我和他人相互沟通的模型，因此也被称为"自我意识的发现-反馈模型"，用来理解自我和他人传播关系的动态变化。在人际传播过程中，可以充分利用这个模型妥善处理自己和他人之间可能出现的冲突。

在人际沟通中，开放区域是两个人公开的想让对方知道的部分，这部分由于具有开放性和一致性，没有必要去互相防备，所以沟通时几乎不会产生冲突。隐秘区域是两个人都有自己了解但不准备让别人知道的部分。你如果进入对方的隐秘区域，就有产生冲突的可能。不过，由于这部分是自己了解的，一般冲突均在可以控制的范围内。盲目区域是自己不了解但别人了解的部分，在这部分你可能无意中触怒了别人，但由于他人了解你，可能会告诉你，不过又会担心伤害到你的感情，这也会存在一种潜在的冲突。人际沟通中最危险的部分就是未知区域的自我，即自己不了解、他人也不了解的部分，这部分极易引起冲突。

为了妥善处理人际传播时可能出现的冲突，在理想情况下，我们自己应该尽可能多地了解自己，同时将大部分的自我暴露在他人面前，这样便可以形成更大的开放区域。在这个区域里，冲突是极其轻微的（当然，我们也应该适当保留部分自我信息，但这部分可以尝试进行最小化）。当然，人不可能完全认识自我，有些自己没有认识的自我会被对方指出，处于盲目区域中的自我信息应该在沟通双方的努力下向开放区域转移，以减少冲突。还有些自己没有认识到的自我也没有被对方指出的信息来自未知区域，这是冲突的最大来源，应该逐渐向盲目区域转移，争取被对方认识到，或者直接被自己发现后继续向开放区域转移。

【延伸阅读】"约哈里之窗"的应用——利用回馈客观认识自己

我们可以利用"约哈里之窗"关于自我的理论来学习怎么有效地认识自我。

运用"约哈里之窗"认识和评价自我的方法可分为几个步骤。

第一，请5～10位非常了解你的朋友，让他们在纸上列出你的优点和缺点。可以先从好朋友做起，看他们是如何看你的。如果想进一步客观地评价自己，再请一些你最不喜欢的人列出你的优缺点。也就是让别人做你的镜子，利用别人给你的反馈，帮助你认识自己。

第二，你也拿出一张纸，在上面列出自己的优点和缺点，然后将自己列出的与别人列出的一一比较，便可能产生有关自我的四个区域的认识。

由"约哈里之窗"你也许会发现自己

有许多优点别人并不知道，也可能发现别人认为的你的优点你自己却不觉得，这样你可以进一步了解自己。同样，你的缺点也可能有类似的情形。通过“约哈里之窗”了解和评价自己，要比从自我观察的材料中分析、评价自己更客观、准确、可靠。

二、自我意识的组成

从意识活动的形式来看，自我意识表现为认知形式、情绪形式和意志形式。属于认知形式的有自我感觉、自我观察、自我概念、自我印象、自我分析和自我评价等，统称“自我认识”。属于情绪形式的有自我感受、自爱、自尊、自信、自恃、自卑、自傲、责任感、优越感等，统称为“自我体验”，以体验的形式表现出个人对自己是否悦纳的情绪。属于意志形式的有自立、自主、自制、自强、自卫等，可以统称为“自我控制”，也称“自我调节”。自我意识的这三种形式联系在一起，共同形成个体对自己自觉的观念系统。这三个方面整合在一起，便形成了传播者完整的自我意识。

第二节　传播者的自我认识

传播者的自我认识属于自我意识的认知成分，是自我意识的首要成分，也是自我调节和控制的心理基础。自我认识主要解决“我是一个什么样的人”的问题。比如有人观察自己的体形，认为属“清瘦型”；分析自己的品性，认为自己是个诚实的人；当用批评的眼光审视自我时，觉得自己脾气急躁，容易冲动。

自我认识包括自我认知和自我评价。自我认知是自己对自己身心特征的认识，例如自我概念；自我评价是在自我认知的基础上对自己做出的某种判断，是对自己能力、品德、行为等方面社会价值的评估，它最能代表传播者自我认识的水平。

在客观的自我认知基础上做出正确的自我评价，对于传播者的心理健康、行为表现及协调个人在社会群体中的人际关系都具有重要作用。如果传播者在传播活动中把自己看得低人一等，缺乏价值，那么他就会产生自卑感，做事缺乏胜任的信心，缺乏主动性和积极性，严重影响传播工作的开展；相反，如果传播者只看到自己的长处，他就会产生盲目乐观的情绪，自我欣赏，自以为是，结果往往不能处理好人际关系，难以与人合作，或被他人拒绝、被群体孤立。可见，对自我的客观认知和评价，对传播者个性和事业的发展有不可忽视的影响。

进行客观的自我认知并在这一基础上对自己做出正确的自我评价是一个极为复杂的过程。这一过程至少包括四个方面：第一，社会比较——你对自己与他人的比较；第二，他人印象——他人形成并展示出来的有关你的形象；第三，自我评价——你解读和评价自己的思想和行为的方式；第四，文化习得——文化规范中包含的价值观和信念。

一、社会比较

社会比较理论认为，自我认知的过程是一个社会比较的过程，是个体通过对自己的价值和他人的能力及条件的比较而实现的。在缺乏客观的、非社会标准的情况下，人们会通过与他人的比较来评估自己。当我们怀疑自己的能力，反躬自问“我在某方面的能力到底如何”时，会很自然地想到和别人进行比较，以判定自己在社会生活中的位置和形象。例如，自己跑步速度的快慢是通过与别人赛跑比较出来的，个子的高矮也是通过“比个儿”确定的，个人认识评价自己的品质、能力等都是如此。我们总是通过和与自己地位、条件相类似的人的对比来评价自己以及自己和周围环境的关系。个体生活在社会群体中，要想与他人和睦相处，适应周围环境，完成社会化，就必须十分清楚周围的社会环境，知道自己所处的社会地位和所产生的社会作用。如果个体对周围的社会环境不了解，就会无所适从，会感到紧张不安，甚至产生焦虑。

【延伸阅读】　如何在比较中认识自我

在一项实验中，请大学生做被试，让他们和另外一些竞争对手一起讨论参加工作的问题。在讨论前，大学生被试都接受自尊测定。之后，有一半被试看到的是衣冠不整、仪表一般的竞争对手，另一半被试所接触的是仪表端庄、谈吐文雅之士。讨论后，实验者又对大学生做自尊测验。结果显示，接触到仪表比自己好的竞争者的被试自信心明显降低；而看到仪表不如自己的竞争对手的被试，他们的自信心却大大地提高了。

思考：如何在比较中认识自我？

比较的对象（一个群体？一类人？你自己？某个人?）

比较的方式（以己之长比人之短，还是以己之短比人之长？和自己的过去或将来比?）

比较的方面（某项活动？某方面能力？某科学业?）

比较的结果（力争上游？谦虚向学？甘拜下风？嫉妒？自卑？优越感?）

二、他人印象

我们因看不见自己的面孔，于是常常借助于镜子。同样，我们不易评价自己的品质，就得依靠别人对我们的态度和反应。根据库利（C. H. Cooley）“镜中我”（looking-glass self）的概念，当你想要了解自己的某些特点时，可以通过他人对待、回应你的方式去了解自己在他人心目中的形象。我们借自己的外显行为将自己介绍给别人，而别人对我们的看法又影响着我们对自己的认识。因此，个体对自己的认识在很大程度上取决于周围人对自己如何评价。人们尤其看重那些生活中特别重要的人对自己的印象。例如，作为小孩，你会特别看重父母对自己的印象，其次是老师、同伴的评价；成年之后，你可能更看重朋友、爱人、上司对自己的印象。如果这些重要他人都高度评价你，那么从他们的行为中就可以看出他们对你的积极印象；反之，如果他们对你的评价不高，那么你就会看到消极的印象。我们以这些重要他人形成的关于我们的印象为基础，来建立对自己的认识和评价。

当然，他人的评价并非都准确，正如镜子因凹凸不平会歪曲人的形象一样。倘若我们能和较多的人交往，注意倾听多人的意见或反映，善于从周围的不同种类他人的一系列评价中概括出一些较稳定的评价作为自我评价的基础，将大大有助于提高自我认知的客观性。

三、自我评价

传播者在进行自我认识时，还同时受到自身的信念体系的影响。我们常常会对自己的行为进行解读和评价，这些解读和评价有助于形成自我认识。例如，假设你认为有偿新闻不对，但如果在报道中你收受了好处费，那么你会用内化了的信念来评价这种行为，然后会对自己的这种行为做出消极反应。当你的行为和信念相矛盾时，内心可能产生罪恶感；相反，如果你在采访过程中帮助某些弱势人群争取到了他们应得的利益，你可能会积极评价这种行为，这种行为会让你感到满意和高兴，从而对自我形象形成积极的认识。

自我评价有两种方式：通过与自己的比较评价自己，通过内省评价自己。

与自己的比较包括两方面：一是将目前的自我与过去或将来的自我做比较，二是将自己的期望与实际获得的成就相比较。这两方面都是形成客观、正确的自我认识与评价不可缺少的。个体的自尊、自信主要取决于个体的内在状态与自我期望等主观因素，这些因素决定着个体对自己的感情、态度的判断和评估。我们往往依据自己在特定活动中的成败对自己的学识、素养和才能做出判断。例如，有的同学期望获得第一名，而以屈居第二为奇耻大辱；有的同学却为成绩及格而兴高采烈。

我们不仅依据他人的态度来观察、认识自己，还会通过内省来认识和评价自己。孔子曰："吾日三省吾身。"个体关于自己在情绪、感受、信念方面的信息主要来源于知觉自己的内心状态。我们需要持续"内省"，把自己正在进行的心理活动作为自己注意的对象，对自己已有的心理经验有所认识。内省常用的一种方式是记日记。记日记不仅是自我暴露、自我交流的手段，还是自我分析、自我认识、自我反省的手段。

【延伸阅读】 通过"二十问法"认识自己

"二十问法"是帮助你认识自己的一种方法，可以分两步进行。

第一步，问你自己10次或20次：你是谁？请你把头脑里浮现出来的答案一一记录下来。例如，我是××（姓名），我是××学校的学生等。由于这是自我分析材料，可以不给别人看，所以想到什么就回答什么，不要有任何顾虑。回答每次提问的时间为20秒，如果写不出，可以略去，继续往下写，例如：

我是________________

我是________________

我是________________

我是________________

我是________________

我是________________

我是________________

我是________________

第二步，对自己的答案进行分析。分析的内容包括以下几个方面。

(1) 答案的数量和质量。即一共写出了几个答案，答案中以哪些方面的内容为多。如果能写出9～10个答案，大体上可以认为对认识自我没有特别的障碍。如果只能写出7个或更少的答案，则认为有可能过分压抑自己。回答时，会以感到无聊、害羞、时间不够等为借口，不能回答更多的问题。

(2) 回答内容的具体情况。其中有三种情况：符合客观情况的，如"我是大学生""我是高个子"等；主观解释的情况，如"我是老实人""我胆小"等；中性的情况，即谁都不能做出判断的情况。如果主观评价和客观评价都有，可以认为自我认识能取得平衡；如果倾向于主观或客观，则不能取得平衡。在主观评价中，最好是既说到自己好的方面（令人满意的特征），也说到自己的不足之处（令人不满意的特征）。如果只说到好的，则会使人觉得是自满；如果只做不好的评价，又令人感到没有信心。

(3) 回答的内容是否涉及自己的未来。哪怕只有一个答案涉及未来，如"我是未来的记者"，也说明自己有愿景和理想，在现实生活中充满生机；如果没有一个答案涉及未来，则可能说明自己对未来考虑不多。

此外，我们还可借助一些科学的量表或测验来了解和评价自己的性格、气质、能力等，然后综合起来，形成对自我的全面认识。目前中国常用的人格测试量表有卡特尔16PF人格测试、九型人格或大五人格测试等。

四、文化习得

我们在接受家庭和学校教育、接触大众传媒信息的过程中，逐渐会形成一整套有关工作、家庭、生活的信仰、价值观和态度，以及应该遵循的道德规范。这些观念及规范作用于我们的意识，我们通过它们来进行自我评估。例如，关于什么是成功、如何去获得成功，在特定文化中都有相应的定义。如果获得了文化中定义的成功，将会有助于人形成积极的自我概念；而没有达到文化中定义的成功，则可能令人形成消极的自我概念。

第三节　传播者的自我体验

自我体验是自我意识在情感方面的表现，主要涉及“对自己是否满意”“能否悦纳自己”这类问题。比如有人感到自卑，是因为自己长得不好看，所以对自己感觉不满意。自我体验良好的传播者拥有健康的内部世界，在传播活动中能够体验到自我的价值，体验到自我效能感，有助于传播工作顺利完成。

一、自我体验的含义

自我体验是个体对自己怀有的一种情绪体验，即主我对客我所持有的一种态度，它反映了主我的需要与客我的现实之间的关系。客我满足了主我的要求，就会产生积极肯定的自我体验，如自我满足；反之，客我没有满足主我的要求，则会产生消极否定的自我体验，如自我责备。客我能否满足主我的要求，往往与个体的自我认知、自我评价和个体对社会规范、价值标准的认识有关。自我体验的内容十分丰富，包括自尊心与自信心、成功感与失败感、自豪感与羞耻感等。

自尊心、自信心是自我体验的核心内容。自尊心是指个体在社会比较过程中所获得的有关自我价值的积极评价与体验。自信心是基于自己的能力是否适合所承担的任务而产生的自我体验。自信心与自尊心都是和自我评价紧密联系在一起的。自尊心是一种内驱力，激励着个体尽可能地获得别人的尊重，尽可能地维护自己的荣誉和社会地位。自信心是对自己智能与精力的坚信，使个体迎难而上，走向成功。但是，如果自尊心和自信心把握不当，就会产生脱离群体、追求虚荣的个人英雄主义，或一旦遇到挫折就容易自卑、自贬，一蹶不振。

二、改善传播者的自我体验——提升自尊

完善自我体验对传播者个体的身心发展具有重大意义。强化、提升传播者的自我体验，可以使他们在工作中发挥更大的主观能动性，用一种更有价值感的心态去面对传播活动，并在其中将自身的能力和心理资源发挥到最优程度。

既然自尊心是个体自我体验的核心，那么，下面将重点探讨如何提升传播者的自尊，增强其自我意识，为促进个人成长提供一些建议。

三、取消自我否定的观念

通常，有一些自我否定的想法会阻碍人达成目标，比如以下几种：

你坚信自己必须完美。这会使你带着一些很高的、不现实的目标去做事，无论在工作、学习还是家庭生活中，任何不完美的事都会让你无法接受。

你认为自己必须坚强，而伤感、怜悯、孤独等脆弱的情绪都是错误的。

你认为自己必须让他人快乐，认为自己的价值建立在他人对你的评价之上。

你认为必须加快进度。这使你强迫自己做事情时加快速度，总想在单位时间里比常人做更多的事情。

你认为自己必须比他人承担更多责任。

这些想法确立了不现实的高标准，因此几乎注定失败。其结果是，你会因此形成消极的自我形象，并认为自己是个失败者。所以，应当用一些更富有建设性的想法取代这些自我否定的想法。比如，你可以说："我在许多事情上成功了，但我不必事事成功。""虽然被所有人喜爱很不错，但这并不是我快乐的必要条件。"

四、与乐观者交往

有心理学者指出了乐观和悲观的人之间的明显区别。悲观的人喜欢指责所有事，而乐观的人更为积极，更有建设性。最重要的是，乐观的人会常常鼓励我们，让我们自我感觉更好。为了提高自尊，我们可以与乐观豁达的人相处，远离那些使我们感到悲观和消极的人。有研究表明，同情自己的文化族群有利于建立自尊。例如，对性别、性取向所属族群的认同和建立在其基础上的同情会使个体的自尊水平提升。

五、追求成功经历

有些人经常选择一些注定会失败的事情，好像在自找失败。我们应该避免这些情况，去选择那些容易成功的事情。因为任何一个成功经历都有助于提高自尊，每一次成功也会让下一次成功来得更容易。如果事情失败了，我们也不要将这种失败泛化，把自己定义为"失败者"。我们要意识到，任何人都会经历失败，但失败不是你内在的一部分，更不必等同于你本人。

六、积极看待过往

对待过去，有些人会过分在意和夸大其中的失败，比如失之交臂的良机、人际关系中的失误等；但有些人却不那么看重失败。如果你的目的是寻找造成失败的原因，改正这些错误，那么关注失败有一定的积极作用。但如果你只是集中在失败的事实本身，而没有任何改善的打算，那将只会让自己深陷痛苦，既无助于事实的改变，也会抑制自尊水平的提高。因此，我们可以将关注面转向积极正向的经历，不断提醒自己有意识地去回忆过往的成功经历，想想自己为什么会成功。当你在回忆这些成功经历的时候，试着将重点放在自己的品质上面，多想想是哪些品质促成了自己的成功。这样，把成功的原因归结为稳定的内在品质，有助于提升自信，提高自尊水平。关于这一点，我们在第三章有关“归因”的部分还将详细述及。

七、寻求肯定

寻求肯定是指我们有意识地把注意力集中在自己和他人对自己的积极反馈上面，包括寻求自我肯定和寻求他人肯定。

自我肯定是一种对于自己的积极陈述，是对自己好的和积极的方面的评价。要想提高自尊水平，我们可以经常提醒自己那些被别人肯定的方面，如某些优秀品质、善行、力量和美德，和朋友、家人之间的良好关系等。一个检查自我肯定的有效方法是使用含有“我是”“我能”“我将”这些词语的句子。

“我是……”这类句型可帮助你将注意力集中在你怎么看待自己身上，例如“我是值得信赖的人”“我是一个有责任感的人”“我是一个好的倾听者”。

“我能……”这类句型可帮助你将注意力集中在你的能力上面，例如“我能和自己和平相处”“我能学习去改变自己”“我可以控制自己的愤怒情绪”。

“我将……”这类句型可帮助你将注意力集中在你想要达到并可以达到的有用而适当的目标上面，例如“我将努力改善拖延症”“我将承担自己能承担的责任”“我将试着给予更多的支持”。

以上建议的意义在于，你和自己的沟通方式会影响你对自己的看法。如果你肯定自己，那么你的内在力量将会得到强化；如果你否定自己，就会削弱自尊水平。

他人肯定是来自别人的积极反馈。我们可以有意识地与能给自己肯定评价的人交往，这样会得到更多他人的积极反馈和肯定，通过这些回应，我们调整对自己的认知，逐渐形成较高的自尊水平。

第四节　传播者的自我调节

自我控制、自我调节是自我意识的意志成分。自我调节是要解决“如何有效地调控自己”“如何改变现状，使自己成为一个更完善的人”之类的问题。自我调节主要表现为传播者个体对自己的行为、活动和态度的调控，包括自我检查、自我监督、自我控制等。自我检查是传播者在头脑中将自己的活动结果与活动目的加以比较、对照的过程；自我监督是传播者以其良心或内在的行为准则对自己的言行实行监督的过程；自我控制是传播者对自身心理与行为的主动的掌握。自我调节是自我意识中直接作用于个体行为的环节，它是一个人自我教育、自我发展的重要机制，自我调节的实现是自我意识的能动性的表现。

那么，传播者该如何进行有效的自我调节，在传播过程中提升自我，实现传播效果的最大化呢？以下有一些建议可供参考。

一、坚定自我调节、自我改善的决心

在进行自我调节之前，非常关键的准备是下定决心促进自我成长。坚定信念并非只是口头许诺，说起来容易做起来难，真正付出努力进行改变是艰难的。口头下的决心要在实际行为上实现，需要我们坚持不懈的意志力，有时即便无法立即看到努力后的效果，也要告诉自己坚持下去。自我之所以很难改变，原因在于：其一，自我意识的形成是一个过程，它不会突然降临，也不会一夜之间改变。我们必须乐于付出持续不懈的努力。此外，还必须意识到从一开始就可能遭遇挫折，但我们不能因此动摇决心。其二，自我常常抗拒变化。有研究表明，人们其实不愿意放弃自己消极的一面，就像愿意保持良好的自我形象一样，因为惯性让我们感到舒适。改变是一个过程，而自我抗拒改变，因此坚定和持续的意志力就非常重要。相比追求一个颠覆性的大变化而言，努力争取连续不断的小进步是一个更好的选择。

二、学习自我调节的知识

调节自我仅依靠决心和意志力还远远不够，还需要学习有关如何进行自我调节的知识。

首先，你要理解自我概念是如何形成的。在本章第一节中已经提到，来自重要他人、社会比较和文化中的价值观均可能影响我们自我概念的形成。你可能不愿接受别人反馈给你的所有观念和价值标准，但你有权利也有道德义务去接受那些你认为有价值的观点。

其次，你需要知道自我调节、自我改善如何实施。有关自我调节的目标如果含糊不清，那么将无法实现，因为它们没有指明如何调节的具体方法。例如，“我想在人物采访中表现得更好”就是一个不清晰的目标。在了解自己的人格中有哪些特质是人物访谈中的优势特质之前，你无法为实现这个模糊目标而做出实质努力。为了实现这个目标，你需要理解自身在人际交流中的优缺点，以及采访中必备的访谈技巧。

最后，自我调节还需要设定切实可行的目标。如果你腼腆内向，希望在采访中放开一些，那么试着和采访对象多进行目光交流、尽量争取采访机会锻炼自己是合理的；相反，努力与每一位采访对象相谈甚欢就是一个不合理的目标。合理的目标建立在合理的标准之上，对自己的不满通常来源于不切实际的期望。在强调完美的中国传统教育中，人们很容易让自我陷入不现实的高期望，从而容易有期望落空的自我挫败感。如果你的目标是在各种情况下都成为完美的传播者，那么只会把自己引向失败。应确立一系列现实的小目标，比如你可以先专注于提高某一项传播技能。当你对自己在这项技能方面的表现满意后，便可以继续另一项。总而言之，确定符合实际的自我调节目标，选择合适的调节标准，是有关自我调节的重要知识。

三、承认自我调节处在动态过程之中

我们知道自我的一个特性就是处于不断的变化和不断调整之中，因此，不要轻易对自我下总结性定论，尤其是静止、僵化的结论。应承认自我始终处于动态变化之中，我们需要接受现在的自我。不论它令人愉悦还是沮丧，我们都需要无条件接纳它，因为它就是你，你就是这样。接受自己是正视自我价值的开始，也是提升自我的起点。你不必喜欢自我中的所有方面，但重要的是把现状作为改善的基础，现在的自我是我们生活中所有关系互动和社会比较的结果。我们不能改变自己的过去，但未来却不会永远如此。只有意识到并且接受了你是谁，才能继续进步。

接受自我是一个意识到自己在变化的过程。因为你在进步中，所以才会不断变化和成长。不要让自我被僵化的思路所限制，只要设定的目标符合实际，你就会有改变。确定切实可行的目标，然后努力实现你所希望的变化。我们不会被锁定在现在的状态中，更不必对自我陷入绝望，我们总会处在不断的调整当中。

四、创造改善自我的有利环境

要改善自我，在一个受支持的环境中会相对简单。我们可以做很多事情来创造一个支持自我成长的环境，包括选择合适的情境和选择能帮你意识到自己目标的人。在情境选择方面，你可以有意识地靠近对自我成长有益的社会组织，例如价值观一致的团队，还可以选择远离喧嚣的适宜独自思考的安静之所等。

由于别人如何看待自己会影响我们对自己的看法，因此你可以谨慎选择那些相信你、能促进你的个人成长、诚实看待你弱点的人，由他们来组成你身边的交往环境。这样的人群有一些共同特征：他们能积极看待你，对你的自我价值常常给予肯定的反馈。他们能发现你的强项，看到你的进步，也接受你的弱点和问题，但却不打击你。这样的人能让你保持对自己乐观和积极的态度。当然，这样的人并不是什么时候都无条件肯定你的一切，真正的朋友会发现你的问题，同时尽力帮助你解决它。他们帮助你相信自我有成长的能力，从不贬低你的能力。

当然，对我们的自我概念产生影响的并不只是他人，我们也会与自己交流，因此我们关于自身的信息也影响着我们如何看待自己。一种最能削弱自我力量的暗示是自我否定式断言，即“我不行”“我学不会”“我不可能有改变”。这类自我贬低式的暗示会损害我们改变和成长的动机与信心，而我们自我否定的感觉大部分是由这些自我否定式断言造成的。事实上，我们可能比其他人更能伤害自己的自我认识，因为我们自己才是最能意识到自身的弱点和恐惧的人。

所以，我们也可以肯定自己的价值，鼓励自我成长，用积极的自我暗示来建立动力和信心，打断和改变来自自己或他人的否定信息。例如，当你听到自己说"我做不到……"，或者别人说"你无法改变……"时，可以用自我暗示来打断这些不利于自我改变的企图，在心里对自己大声说："我能做到！我可以改变！"采用积极的自我暗示可以抵制关于自我的破坏性传播。当然，提升自我不单是通过不加批判的、积极的交流而完成的，我们不可能只通过不断听取表扬就获得成长与提高，尤其当有些表扬并不符合实际时。真正有助于自我成长的批评应该是建设性的批评，这样的批评能鼓励我们实现更好的自我。

【思考题】

1. 如何利用"约哈里之窗"理论来理解传播活动中的沟通过程？
2. 传播者客观的自我认知和评价来源于哪些方面？
3. 传播者如何提升自我的自尊水平？
4. 在传播过程中，传播者怎样进行自我调节来实现个人成长？

【推荐阅读】

1. 维之．人类的自我意识：西方哲学家自我思想解读［M］．北京：现代出版社，2009.

2. 霍伦斯坦因．人的自我理解：自我意识，主体间责任，跨文化理解［M］．徐献军，译．浙江：浙江大学出版社，2012.

3. 布朗．自我［M］．陈浩莺，等译．北京：人民邮电出版社，2004.

第三章

传播者的观察判断

【本章学习要点】

1. 观察判断的心理机制
2. 经验对观察判断的作用
3. 观察判断的线索
4. 观察判断中的偏见与归因

2014年，江苏卫视推出大型科学真人秀节目《最强大脑》，选手们精彩的表现成为该节目收视走红的基础。他们超强的大脑能够准确识别5 000个魔方拼成的魔方墙中的任意一块，从101只斑点狗中挑出特殊的一只，甚至通过经CT扫描并3D打印的头骨来辨认真人。选手的这些“特异功能”无不令人叹为观止，从心理学的角度来看，这些“特异功能”的基础之一就是观察判断能力。

每个人都拥有自己的能力，能力是一种心理特征，是顺利实现某种活动的心理条件。[①] 作为传播者，有时候更需要具备超出常人的某些能力，观察判断就是其中之一。为了解什么是观察判断，我们有必要先了解一些关于“能力”的基本知识。

人的能力是多种多样的，大致可以分为一般能力和特殊能力。一般能力是指在不同种类的活动中表现出来的能力，如观察力、记忆力、想象力、创造力等，人要完成任何一种活动，都和这些能力的发展分不开。特殊能力是指在某些专业活动中表现出来的能力，它是顺利完成某种专业活动的心理条件，例如音乐家对音准的辨别能力、画家对色彩的鉴别能力、舞蹈家对身体平稳的控制能力等。[②] 作为广义的传播者，我们需要具备一般的观察判断能力；作为狭义的从事新闻传播活动的传播者，我们又需要超越常人的观察判断能力。

传播者首先要有观察自我的能力，上一章所讲的传播者的自我意识，在一定程度上也是对观察自我提出的要求。传播者对自己的观察主要包括：物质自我（指自己的容貌、身

---

① 彭聃龄．普通心理学［M］．北京：北京师范大学出版社，2004：404．

② 同①406．

材、体魄等机体方面)、社会自我(指地位、角色、名誉以及个体与他人的关系等)和精神自我(指智力、品德、个性、情绪等)。观察自我是自我学习和进步的重要渠道，学习播音、训练发声者会把自己的声音录下，通过倾听录音或观察录像来纠正错漏，一些记者或演员也会通过观察自己在已经播出作品中的表现来学习提高。

传播者要有对他人进行观察判断的能力。传播活动离不开他人的存在，对于传播者而言，“他人”既包括传播对象(受众)，也包括传播内容中涉及的他人(采访对象)。如果缺乏对他人的观察判断，那么传播者既无法知晓和满足受众的需要，也无法辨别采访对象的目的、动机甚至是他们所提供的采访内容的真伪。

传播者还要对社会活动主体的特定的行为及其后果(新闻线索或新闻事件)进行观察判断。比如在2014年马航MH370事件中，不少新闻媒体缺乏自己的观察判断，被网友讽刺只会跟着家属一起祈祷，而部分媒体凭借自己专业的观察判断能力，多次以报道影响了事件的进程。在新闻传播活动中，传播者需要实时对新闻线索的真伪及新闻事件的价值做出观察判断，这也是新闻传播活动的基础之一。

传播活动或新闻事件必然是在一定的社会环境中发生的，所以传播者还需要对社会环境有着准确而深刻的观察判断。从某种意义上来说，这是更宏观的观察判断。优秀的新闻工作者必然是优秀的社会观察家。正如普利策所说，倘若一个国家是一条航行在大海上的船，新闻记者就是船头的瞭望者，他要在一望无际的海面上观察一切，审视海上的不测风云和浅滩暗礁，及时发出警告。因而，传播者具备优秀的观察判断能力，对于维护新闻职业尊严和社会公共利益是极其有益的。

第一节　传播者观察判断的心理机制

观察是动物的本能之一。在原始丛林中，有些小动物要观察周边的环境以确定是否安全，另一些动物则悄悄观察着猎物的一举一动寻找最有利的攻击机会。一些组织性稍强的群居动物比如猴群中，还专门有猴子被分配做“观察哨兵”，需要对周边的环境进行观察，有危险情况马上发出警告。

一、什么是观察判断

观察不是人类独有的技能，而是人类先天就具备的能力。既然观察判断是人类与生俱来的能力，我们更需要用好这项能力。从字义来看，“观”是象形字，本义是用眼睛仔细查看，“察”是会意字，原意指在祭祀活动中详审细究。所以“观”是第一步，是基础，更偏向本能;“察”是第二步，是发展，更偏向社会。

在今天，“观察”被引申为认真仔细精确地察看事物的现象与动向，观察成为人们认识世界、进行各种创造性劳动的基础。同时，观察也是一切科学的最基本的研究方法之一，比如心理学要观察人类的行动，甚至为了更精确地辅助观察而发明了一系列的观察工具和精密仪器。人类关于天文学、医学等学科的知识也基本是建立在观察的基础之上。居里夫人的女儿曾经把观察誉为“学者的第一美德”，巴甫洛夫一直把“观察、观察、再观察”作为座右铭，并告诫学生：不学会观察，就永远当不了科学家。观察也是学习过程中的重要途径，我们在学习知识和技能时，第一个步骤往往就是先观察他人是如何做到的，比如通过观察他人游泳的动作来体会自己应该怎样在水中控制动作。

二、观察判断的心理机制

从心理学的角度来说，观察是一种有意识、有目的、有计划、有组织的、比较持久的知觉能力。它是智力的构成要素之一，是一种受思维影响的有意的、主动的和系统的知觉活动能力，是在一般知觉能力的基础上有意性达到一定水平时产生的高级知觉活动能力。①

观察能力从表面上看是在讲视觉，但它绝不仅仅是用眼睛看，还包括许多感觉器官，比如听觉、触觉、嗅觉等的活动；观察也不单纯是知觉问题，它同时还包含记忆、理解、思考的成分，因而观察也被称为“思维的知觉”。判断是思维的基本形式之一，是人脑借助语言对客观事物的特性或事物之间的联系与关系进行分析与综合，对事物做出肯定或否定的认识。② 因此，观察与判断是同时发生或前后相继的心理过程，判断可以看作观察的结果。

著名新闻记者范敬宜回忆自己在 1982 年农村实行家庭联产承包责任制后去农村了解情况，结果发现，每天上午 10 点来钟，田野里静悄悄的一个人也没有，而在承包之前报道里都是“红旗招展、人欢马叫”。那么为什么以前地里有人现在没人了呢？原来在土地承包以前，人们都是八九点才出工，而且大家磨洋工，不出活光热闹，反正是吃“大锅饭”；现在承包到户了，人们早上四点就出工，等天大亮时已经收工回家了。最终范敬宜把自己观察判断的结果写成了短新闻《田园静悄悄，地静苗情好》，这篇新闻后来成为一篇获奖新闻作品。

范敬宜回忆的另外一件事情是：自己在下乡采访时在公社办公室住了三天，没有发现任何新闻线索，没有接到一个电话，也没有人来上访。范敬宜觉得这种现象很不寻常，因为以前在公社电话很忙，不是大搞形式主义，催进度、要报表，就是上访、吵架。于是范敬宜找来公社老秘书了解情况，老秘书说以前确实是电话不断，几乎睡不了觉，电话放到枕头边上还天天被老百姓“堵被窝”，现在老百姓日子过好了，事情也少了。所以范敬宜就此题材写了新闻报道《夜无电话声 早无堵门人 两家子公社干部睡上了安稳觉》，这段采访经历也成为业内津津乐道的佳话。③

---

① 余小梅．广告心理学［M］．北京：北京广播学院出版社，2003：183.

② 朱智贤．心理学大词典［M］．北京：北京师范大学出版社，1989：463.

③ 刘鉴强．如果有来世，还是做记者：范敬宜谈新闻记者的修养［J］．新闻记者，2002（6）：3－6.

第二节　经验对观察判断的影响

观察判断能力是传播者应具备的基本能力。观察判断能力受先天素质的影响，但在通常情况下，先天素质上的差异不是很大，差异更多来自后天的训练，这一点可以通过实践活动逐步来培养提高。比如从事美术工作的人由于职业特点，视觉观察优势更突出，从事音乐工作的人则听觉观察力更优异。人类的观察判断是会受到以往经验的影响的。

一、经验对于观察判断的作用

经验是从多次实践中得到的知识或技能，在中文里，所谓“经验”就是“经历过”“体验过”或“验证过”。在通常情况下，人类头脑中存在的诸多观念和认知都属于经验范畴，比如小孩要比成年人矮、夏天要比冬天热等。有了经验的参与，我们的生活也变得更为便捷，比如厨师知道如何把饭菜做得更香、老师知道如何更高效地指导学生学习、医生知道给患者什么样的药能使其尽快康复。经验是认知结构中的重要成分，是人理解事物的内在基础。经验可以影响一个人观察的深度与广度，从而影响人的判断，因而经验的积累对提高观察判断力而言显得相当重要。从某种程度上说，人类的活动就是建立在经验的基础之上的。

人类的经验从何而来？来源于人类的实践活动。有些与人类生存息息相关的经验已经存储在遗传基因中，比如儿童在饥饿或不舒服时通过啼哭来引起父母的关注，这些看似与本能相关的基本能力，被认为是人类在进化过程中从不断的实践活动中积累并存储在遗传基因中的内容。还有些经验是我们在后天成长过程中亲身体验到的，比如天冷的时候尽量少出门，如果出门需要穿更厚的衣服，又比如新闻摄影如何在光线不理想的时候尽可能获得好的效果等。

但人个体的实践活动毕竟有限，而且实践活动也受到多种限制，所以这样的经验未必都是可靠的。比如我们往往根据个人的观察结果，相信自己亲眼看到的，然而看到的也未必就是可靠的，因为我们常常对周围的世界产生错觉或给出错误的解释。我们的亲身观察也并不一定导向正确的结论，比如多年来我们观察到太阳从东方升起从西方落下，所以更习惯于“太阳升起来了”，而非“地球正转向太阳”。人的经验更多的并非直接经验，而是经由他人得到并分享的间接经验，比如师傅带徒弟就是典型的间接经验的传递，这种间接经验更多地通过文化，或者通过系统教育传递。间接经验的获取和传递大大节省了人类的认知资源，从而提升了人类的观察判断能力，使得我们在观察判断之前就已经获取了某种“知识”，这种“知识”有助于我们在观察中节省时间，并更有可能快速做出正确的判断。

编辑在策划新闻选题之前、记者在新闻采访之前、主持人在现场直播之前，都会主动寻找或由其他人提供大量的相关资料。这些资料的占有越是充分，就越可能在新闻选题、新闻采访、节目直播中有更好的表现。这正是因为对传播者而言，经验有助于有效的观察判断。从这个意义上来说，新闻传播专业的学生在大学里的专业学习，就是不断地积累间接经验的过程；而大学期间的专业实习则是通过有限的亲身体验，形成直接经验，以有利于将来的新闻传播实践工作。

二、经验在观察判断中的局限性

但经验对于我们的观察判断来说并非总是带来正面效果，有时候也会阻碍我们正确地进行观察判断，主要存在以下几种情况：当社会发展变化，或者社会环境信息发生变化，此时我们仍以以往惯常的经验为基础来进行认识，就肯定不能得到有效的结果；我们过于依赖以往的经验，把漫不经心的观察结果生硬地塞进经验模式之中，从而得到错误的结论；此外，我们最初获取的也有可能是错误的经验，以错误的经验去进行认知，必然得到错误的判断。所以我们需要辩证地认识经验对于观察判断的作用，或许重温《小马过河》的故事有助于我们更好地理解经验在观察判断中的作用。

小马和他的妈妈住在绿草茵茵、十分美丽的小河边。除了妈妈过河给对岸的村子送粮食的时候，他总是跟随在妈妈的身边寸步不离。

他过得很快乐，时光飞快地过去了。有一天，妈妈把小马叫到身边说："小马，你已经长大了，可以帮妈妈做事了。今天你把这袋粮食送到河对岸的村子里去吧。"

小马非常高兴地答应了。他驮着粮食飞快地来到了小河边。可是河上没有桥，只能自己蹚过去。可小马不知道河水有多深。犹豫中的小马一抬头，看见了正在不远处吃草的牛伯伯。小马赶紧跑过去问道："牛伯伯，那河里的水深不深呀?"牛伯伯挺起他那高大的身体笑着说："不深，不深，才到我的小腿。"小马高兴地跑回河边准备蹚过河去。

他刚一迈腿，忽然听见一个声音说："小马，小马，别下去，这河可深啦。"小马低头一看，原来是小松鼠。小松鼠翘着她的漂亮的尾巴，睁着圆圆的眼睛，很认真地说："前两天我的一个伙伴不小心掉进了河里，河水就把他卷走了。"小马一听没主意了。

马妈妈老远就看见小马低着头驮着粮食又回来了，心想他一定是遇到困难了，就迎过去问小马。小马哭着把牛伯伯和小松鼠的话告诉了妈妈。妈妈安慰小马说："没关系，咱们一起去看看吧。"

小马和妈妈又一次来到河边，妈妈这回让小马自己去试探一下河水有多深。小马小心地试探着，一步一步地蹚过了河。噢，他明白了，河水既没有牛伯伯说得那么浅，也没有小松鼠说得那么深。①

① 彭文席．小马过河［M］．北京：教育科学出版社，2014.

第三节　观察判断的方法与技巧

大侦探福尔摩斯曾经是每个孩子心目中的偶像，最令人印象深刻的当然是福尔摩斯超越常人的观察判断能力。在《血字的研究》中，福尔摩斯远远地指着一个送信人道：“他是个退伍的海军陆战队的军曹。”当华生证实后惊讶不已，大侦探却淡淡地说：“我隔着一条街就看见这个人手背上刺着一只蓝色大锚，这是海员的特征。况且他的举止又颇有军人气概，留着军人式的络腮胡子，因此，我们就可以说，他是个海军陆战队队员。他的态度有些自高自大，而且带有一些发号施令的神气……根据这些情况，我就相信他当过军曹。”

我们或许都梦想过能够拥有福尔摩斯的观察判断能力，特别是对于传播者而言，若能拥有如此的观察判断能力，将是极其有趣的事情：在新闻现场，我们可以准确地识别出谁是最有价值的采访对象，与采访对象交谈时（甚至是交谈前）我们就可以获取大量有用的信息，会知道对方是否在撒谎、是否有所隐瞒。下面就对传播者提升自己观察判断能力的方法与技巧进行简单的介绍。

一、观察的前提

观察力可以通过一定的方法程序来进行训练。对于传播者来说，要提高观察判断能力，首先需要满足以下前提。

（一）激发观察兴趣

兴趣是力求认识、探究某种事物的倾向，它和需要相联系。我们每个人都有自己感兴趣的人或事、物，对于感兴趣的对象才能进行持久细致的观察，并从这种观察中体验到成功的乐趣与成就。如果传播者在传播实践中通过观察准确地预知了采访对象的真实想法，这种成功感会强化传播者对观察的兴趣。如果观察判断失败，则需要及时总结原因，从失败中寻找经验，为下一次的成功观察奠定基础。

（二）保持强烈好奇心

好奇心和探究精神可以提高传播者观察的兴趣。当面对令自己好奇的人、事、物时，传播者不断地观察对方的热情会被激发出来，并试图从中找到原因，最后通过新闻作品将其描述出来。好奇心基于人类儿童期的探究反射，是人的本能之一。只不过人类到了成年期后，好奇心相对减少了，对许多事物熟视无睹，不再想发现其中的新东西了，这阻碍了我们对人、事、物从新的角度去进行观察。所以，优秀的传播者需要自始至终保持强烈的好奇心。

（三）增加知识储备

观察既然是思维的知觉，是对事物做出判断的过程，那么必然受到已有知识与经验的影响，所以增加知识储备以武装自己的大脑，也有利于强化自己的观察判断能力。我们提倡开卷有益，力求广泛地大量地阅读，因为每一本书都等于为我们提供了一种观察的角度，读的书越多，在观察过程中你的角度就会越丰富，观察到的有效信息也就越多。

（四）扩展生活视野

中国古语云：纸上得来终觉浅，绝知此事要躬行。通过间接经验如阅读等方式获取的知识储备，还有必要亲自实践。通过扩展生活视野，也可以有效地提升观察兴趣，从而增强观察判断能力。对新闻传播从业者而言，接触的社会领域多，包罗万象，这对传播者来说是非常有利的条件。传播者要充分利用这种有利条件，扩展自己的生活圈子，尤其要经常接触新的领域，以激发自己持续的观察兴趣。

（五）丰富人生阅历

人生阅历是最为宝贵的精神财富。面对同样的观察对象，不同的人观察判断出来的结果却有所不同，有些人甚至还有可能根本无从着手观察，究其原因，在于人生阅历的丰富程度有所不同。问渠哪得清如许，为有源头活水来。对于新闻传播者来说，这个活水就是丰富的人生阅历。读万卷书，行万里路，也正是说新闻传播从业者需要不断丰富自己的人生阅历。在新闻传播领域，无数杰出人物正是靠着自己丰富的人生阅历，获得了业内无可替代的地位。

【延伸阅读】 李普曼杰出观察判断力的源泉

世界新闻巨人李普曼，作为国际问题评论家，被《美国新闻史》誉为“‘权威’中的泰斗”，其任职期间撰写社论 1 200 多篇，写作专栏长达 36 年，多次获得普利策新闻奖，其新闻作品也对世界政治有着广泛而深远的影响。那么李普曼是如何培养自己敏锐的观察判断力的呢？

李普曼出生于纽约一个商人之家，就读于哈佛大学，受教于哲学家约翰·杜威、乔治·桑塔亚纳等著名教授，同退休的哲学家威廉·詹姆斯几成忘年交。他是参与社团活动的活跃分子，曾热情探索社会主义、费边主义；他也是静心浸泡图书馆的“铁屁股”，文史哲经典啃了无数。

青年李普曼进入新闻界不久，就十分注意与人交往，踏破铁鞋寻找政界大人物，与其为伍，以获得更高明的教益和更高的知名度。“从事公共事务报道的记者不能对自己的名誉视而不见。因为名誉不仅仅是为了满足一个人的虚荣心。为了了解世界，你必须要与人们交往，而你的名誉则是与人们交往的唯一途径。”这是李普曼 1914

年7月5日的日记中所写的内容。他在建立个人知名度并利用知名度拓展自己的交际圈方面很见个性。

从20多岁起，他凭借自己的智慧和魅力，通过不同的人际圈，主动与美国最高法院法官等政界名流建立了日常联系。在《新共和》杂志工作时，他结识了威尔逊总统的政治顾问豪斯上校、美国陆军部长牛顿·贝克等政界人士。他喜欢机敏明达的谈话和聊天，喜欢结识那些思想观点举足轻重的人。这种社交生活的安排事实上是他工作的一部分。《李普曼传》说他“社交生活多得难以应付”。

20世纪20年代中期以后，李普曼成为《世界报》的灵魂人物；30年代后，他成为政治专栏作家，其时评文章的广泛影响引起政界人士的高度关注，渐渐地，大人物都来找李普曼交朋友，他常常成为政客们的顾问。李普曼不但撰写时评，而且还积极参与政界的谋划：他为政治家们制定战略，向参议员们提出咨询，帮助友人谋求公职，发起支持总统竞选人的运动。改变二战局势的美国《租借法案》就是据李普曼起草的一份计划形成的；二战后的马歇尔计划的核心内容也是在李普曼的专栏中首先披露的。二战中，他是少数享受特殊待遇的新闻人之一，可以在白宫听取机密的简况报告。

1914年春，年轻的李普曼实现梦想，得以和老罗斯福共进早餐，这是他和总统们打交道的开端。60年代，李普曼频频成为肯尼迪总统的座上客。因政见不同，尼克松长期无缘与李普曼接近，一直到1968年总统竞选中受到李普曼专栏文章的支持，他才欢欣鼓舞，立即邀请李普曼到其竞选总部共进午餐，并虚心问计。在李普曼的人生中，他与12位美国总统有私人交往。

显而易见，与政界高端人士的这种密切交往和深度合作，甚至参与某些政治事务的决策讨论，使李普曼可以方便地提前了解政界内幕，判断时局走向，所撰写的社论与专栏文章，准确性与前瞻性自然大大加强，权威性也有了相当的保证。

从李普曼6岁时起，他殷富的双亲就一年一度带他到欧洲做文化旅行。这种旅行几乎贯穿了他的一生。不过，成为媒体从业者之后，他把文化旅游转为政治旅行，几乎每年休假都会出国，去和各热点国家的政府官员、记者、消息灵通人士以及老朋友们会晤。随着知名度的提高，他的访问对象也不断扩充，由民间到官方，由低层到高端，由外围到核心。

总统府与总理官邸常常是李普曼的旅行目的地。1929年3月，墨索里尼在他宽敞的大理石办公室门口热情地欢迎李普曼。这次意大利之行进一步加深了李普曼对中央集权国家的疑虑。1942年8月，李普曼抵达伦敦，见到了法国流亡政府的首脑戴高乐将军。原本就对戴高乐领导的抵抗运动抱有好感，这次畅谈更使李普曼确信，法国找到了一位不负于其高尚品质的代言人。两人的友谊保持终生，李普曼后来是戴高乐定期予以会见的少数记者之一。1959年11月，他到埃及总统纳赛尔府上进行了一次长谈。这次会谈大大地纠正了李普曼的一些观点，后来他在专栏中报道了这次会谈。他一改先前对纳赛尔的“独裁者”印象，认为他“十分富于吸引力、聪明睿智，对这个国家的命运关怀备至”。

这种几乎每年一度（偶尔是半年一度）、为期一两个月的政治旅行，一经订出详细的日程表，就雷打不动。每次旅行，他都会做很多准备工作。1958 年，为了会见赫鲁晓夫的首次苏联之行，他整个夏天都在攻读俄国历史。对一些不常去的国家，为加深印象，他甚至还同许多大使和政府官员谈话，并听取中央情报局的情况通报。

看来广泛的各国旅行，增强对政治人物性格作风的体察，这种“行万里路”对一个政治专栏作家是必不可少的。跳出日复一日被文字包围的专栏写作，对生动丰富的社会政治现状做切身观察，不断充电，无疑是李普曼终生政治写作而新见迭出的重要原因之一。

资料来源：韦中华．李普曼何以成为巨人？——读《李普曼传》[J]. 新闻记者，2007（5）：84－86.

二、提高观察力的方法

（一）有明确的观察目的

由于新闻传播实践活动有较强的操作性，传播者在观察时要有十分明确具体的观察目标。尤其是在新闻采访活动或者节目主持现场，我们对采访对象和现场观众的观察要更加细致准确。传播者的观察要有很强的目的性，才能做到有的放矢，集中注意力提高观察判断的效率，得到有效的观察判断结果。

（二）形成完善的观察计划

在观察实践之前，有必要制订相对完善的观察计划，以便使观察按计划、有步骤、系统性地进行。在传播研究方法中，甚至要求事先绘制出详细的观察记录表格，在观察的同时整理观察记录，汇总观察结果，以便于后期的分析和研究。

（三）强化自己的观察意识

处处留心皆学问。观察实践在我们的现实生活中比比皆是，我们要充分利用一切机会去提高自己的观察判断能力，这就要求我们时刻留意有意识地强化自己的观察意识。就对人的观察而言，我们可以养成随时随地对身边人进行观察的习惯，这种观察至少包括一般性观察（观察基本体貌特征，如身高、面相、发型、体态、习惯性动作等）、身份背景观察（通过观察服饰、言谈举止等判断其职业等身份背景信息）、言行意图的观察（观察判断对方想要做什么，想要达到什么目的等）。

（四）掌握一些观察技巧

观察有技巧，可以学习。我们无法穷尽所有的观察技巧，但首先应该学会透过现象看本质，不要被表象所迷惑。其次还要学会由小及大，通过细节观察做出准确的判断。最后还可以投石问路，主动设置一些刺激条件（如提问等）来看对方的反应，以此来观察判断。

（五）对观察结果进行分析和表达

要学会使用数学统计等手段对观察的信息进行分析，得出结论，并恰当地表达出来。新闻传播活动的目的是为了找到社会生活中的有用信息并把它传递给受众，所以传播者在观察的同时，就需要考虑观察之后的分析和表达，考虑如何用最有效的表达方式呈现观察结果。

三、观察技巧中的非语言线索

人们总是习惯于言语沟通，却忽视了在沟通过程中除言语之外的其他信息传递方式，其实这些非语言线索可能在沟通中起着更加重要的作用。艾伯特·梅拉比安（Albert Mehrabian）的研究表明，在判断情绪和表达喜好时，用语言符号传递信息只占7%，其他93%用以传递信息的都是非语言符号，可见非语言传播的重要性。因此对于传播者来说，除了语言线索，还需要充分认识传播中的非语言线索，以提高观察判断的效率和准确性。

（一）面部表情

面部表情能传达非常丰富的信息。我们可以做个实验，找到一本杂志中的人物照片，用手遮住照片的其他部分，只留下面部。单从面部你是否也能获得一些信息？或许你依然可以从中观察判断出人物的情绪和态度。那么接下来遮住照片其他部分，只留下眼睛，看你是否依然能够感受到他的情绪和态度。然后遮住除嘴巴以外的其他部分，是否能继续进行观察判断呢？

传播者要能够学会识别基本的面部表情。心理学家保罗·艾克曼（Paul Ekman）通过大量跨文化研究，得出了从面部表情中可以识别出的六种基本情绪：愉快、悲哀、愤怒、惊奇、厌恶、恐惧。这些面部表情的识别跨越了种族和年龄的差异，具备普遍性特征。保罗·艾克曼的研究成果通过他担任顾问的美国电视连续剧《别对我撒谎》（*Lie to me*）为人们所熟知，剧中主人公卡尔·莱特曼正是依据面部表情和肢体语言所传递的信息来甄别谎言、协助破案的。在中国，也有一些对面部表情识别技巧进行总结的畅销书受到公众的欢迎，传播者可以在一定程度上批判性地学习和借鉴这些技巧，来帮助自己进行观察判断。

（二）肢体动作

困惑的时候挠头，怀疑的时候触摸鼻子，受挫时揉搓颈部，试图中断交流时抠耳朵，忧伤时扭动双手，期望的时候揉搓双手，把双手放在膝盖上表示准备就绪、放在嘴唇上暗示不耐烦，把双手扣在背后是自我控制的象征、扣在脑袋后面是自傲的表现、放在口袋里是为了隐藏真实意图，紧握双手则表明愤怒或紧张……这种种肢体动作都在传递着信息，而且有可能比语言所传递的信息更加真实可靠。传播者可以尝试去学习一些识别肢体动作的技巧来帮助自己进行观察判断。比如，当记者去采访时，被访对象不断地低头看表，可能表示他想中止采访；被访对象无意识地拿桌上的物品摆放在自己和记者之间，可能是表现出一种防御心理；听到记者提问时被访对象松了松领带，可能是表明其对这个问题感到紧张或者是不愿意回答。

（三）身体姿势和呼吸

身体姿势同样透露出丰富的信息，比如懒散的身体姿势表明情绪消沉、疲倦、自卑，或者不希望得到关注；笔直的姿势通常表明热情较高，更自信，或者更开放、坦诚。身体向前倾斜的姿势表明开诚布公和感兴趣，而向后倾斜则表明缺乏兴趣，或者是有防御心理；紧张僵硬的身体姿势意味着防御心态，而放松的姿势则暗示着开放性。

呼吸也是重要的观察指标。呼吸急促通常与激动、恐惧、愤怒、极度的喜悦或焦虑相联系；屏住呼吸和呼吸平稳交替进行，则表明个体处于焦虑和紧张的状态；胸腔上部的较浅呼吸表明思维受到情绪阻断，而深入到腹部的呼吸更多地与情绪和动作相关联。

因此对身体姿势和呼吸的相关知识的了解也有助于传播者进行观察判断。

（四）空间关系和社会距离

人们会不自觉地利用空间关系进行交流。最早对空间关系进行研究的是心理学家爱德华·霍尔（Edward Hall），他描述了四个相互区分的环形区域：（1）亲密距离，从双方可以彼此接触到离开 18 英寸①之间。此区域适合恋人或亲密的朋友，以及儿童与父母的距离，如果他人侵入这个距离会使人产生不适。（2）个人距离，保持在 4 英尺②（约一臂的距离）之内。在这个距离内，人们可以舒适地交谈，也可以相对独立地讨论，但会避免身体接触。(3）社交距离，保持到 4～7 英尺。这个距离适合进行业务交流。（4）公共距离，一般在 12～20 英尺。这个距离被用于相对非正式的会议，例如老师讲课和经理与员工谈话。20 英尺以上的距离是留给名人和警察专用的。传播者需要根据不同的目的和需要与他人保持合适的空间距离。美国总统约翰逊有一次谈起李普曼时说：“每次我把我的椅子挪得离这家伙近些，他总是把他的椅子又挪开。”而那段时间正是两人因观点分歧而关系恶化的阶段。

四、观察判断的发展趋势

随着技术手段的不断发展，人们已经不满足于通过人类感觉器官进行观察，而是研发制造出大量的仪器，比如显微镜和天文望远镜，进行更加细致入微的观察。仅就观察人类

① 1英寸＝2.54 厘米。

② 1英尺＝30.48 厘米。

行为而言，心理学中也有不少特殊的仪器，而且心理研究越来越广泛地使用这些仪器去观察人类的生理和心理指标。这些生理指标包括心率、脉搏、血压、皮肤电阻、呼吸频率、血糖和肌肉紧张度等。

（一）借助仪器进行观察

1. 眼动追踪

眼动追踪指通过测量眼睛的注视点的位置及眼球相对于头部的运动而实现对眼球运动轨迹的追踪。眼动追踪技术目前广泛应用于阅读研究，以及对报纸排版、新闻阅读、广告画面、影视镜头的相关研究。

2. 脑电测量

脑电（EEG）是目前心理学研究中广泛采用的非入侵式记录系统，其原理是基于大脑工作时神经细胞中离子的运动产生电流，在头皮表面形成微弱电位。脑电测量装置通过高灵敏的电极和放大器探测这些电位并记录下来。

3. 磁共振成像

功能性磁共振成像（FMRI）通常是基于血氧水平（BOLD）的大脑活动成像，用以显示在执行特定任务时大脑相关区域的兴奋状况。脑电和磁共振成像技术在心理学中的应用已经比较成熟，在传播研究领域也开始有所使用。

4. 表情识别

计算机可以通过面部细微的肌肉定位，并对每一区域的面部肌肉动作进行编码，去识别不同的表情特征。2012 年美国总统选举时，曾有学者使用表情识别分析系统检测了 200 多人观看奥巴马和罗姆尼辩论时的镜头，并以 73%的准确率预测了投票的结果。

【延伸阅读】 采用心理仪器对受众进行“观察”

好莱坞一些电影在试映时，会对观众有一些特殊要求：必须佩戴一些传感设备。这样就可以监测他们的脑电波、心率、出汗率和肌肉紧张水平等。因为人类在观影时的身体反应表明了主体的生理唤醒，或者说该影片使人产生了怎样的感受。测量数值没有变化，意味着观众觉得无聊；而观众精神高度紧张、坐立不安，则会在传感设备的读数上表现出巨大的峰值。随后这些数据将会被导入计算机中，进行数据的平均和实时分析，然后制作方会基于观众的情绪反应来改变影片的叙事结构和方向。

2018 年“两会”期间，新华网基于生理传感技术，在李克强总理做报告的 100 多分钟内，实时测量并记录和分析观众的“情绪曲线”，用以观察不同观众对报告内容的关注点。这为新闻报道提供了新的报道视角与辅助工具，也成为检验报道效果的参考指标之一，可以视为借助机器进行精细观察判断的最新应用案例。

（二）大数据时代与观察判断

大数据时代已经并正在改变着我们的生活。从观察判断的角度来看，大数据同样是一种观察判断的方式，只不过这种观察判断更为精确也更具即时性。大数据之“大”，关键在于数据观察结果在时间维度上更丰富，技术的发展使得在每一个时间节点都可以保存一个数据，这样观察结果可以在时间维度上形成连续性变化，使得数据量由于时间的参与而瞬间变得无比“巨大”，而正是这些数据背后隐藏的信息尤其令人着迷。作为传播者，也有必要了解、学习和使用大数据技术来进行观察和判断。

1. 在线痕迹观察记录

人们在网络浏览时会留下痕迹，比如人们打开了哪个页面，在页面上停留了多长时间，在哪个区域有鼠标停留或点击行动，在各个链接之间是如何跳转的。目前我们所说的互联网三大巨头 BAT［百度（Baidu）、阿里巴巴（Alibaba）、腾讯（Tencent）］正是由于便于观察和记录用户的在线痕迹，从而掌握了用户的搜索行为、购物行为、社会行为，才获得了商业上的极大成功。在互联网公司等新媒体领域里，一般都会有专门的用户研究部门（user experience design，UED）对这方面的数据进行搜集、汇总和分析、研究。

2. 网络活动内容分析

网络活动内容分析其实也是在线痕迹的观察，只不过更偏向于对内容的分析，这些内容包括网民自觉地或不自觉地留在网络上的内容，多是指社交媒体上发布的内容，比如论坛帖子、微博微信内容、社区网友之间的互动、购物内容与消费信息等。这些实时留下的内容数据巨大，对其进行分析可以获取某种潜在的网民行为模式，比如社会网络的规模和结构、社会关系的远近亲疏、社交媒体上意见领袖的观点倾向、网络舆论的动向与变化、浏览方式与消费方式的关系、所购物品之间的关联分析等。

3. 可穿戴设备与健康

如果说上述技术手段所留下的是关于人群及社会的宏观大数据的话，那么最新的可穿戴设备则是瞄准了微观大数据。所谓“微观大数据”，是指个体各种生理指标的实时测量及其变化情况。如今的可穿戴设备诸如手环、眼镜等，多是与健康或便利生活相连，可以通过测量运动量、生活指标等提供健康建议。未来这些设备可能还可以用来测量媒体接触时的各项生理指标。

4. 大数据的分析与挖掘

利用计算机技术的发展，我们也可以对大量新闻信息进行数据分析和挖掘，发现其中隐藏着的不为人知的“秘密”。比如有人对报纸数据库中的相关信息进行统计分析，以出现在头版上的次数来测量不同领导人的“权威性”；有人分析《人民日报》所出现的“敌对势力”是如何随着时代发展而变化的；还有人分析媒体报道中谁“伤害了中国人民的感情”，谁又是“中国人民的朋友”。

第四节　观察判断中的偏见

你是否曾遭遇过别人对你的偏见？你是否反思过自己对他人曾表现出偏见？那么偏见到底是什么？为什么会产生偏见，又如何消除偏见？作为传播者，我们要时刻避免偏见，更要避免在信息传播中带有偏见。

一、什么是偏见

在心理学上，偏见被认为是一种态度，是对一个群体或这个群体中的个人的一种评价，这种评价的主要依据是该个体的群体归属。偏见包含认知、情感和行为倾向三种成分，但是更狭义的偏见（prejudice）则认为其主要成分是某个群体的成员对另一个群体及其成员抱有的负性情感，即偏见主要表现在情感维度上。与之相对应，认识层面的偏见主要表现为刻板印象（sterotype），行为层面的偏见主要表现为歧视（discrimination）。[①]

网络中时常引发讨论的“地域歧视”很好地阐释了什么是偏见。通过搜集近年来网络上的地域歧视讨论，你会发现每个地域的人可能都遭遇过偏见，而每个地域的人都可能对其他与自己不同地域的人表现出偏见。

由此可见，偏见源于不确切的观察（甚至没有观察）并得出错误（或有偏差的）的判断。偏见在社会中广泛地存在，易引发仇视甚至是矛盾冲突，是一种具有破坏力的社会行为。众多研究表明，大众传播中历来有许多偏见内容对于社会公众形成负面影响，所以传播者需要了解偏见及其来源，在传播实践中力求避免偏见的陷阱。

美国资深记者和制片人伯纳德·戈德堡对美国新闻界经常表现的偏见进行了总结，比如有失公正地报道美国保守派，给他们贴上“保守派”的标签，夸大新闻事实，用语不客观，过分看重族裔身份，忽略与女权主义有关的重大新闻等。[②]

二、偏见的来源

进化心理学认为，动物对在基因上与其相近的其他动物具有强烈的认同感，而对在基因上与其不同的其他动物具有强烈的惧怕感和厌恶感，即使这些动物并未伤害他们。因而，偏见可能是与生俱来的人类生物进化机制的有机组成部分，这种机制使得人们热爱家庭和同胞，而对外人怀有敌意。但是人区别于低等动物的高贵性正体现为人类善良、开

① 侯玉波．社会心理学［M］．北京：北京大学出版社，2002：122－123.

② 戈德堡．偏见：CBS知情人揭露媒体如何歪曲新闻［M］．李昕，译．北京：新华出版社，2002.

放、合作、同情的天性，即便偏见是与生俱来的，但它或许并不是人类生存所必需的，人类应该通过后天的培养去抑制和消除偏见。所以我们需要了解本性以外其他的偏见的来源。心理学研究认为，偏见的外在来源主要包括社会化过程中的学习模仿、寻找“替罪羊”的替代性攻击、资源紧缺时的群体间竞争，以及从众的压力等；偏见的内在来源主要包括偏见型人格、个人认知（观念形成）、审美情感、知觉定势与归因风格等。以下对其中几种常见来源进行分析。

（一）社会化学习

社会化是儿童学习传统社会规范的过程，他们通过家庭、学校、同伴和大众传媒等渠道来学习社会规范，但同时也学习到了偏见。个体的早期经验尤其重要，因为进入青春期后，偏见已经固化，再想改变就很困难了。所以家庭、学校和大众传媒都需要切实负起责任，避免在传播内容中夹藏偏见性内容信息。

（二）替代性攻击

当个体感到愤怒或受到挫折的时候，通常会对使自己不高兴的人或事表现出攻击性，一旦因为恐惧或无法接近这个不愉快的根源而使得直接的报复无法实现时，个体可能会将愤怒发泄到替代物上。比如在二战中的纳粹德国，替罪羊是犹太人；在 19 世纪的加利福尼亚，替罪羊是中国移民；在美国内战前的南方乡村，替罪羊就是黑人。社会带给个体的挫折感越强，就越有可能导致个体出现针对其他群体及其成员的偏见。

（三）群体间竞争

当资源有限、在相互排斥的目标上存在冲突时，各群体之间的偏见就容易滋长起来。因为优势群体想要保持自己的特权地位，而弱势群体希望减少这种不平等。当社会资源紧缺时，偏见就会随着竞争的加剧而产生。有时候，这种偏见甚至只是来源于“相对剥夺”的感觉，即当人们看到别人逐渐具备了自己无法企及的经济能力时，这种感觉也会导致他们对优势群体的偏见。

（四）从众压力

有时候，我们的偏见来源于我们周边人群的群体规范。个体倾向于保持与群体成员相同的态度，遵循与群体成员相同的规范，这种态度和规范也包括该群体对其他群体及成员的偏见。另外一些时候，人们屈从于群体的压力，也可能是由于没有得到准确的证据，或者错误的信息占据了优势，从而建立了基于道听途说的态度。

（五）偏见人格

一些心理学家把偏见当作一种人格障碍，其中最有名的研究成果就是阿多诺提出的权威人格。具有这种人格的人对权威过于服从，对传统行为或规范极端遵从，主张对离经叛道者和少数群体的成员进行责罚。有高权威人格的人同样有高度的本族优越感，同时也体现在对其他群体的高度偏见水平上。

三、偏见的消减

中国目前各群体之间因偏见而导致的冲突时有发生，有时候还表现得较为严重。在当前中国舆论场中存在的各种“标签化”或“妖魔化”的现象均属于偏见的范畴，比如早先对于河南人的偏见，以及现在对于“城管”“医生”“官二代”“富二代”“广场舞大妈”等群体的标签化偏见。

当然，我们也在为消除偏见而做出不懈的努力。2015 年春节前后，不少媒体都在报道“切糕王子阿迪力”，来自新疆在长沙创业的青年阿迪力为扭转“切糕骗局”带来的负面影响，为家乡美食正名，成立了专门制作切糕的公司，并于 2014 年云南鲁甸地震期间亲自把切糕捐献给地震灾民。

不少心理学家也致力于研究如何消除偏见。偏见是人们在观察基础上形成判断时以类别化为基础形成知觉，并在随后基于类别进行信息加工。这虽然有利于节省认知资源，但是在加工时却过于概化，甚至不符合实际情况。由此，心理学家提出消除偏见可以从以下几个方面努力。

（一）社会化学习

由于偏见可能是在早期社会生活中习得的，所以可以考虑用改变早年社会化过程的方法来消除偏见。在社会化过程中，学校教育是极其重要的途径，研究表明，人们受教育程度越高，偏见程度就越低，教育能够使人更加宽容。大众传媒也有必要发挥其教育和引导作用，通过社会化来消除偏见。

（二）群体接触

有些学者认为，正是因为不了解另一个群体，所以才会对他们存在偏见。如果是这样的话，那么多接触这些群体，将会获取更丰富更全面的信息，更准确地了解他们，从而减少对他们的偏见。研究也表明，一个人认识的少数民族朋友越多，其对少数民族的偏见就越少。所以隔离只会加深隔阂和偏见，无助于族群的和谐共处。

（三）基于共同目标的合作

在增加接触的基础上，如果双方能够有共同的目标，比如需要共同解决一个问题，而且要解决此问题，双方必须相互依赖、共同努力，同时保持双方合作过程中的地位平等，最后问题得以顺利解决，那么这将会非常有效地消除彼此的偏见。

（四）重新分类

既然偏见是基于过于概化甚至是错误的分类，那么我们可以尝试通过重新分类来消除偏见。重新分类的一种策略就是将原来彼此冲突的群体重新划分到一个更大的、更广泛的类别中，比如二战战场上美国白人士兵和黑人士兵均被看作“美国士兵”，而非不同群体。在当前中国的社会舆论中，我们也经常可以看到国内各地域的人之间彼此有偏见，但在声讨日本军国主义复燃的时候却形成一致对外的声音。

传播者需要时刻警醒偏见的陷阱，一方面避免在传播实践中的偏见，另一方面通过传播实践消除社会偏见，构建人与人之间相互宽容友爱的和谐社会。

第五节　观察判断中的归因

人们总是对观察到的结果感到好奇，是什么原因造成我们所观察到的结果呢？当我们追究原因、试图寻找答案时，依然要进行详细的观察和判断，但此时已经进入心理学中称之为“归因”的研究领域。

一、归因理论

归因是指人们对他人或自己的行为原因的推论过程①，是对他人或自己的行为过程进行观察和判断，并做出因果解释的过程。归因的目的在于理解、预测和评价人们的行为，以便于对外界环境和行为加以控制。

传播者在自己的生活和工作实践中也在实时地进行着归因，为什么某个官员会贪污？为什么某人要跳楼？当传播者面临类似这样的新闻线索时，都需要通过自己的观察判断得出令人信服的因果解释，传播者对新闻事件、社会现象的报道无不是观察判断进而进行归因的过程。

归因反映出个体对于引起某个事件的原因的认知，因此，由归因所得出的原因其实是个体的一种主观解释，未必是引起事件的真正原因。但是，这种未必正确的主观解释往往比真实的原因更能影响个体的心理、行为等各个方面。此外，每一次归因都不是一个单独的过程，上一次归因将会对下一次归因产生影响，比如记者采访的多起交通事故原因在于酒驾，那么下一次遇到交通事故时，他很有可能会先入为主地认为是驾驶者的责任，而忽略掉行人的过错。

（一）海德的朴素归因理论

海德（F. Heider）是归因理论早期的开创性研究者之一。海德认为，在日常生活中，

---

① 侯玉波．社会心理学［M］．北京：北京大学出版社，2002：52.

人们会像科学家一样对周围的事件进行分析、理解和推断。他还认为，人有一种基本的需要，那就是预测和控制环境，而达到这个目的的较好方式之一就是寻找事件发生的原因。如果掌握了其中的原因，就能更好地控制环境。所以，人生活在这个世界上，几乎每时每刻都在有意无意地进行着归因活动。归因是我们对环境进行知觉的一部分，只要试图对环境进行认识，归因就会发生。

海德认为，对人的知觉的研究实质就是考察一般人处理有关他人和自己的信息的方式。他认为人人都像“朴素心理学家”那样在寻求对行为的因果解释。每个人都有一套从经验中总结出来的、有关人的行为与其原因的关系的观念或理论。人们会利用这套理论对各种行为做出相应的解释，并预见他人的行为，以达到控制周围环境的目的。

在海德看来，行为的原因分为两种，分别为内因和外因。外因即环境因素，如他人、奖惩、运气、工作难易等；内因即个人因素，如人格、动机、情绪、态度、能力、努力等。如果将行为归于外因，则行动者对其行为不负什么责任；如果归于内因，则行动者就要对其行为结果负责。例如，一个学生考试不及格，可能由于个人因素，如不聪明、不努力等；也可能由于环境因素，如课程太难、考试内容不合理等。

海德关于外因与内因的归因理论成为后来归因研究的基础，这也是在传播活动中最经常被使用的归因方式。传播者通过对传播行为的外在/内在归因，可以尽可能地预测和控制他人行为。

（二）维纳的成就归因理论

美国认知心理学家维纳（B. Weiner）及其同事在 1972 年发展了海德的归因理论。维纳认为，内因-外因方面只是归因判断的一个维度，还应当增加另一个维度，即稳定-不稳定维度。这两个方面都是重要的，而且是彼此独立的。稳定-不稳定维度在形成期望、预测未来的成败上至关重要。

维纳认为能力、努力、运气、任务难度是分析个体工作成败的主要原因（见表 3-1）。

表 3-1　成就归因的四个主要原因

	内部	外部
稳定	能力	任务难度
不稳定	努力	运气

其研究表明：

（1）当一个人目前的成败与自己过去的成败不一致，而且与别人的成败也有所不同时，一般归因为不稳定的内在因素。如某学生平时的考试成绩很好，但是这次别人都考得很好，他却没有考好，这种情况很有可能要归因于他自身的努力程度。

（2）当一个人目前的成败与自己过去的成败相一致，而且和他人的成败也一致时，成败的原因往往归因为任务难度。例如，某学生平时考试成绩很好，这次考试成绩也很好，同时他班上大多数同学都考得挺好，我们很有可能将这种情况归因为这次考试题目出得比较简单。

（3）当一个人目前的成败和自己以往的成败相一致，但是和他人的成败不同时，能力往往成为归因所在。例如，某学生平时考试成绩很好，虽然本次考试中班里大多数同学考得都不好，他依然考得很好，我们会认为这个同学学习能力很强。

了解维纳的成就归因模型，有助于传播者修正惯常对他人进行的内因/外因的简单归因方式，而能从他人的自身能力、他人的努力程度、工作任务难度和不确定的偶然因素（如运气）等多方面更加全面地解释认知对象的行为。

（三）凯利的三维归因理论

美国社会心理学家凯利（H. Kelley）在1973年提出三维归因理论，又称协变归因模型。他认为人们在归因时就像科学家一样在所有信息中去寻求规律，即寻求决定一种效应是否发生的各种条件的规律性协变。协变是指多个事件同时出现的现象，两个事件如果总是同时出现就是高协变性，若只是偶尔同时出现则是低协变性。根据协变原则，人们一般会依据高协变性来对行为进行归因。

凯利认为，人们可以使用三种不同的因素解释说明行为的原因：

（1）从事该行为的行动者；

（2）产生该行为的对象（客观刺激物）；

（3）行为产生的情境或关系。

对这三个因素中的任何一个因素的归因都取决于下列行为的三种变量。

（1）区别性（distinctiveness）：针对客观刺激物，即行动者是否对同类的其他刺激做出相同的反应。例如，某教师在课堂上只批评了学生A而没有批评其他学生，那么这个行为就是区别性高的。

（2）一贯性（consistency）：针对情境，即行动者是否在任何情境和任何时候对同一刺激物都做出相同的反应，也就是行动者的行为是否稳定持久。如果在其他的时间和情境下也有同样的行为，那么一贯性高；否则一贯性低。例如，某教师在课堂上总是批评学生A，就是高一贯性；如果只是今天批评了A，那么就是低一贯性。

（3）一致性（consensus）：针对人，即其他人对同一刺激物是否也做出与行动者相同的反应。如果每个人面对相似的情境都有相同的反应，那么该行为表现出高一致性。例如，所有的教师都批评学生A，某教师也批评了学生A，那么该行为就是一致性高的。

凯利认为这三个方面的信息构成一个协变的立体框架，根据上述三方面的信息与协变，可以将人的行为归因于行动者、客观刺激物或情境。

心理学家麦克阿瑟（L. A. McArthur）对凯利的三维理论做了系统研究。她给出一个事件：玛丽看一个小丑时笑得特别厉害，要求被试在区别性、一致性、一贯性信息变化的情况下，对玛丽发笑的原因进行归因，结果如表3-2所示。

表 3-2　用凯利的三维归因理论解释事件的发生

条件	区别性	一贯性	一致性	归因
1	低：她对别的小丑也发笑	高：她总是对他发笑	低：别人很少发笑	行动者：玛丽
2	高：她没对别的小丑发笑	高：她总是对他发笑	高：每个人都发笑	刺激物：小丑
3	高：她没对别的小丑发笑	低：她以前没对他发笑过	低：别人很少发笑	情境

凯利提出的协变归因模型符合严密的逻辑分析模式，对人们归因过程的分析和解释比较细致，但也正是因为其逻辑性强、分析细致，使得这种模型在一定程度上缺乏操作的可行性，从而遭到质疑。在很多情况下，传播者无法得到关于区别性、一贯性、一致性的全部信息，例如，可能不知道采访对象先前的行为特点，于是无法得到一贯性信息；也可能不知道其他人在同样情境下的行为，又缺失了一致性信息。在这种情况下，凯利的归因理论就不适用。有时候即便三方面信息具足，我们也不能完全按照协变分析方式来进行分析。

（四）归因理论的扩充和发展

琼斯和戴维斯（E. E. Jones &K. E. Davis）对归因理论进行了扩充和发展，提出对应推断理论（the theory of correspondent inferences）。该理论认为，外显行为是由行动者的内在人格特质引起的，而且与其行为目的直接相关，所以如果能够了解行动者的人格特质，并且知道其行为的真正目的，就能更加准确地对其行为进行归因。

泰勒和克洛科（S. E. Taylor & J. Crocker）从社会认知的角度出发丰富了归因理论，他们认为每个人对社会事物如何运动操作都有着不同的看法，这就是所谓的社会图式（social schema）。社会图式是过去经验的积累，这些图式可以帮助我们组合所遇到的新的社会刺激，决定着我们对于所面临刺激的互不干涉的事情的不同解释，即影响着我们的归因。

二、常见的归因偏差

以上关于归因理论的描述，都是把归因看作一个经过详尽的观察分析和严密的逻辑判断最终得到正确结论的过程，但在现实生活中，传播者的归因过程总会或多或少存在一些偏差甚至错误。这些错误和偏差有的来自传播者认知过程本身固有的局限，有的来源于传播的动机，有的则是认知因素和动机两者共同作用的结果。了解这些偏差，可以知道传播者在归因时如何误入歧途，也可以认识到在常规的归因过程中还有哪些特殊之处。

（一）基本归因偏差

基本归因偏差（fundamental attribution error）又称主要归因错误，是指我们在对他人的行为进行归因的时候往往将其行为的原因归于行为者内部稳定的个性特征，而低估了情境的作用，甚至我们在对他人行为做出内向归因的推论时就是自发的、无意识的，而且倾向于排斥通过后期获取的信息对这一知觉结果进行修正。

有研究指出，这种基本归因偏差在强调个人主义的西方文化背景下更容易出现。有研究发现，由于文化背景的不同，西方国家的人倾向于个体因素的归因，而亚洲国家的人倾向于情境因素的归因。文化心理学家莫里斯（M. W. Morris）和彭凯平曾经分析了英文报纸和中文报纸对美国发生的两件类似案件的报道，结果发现英文报纸对两件案件的报道都集中在对两位谋杀者的心理不稳定和其他消极的个性因素的推测上，中文报纸的报道则集中在环境、背景等社会因素上。对中国和美国大学生如何解释这一事件的调查也发现了类似的结果：中国大学生更多地做出情境归因，美国大学生更多地做出个性归因，这种归因倾向无论对美国谋杀者还是中国谋杀者都是一致的。

一些信念也会让认知产生偏差，例如“因果报应”假说。很多人相信世界是公平的——善有善报，恶有恶报。换言之，你的付出决定你的收获。当我们去评估一个人时，可能会无意识地用到这个假说。例如，在某些特定文化中，一位伊朗妇女被强奸了，该文化中的许多人会认为她让她的家族蒙羞，应被施以严厉的惩罚甚至被处死。虽然这很不公平，但研究表明，许多人都在责备强奸案的受害者。“世界是公平的”这一信念会让我们产生认知误解，使我们在解释他人行为甚至是自己行为的时候，忽略环境因素的影响，过分强调内在的主观因素。

（二）当事人与旁观者效应

当事人与旁观者效应（the actor-observer bias）也称为行为者-观察者效应，是指当我们观察他人的行为时，倾向于把行为归因于其内在特质，但是对我们自己的行为，我们却倾向于用外在的情境因素去解释。

产生这种归因偏差的原因有两种：一是行为者和观察者的着眼点不同。行为者很难对自己的行为进行深入观察，而外在的情境更容易成为他们知觉的对象；反过来，观察者则更多地把注意力放在行为者身上，因此行为者的个人特质就成为主要的知觉对象。这种知觉对象的不同导致了归因的不同。

还有一个原因是行为者和观察者的信息来源不同。行为者对自己过去的行为比较了解，而且行为者可能对自己当时的情绪状态、态度和能力非常清楚，于是会把自己的行为归因于某些短暂的因素；而观察者对行为者当时的状态和过去的行为方式不是很了解，他们就会假定行为者当时的行为和过去的行为方式是一致的，因此就会归因于内在因素。

（三）自利归因偏差

自利归因偏差（the self-serving attributional bias）也称作自我服务偏差，是指我们倾向于接受成功的荣耀、拒绝失败的责任。我们成功时常常归因于内，失败时常常归因于外；但当别人成功时，我们倾向归因于外，当别人失败时，我们则倾向归因于内。

自我服务偏差表明个体在归因的时候都有自我保护倾向，使归因朝有利于自我价值确立的方向倾斜，一般都对良好的行为采取居功的态度，而对于不好的行为则开脱自己的责任。

产生自我服务偏差可能有以下原因：

（1）在活动中自己的作用和贡献更容易被注意。

（2）回忆自己的作用和贡献比回忆别人的作用和贡献更容易。

（3）信息的差异可能导致我们认为自己的作用大。比如，他人工作的时候我们的注意力转移，因此会低估他人的作用。

（4）自利动机存在促进了自我服务偏差的出现。

（四）虚假一致效应

虚假一致效应（false consensus）是指我们倾向于把自己的行为看作典型的，总以为其他人也会做出与我们一致的反应。研究者认为之所以会出现这种情况，有以下原因：我们喜欢与我们自己的行为相似的行为，我们自己的信念特别突出，是我们特意选择了一条路线，我们想保持自己的自尊水平。

【延伸阅读】生活中的自利归因偏差

出于自利归因偏差，我们可能不太相信在我们的生活中处处充满自利偏差。

一个全国性调查中有这样一道题目："在一个百分制的量表上，你会给自己的道德和价值打多少分？" 50%的人给自己打分在90分或90分以上，只有11%的人给自己打分在74分或74分以下。

● 工作能力：90%的商务经理对自己的成就评价超过对其普通同事的评价。在澳大利亚，86%的人对自己工作业绩的评价高于平均水平，只有1%的人评价自己低于平均水平。大多数外科医生认为自己的患者的死亡率要低于平均水平。

● 优点：在荷兰，大部分高中生认为自己比一般高中生更诚实，更有恒心，更有独创性，更友善且更可靠。

● 驾驶技术：多数司机——甚至大部分曾因车祸而住院的司机——都认为自己比一般司机驾车更安全且更熟练。

● 聪明才智：大部分人觉得自己比周围的普通人更聪明，更英俊，更没有偏见。当有人超过自己时，人们则倾向于把对方看成天才。

● 忍耐度：在1997年的盖洛普民意测验中，只有14%的美国白人在黑人歧视程度的10点量表（0分到10分）上打分达到或超过5。可是在给其他白人打分时，44%的白人的打分达到或超过5。

● 赡养父母：多数成年人认为自己在赡养年迈父母方面比自己的兄弟姐妹们出力多。

● 健康：洛杉矶居民认为自己比大多数邻居更健康，而多数大学生认为他们将比保险公司预测的死亡年龄多活10年左右。

● 洞察力：我们假定，他人的语言和行为能够体现他们的本质。我们私下的想法也是如此。因此，我们中的大多数人都认为我们比别人更了解我们自己。我们也认为比起了解别人来，我们更了解自己。很少有大学生会认为自己比别人更天真或更傻，而是会认为别人要比他们傻得多。

- 摆脱偏见：人们往往认为自己比其他人更不容易受偏见的影响。他们甚至认为自己比多数人更不容易产生自利归因偏差。

资料来源：迈尔斯．社会心理学［M］. 11版．侯玉波，译．北京：人民邮电出版社，2016：67.

归因偏差普遍存在并且难以改变，这就提醒作为传播者的我们，在对传播活动中的他人或事件进行观察、判断，进行行为的解释和推断时，要努力避免将他人的行为看作他们特质的结果（基本归因偏差），同时也要避免将成功看作自己的努力而将失败归咎于他人（自我服务偏差）。当你想要了解他人行为背后的原因时，一定要提醒自己这些偏差的存在。

【思考题】

1. 观察判断的心理机制是什么？
2. 经验在观察判断中起什么作用？有什么局限？
3. 传播者如何强化自己的观察判断能力？
4. 在传播过程中，常见的偏见有哪些？如何避免这些偏见？

【推荐阅读】

1. 戈德堡．偏见：CBS知情人揭露媒体如何歪曲新闻［M］. 李昕，译．北京：新华出版社，2002.
2. 陈静．媒介偏见：新闻组织行为表象与政治原动力下的机制呈现［M］. 杭州：浙江大学出版社，2015.
3. 高斯林．看人的艺术［M］. 宋媛媛，译．北京：北京联合出版公司，2018.
4. 普劳斯．决策与判断［M］. 施俊琦，译．北京：人民邮电出版社，2004.

第四章
传播者的印象形成及印象管理

【本章学习要点】

1. 影响传播者印象形成的因素
2. 传播者印象管理的技巧
3. 运用印象管理的注意事项

在传播环境中，传播者接收、理解、制作、发布信息的过程实质上是一个认知过程，也就是传播者通过各种感官来认识事物、认识他人的主动过程。这个过程既决定于外部存在的客观事物，也决定于传播者自身的思维方式、经历、需求和情感状态等。认知之所以在传播活动中非常重要，是因为它直接影响了传播者在传播过程中的各种选择——接收和传递什么样的信息，取决于传播者对外部世界的看法，取决于他对环境的判断，以及他如何看待自己、如何看待与自己进行沟通的他人。

无论人际传播还是大众传播，传播者在传播活动中都始终要和不同的人群打交道。可以这样说，传播活动的对象就是人。一般来说，人们知觉到的来自外部世界的刺激可以分为两大类，一类是对物，一类是对人。传播者将通过感官获得的关于他人的信息加以组织和解释，并在此基础上形成对人的印象，这被称作对人的知觉，也叫对人的印象。所谓对人的知觉不仅包括人的外貌、言谈、举止，也包括对人的动机、情感、能力、个性等心理状况的判断。传播者总是试图通过某人的外表特征推断其内部的心理活动状态，并将这些外在特性作为认识他人的一种判断依据。

本章将主要探讨传播者在传播过程中对人的印象是如何形成的，其印象形成过程受到哪些因素的影响；在此基础上，进一步理解传播者如何利用印象形成原理，在特定传播情境中塑造有利于实现传播意图的自我形象，如何通过一系列手段和策略来使传播对象形成对自己特定的应对方式，即印象管理的基本技巧。

第一节　传播者的印象形成

传播者在传播过程中接触到形形色色的人和事物，如何理解、编码这些信息，并将其呈现到受众面前，实质上是一个社会认知的过程，也即印象形成的过程。印象形成是社会知觉的重要组成形式。例如，我们第一次见到某人，并不会对这个人的所有信息都同样看重，而是集中于能够让我们形成印象的最有效的信息。为了形成持久的印象，我们必须编码大量信息，以便日后回忆。

印象形成包括形成关于他人印象的一系列过程。从认识一个人到最终形成对他的评价或者解读，并不是一个简单的逻辑过程。传播者的认知要受到一系列因素的影响，其中几种比较重要的因素包括：信息的加权平均、典型行为和思维概括、认知模式和内隐人格理论。

一、信息的加权平均

传播者如何将来自他人的不同信息组合起来形成印象呢？一般来讲有两种可能：(1) 将不相关联的信息加起来形成统一的印象；(2) 将获得的信息以某种方式加权平均形成印象。

总的来说，加权平均是更好的解释。所谓加权平均，就是我们在形成印象时，并非将来自他人的信息资料简单相加，而是根据各种信息重要性的不同，分别赋以不同权重，之后再相加处理，得出最终的印象。心理学家曾经做过这样的实验：如果被试得到信息显示一名陌生人有两个有利特质（如诚实和有逻辑），他们会对这个人形成良好的印象；如果他们得到的信息是这个人有两个有利特质和两个中度有利特质（如诚实、有逻辑，勤劳、善于说服），他们形成的印象会不会比前者更好？研究者发现，如果人们将他们获得的信息简单加起来，他们会对第二个人形成更好的印象，因为对这个人的描述中有更多良性形容词（两个有利特质和两个中度有利特质）。如果人们通过加权平均的方式将这些信息组合起来，他们会更喜欢第一个人，而不会因为有两个新的中度有利特质的加入，之后通过简单算数平均而拉低原有的喜欢程度。实验证明，人们常常使用“代数认知”来形成对他人的印象，也就是使用信息加权平均的方式来形成对他人的总体印象。

因此，在传播活动中，当传播者接触其他人时，搜集掌握的来自他人的信息越多，特别是能够引起价值评价的正反两面信息越多，对这个人的印象就越趋于客观和准确。

二、典型行为和思维概括

在对他人形成印象的研究中，一些理论强调典型行为的重要性。传播者在对他人进行判断时，会回忆他们某些有特征的典型行为，并以此做出判断以及形成印象。与之相对应，另一些理论则强调思维概括的重要性（有时也称作范畴判断）。这种观点认为传播者在认知来自他人的信息时，只是提取之前形成的概括，以此做出判断并形成印象。例如，我们在对某个人形成印象之前，先回忆以前的经验中此人是否亲切友好，是乐观还是悲观，然后将这些特质和对这个人的印象结合起来。当然，这种观点的前提条件是传播者和认知对象在很多情况下都有互动，在多次见面中对其形成印象，而不仅仅基于一次见面。

现有研究显示，典型行为和思维概括在印象形成中都非常重要。事实上，随着交往深入，传播者对他人的印象可能改变。起初，我们对新认识的人的印象主要是典型行为，之后我们对他的印象就主要通过多次对他的行为观察得来的思维概括。

三、认知模式

我们的社会认知存在一种“懒人模式”，即人们会尽量做最少的认知工作，印象形成也遵循这一规律。通常传播者会以最简单最容易的方法形成印象，将认知对象放入自己早已熟悉的大的社会类别（如“她是大学教授”“他是维吾尔族老人”）中加以判断和评价。这种社会类别就是一种认知模式，即人们会对某个群体形成一种概括而固定的看法，然后以对这个类别的人群的了解为基础，形成对群体中某个个体的印象。例如，在认识某个人之前，如果我们知道此人的身份是大学教师，就会开启相应的认知模式，将对一般教师群体的印象，诸如博学、严格、专业性强、口才好等特质，先入为主地加诸这个人身上，而忽视实际交往中该人的具体表现。当然，如果我们需要对其形成精确印象，就必须将其看成独立的个体，考察只属于他本人的独特特质。

认知模式对传播中印象的形成既有有利影响，又有不利影响。一方面，认知模式能够帮助传播者简化认知任务，用较快时间就能预判认知对象的基本特征；另一方面，认知模式又会使印象形成陷入固化陷阱，阻碍传播者对认知对象做出具体的、有针对性的、准确的判断。

四、内隐人格理论

假设你的朋友说他遇到一个人，这个人友好、乐于助人，你会不会认为这个人非常真诚？可能会。如果你的朋友说他刚遇见的人非常务实，而且聪明，你会不会认为他是一个有野心的人？你也可能会这么认为。但是为什么即使没有真诚、有野心这些信息，你也会认为这个人有这些特质呢？这是因为我们在印象形成中的内隐人格理论（implicit personality theories）在起作用。该理论认为，一些特质和人格不是独立存在的，而是会一起出现。这个理论也可以看成是一种特殊的图式，告诉我们一个人拥有某些特质的同时还会拥有其他什么特质。这种形成印象的方式有时会受文化的影响。例如，在很多文化中有一种“美即好”的图式，认为外貌迷人的人也有其他良好的品德。与此类似，在一些文化中，有一种“运动男孩”的图式：热爱运动的男青年喜欢啤酒不喜欢葡萄酒，还可能有些粗俗。同样，一旦见到一个人有某些特质，我们就会认为他们还有其他特质，因为我们预期它们同时存在。

这种预期特质或者性格一起存在的倾向非常普遍，在很多情况下都能见到。例如，你可能会猜测出生顺序和性格之间有联系。很多研究发现，人们认为长子或长女敢作敢为、有野心、有领导力、独立，并会取得较高的成就；出生顺序居于中间的孩子有同情心、友善、喜欢外出、有思想；而独生子女不独立、自我中心、自私、被宠坏了。

研究证实，这种认为出生顺序影响性格的猜测普遍存在。有一项实验要求被试评价长子（女）、独生子（女）、次子（女）、幺子（女）以及自己的多种性格特点：宜人的/乖戾的，勇敢的/怯懦的，有创造力/没有创造力，情绪化/非情绪化，外向的/内向的，有责任感/没有责任感，等等。对不同组的评价结果有明显差异。被试通常认为长子（女）智商高、有责任心、顺从、稳定、少情绪化；独生子（女）则是乖戾的；次子（女）嫉妒心强、胆小；幺子（女）最富创造力、情绪化、不服从、没有责任感。所以，很明显存在着出生顺序和人格特质的内隐信念。

更让人惊奇的是，进一步研究显示，出生顺序真的反映了人生成就。有一项在波兰进行的研究显示，被试的出生顺序越靠前，他们的学业和事业成就越高。这说明一个重要观点：信念和期待的自我实现。研究显示，我们对出生顺序的信念可以看成是一种重要的内隐人格理论，我们相信出生顺序和许多人格特质都有关系。

可见，传播者对他人的印象受到内隐人格理论的影响。事实上，这种信念非常强大，会让我们扭曲自己的认知与之相一致，结果是我们对一个人形成的印象更多反映的是我们自己的信念，而不是这个人的真实特质。

第二节　传播者的印象管理

传播者在传播活动中始终要和不同的人打交道。上一节主要探讨传播者在传播过程中对人的印象是如何形成的，印象形成过程受到哪些因素的影响；本节进一步解释传播者如何利用印象形成的原理，在特定传播情境中塑造有利于实现传播意图的自我形象，如何通过一系列手段和策略来使传播对象形成对自己特定的应对方式，即印象管理的基本技巧。

一、印象管理是什么

印象管理（impression management）也称“印象整饰”，是指人们试图控制他人对自己形成某种印象的过程。[①] 人们留给他人的印象表明了他人对自己的知觉、评价，甚至

① 孙时进．社会心理学［M］．上海：复旦大学出版社，2006：74.

会使他人形成对自己特定的应对方式。所以为了给别人留下好的印象，得到别人好的评价与对待，人们会用一种给他人造成特定印象的方式产生行为，这就是印象管理的核心。

渴望被别人积极看待，避免被别人消极、负面看待是人类的一种基本动机。心理学家阿金（R. M. Arkin）将印象管理分为两种类型：一种是试图使别人积极看待自己，这种努力叫作获得性印象管理；另一种是尽可能弱化自己的不足，避免使别人消极看待自己，这种防御性措施叫作保护性印象管理。

二、印象管理的原因

传播者的任何公开行为都是在向别人传达有关自己的有意义的信息。因此，传播者在他人面前做的所有事情，其调控策略几乎都是围绕着印象管理的。人们为何需要印象管理呢？

（一）维持自尊

人们都希望有面子，不要失面子，所以不断借着印象管理来获得被社会所认可的自我形象（self image）。尤其是在个体遇到挫败之后，颜面尽失，更需要印象管理以挽回面子。例如，公众人物在电视上发表的公开道歉，除了为自己个人行为表示后悔以外，其实质也是一种印象管理。

（二）界定互动关系

人们借着印象管理传达信息，让别人知道如何去说话、如何去做才算适宜，同时建立起彼此互动的规范和行为。例如，一个人表情严肃，等于告诉别人“我不容易亲近”，他人据此调整和他的相处之道，并敬而远之。

（三）产生影响力

日常生活中，常有人借着印象管理来获得权力及影响力。例如，政治人物自己塑造出“可靠”“品质保证”的形象，从而使自己具有强大的说服力和坚实的可靠性。而明星也通过塑造良好的社会和公众形象来扩大自己的影响力。

（四）赢得社会赞许

人们对于不同的社会角色有不同的期待，为了赢得对该社会角色的赞许，个体需要表现得符合一般人的印象。其印象管理的历程就是——“我是一个××，每个人都认为××是怎样的人，因此我就表现得像一个××。”例如，男女性别行为的建立来自社会附着于其上的期待或规范的性别角色。男女的性别角色不同，因此在行为表现上也各有不同，个体必须根据社会对各自性别的要求树立自己在他人心目中的形象。

（五）建立稳定一致的公共形象

在人际互动中，我们喜欢一致稳定的形象，这有利于彼此关系的发展，而不需互相猜测，扰乱彼此的互动模式。印象管理可以帮助人们达到良好的社会适应。人们要想为周围的人所接纳，就必须按照社会的期望行事，也就需要不时地掩盖自己本来的面目而暂时使自己的行为符合社会期望。因此人要想完成良好的社会适应，就必须在必要的时候进行有效的印象管理。同时，印象管理也抹杀了人们行为的自发性和独特性。此外，印象管理策略也可能被人们用来作为实现某种阴谋的手段。

【延伸阅读】 适度是最好的印象管理策略

与个体的实际素质相比，印象管理行为本无好坏。印象管理的有效运用可以很好地影响他人的决定，而过度使用则会适得其反。

心理学家巴朗（Robert Baron）做了一项很有意思的研究：他分别请一些男女大学生对一名女性求职者（实际上是由巴朗的助手扮演的）进行面试，这位女性应聘的是一个初级工作岗位。在所有的面试程序中，这位女性使用的是完全相同的语言信息，但在非语言信息的使用上采用两种方式：一种是大量使用积极的身体语言，如面带微笑、点头、身体前倾、认真注视考官等；另一种则不使用任何积极的身体语言。另外，她身上还有另一项自变量的变化，即擦香水和不擦香水。结果发现，如果这位女性求职者只使用积极的身体语言或只是擦香水，男性面试考官对她的评价相比不使用任何身体语言要高。但是，如果她既使用积极的身体语言又擦香水，男性面试考官就会降低对她的评价；而在女性面试考官身上却没有发现这种差异。巴朗的研究表明，印象管理在面试过程中的作用是比较复杂的，过犹不及，重要的是恰如其分。

三、印象管理的理论

对现代社会心理学中有关印象管理的研究产生深远影响的是社会心理学家库利（C. H. Cooley）和米德（G. H. Mead）的“符号互动理论”，以及社会学家戈夫曼（I. Goffman）的“拟剧理论”。

戈夫曼在他的《日常生活中的自我表现》一书中提出“印象管理就像戏剧”，即印象管理的“拟剧理论”。他认为，人们之间的交往好像一场戏剧演出，每个人都在表演自己的节目，交往情景不同，节目也不同。在不同的情境中，每个人都在极力让自己的言行适合于该情境，就像演员一样要赢得他人的正面评价和认可。交往中一方的兴趣在于控制别人的行为，使对方通过对自己行为的理解，做出符合自己计划的行为反应。他把社会互动和戏剧表演结合起来，认为每个人均在扮演一个“行当”（line）。一个行当是一套细致的对言语和非言语行为的选择，这就是自我表现。他的思想为后来社会心理学关于自我及印象管理的一系列研究开辟了道路。

库利和米德的符号互动理论认为，每个社会交往的参加者都会试图“站在别人的角度”上，以别人的方式去观察自己。这就使我们不仅能够预知别人对自己的感觉和反应，而且还能据此调整自己的言论与行为，使之产生令人满意的结果。而且人们的抽象认识能力是逐渐增长的，随着这种能力的发展，人在与他人的互动交往中，渐渐能够想象到自己的外观以及他人的评价。这样人就开始自觉地调节自己的言行，以期给别人一个良好的印象。

此外，印象管理研究领域中较有影响力的学者还有琼斯（Jones）及其同事，他们把“印象管理”概念从自我表现层面扩大到包含企图控制他人对自己的个人特征的印象。这一思想引起了心理学家对印象管理的兴趣，并引发了20世纪80年代以后对印象管理更为广泛的研究。

四、印象管理的动机水平因素

印象管理的动机是指人们想操纵和控制自己在他人心目中印象的意愿程度。个体印象管理的动机水平取决于以下三方面的因素。

（一）印象与个人目标的相关性

越是与个人目标相关密切的印象，个体进行印象管理的动机就越强烈。在人际关系中，如果目标是对个体越有特殊意义的重要他人，那么个体进行印象管理的动机就越强；反之，印象管理的动机越弱。

（二）目标的价值大小

越是有价值的目标，个体进行印象管理的动机就越强烈。例如，在团队组织中，提升对个体来说是非常有价值的目标。与此同时，上级和同事对自己工作能力与工作方式的印象则直接影响个体的提升，因此个体会非常在意能够使上级和同事形成有关自己工作能力与工作方式的好印象。

（三）期望高低

一个人期望留给他人的印象与他认为自己已经留给他人的印象之间总是存在差异。这种差异越大，个体的印象管理的动机就越强。例如，某人希望上级赏识自己的能力、下级认可自己的工作方式，当认为上级过去已形成有关自己能力的不良印象，或者下级已形成有关自己工作方式的不良印象时，个体改变这种印象、对自我印象进行管理的愿望就会更强烈。

五、传播者印象管理的技巧

印象管理对人们的社会生活有着广泛影响，他人对我们的评价非常重要，当在别人面前时，我们很难不关心对方对我们的看法。如果印象管理运用得当，我们就能影响他人的判断，从而强化自身的传播能力。

（一）获得性印象管理技巧

获得性印象管理是指试图使别人积极看待自己的努力，其目的在于传递一种特定的形象。其中，获得性印象管理行为又可分为他人聚焦型和自我聚焦型两大类。他人聚焦型印象管理一般将目标指向印象管理的接收者和评价者，通过逢迎、讨好等行为来获取人与人之间的彼此吸引，主要包括讨好、抬举他人、意见遵从等；自我聚焦型印象管理则将目标指向行为者自身，通过一系列的策略行为将人际交流的主题界定在能使自己凸显优秀的方面，从而使自己显得更有能力，具备更多的积极特质，这些策略主要包括自我宣传、威慑、以身作则等。除此之外，获得性印象管理还有其他一些技巧，比如恳求和非语言行为等。

1. 讨好

讨好是指一整套相关联的获得性印象管理行为，其共同目的在于使自己更受欢迎，在他人眼里更具有魅力。因此讨好行为也被称为“吸引力管理”。讨好技巧主要包括以下几个方面。

（1）意见遵从。一般人们都乐于接受赞美，想从别人那里得到对自己意见的认同——人们喜欢那些敬佩自己的人。不少研究证实了意见遵从是交流中最普遍也最有效的讨好形式。研究者指出，意见遵从以及其他逢迎对方的方式都是有效的，尽管有时这种技巧会被旁观者和对方一眼看穿，如果使用不当就会使对方感觉你不真诚，从而产生相反的效果。

（2）热情相助。这是指通过向他人提供自己力所能及的帮助而获得他人的好感和喜爱。施助者利用了一种放之四海而皆准的社交行为法则——互惠原则，即我们应该帮助或回报那些帮助过我们的人。特别是当别人并未要求我们帮忙时，我们主动对他人提供帮助，会让人产生好感和一种“知恩图报”的责任感。当然为他人提供帮助的最终目的是为了赢得他人的喜欢而不是获得回报，有时这些不能立刻获得回报的相助对印象管理会更有效。

（3）赞美他人。根据戴尔·卡耐基的观点，真诚地表扬和赞美他人是成功的关键。我们倾向于喜爱那些喜欢我们、表扬我们、鼓舞我们自信、给我们积极评价的人。

（4）自我抬高。这种方式是指了解所要讨好对象喜欢的品质，并声称自己具有这样的品质。通过自我抬高方式，讨好者的最佳个性特征在目标对象面前表露无遗。有时候讨好者也经常用模糊策略来进行自我抬高——在无足轻重的小事上表明自己的平庸，而在关键事件上则自我抬高。这种模糊战略的目的是利用谦虚和自嘲来增强自我抬高的可信度。

【延伸阅读】 应聘考试中的印象管理

心理学家琼斯和皮特曼（Jones & Pittman）的研究表明，印象管理需要考虑各种因素，包括激励因素、认知因素和道德因素。激励因素也称诱因价值，它指的是被目标对象所喜爱对应聘者来说有多重要。诱因价值随着个体和目标对象之间的权力差距的增大而增加。例如，应聘者和面试考官之间信息是不对称、地位是不平等的，这正是应聘者实施印象管理、试图赢得考官认同和喜欢的动机所在。

认知因素也称主观可能性，它指的是个体认为努力实施印象管理获得成功的可能性。总体来讲，一个人主观认为成功的可能性越大，他就越可能试图讨好目标对象。琼斯和皮特曼指出，一个试图讨好老师的学生可能夸赞自负的管理学老师课讲得好，而不大可能恭维挑剔的商业统计教授是因为这位自负的管理学老师更可能接受这些恭维之词，并增添对此学生的喜爱，而那位挑剔的统计学教授则更可能将恭维之词视作别有用心，并怀疑这些话的真实性。相比来说，讨好管理学老师比讨好统计学教授的成功概率更大，因此“主观可能性”也就更高。从激励因素与认知因素之间动态的相互作用中可以看到实施讨好行为面对的两难困境。个体对目标对象越依赖，则讨好目标对象的动机就越强烈。然而，正是由于这种依赖性使得讨好意图更为明显（更容易被人察觉到）。所以，在面试过程中一旦印象管理策略实施不恰当，考官意识到一些应聘者使用了虚假的印象管理手段，那么结果往往会适得其反。

这时候应聘者更应该考虑在特定情境中实施讨好行为的道德因素，即讨好行为的恰当程度。例知，信徒不会去讨好他的牧师或教士，患者也不会去讨好他的心理医生——不是因为他们不能实施这种讨好行为，而是因为这些行为不被认为是恰当的行为。在这些情境中，讨好极易破坏以诚相待的原则，而被视为别有用心。在另一些情境下则不然。琼斯和皮特曼曾精辟地指出：“在职场上，个人主义的社会规范普遍认可自我推销和自我宣传，所以适当的讨好行为更可能被看成是恰当合理的。”

有心理学家指出，在存在权力差距的情况下，较为成功的印象管理方式是模糊战略。应聘者可以在一定程度上表现谦虚，甚至自嘲“非常一般”。事实上是在无足轻重的小事上表明自己的平庸，而在关键事件上自我赞美、自我抬高。这种模糊战略的目的是利用谦虚和自嘲来增强自我抬高的可信度。例如，在应聘销售经理职位时，应聘者告诉考官自己在上一份工作之中如何克服了重重困难、卓有成效地工作，同时以半开玩笑的口吻称，他之所以需要换一份薪水更高的工作，是因为超速行驶而被多次罚款。通过承认自己在与工作无关的特征上的不足（驾驶技术），他实际上强化了与工作相关行为的效度：“我想我是一个很糟糕的司机，但却是一个优秀的销售经理。”

尽管权力差距直接影响印象管理行为，但印象管理策略最好是在权力差距不很显著时实施。例如，在公司每年的假日聚会上恭维老板的家庭多么美满，要比在进行绩效评估的前一天说同样的话效果更好；在求职面试中告诉面试考官她的着装很有品位也会使效果适得其反，但是在商场购物中巧遇面试考官时说同样的话，就会被认为是真诚的。

印象管理策略的运用应该说是一门艺术。大多数应聘者的印象管理策略是一种社会礼仪性质的常规行为，这种行为反映一个人的修养和素质。但是如果考官意识到一些应聘者使用了过分虚假的印象管理策略，他们就会对后者的印象大打折扣，对他们的任何表现都会持嘲笑鄙夷的态度。

资料来源：侯箴．印象管理与求职面试[J]．人力资源，2006（21）．

2. 自我宣传

自我宣传也称为“门面修饰”（window-dressing），是指通过各种途径和方式主动对个体的积极形象进行宣传，使自己看起来较有能力。

自我宣传与讨好的目标不尽相同。通过讨好让别人喜欢你是一个被动过程，而自我宣传则是一个主动过程；讨好他人者希望被人喜欢，而自我宣传者则希望被人认为能力超强。有学者认为，自我宣传者想方设法使别人认为自己无论是在通常能力（比如智力）方面，还是在特殊能力（比如会一种乐器）方面都是略胜一筹的。

除了直接宣扬自己的能力和所做出的成绩，我们还可以通过揭示困难来达到宣传的目的。让人们了解自己尽管存在主观或客观方面的困难与障碍，但还是取得了积极的成果，这样就会使他人对自己有更好的评价。例如我们在《超级女声》《中国好声音》等选秀节目中常常看到一些屡屡被批，却又屡批不止的“讲故事”情节。选手在上场比赛前或评委打分前，讲述自己或是怀才不遇，或是生活困苦，或是不被人理解，或是亲人刚去世的不幸境遇，也是一种“揭示困难”的自我宣传策略。一般来讲，拥有曲折经历的选手更容易博得评委与观众的同情和支持。

3. 威慑

威慑者通过树立一种令人畏惧、很有权势、有影响力的形象来展现力量，以控制人际互动。也就是说，别人要听从他的威胁和警告，不然的话将自食其果。这种印象管理行为多在有权力的一方身上发生，其目的在于希望他人能够附和、服从他的意见。在传播组织中，威慑是一种典型的自上而下的影响，也就是说，由权力等级高的人对权力等级低的人施加的影响。上级对于下级在薪水、绩效评估、晋升等方面的影响或控制，会给上下级之间营造出一种威慑的气氛。事实上，对于权力者来说，取悦于人的做法可能是非常危险的，因为这样做会弱化下级对他的尊敬和恐惧，从而减少对他的顺从。社会心理学家发现，相互喜欢的人之间是不太可能使用威慑手段的。所以与下属过分亲密的领导者会丧失下属对他的尊敬和畏惧，从而削弱权力根基的有效性。

4. 以身作则

以身作则指的是进行诸如正直、自我牺牲、道德高尚等方面的印象管理。从印象管理的角度来看，以身作则通常是一种策略性的自我牺牲，他们采用的是一种能起到带动作用的道德示范方式以影响和控制他人。这种策略虽然可以塑造积极的、正面的印象，但是可能会对使用者造成一定的负面影响，也可能会对使用者的精神和心理造成极大冲击。

5. 恳求

恳求是指使用者利用自己的弱点来影响他人的策略。恳求者善于给人留下自己能力较差或看起来很糟糕的印象，即通过宣传自己的无能，试图启动一种强有力的社会准则或者社会责任规范——人们应该帮助那些需要帮助的人。不过，人们帮助恳求者的程度是很有限的，如果过分使用，恳求者可能被视为在逃避责任。

6. 非语言行为

许多非语言行为都能够为印象管理所用。面部表情、触摸、身体位置、姿态和人际距离都能够有力地影响我们和他人之间的相互印象。非语言印象管理除了面部表情、身体姿态之外，还有一些其他形式，比如衣着、室内布置和座次安排，都可以用作印象管理的手段。

例如，在2013年湖南卫视热播的明星真人秀节目《爸爸去哪儿》第一季中，林志颖和儿子Kimi总是身着亲子装出镜，从上衣、裤子到鞋子的搭配都非常相似，“亲子装”甚至还成为节目营销的一个话题。这就是一种通过衣着进行的印象整饰，以亲子装向观众营造父子之间的亲密关系，展现林志颖的“慈父”形象（见图4-1）。

图4-1　林志颖父子在每期节目中都以亲子装亮相

资料来源：湖南卫视《爸爸去哪儿》新浪官方微博。

（二）保护性印象管理技巧

保护性印象管理是指尽可能弱化自己的不足，或避免使别人消极看待自己的防御性措施，其动机是试图避免显著的社会赞许的丢失或避免积累社会不赞许的愿望。在处于尴尬、危机境地时，个体会通过各种补救措施将造成的消极影响减至最低，从而达到减低、否认、中和已留下的消极印象的目的。保护性印象管理策略主要包括合理化理由（包括借口和辩解）、事先申明、自设障碍和道歉等。

1. 合理化理由

合理化理由包括借口和辩解，两者在职责划分上有所不同。借口是当事人承认行为本身是错的，但否认自己应该承担责任；辩解则是当事人承认应对行为承担责任，但否认这项行为是错的。面对不良事件或失败事件，当事人使用借口是试图尽可能地降低自己应该承担的责任；当事人使用辩解则是试图重新界定有争议的行为，使它看起来不至于太差。研究者发现，过度使用借口存在着一定的危险。因为借口虽然能为理由提供者带来短期效益，但从长远角度来看，也会给理由提供者造成伤害。尽管如此，还是有研究表明，人们对借口和辩解的使用还是十分普遍的。在使用中，借口的类型主要有：求助于偶然性，求助于不了解情况，求助于生理驱动力，推诿给他人。辩解的类型主要有：否认造成伤害，否认行为对象是受害者，对谴责人提出谴责，求助于忠诚。

2. 事先申明

事先申明指的是在危机情境出现之前，根据先期预计的情况而提出的借口，它是很常见的保护性印象管理方式。这种行为虽然暴露出自己的缺点，但是却会因为自己的真心诚意让他人感动和原谅。这种策略通常会使当事人有更多的后路可走。例如，考生在对自己是否能够考上大学还不确定的情况下，会对父母或者老师说自己考试这几天状态不是很好，以维护自己在父母或者老师心目中的形象。

3. 自设障碍

自设障碍指的是当某事的结果不确定时，个体在该过程中自行设置障碍，从而为随后的结果提供一个外部的解释理由，以便在表现不佳时避免自责的策略。在这种情况下，人们制造困难并为自己寻找借口。如果他们任务完成得很糟，别人也不会责备自己；如果他们成功，那成功的价值就会很高，因为这样的成功是在不利条件下取得的。

自设障碍主要是为保持个体的自信心，它最可能出现在这样的情境中：个体十分看重某事的成败，然而同时却感到自己的能力和自信心处于临界水平，无法确定事件最终能否成功。例如厦门大学教授易中天因《百家讲坛》走红之后，曾在《面对面》《鲁豫有约》等多个访谈节目中提到自己没考本科就直接考取武汉大学研究生一事。他说道：“1977 年恢复高考，大家说那你去考吧，我说那不能去。因为我正在教毕业班（易当时在新疆钢铁公司一个中学当老师），教高三的语文，我的学生就要去参加高考，我跟他们一起下考场倒也没有多丢人，但是万一如果他们考上了我没考上，人就丢大了。那么最好的办法就是越过这一级，直接报考研究生。所以 1978 年恢复研究生考试的时候我就去考研究生。”①在这段自述中，易中天面对自己的高三学生便采用了自设障碍的策略。由于他对考上大学并没有十足的把握，因此将目标提高到研究生，自设障碍，即便没考上也不至于在学生面前丢人，而若是考上了，则更加凸显了自己的能力。

① CCTV-1《面对面》，2006－08－20.

值得注意的是，人们对经常自我设障者会有不好的印象，频繁使用这个策略会让别人觉得你无能或者愚蠢。因此，自我设障需要谨慎使用才能保持它的效果。

4. 道歉

在有些情境中，如果人们无法使用借口、辩解、事先申明或自设障碍技术使自己摆脱困境，还可以选择道歉。道歉即承认自己应负的责任，并对自己的行径表示自责和悔恨，以期获得对方的宽恕。道歉不仅可以让人感到他的确有悔恨之意，而且也会让人觉得这样的事情以后不会再发生了。例如，一个人确实迟到了，或者的确没有按时完成任务，这时如果先解释原因，往往会引起对方的反感。而如果能先表示歉意，再做出适当的解释，就更容易让人接受，而不至于影响自我形象。道歉对于人际交往具有积极意义，因为大多数人都能够原谅或者体谅一个勇于承担自己错误的人，而不愿意与逃避责任或者推卸责任的人交往。

六、影响传播者印象管理的因素

传播活动中，传播者进行的印象管理会受到很多因素的影响，下面几个因素对印象管理的影响较为明显。

（一）印象管理与个体差异有关

由于个体的先天（如性别、年龄、身高）与后天（如教育程度、受过的专业训练）条件不同，每个人能够扮演的角色数量是非常有限的。传播者往往在不同的互动交往中扮演不同的角色，而不同的互动角色反映了传播者和互动对象不同的关系和不同的期待。因此，传播者不可能在所有的互动对象面前都表现出同样的言谈举止。例如，作为上级的部下要表现出服从，作为部下的上级要表现出严谨、权威。在现实生活中，我们无法像“007”一样自如地适应不同情境，因此，传播者要明了自己的限制所在，了解自己的特长与缺点，这是成功进行印象管理的重要因素之一。

（二）印象管理依情境要求不同而不同

自我呈现的两个主要动机是取悦观众和构建与自己的理想相一致的公众自我形象，一般所说的自我呈现动机（人们试图呈现一个尽可能受人欢迎的自我）是指前者。这两个动机有重叠之处，它们有一些相同的目标，因而都促进了传播者助人行为的产生，以及对一般的社会规范的遵从。但也有情境引发了两种动机间的冲突：取悦于某个观众必定涉及遵从其愿望和服从其影响，但这又可能与此人想要的公众形象相矛盾。社会心理学家对此进行了一系列的实验研究。在其中的一个研究中，实验者告诉一部分被试要去完成一项任务，而任务的完成依赖于他们的责任感和才智；另一部分被试则被要求完成一项任务，而任务的完成依赖于团结协作。然后实验者要求所有的被试在实验之前先进行自我介绍，以互相认识。结果发现，前一部分被试多是讲自己的能力、特长，而后一部分被试则多表现出谦卑友好的态度。显然前者想给别人留下他能够胜任的印象，后者则希望给人留下他很好相处的印象。

（三）印象管理根据互动对象不同而不同

印象管理的过程是控制他人对自己形成印象的过程，因此针对不同的交往情境和交往对象，传播者要进行不同的印象管理。人们对谦虚的交往对象往往做出谦虚的反应，而对自夸的同伴则会夸大自己的优点。如果传播者很讨厌某个交往对象，而对方又表达出与其相同的观点时，传播者往往会改变自己的观点，以此给人形成不与此人同流合污的印象。当传播对象具有较高的社会地位、某种权威或富有魅力时，传播者便会增强印象管理的动机。例如，对同一个大学生，在进行面试的时候和与同学交往过程中的印象管理是不同的——前者更强调个体与应聘职位的匹配程度，而后者则是要求个体的亲和力、开朗等。由此可见，互动对象对印象管理也具有重要作用。

（四）选用的印象管理技巧不同

印象管理的过程是依据个体自身特点，参考不同交往对象和交往情境，并采用适宜印象管理技巧的过程。技巧不同，印象管理的结果也不同。适宜的技巧可以塑造正面印象，而不当的技巧则可能造成负面印象。例如，如果在与朋友的约会中迟到了，采用道歉的技巧要比找借口或者辩解的技巧更适宜，也更容易树立自己正面的印象。

值得注意的是，如果政府部门选用了不当的印象管理策略，则会对其形象造成更加深远的消极影响。2013 年 3 月，上海黄浦江松江段水域出现大量漂浮死猪的情况，3 月 8 日随着微博爆料和网络转载引起大量民众关注。9 日，上海市水务局对外宣称："目前死猪尚未对饮用水取水安全造成大的影响。"尽管在此危机情境下及时发布信息非常重要，但事关公共安全的事件，有关部门仅用这样一句简单的结论进行解释的做法还是遭到了媒体及公众的普遍质疑。公众质疑的焦点主要在于水质的安全性、死猪来源以及处置等。类似于此类公共危机事件，关于政府治理的负面印象就是信息的瞒报及信息的不对称。[①] 上海市水务局的这次迅速回应加剧了政府部门"敷衍塞责"的不良公众印象。

七、运用印象管理的注意事项

在传播活动中，印象管理具有重要的作用。传播者应用印象管理能获得期望的效果，对传播活动中的人际互动产生积极影响。为此，在运用印象管理多种技巧的同时，我们还需要注意以下几点。

（一）适当注重外在形象

传播者应注意风度和魅力的培养。风度和魅力不是先天形成的，主要靠后天的培养和塑

---

① 亢海玲．印象管理视角下政府网络舆论危机治理［J］．青年记者，2013（26）．

造。传播者要善于从平常生活做起，举止自然潇洒、稳重大方，谈吐自然得体、文雅风趣，待人真诚、热情、宽容、大度，遇事沉着冷静、自信果敢，再辅之以适度的外形修饰。

（二）学会角色置换

角色置换是指站在他人的立场上体验他人的角色，了解他人在特定情境中的情感与期望。在人际交往中，如果我们的行为符合交往对象的期望，他们就会愉快地接纳我们，并对我们产生好的印象；反之，如果我们的行为与交往对象的期望不符，他们就会产生不良的情感，甚至厌恶之情，很难产生好的印象。传播者要想在传播活动中与传播对象保持融洽的关系，就必须了解对方的情感、好恶、需求和个性。同时，在交往过程中，对自己的行为和心理倾向也应该有所察觉，知道自己是喜欢对方还是讨厌对方。只有对自己的态度做出准确的判断，才能明确我们在与他们交往的过程中可能会有哪些冲突和契合，从而及时进行调整，有效地消除交往过程中可能导致的障碍和隔阂等不利因素，促进传播关系的和谐发展。

（三）适度的自我表现

自我表现是指我们在同他人发生相互作用时有意识地表现自己好的方面，使自己给他人留下一个自己期望形成的印象，以便使自己与他人的关系有一个良好的进展。自我表现更多地发生在初次接触的人当中，需要把握一个适度原则。传播者有时会在新的环境中面对初次接触的人表现很拘谨、不自然，有时言行不符合自己的角色身份，很难给别人留下自己期望的印象；而有时自我表现不恰当，不符合角色的情境要求，也会给人留下不好的印象。

天津卫视有一档收视率较高的求职节目《非你莫属》。在 2012 年 1 月 9 日这期节目中，“海归女”求职者刘俐俐与主持人张绍刚“呛声叫板”的一幕曾引起网络热议。尽管不少网友乃至微博大 V 力挺刘俐俐面对现场刁难的不屈和机智，但如果仅论求职环节，她失败了，被所有老板灭了灯。在主持人与刘俐俐的开场对话中，主持人突然对刘俐俐用“中国”来称呼自己的祖国进行发难，使得刘俐俐之后的应答都带有一种对抗性。例如当主持人带着质疑的口吻询问她为什么在新西兰高中留学三年后回国却仍然报考了英语专业时，刘俐俐反击了一句：“那为什么我们要学语文呢?”主持人实际上质疑的是她的生涯规划和进取心，但她的反击非但没有消解或者回避掉这个问题，反倒促使现场气氛更加尴尬。再如聚美优品 CEO 陈欧询问她的家庭情况时，她答道“父母健在”，再度让场面凝固。尽管她很快解释这么回答是开玩笑，但这不合时宜的幽默显然并不能被现场主持人和嘉宾接受。尽管有主持人刁难的原因，但刘俐俐在这样一个求职情境中，语言上的过于犀利和攻击性的自我表现已经超出了老板们对她的角色期望。

另一方面，她在表情上自我控制的不当也是激起主持人和嘉宾对她反感的另一个因素。当场上的人向她提出质疑的时候，刘俐俐习惯以瞪眼来应对，以至于主持人和嘉宾反复说她“目露凶光”“眼神里总是流露出恨和嘲讽”。当辩解无效时，她的苦笑却总给人一种冷笑的感觉，被主持人形容为“狂浪的笑容”。尽管这些表情反应可能她自己都没意识到，未必是有意而为之，但现场嘉宾却感受到了一种傲慢、挑衅。因此，尽管现场老板们也认同她是个有锐气、有能力的求职者，但却对她下了“态度有问题”“缺乏尊重”“以后工作恐怕不容易配合”的结论，导致求职失败。

（四）恰当的自我表露

自我表露是指个体与他人交往时自愿在他人面前真实地展示自己的行为，倾诉自己的想法。假如你总是隐藏自己的真实形象与想法，从来不表露自己，别人无法了解你，那么你也无法与他人建立亲密关系；反之，如果一个人表露过度，总是将自己的烦恼一股脑倒给别人，也会使他人感到厌烦与威胁，进而采取敬而远之的防卫态度。因此，恰当、理想的自我表露方法应该是对少数朋友相对多地表露一点，而对关系一般的人则保持中等的自我表露。这样不仅使别人感到你真诚而不虚伪，还会感到与你交往很安全。

（五）给予他人支持

在印象管理过程中，个人的行为不仅要对自己的形象有利，也要有益于他人，这样才能让他人感到愉悦和可靠。给他人提供尽可能的支持，是促进传播活动顺利进行的有利保障。只顾自己不顾别人是不利于传播关系的维持和发展的。

总之，在传播活动中，传播关系的和谐与否在一定程度上取决于传播者个人的印象管理能力的强弱。一个人际关系和谐的传播者靠的不仅仅是自己的专业技能，更重要的是他们懂得印象管理，并能够恰当运用，把个人的传播能力充分展现出来。

【思考题】

1. 印象的形成过程会受到哪些认知因素的影响？试举例说明其中你认为较重要的一个。

2. 什么是印象管理？请结合传播活动实践，详述三个印象管理技巧。

【推荐阅读】

1. 戈夫曼．日常生活中的自我呈现［M］．冯钢，译．北京：北京大学出版社，2008.

2. 罗森菲尔德等．组织中的印象管理［M］．李原，译．北京：清华大学出版社，2002.

3. 宋广文等．做好社会人：社会心理学帮你做人［M］．广州：华南理工大学出版社，2011.

第五章

传播者的有效倾听

【本章学习要点】

1. 倾听的过程
2. 有效倾听的障碍
3. 无效倾听的形式
4. 有效倾听的方式

日常生活中的我们每天接收信息，除了靠“看”，就是靠“听”。在通过大众传播渠道获取信息的过程中，我们打开电视和广播，观看收听当天的新闻；打开电脑和互联网移动终端，浏览各类网站、微信、微博上最新的音视频信息；在通过人际交流渠道获取信息的过程中，我们用手机通话；在工作和学习场合听不同的人说话；回到家听家人聊聊一天的见闻。显然，倾听在我们每天的交流中占据了很大一部分时间。

信息传播的过程本质是一个信息流动的过程。所谓流动，意味着信息在发送者和接收者之间可以无障碍通行。传统大众传播将信息的发送和接收两个环节视为功能不同的模块，从传播者的视角强调信息的发送和传递，从接收者的视角阐释信息的到达和接收。这样，传统的大众传播研究便将信息的流动以时间线性的维度划分为“发送”和“接收”两个进程。实际上，“发送”和“接收”并不能截然区分开，在一次完整的传播对话过程中，没有“接收”，便谈不上“发送”，反之亦然。因此，研究传播中信息的流动，除了“发送”，也要从“接收”的角度来理解。倾听就是“接收”中的重要一环。

第一节　倾听是什么

在一个完整的传播链条中，有“说”就有“听”，主动传播信息与倾听同时存在。可是日常生活经验呈现给我们的似乎是“听”比“说”简单得多。“说”需要思考，需要组织语言，需要选择环境和对象，而“听”似乎只需要耳朵就行了。“听”在传播过程中仿佛永远处于被动地位，不需要多少技巧。在这里，我们需要将“听”这个传播环节做更加细致的区分。

一、什么是倾听

（一）倾听的含义

“听”的含义大致可分为“听到”和“倾听”。这两个词常被当作同义词，但其实它们差异巨大。“听到”是指声波传递到人的耳朵鼓膜上时的生理反应，是一个被动的动作，不需人投入任何精力；“倾听”则是一个建立在“听到”基础上的需要投入精力的主动动作。

“倾听”是一个主动、复杂的过程。从心理活动过程来看，包括注意、接收信息、选择和组织信息、理解信息、回应和记忆。[①] 我们可以考察汉字“听”的繁体——“聽”（见图 5－1），它包括耳、眼、心的符号。“聽”字形象地表达出有效倾听不仅需要运用耳朵，还需要用到眼睛和心灵。可见，“倾听”和“听到”是两个含义不同的词汇。“听到”只需要用耳朵进行物理性的信息接收，“倾听”则需要综合运用听觉接收、视觉观察、思维判断甚至情绪情感的投入。

聽

图 5－1　“听”的字源与示意

（二）倾听的作用

1. 通过倾听获取有效信息

听是接收信息的一大渠道，倾听是甄别信息真假、有效与否的重要方式。无论在大众传播还是在人际传播过程中，认真倾听，会让我们在较短时间内迅速进入专注获取信息的状态，提高捕获所需信息或关键信息的效率。因此，一位会“听”的人，他的信息获取能力、信息选择能力和信息理解能力都会相应处在较高水平。在我们身边，那些善解人意、悟性较强、善于提供建设性意见和帮助的人，往往是善于倾听的听众。

2. 通过倾听去影响别人的态度、观念和行为

通过倾听去影响别人的态度、观念和行为，这似乎与我们的生活经验不符——人们常常通过表达、劝说去说服对方改变自己的态度、观念和行为。倾听也能影响到对方吗？答案几乎是肯定的。如果有个人让你感到他非常愿意听你说，并且真的在倾听你说话，对于你的想法和情绪，他都接纳和理解——换句话说，有一个人在认真听你、了解你、懂得

---

① 参见国际倾听协会关于倾听的定义。

你，那么，这个人的建议你一定会更容易采纳。

3. 通过倾听帮助对方解决问题

问题的解决方案往往在两种情形下浮现。第一种是当事人通过思考自己得出；第二种是他人对此提供意见和建议。通过倾听帮助当事人找到问题解决方案，属于第一种情形。更确切地说，是第一种方式的重要推动力。倾听虽然并不给出具体的意见和建议，但仍然可以提供很大帮助——通过支持性的、不干扰对方思考的倾听，可以帮助人们在诉说中理清思路。值得注意的是，我们在向某人倾诉时会更加具有“对象感”。由于对方的立场、思维方式都异于自己，为此我们会不自觉地跳出自我的思维惯性，尝试从对方易于理解的角度重新阐述问题，进而对问题的叙述和思考更趋于客观，在诉说的过程中渐渐摆脱自我设限的恶性循环，从而找到利于问题解决的新视角和启发点。因此，倾听虽然“不发一言”，但倾听者的存在、倾听带来的支持性氛围，却使得当事人在畅所欲言中获得重新思考的机会，甚至自己得出关于问题的新的解决方案。

4. 通过倾听建立和维护关系

在一段健康的人际关系中，最重要的沟通技能就是具备倾听的能力。你是否有这样的感受，当面对一个善于倾听的谈话对象时，内心会不由自主地升起喜悦和感激之情，这份喜悦和感激之情又会转化为对对方的好感？当我们被真正听懂、被真正“看见”的时候，我们感觉和对方有了强大的心理联结，这份“共振”带来的美妙感受，是缔结正向人际关系的催化剂。换言之，当你认真倾听他人讲话并表示出支持的态度时，你就在向对方表达真实的关切，这种善意让对方更加喜欢你，进而获得对方的认可。

二、倾听的心理过程

倾听的过程可以分为几个步骤：信息接收、信息理解、信息评估、反馈和记忆。实际上这几步很难截然分开，当我们在倾听别人讲话时，它们是同时在进行着的。例如，我们听某人说话时，不仅在注意听他说了些什么，同时也在理解和评估他所说的内容，并不时给予反馈。值得注意的是，倾听的过程总在循环运转。倾听者的回应会成为说话者的刺激，说话者对此的回应又可以成为倾听者的刺激。在这几个步骤中，倾听不是把说话者头脑中的想法转移到倾听者的头脑中，而是说话者和倾听者一起努力达成共识的过程。

（一）信息接收

听包括听到和倾听。听到是倾听前的步骤，是第一步，它是一个信息接收的生理过程。当空气的振动到达你的耳膜时，你就听到了，这是个无意识的被动接收过程，不需要人的注意。倾听则不同，它是有意识的，需要集中注意力。

集中注意力是在某一刻的全力投入。这时人的全部脑力都集中在此刻需要倾听的谈话对象和内容上。当我们专注地听的时候，会百分百地注意他人，不会将自己对他的观点、判断和感觉强加在上面，可能过后再表达自己的想法和观点。当我们集中注意力在他人身上时，会完全关注他人，并对他的表达表示兴趣和响应。通过集中注意力，我们可以提升传播效果：一方面，用心关注别人，能够提高我们对他们如何感觉、如何思考自己所说的话的理解力；另一方面，也能提高别人的传播能力。当我们用心倾听别人说话时，他会更投入地交流，更详细地阐述自己的观点，更充分地表达自己。

（二）信息理解

在准确接收信息之后，倾听便进入理解阶段。理解是倾听者试图弄清说话者意思的过程，需要把握说话者的思考内容和情绪情感。在这个过程中，最重要的原则是站在他人的立场上去理解他。我们的思维惯性是从自己的经验、视角、观点出发来理解整个世界，而每个人都有不同于他人的立场、观念和解释系统，因此，“以己之心度人之腹”行不通，会造成理解的极大障碍。想要达到倾听中的理解，必须暂时摒弃自我的一整套观念体系，尝试体会他人情感，站在他人的立场，带着对他人观点的尊重去理解他们所说的话，尝试领会他人的视角和观念。关于这一点，我们在第六章有关“移情”的阐述中还会有更详细的说明。

很多时候，我们都会下意识地将自己的想法强加给别人，试图纠正别人不同于自己的感受和观念，使别人感到不被理解而失去说下去的兴趣，犯下倾听的大忌。要想避免这一点，我们需要注意几个方面。

（1）在说话者开口之前不要揣测他的意思，丢掉自己脑子里的想法和观念，开放地去听。

（2）从说话者的角度去理解信息。在真正理解说话者所要表达的意思之前，避免提前做出判断。

（3）在说话者信息模糊不明确时，主动澄清，询问更多细节和例子。这不仅表明你在倾听对方，而且还表明你想了解更多。

（4）用自己的语言重复说话者的意思，可以帮助确认对说话者所表达意思的理解。

（三）信息评估

当理解了说话者的意思之后，我们会用某种方式来评价这些信息，例如评价说话者隐含的意思和动机。通常，这种评估是在无意识状态下进行的。我们应该在完全理解了说话者的意思之后再开始评估，而做到这一点非常不易。因为与信息理解的过程相似，我们常常习惯在听对方说话之前，就已经给说话者的内容贴上各种标签，并带着标签去听接下来的信息。

在倾听中进行评估时，要注意区分三个对象：客观存在的事实、说话者的观点和倾听者对说话内容的个人理解。也就是说，要将客观事实与说话者的观点区分开，将客观事实和你对说话者所表达的内容的理解区分开，同时将说话者的观点与你对谈话内容的个人理解区分开。我们常常会将这三者混杂起来，而无法进行有效的倾听。

（四）反馈

我们在接收信息并理解和进行评估之后，便可以通过反馈来表达对说话者内容的关注、兴趣，并说出自己的想法。反馈可以是在说话者说话时做出的反应，也可以是在说话者说完以后做出的反应。这些反应是回馈给说话者的信息，告诉他你对信息的感受和思考。通常我们在说话者说话过程中的反应会使倾听成为一个积极参与的过程，让对方知道我们正在认真倾听，是一种支持性的信号。

反馈过程中表达关注的方式包括身体姿势、点头、目光交流，还有诸如“嗯”“对”“我明白”这样的回应。值得注意的是，在谈话过程中，除非对方请求我们给出建议，否则不要为了解决别人的问题而回应，而应该回应对方的情绪。如“我能感受到你的伤心”就比“别伤心了，伤心也没有用，不如出去大吃一顿”更加能让对方感到被理解和被支持。

（五）记忆

有效倾听的最后一个阶段是记忆。关于记忆，我们要注意的是，你记住的不是具体的对方说了什么，而是你在记忆中存储的对方说了什么。我们不可能回忆出说话者具体说了哪些话，但记忆可以重建，我们通过重组这些信息，把谈话中对自己有用的内容存储在记忆里。有关记忆的研究表明，我们在刚刚听到之后，随即能存储在记忆中的还不到对方所说全部信息的一半。随着时间推移，被保留下来的信息将进一步减少。

因此，有效的倾听者在听的过程中会选择性放过细枝末节，而将基本概念和全部印象保留在记忆中，并时刻提醒自己，记住了的并不等同于对方所说过的。

第二节　倾听的障碍

倾听不是人类天生具备的能力，需要在传播活动中依据需要有意识地培养。因为我们在倾听的过程中会普遍存在一些障碍，由此也会导致一些无效倾听的形式。为了能够实现有效倾听，我们先来看看有哪些障碍会阻止传播者进行有效倾听，以及我们常常会犯哪些错误而导致无效倾听的出现。

一、有效倾听的障碍

倾听中普遍存在的障碍主要有两类：一类来自我们身外，一类来自我们内心。①

① 伍德．生活中的传播［M］．4版．董璐，译．北京：北京大学出版社，2009：190.

(一) 外在的障碍

在传播情境下，妨碍有效倾听的外在障碍包括让人分心的环境和过度的信息刺激。

1. 让人分心的环境

在嘈杂的环境中，周围的各种声音会分散我们的注意力，使我们无法听清楚对方说了什么。一般来讲，交流环境中总有噪声，可能是公共空间中其他人的喧哗声，也可能是家里的电视声或电话来电的声音。在面对面的交流中，我们的谈话常常被手中移动通信终端的社交软件如微信、短信的提示声所打断。

要做一名好的倾听者，应该努力减少来自环境的干扰，如关掉手机铃声、尽量选择安静的无人打扰的谈话空间等，这样倾听才能顺利进行。

2. 过度的信息刺激

我们所处的信息时代的最大特点就是到处充斥着海量信息。随着传播技术的日新月异，需要处理的信息数量也像滚雪球一样越来越大，越来越多的人感到即将被需要处理的信息吞没。超过人们处理能力的过量信息使得倾听所有信息成为不可能完成的任务。我们无法在所有的时间里都注意倾听，必须有选择地决定哪些谈话需要倾听，哪些只能一带而过。当然，倾听也会受到信息难度的影响，信息越详细和复杂，就越不容易被理解和记忆。

(二) 内在的障碍

1. 投入状态

倾听中常见的障碍来自我们无法放下其他关注的人和事，将注意力全部投注在倾听对象上。当我们把部分注意力放在自己关注的其他人、事、物上时，就无法全神贯注去听别人说话，这就是所谓“分心”状态。在信息快速更迭的时代，人类的应对方式就是快速转移注意力，迅速从当前的事物中分心，以便及时捕获最新信息。我们似乎正在丧失“专注”的能力，无法将心力沉浸在任何事物中，无法体会“全神贯注”的美妙。

在人际传播过程中，面对面的交谈较之电话、e-mail、即时通信交流更容易减少源自不够投入的倾听障碍。因为面对面交谈时身体的“在场”能帮助交流者集中注意力，交流中始终存在的对象感也能排除部分分心因素的干扰。因此，若想提高倾听质量，首选的传播方式便是面对面。

在大众传播活动中，无论是记者实地采访，还是演播室里的嘉宾访谈，或者其他需要人与人对话的场合，投入状态都是决定倾听是否有效的关键因素。不少缺乏经验或者案头准备不足的记者在采访或访谈过程中，由于紧张，害怕采访不能按照既定框架进行，在提出一个问题之后，便无法将注意力集中在访谈对象的回应上，而是想着下一个问题何时、如何提出。这样一边听一边考虑自己的表达时机，从而错过或无法理解对方说出的某些有价值的信息，不能就对方的回应顺势提出有针对性的问题，只能生硬地照搬采访提纲继续提问，出现“问非所答”的尴尬局面，败坏访谈对象的谈兴，受众也会感觉到对谈的不流畅。

因此，好的采访必然是一次“倾心之谈”和“倾听之旅”。记者如果善于倾听，能够对访谈对象的话语投注百分之百的关注，这种看重和接纳的态度就会使对方感到自己所说的一切都是能被理解且有价值的，从而愿意对记者敞开心扉。值得注意的是，在这种情境下，即使记者在言语上做不到对采访对象所说的内容完全呼应，投入倾听的姿态依然能够打动对方，使其乐于言说更多。

2. 预判和预设

大部分人不知道如何去倾听别人说话，因为他们的大部分注意力都被思维所占据。他们赋予自己思维的注意力比赋予别人说话内容的注意力要多得多，而对于真正重要的东西——别人的话语和思维之下的存在，却丝毫未留意。

我们在开始听一个人说话之前，会预先根据此人的社会身份、外表、教育背景、经济地位等因素，对谈话对象的个性、喜好、兴趣进行一些揣测。如果我们在听对方说话之前就已经根据说话者的内外特征给说话内容贴上标签，那么我们就会带着这个标签来倾听余下的信息。这样的预判或者预设势必对理解说话者真正的意思造成障碍。

谈话中，实现有效倾听的最好状态就是“宛若初见”。不论这一次是不是与谈话对象第一次交谈，都要像初次见面一般，放下心中针对说话者的各种“标签”，清空大脑，最大限度地保持开放心态。只有这样，才能真正不戴有色眼镜地去理解对方所说的内容。

还有一种常见的情况是，我们喜欢把自己对某一信息的观点强加在正在交谈的对象身上。我们常常假定自己清楚对方的感受，了解对方的想法，并能预知对方接下来会说什么，然后就用自己的成见来看待这些信息。如此，我们便会远离谈话对象的真实表达，这可能会导致我们误解他的真正意思。

实际上，当我们在倾听时，自己的预设和判断会同时涌上来，这几乎是人的一种“类本能”，因为我们总是活在自己的观念和对人对事的控制欲望中。因此，要实现良好有效的倾听，在弄清对方的真正意思之前，就必须有意识地克制自己，不要轻易下结论。

在新闻采访或人物访谈之前，记者往往会对采访内容进行准备，列出采访提纲，甚至预演采访流程，以便在实际操作中更有把握。然而另一方面，记者也有可能把自己事先预设的情境或内容套用在嘉宾身上，导致嘉宾真正的意思无法顺利表达，倾听效果也会大打折扣。

例如，在中央电视台《艺术人生》栏目采访电影《无间道》剧组这一期节目中，介绍嘉宾出场时，主持人通过让主演之一陈慧琳选择她心目“最……的男人”的方式来依次请出男嘉宾（见图 5－2）。当主持人说“和你搭戏最多的男人是……”时，陈慧琳选择了已经出场的梁朝伟，但按照节目流程原本要出场的嘉宾是导演刘伟强。这时主持人说“其实跟你搭戏最多的应该是刘伟强。虽然没有直接在荧幕上，但是他始终在跟你搭戏啊，每一个镜头都是他在把关”。于是，陈慧琳改口说：“好！刘伟强。”在这段对话中，主持人实际上是按照自己预设的流程引导嘉宾更改了选择，没有遵照嘉宾原本的意愿，其实违背了这个环节设置的初衷——由陈慧琳选择她心目中“最……的男人”。接下来，当只有一个嘉宾还未出场时，主持人并没有询问陈慧琳“你认为接下来这个男人在你心目中最……”，而是说“剩下最后一位了，最大方的男人，我们有请庄文强”。这是主持人按照事先设定，直接替陈慧琳说了一个“之最”，预设痕迹明显，失却了被访者自由选择、评价的自然和真实。

图 5-2　2003 年 12 月 9 日《艺术人生》节目主持人朱军采访《无间道》剧组

3. 倾听方式

针对不同的文化和社会群体，应该相应地采用不同的倾听方式。我们了解的有关不同人群的倾听规则越多，就越能用他们所接受的方式来表达我们对谈话内容的关注和兴趣。例如，在中国，谈话中频繁但并非连续的眼神交流被认为是礼貌的，但在中亚一些国家，连续的眼神接触却被认为是不得当的。又比如，在美国，说话者希望得到倾听者的最好反馈是他们诚实的感受——无论这些感受是糟糕还是美妙；但是在一些东方国家如中国、日本和韩国，通常给予正面反馈要比给予真实的反馈更为重要，所以在这些国家，虽然有时人们并不同意说话者的观点，但他们也会做出正面的反馈。了解这些区别，我们才能针对不同的谈话对象来调整自己的倾听方式。

二、无效倾听的形式

无效倾听有多种表现形式，包括虚假倾听、垄断谈话、选择性倾听、自我保护式倾听、心存敌意的倾听和只重表面意义的倾听。意识到无效倾听的这些形式可以让我们进行倾听控制，全神贯注地进行与他人的交流。

（一）虚假倾听

虚假倾听是指假装在认真地听，其实心思并不在对方的谈话内容上。有时我们似乎显得很专注，但头脑却在想别的。有时我们假装倾听，是因为不想伤害正在和我们分享体验的朋友，尽管我们对此并不感兴趣。当交流让我们感到乏味时，我们也会假装倾听，装作很有兴趣。社交场合的一般性谈话和乏味的交谈，是我们可能有意识选择虚假倾听的两种典型传播情形。另外，在看重“面子”、讲究“给面子”的中国文化里，假装倾听有时是中国人表达对对方尊重、给对方“面子”的一种常见礼节性行为。而在某些西方文化中，虚假倾听可能会伤及对方自尊（如果被对方察觉），甚至是一种不尊重对方的行为。

（二）垄断谈话

垄断谈话是通过不断地将传播焦点集中在自己身上而非关注别人谈话来控制谈话的主动权，让自己成为主角。垄断谈话有两种典型方式：一种方式是转移谈话路线，就是不断将话题转移到自己身上。例如，当采访对象告诉记者自己的一段不愉快经历时，记者应通过表达对他的问题的关心和感受，从而设身处地地去响应；如果记者说“我知道你的意思，我曾经也有过类似的经历”，这样转移谈话的路线，将话题引导到进一步谈论自己的经历，这样就是不合格的倾听。还有一种方式是转换注意力的插话，这是一种通过打断别人的谈话进行插话的方式。

通常，插话与转移谈话路线会结合在一起运用，也就是通过打断谈话直接将话题转移。记者在一些揭露式、批评式采访时常常会用咄咄逼人的问题来表达对采访对象所说的话的怀疑，如“是什么让你这样想？”“你怎么这么确信呢？”“其他人看到你做这些了吗？”等等。有时，记者会过早提出建议以显示他们懂得很多，如“你应该……”“如果是我，我会……”，这些都是倾听的无效形式，只能阻碍采访对象敞开心扉。

当然，并不是所有的插话都是垄断谈话。有时我们通过插话表示兴趣、给予支持或者要求进一步解释。关于这一点在本章下一节中有详细阐述。

（三）选择性倾听

选择性倾听是将注意力集中在谈话的某个部分而忽略其他部分。人们总是有选择地听，对那些特别让我们感兴趣或我们所赞同的部分给予特别关注，而将那些让我们感到不舒服、没有兴趣或者价值观有冲突的部分筛选出去。

选择性倾听的一种方式是只注意传播内容中令我们感兴趣或者符合我们价值观念的那部分。例如，我们可能在三心二意地听朋友说话，但当这位朋友谈到放假的时候，我们会突然完全投入。在课堂上，我们可能在听到有关考试要求、惩罚措施等与自己有直接利益相关的事件时会变得注意力非常集中。

选择性倾听的另一种方式发生在我们要抵制那些让人不舒服的交流的时候。例如，当别人批评我们时，我们可能不在听，因为不喜欢他们的指责。对于那些让我们心烦的事件，我们倾向于回避与之有关的谈话。

（四）自我保护式倾听

自我保护式倾听常常发生在我们从本来没有攻击性色彩的谈话中感受到对方的人身攻击、批判或者敌意的情境下。当我们带着戒心倾听时，无论别人说什么，都能读出刻薄的动机。有些人总是充满戒备心，像扫描仪一样捕捉来自他人的侮辱和指责，他们似乎从所有谈话中都能听出威胁和消极的问话。例如，对于一句本来无心的评论“你还没有完成作业吗”，自我保护式倾听者会理解为自己被质疑没有学习的能力。

（五）心存敌意的倾听

这种无效倾听方式是指倾听的目的在于对对方进行攻击。与其他无效倾听的类型不同，这种类型看起来非常注意地在听，但并不是出于对交流对象感兴趣，相反，这时倾听者专心去听是为了收集“武器”，然后用它们来攻击发言人。辩论赛常常就是采用这种听的方式——每个人都认真倾听别人，只是为了随后攻击他的谈话。心存敌意的倾听中没有对他人所说的话的价值认同，没有理解他人的动机，没有开展真诚谈话的兴趣。

（六）只重表面意义的倾听

这种无效倾听的形式是指只听交流信息的内容层面而忽视其关系层面。所有的交流信息都既包括内容意义也包括关系意义。内容意义是谈话表面的字面意思，关系意义是谈话蕴含的某种关系——人与人之间的权力、响应和喜爱关系。当我们只听字面意思时，我们只注意到交流信息的内容层面，而忽视了信息所传达的有关他人与我们的关系。只听字面意思是无法了解他人的感受以及谈话双方的关系的。

第三节　如何进行有效倾听

在我们了解了有效倾听的障碍和一些无效倾听的形式之后，如何改善倾听，使之能够帮助我们在传播中实现传播意图，根据不同情境选择合适而有效的倾听方式，成为本节要讨论的主题。

一、特殊的言语引导

在传播过程中，高质量的“倾听”并非只是听对方述说。很多时候传播者还要借助言语的引导，真正“听”出被访者所讲述的事实，以及在讲述过程中他的情感和事实之下隐藏的观念。这种特殊的言语引导也是倾听技巧很重要的一部分。

有研究者曾列举了访谈中有关言语引导的基本技巧，这些技巧包括开放式提问、封闭式提问、鼓励和重复等。①

（一）开放式提问

开放式提问常常用包括“什么”“怎么”“为什么”等词在内的语句发问，让被访者对有关问题、事件给予较为详细的反映，而非仅仅以“是”或“不是”等几个简单的词来回答。这样的提问是引起对方话题的一种方式，使对方能更多地讲出有关情况、想法等。其中每一种提问方式都可能引起对方不同的反应，而传播者可借此扩大倾听的信息量，得到更多想要了解的资料。

最为开放的提问方式常常是以“能不能……”“能……吗?”开始的。如“能不能告诉我，刚才你为什么有些激动?”“能告诉我，对此你是怎样想的吗?”这种提问有助于被访者给出自己独特的回答。此外这种提问通常都会因尊重、商量的姿态而使被访者较为积极配合。但也可能有被访者会说“不能”或者“现在我还不想说”等等。如果发生这种情况，传播者可进一步使用其他开放性问题，如“为什么……”等，当然，这样的情况可能很少发生。

此外，包括“什么”在内的提问，可以帮助被访者找到某些与谈论问题相关的特定事实材料。如“当时你有什么反应?”“那之后又发生了什么事情?”“还有什么人在场?”等等，都可以进一步扩展信息内容，让传播者“听”到更多的相关事实。

包括“怎么”一词的提问往往会引导出对方对事实经过的描述。当问题涉及被访者自己的想法、观点时，传播者可通过这类提问得知他们形成该想法、观点的出发点和历程。如“对这件事你是怎么看的?”“你是怎么知道别人的这些看法的呢?”

包括“为什么”在内的提问，通常都是去了解被访者对某事所产生的看法、做法、情绪等的原因，这样提问可能会得到多种较为具体的解释和回答。例如“为什么你觉得这样做不公平?”“你当时为什么会想到那样选择?”

（二）封闭式提问

这类提问的特征就是可以让被访者以“是”或者“不是”，“有”或者“没有”，“对”或者“不对”等一两个字回答。比如“你现在不再介意这件事了，对吗?”“他当时没有同意?”“你确实这样想过?”这些都属于封闭式提问。这类问题有助于传播者在倾听过程中搜集信息、澄清事实、缩小讨论范围，使对话能集中于探讨某些特定问题。封闭式提问还有助于把被访者偏离某主题的话头重新牵引回正题上，例如“我们接着讨论刚才的问题，

---

① ALLEN E I，LYNN S D. Counseling and psychotherapy：skills，theories and practice. 2nd ed. [M]. Englewood Cliffs，New Jersry：Prentice Hall，Inc.，1987.

好吗?”

值得注意的是，倾听中对封闭式提问不能过多采用，因为传播中倾听就是为了让被访者充分表达自己，如果过多采用封闭式提问，容易使被访者在谈话中总处于被动回答的地位，不利于他自我表露的展开。所以，封闭式提问应只在必要时应用，如果超过一定限度，可能对访谈关系产生不良影响。

（三）鼓励和重复

鼓励和重复常常混合使用，是指传播者对被访者所说的话的简短重复，或者仅以某些词语如“嗯”“噢”“是这样”“后来呢”来鼓励对方进一步讲下去，有时也可强调对方所讲的某部分内容。这是最简单的倾听技巧之一，可能因其简单，所以常常被认为不值一提，被忽视。其实，正是这一简单的技巧，使倾听者得以进入被访者的内心世界。因为鼓励是一种积极的回应方式，它使被访者知道倾听者在认真听他讲话，并希望他继续说下去。

以重复语句作为鼓励对方的一种反应，是一种非常有效的反应方式，可以表明倾听者对被访者所说话中关键信息的注意。通过这样的鼓励，可以引导被访者的谈话向某一纵深方向进行。来看下面的例子。

被访者：“人一多我就容易紧张，这回他们都看出我的紧张了，我担心他们会看不起我……那么多人看着，我紧张得连话都说不好。”在这段话中，倾听者可以选择作为重复语句的有好几个：“人一多你就容易紧张”“他们都看出你的紧张了”“他们会看不起你”等等。不同的鼓励可能会使对话转入不同的话题。在上述被访者这段话中，我们可以用“你觉得有些难堪”作为重复语句。这种反应，一方面可以抓住被访者表述的重点，另一方面也可以表示出对对方的理解。通过这一鼓励，可以促使对方对这一表述再给予更详细的说明（比如被访者为什么会感到难堪——可能希望自己处处显得大方自然，希望自己被他人所喜爱，最怕别人看不起自己等等）。

可以说，倾听者哪怕最简短的鼓励都可以看作对被访者的一种强化，这种强化会影响到被访者进一步谈话的内容。鼓励和重复看起来非常简单，但它对被访者的影响却是不容忽视的。在运用鼓励语句的同时，倾听者还要注意自己身体的语汇，如专注于对方的神情、倾听的姿势以及点头示意等。专注的神情和倾听的姿势对对方谈话也是一种无声的鼓励，而点头所表示的含义就更为明确了。这一点，在下面的内容中还将述及。

2014 年 10 月 19 日央视《面对面》的一期节目《徐辉：疑罪的结局》中，主持人就很好地运用了重复进行语言上的引导。

被访者徐辉在 1998 年因涉嫌奸杀 19 岁女邻居被判死缓。经过 16 年漫长的申诉，2014 年 9 月 15 日，珠海市中级人民法院以“事实不清、证据不足”为由宣判被告人徐辉无罪，当庭释放。

在这次采访中，记者对被访者提到的两个词汇的重复，对整个采访起到了非常重要的推进作用。第一次是当被访者讲述自己承认犯罪的整个审讯过程中说“他们就引导啊”，这时记者马上重复确认“引导”。于是被访者更加详细地说明了当时警方在审讯过程中怎样引导他，以致自己最终承认了犯罪事实的过程。第二次是当主持人问到“你在一次次上诉、申诉的过程中，是越来越相信法律还是越来越不相信法律?”徐辉回答“这时候自己也有一点徘徊”，记者紧接着重复“徘徊”，徐辉就对他当时的复杂心理做了更进一步的描述：“因为自己送了那么多材料上去还是打回来，还是这样，究竟是怎么回事，我自己就想来想去，这个时候想来想去也没用，还是要按照法律来做。”

二、利用倾听中的沉默

沉默是倾听的某种必要形式。没有沉默，倾听将变成一种变相的自我表达。有时我们虽然会耐心倾听，但却容忍不了沉默，稍有沉默发生，我们便会不由自主地开口讲话，制造一些话茬，好使对话立即继续下去。

在传播活动中，我们可以尝试在某次对谈中迫使自己沉默，不去急着接话茬，更不去制造话茬。我们会发现什么？也许，沉默会使得访谈过程变得更有弹性也更加流畅。

这是为什么呢？从表面现象看，容忍对话中出现沉默后，被访者的表达更多了。从深层原因看，容忍对话中的沉默，是在限制传播者（采访者）的表达，限制传播者在对话中的表现。传播者自我表现的时间少了，被访者的表现时间自然会增多。用更准确的语言说，访谈中的沉默，就是传播者在限制自己的“小我”（为体现自我价值而寻求他人认同的那个“我”）的表达。当传播者的“小我”在对话中退位时，被访者的“小我”也会在一定程度上消退，而被“小我”所掩盖的东西就会映现出来。

沉默现象在访谈中时有发生，沉默并非信息的阻滞，沉默之中仍然有信息的传递。在被访者侃侃而谈时，倾听似乎非常容易，而沉默场面的出现会使倾听者感到不知所措，不知道是否要采取某些行动，说点什么或做点什么。如果传播者能恰当理解和有效把握这种现象，会使访谈更加顺利地进展。卡瓦纳（Cavanagh）将沉默划分为三种类型：创造性的沉默、自发性的沉默和冲突性的沉默。[①]

（一）创造性的沉默

创造性的沉默是在采访谈话过程中，被访者对自己刚才所说的话、所体验到的感觉的一种反应。例如，一位采访对象说：“我从未从这个角度想过这件事，但我想，我可能一直对自己的女儿充满怨恨，因为我丈夫更爱和她待在一起。”她停下来不再说什么了，目光凝视着空间中的某一点。很明显，此时她在思索刚刚领悟到的问题的实质，可能她的头脑中充满了各种各样的想法，内心体验到各种各样的情绪，她可能会因此沉默良久，沉浸在自己的思维与情绪之中。这就是一种典型的创造性沉默，因为在这种沉默中，某些新的观念和情绪体验在慢慢成形。

---

① CAVANAGH. The counseling experience［M］. Monterey，CA：Brooks/Cole Publishing Company，1982.

“凝视着空间中的某一点”也许可以被看作创造性沉默的一种标志，它常常是人们集中注意力思考问题的表征。此时，传播者最好什么也不要说，但要在等待中注视着对方。传播者这样做意味着他了解对方内心正在进行的思考活动，并用自己的非语言信息——等待，为对方提供充分思考表达所需要的时间和空间，有助于采访的推进和信息的深度采掘。

有些传播者由于害怕沉默带来的尴尬，会用“你在想什么”这类问题打断这种创造性沉默。这种情况下，有可能会使对方再难以接上原来思考进行的速度、把握思维的方向。人们有时愿意独自一人思索一会儿，并未打算将自己当时的内心活动示人，他们可能正在同化某种观点，等自己感到舒服一点或想明白了之后再继续交谈。这时候，传播者可以等待对方，直至其语言或非语言行为表示可以继续了，再继续访谈。如果觉察到对方不情愿讲出当时的心理活动，可尊重其意愿。而这种“不情愿”，实质也是访谈信息的有机组成部分。

（二）自发性的沉默

自发性的沉默常常出现在访谈的初始阶段。有时候，被访者面对提问不知说什么好，也许是没理解传播者的意图，也许是觉得自己已把回答表述出来了，但不知传播者还希望了解些什么，就会出现自发性沉默。与创造性沉默不同的是，被访者的目光常常不会盯着空间的某一点，而是游移不定，从一处看到另一处，也可能会以征询、疑问的目光看着传播者。

如果传播者允许这种沉默持续下去，那么这种沉默持续的时间越长，被访者就会感到越紧张。此时，传播者可以先略等待片刻，以确定这种沉默是否属于第一种创造性的沉默。如果不是，传播者应立即有所反应，例如可以这样发问：“可以告诉我现在你正在想什么吗?”如果传播者希望被访者自己打破沉默的话，那么这类沉默在对话的初始阶段必然占去过多的时间。

（三）冲突性的沉默

冲突性的沉默可能由恐惧、愤怒或愧疚所引起，常常发生在有争议的或者质询的访谈中。有时被访者感到被怀疑、被威胁、被伤害而心生害怕，有时传播者的某个问题使他感到生气，有时传播者的提问使他感到难为情甚至极度歉疚，都会促使被访者选择沉默作为一种被动攻击的应对方式。

一般来讲，当人们感到害怕时，其非语言行为可能会表达这样的信息——“我真的不想待在这儿”；当他们感到愤怒时，会表现出不服气、发火的样子；当他们感到愧疚时，会回避传播者的目光，表现出踌躇不决或惴惴不安的模样。面对被访者的沉默，传播者需要觉察这种冲突性沉默由什么原因引起，从而引导谈话继续进行下去。

如果是由于对方的紧张害怕，这时就不宜再强化提问中的相关因素，可以提一些比较缓和的、一般性的、不涉及要害的问题，来减少被访者的恐惧。一般来说，当被访者感到传播者调和紧张气氛的意图，感受到其缓解他紧张害怕的举动，就足以使他开口继续说话了。这时传播者可以邀请被访者试着把他害怕的事情说出来，当然他有权选择说或者不说。

当沉默是由针对传播者的愤怒情绪造成时，如果传播者在倾听过程中的非语言信息传达出“如果你不开口，我也不打算讲什么”的意思，那么双方就都采取了被动的攻击行为，将损害访谈的有效进行。如果看到对方明显在生气，传播者最好采取主动对峙的方式，例如可以直接问对方：“你似乎想用沉默这种方式告诉我些什么，能不能直接说说你现在的想法？”这样可能会马上打破僵局，双方可以开诚布公地继续对话。即使被访者不这样做，这种方式也是有效的，至少为接下来谈话中双方进一步的意见交流打下了基础。

在倾听中出现冲突性沉默时，传播者要调整心态，主动而平和地表达自己的想法：“我们遇到了一些障碍，可不可以用最快最简便的方式来解决？”如果被访者拒绝配合，那么传播者要等待一下，耐心待在沉默中，直到对方不打算继续这么做了。这段时间不会白白浪费，因为沉默的持续在不断增加对方内心情绪紧张的程度，直至对方感到无法再沉默了。

总而言之，对于倾听中出现的沉默，传播者不必担心，也不必回避，而要正视和面对沉默，并且很好地利用沉默。处理得当，会大大提高有效倾听的质量。

北京电视台《大宝真情行动》栏目主持人文燕曾主持过这样一期节目：被访者是一位年仅 16 岁的名叫爱爱的私生女。母亲刚生下她时就因难产而去世，爱爱被人收养了。爱爱 9 岁时离开了养父母家，开始在北京流浪并学写诗歌。当文燕问爱爱小时候是怎样度过的，爱爱说由于养父母外出打工挣钱，她只好和奶奶待在屋里，但奶奶怕浪费电，屋里一直没开灯，所以晚上她们就待在黑暗中。文燕问：“有没有找小朋友玩？”爱爱说：“小朋友不和我玩。”文燕接着问：“为什么？”爱爱答道：“她们不知道屋里还有我，而且她们都说我是拾破烂的。”文燕再问：“为什么别人会这么说你？”爱爱说：“奶奶经常外出拾破烂，我就跟着。”爱爱边说边流泪，让人产生怜悯之情。看到这种情形，文燕没有马上提问，而是略做停顿后再提问题。在中间停顿时，配上爱爱说到小时候渴望小朋友一起玩耍以及文燕深情倾听的面部表情特写，访谈节奏把握得合情合理，十分感人。在这里，主持人就充分地掌握了倾听中的沉默这种“无声胜有声”的主持艺术。

三、目光接触和身体语汇

由于倾听时语言信息的缺席，非语言信息的传递就显得尤为重要。谈话双方视线的接触、身体的姿势都会成为影响倾听效果的因素。一般来讲，倾听时我们应注视谈话对象，一直保持视线的自然接触。进一步来讲，我们的身体语汇也应表现出对谈话对象的关注和兴趣。

（一）目光接触

俗话说“眼睛是心灵的窗户”。当你注视对方时，可以了解对方更多的情况。同样，当被访者在讲话时，你注视着对方的眼睛，对方也可以了解你。他们可以得到这样的信息，即自己说的话是否被传播者认真听取，是否能被接受，是否能被理解。传播者对被访者的共情与理解、尊重与关注等信息，都可以通过目光传达给对方。视线接触的这一特点就要求传播者在倾听时注意调整自己的目光，如果东张西望，目光散漫，这种视线给对方的信息一定是消极的。

那么，倾听中传播者的目光怎样安排比较合适呢？有研究表明，当倾听对方的叙述时，目光可以直接注视对方的双眼；当轮到你讲话时，这种视线的接触可以比听对方谈话时少些。也就是说，对方讲话时，一定要用目光表示你的关注；自己谈话时，有时视线可以短时间离开对方。

（二）身体语言

人类的身体语汇极为丰富，譬如站立的姿势、坐着的姿势、举手投足都可包括其中。传播者在生活中可能早已养成一些独特的习惯，如习惯于双手抱臂，爱跷二郎腿，思考问题时不由自主地抖动双腿，解释说明时喜欢用各种手势等。

作为倾听者，在被访者面前，总的原则应是使自己的身体语汇融入访谈过程中，以有利于访谈过程为准。有些习惯性动作可能需要改变，比如双手抱臂可能会使被访者感到疏离和拒绝，身体后倾会给对方造成一种“居高临下”的感觉。比较适宜的身体语汇也许是这样的：和被访者初次见面时，与对方握手表示欢迎。整个访谈过程中，要使自己坐得舒适、自如，同时又要表示出对对方的关注。尤其是在倾听对方谈话时，一定要面对对方，使身体略微倾向于被访者，并用点头等方式表达自己的注意。

比如，在某一期访谈节目《鲁豫有约》中，主持人陈鲁豫采访了歌手孙悦。当孙悦说到唱歌比赛的事情时，鲁豫单手放在沙发上，托住下巴，侧身面对孙悦，整个身体姿态呈现出开放、不设防的状态（见图 5－3）。而且她始终保持兴奋、激动的状态，脸上表现出很好奇、很专注的表情，这使得孙悦也比较激动，更加愿意谈论下去。当孙悦谈到在北京那段艰苦生活的时候，鲁豫脸上的表情由满脸笑容变得凝重，又带有一点同情，直到孙悦脸上露出坚强的笑容，鲁豫才露出笑容。在整个访谈中，主持人的身体姿态表现出一种亲和力，营造出一种亲切交谈的气氛。而主持人专注、好奇的表情也更容易让对方感到正在被倾听，从而产生诉说的欲望。

再比如，在某一期湖南卫视的访谈节目《天下女人》中，邀请的嘉宾是当时在一起交通肇事案中无辜死亡者的父母，受害者父母承受着巨大的悲痛。主持人杨澜在整个谈话过程中几乎都是紧握着女嘉宾的手，轻声询问，尽力安抚嘉宾，以减轻他们的悲痛（见图 5－4）。主持人的这些手势和动作，让观众觉得整个节目充满了真情和温暖。对于嘉宾来说，主持人关切的身体语言能让她感到对方是可信赖的倾诉对象，从而更愿意诉说。

图 5-3　鲁豫在访谈节目中的身体语言运用

图 5-4　杨澜在访谈节目中的身体语言运用

【思考题】

1. 听到和倾听有何关联与区别？
2. 倾听的过程包含几个阶段？
3. 有效倾听的障碍来自哪些方面？
4. 无效倾听有哪些表现形式？

5. 如何改善倾听，提升有效倾听的质量？

【推荐阅读】

1. 泰勒等．人际传播新论［M］．朱进东，译．江苏：南京大学出版社，1992.

2. 伍德．生活中的传播［M］．4 版．董璐，译．北京：北京大学出版社，2009.

3. 德维托．人际传播教程［M］．12 版．余瑞祥，等译．北京：中国人民大学出版社，2011.

第六章

传播者的移情能力

【本章学习要点】

1. 传播心理学关于移情的解释
2. 移情与情绪、同情、理解的关系
3. 传播者移情发生的心理机制
4. 传播中移情的运用方式
5. 传播者移情能力的培养路径

俗话说，知己知彼，百战不殆。要想获得理想的传播效果，传播者应时常考虑传播内容如何才能吸引受众，应采取怎样的表达方式才能由表及里、由己达人。这种体察他人立场、观点、情感的能力就是移情能力。善于移情是传播者的一种重要能力和心理素质，具备了这种能力和素质，会推动传播者和传播对象实现心灵的沟通，产生强烈的情感共鸣，取得良好的传播效果。

那么，传播者如何从不同经历、不同性格、不同身份、不同价值观念的传播对象那里有效获取到所需要的信息呢？如何使得传播内容能够贴合受众需求，从情感层面得到受众的认同呢？本章通过对移情内涵的解析，提出培养移情能力的路径，从而帮助传播者理解传播对象，体验受众情感需求，增强信息传播的亲和力、感染力和说服力。

第一节　移情是什么

“感时花溅泪，恨别鸟惊心。”你有想过吗，为什么见到花会溅泪、听到鸟叫会惊心？“太阳当空照，花儿对我笑，小鸟说，早早早，你为什么背上小书包？”我们看到，同样是花，同样是鸟，表达出来的情绪情感却截然不同。那么你能感受到别人所体验的情绪情感吗？你能正确地向别人表达出你所体验的情感吗？能否做到这一点，与我们的移情能力紧密相关。

一、移情的内涵

移情（empathy），有人称之为“共情”“同理心”。“移情”一词最早译自德文。“移情”中的“情”指情绪、情感，“移”则是移动、交流的意思。移情是指一个人感受到他人的情感、知觉和思想的心理现象，又叫感情移入。①

一些早期的哲学家和心理学家认为移情是所有现实社会关系的基础。根据这一广义的界说，许多学者都试图探究这一术语的含义，但彼此侧重的方面却有不同，于是就出现了关于移情的各种说法和理解。

第一种说法和解释源于精神分析学说，指患者把自己在儿童时期对父母的情绪依恋关系转移到精神分析治疗者身上，治疗者成为其双亲的替身。

第二种说法和理解源于认知心理学的见解，指一个人对另一个人内心经历和体验的理智理解。心理学家戴蒙德认为，移情的认知作用表现在它能增进两人之间的交流，而且作为移情的结果，移情者将会更多地去喜欢、帮助和接受别人。

第三种说法和理解指利他主义行为或助人行为。当移情被指导并且有目的地引发时，它能够对别人产生很大的帮助，甚至产生利他主义的行为。

还有一种说法和理解来源于角色理论。这一理论借助戏剧比拟描述人的生活场景，认为人生就是一个大舞台，每个人在这舞台上都要扮演各种角色。若想让自己扮演的角色被别人接受，就要学会体验他人对自己这一角色的要求和看法，同时还要体验他人角色，这样才能互相沟通、理解、交流。当一个人感知到对方的某种情绪时，他自己也能体验到相应的情绪，即由于对别人情绪的觉察而导致自己情绪的唤起。其实，角色理论最早来源于乔治·米德的符号互动论，他认为移情是指一个人通过别人的眼睛看世界，假设别人的观点、体验别人的情感。这种对移情的解释更接近于传播心理学体系对移情的理解。

根据《心理学大词典》的定义，“移情有两种含义：（1）站在对方的角度去考虑问题，体验对方的情绪情感；（2）把自己内心的情感移入对方和对方一起感受”②。

本章所探讨的“移情”，是就心理学一般用语而非精神分析学说的用语而言的。按照以上对移情的阐释，传播者对传播对象和受众的移情可以理解为：传播者设身处地地理解、体验传播对象和受众的认知、情绪情感、需要的心理过程；同时，传播者运用自己的情感去感染传播对象和受众。简言之，就是“设身处地”和“感染他人”。

---

① 刘京林．新闻心理学概论［M］．5版．北京：中国传媒大学出版社，2014：126.

② 朱智贤．心理学大词典［M］．北京：北京师范大学出版社，1989：845.

二、与移情有关的几个概念

（一）移情与情绪

移情是出于理解他人的情绪状态而产生的与其相一致的情绪反应，包括认识、理解情绪的能力和感受、体验情绪的能力。情绪体验是移情的核心要素，移情的实质就是产生与他人情绪状态相一致或相匹配的情绪反应。只有在你曾经体验过类似对方那样的情绪感受时，移情才能真实地发生。例如，假如你从未爱过，移情正在恋爱中的人几乎是不可能的，而移情失去恋人的人则更为困难。但一个已爱过的人就可以比较容易地移情失去父母、妻子或丈夫的人。

移情也被称作“同理心”。同理心简单地说就是“感同身受”“将心比心”，也就是站在对方的立场体会其感受，了解对方内心的想法，并回应给对方。同理心有两个要素：一是对他人情绪的认知，即认知技巧；二是对他人情绪的反应，即沟通技巧。这两种技巧都需要对他人所经验的情绪有真正的了解。

（二）移情与同情

在伦理学中，同情被认为是面对处于强烈情绪中的个体时我们所产生的“同伴感受”的体验，同时包括采取某些行动以减轻这种感觉。同情是观察者面对另一痛苦个体产生的情绪反应，进而引起观察者采取行动去减轻另一个体痛苦的冲动或愿望。所以说，移情会导致同情，而同情是移情的结果，是在理解他人情绪状态的基础上产生的关心。

由此可见，在含义上同情不等同于移情，同情强调的是面对他人的痛苦、不幸而产生的情绪反应，还包含行为反应，如帮助。对于同情而言，自己和他人是分离的，强调的是“feeling for someone”（因某人而生的情绪）。而移情的重点是“移”，自己和他人在情绪上是重叠的，当然二者并不一定完全重叠。例如，“I feel your pain”（我感受到了你的痛苦）是移情，“I feel pity for your pain”（我为你的痛苦而感到遗憾）是同情。此外，除负面情绪外，移情还可以包括对他人快乐、高兴等正面情绪的移情；但同情一般是针对别人的不幸、痛苦等负面情绪而言的。同情通常意味着“感到惋惜”，而移情指的是“感知”另一个人。移情可能针对积极或消极的感觉，同情却通常只针对遇到麻烦的人。

（三）移情与理解

移情另一个人，亦即体验他的世界。当你感觉另一个人的感觉和态度，仿佛你已体验到那些感觉或态度时，表明你正在移情。移情是将你自己置身于其他人的人格中的能力。具体说来，它是我们在和另一人交流时，像他那样去看，像他那样去听，像他那样去感觉的能力，即理解他人的能力。

理解是产生移情的前提。要努力去理解对方的内心世界，去理解并认识那种感到生活过于悲惨而无法忍受的态度，理解那种感觉自己卑微无用的沮丧，理解那种过度在意他人评价而导致的自我迷失……每一种理解都会以某种方式丰富移情者自身。我们从这些体验中以各种方式学到不同的东西，使我们成为更能与他人达到情感共鸣的人。

然而理解并非易事。“进入”另一个人的精神世界是相当困难的。首先，我们不可能真正做到像他人那样看待事物，而只能接近。另外，理解的困难在于我们大多数人并不能真正从与自己观点不同的观点出发看待事物。究其原因，这是因为如果我们让自己像他人那样去看待事物，也就是要采用不同于自己的方式去看待事物，这意味着要面临改变自我的危险。毫无保留地进入另一个人的世界可能会影响我们自身的态度和价值观，自我的稳定性可能会受到冲击，因而自我保护机制有可能自动开启，来抵抗理解的进行。

对于从别人那里听到的大多数陈述，我们的第一反应常常是对此做出直接的评价或判断，而不是先试着去理解它。当对方表达了某种感受、态度、信念时，我们倾向于不假思索地认为“那是对的”“那是愚蠢的”“那是不正常的”“那是不合理的”“那是错误的”“那是不友好的”。我们很少容许自己去仔细地理解别人的陈述对他本人来说究竟有什么意义——这还是因为理解会带来风险。如果我们让自己去真正理解一个人，或许就会被那种理解所改变，而我们每个人都害怕改变。但是，假如我们把自己的价值认定强加于别人的话——换句话说，是评价而不是理解——我们就会发现移情价值不同的他人几乎是不可能的。

因此，要实现真正的理解，就必须克服自己内心害怕改变的恐惧，接纳对方不同于自己的种种表现。接纳是产生理解的必要条件。在传播中，把对方的感受、态度和信念作为他真实而至关重要的一部分如实接纳下来，才能真正开始理解，移情也才能真正发生。

三、移情的种类

有关移情的类型，在不同划分标准的基础上，出现了几种不同的看法。

（一）情感的移情、认知的移情和预期的移情

根据移情发生的心理活动领域的不同，有人将移情划分为三种类型：（1）情感的移情，指个人在情感上体验他人的内部情绪；（2）认知的移情，指个人在理智上洞察、理解他人的内部经验；（3）预期的移情，指个人预期他人在具体情境中的情感反应。

（二）典型性移情和非典型性移情

有研究者认为，移情是一种替代性的情绪反应，它可以由代表他人情绪状态的明显的知觉线索所引发，也可以是在间接情绪线索（如他人所处的情境）的基础上推理的结果。基于此，移情可以划分为两种类型：典型性移情和非典型性移情。

典型性移情由他人的情绪状态引发，此时情绪线索具有明显、直接的特点。具体而言表现为移情者由于直接观察或知觉他人的情绪状态，进而自己产生了与其相一致的情绪反应。非典型性移情者由他人所处的情境引发，此时情绪线索具有隐晦、间接的特点。具体而言表现为移情者根据他人所处的情境，通过自己的想象或推理，进而产生了与他人情境相一致的情绪反应。例如，表现死亡的情境充满着悲伤，而看到这种情境（如战争情境中一具具的尸体），虽然此时并没有出现表现他人悲伤的明显情绪线索，但我们的悲伤也会油然而生。

第二节　传播过程中移情的发生

从上一节关于移情的内涵可以看出，移情是人际交往的一种能力，而传播者与传播对象之间是一种沟通的关系。因此，我们可以把移情从人际沟通延伸到大众传播中来，从人际传播和大众传播两个层面来理解移情——“情”是传播者针对具体传播内容所生发出的思想感情，“移”是传播者与传播对象之间情感的交流与沟通。

那么，这种情感的交流和沟通又是如何借助传播的信息载体而发生的呢？当移情介入到传播活动中时，意味着传播者必须设身处地从传播对象的角度看问题、考虑问题，用传播对象的眼光选择传播信息，在与传播对象的互动中，体会他们的所思所行，体察他们的各种观念和需求。因此，移情过程中传播者的心理机制，以及传播者经历了哪些心理过程才能达到与传播对象的情感共鸣，成为本节要探讨的主要内容。

一、移情发生的心理机制

移情必须具备四个条件：（1）移情者处于某种情绪状态；（2）移情者与被移情者的情绪状态或情境相一致；（3）移情基于理解；（4）移情者能够对自己与他人之间的情绪进行区分。当移情者理解他人的情绪状态或情境，能够引发移情者部分感受到与被移情者或其情境相一致的情绪时，移情就发生了。移情发生的心理机制主要包括两方面。

（一）认知觉察

移情这一心理品质的核心要素是个体对他人内在状态的认知觉察，只有具备这种认知上的觉察，移情才会产生。移情是对他人所处境遇以及心理体验在认知或想象层面上的理解。

（二）情绪体验

移情是对他人产生共感的情绪反应。单纯对他人内心状态有认知觉察并不意味着个体能够体验到他人的感受；只有在真正体验到他人的感受之后，才能够产生真正的移情。移情是对知觉到的他人情绪体验的情绪反应。

作为移情的重要组成部分，认知和情绪缺一不可。越来越多的研究者相信，移情是由认知和情绪共同组成的复杂融合体。下面我们就从情绪和认知两方面来阐释移情发生的具体过程。

二、传播者移情的心理过程

移情这种心理现象包含多种心理过程，情绪和认知是移情所涉及的最重要的心理过程。情绪过程需要情绪反应的能力，是理解他人情绪状态以及分享他人情绪状态的过程；认知过程是辨认和命名他人情感状态的过程，以及采纳他们的观点的过程。

（一）移情中的情绪过程

移情是一种情绪过程，其产生源自个体被自己知觉到的他人的感受所打动。从进化心理学的角度来看，移情的本质源于合群的需要，最早和最基本的移情是一种本能，而不是建立在认知的基础上的。婴儿对他人痛苦和其他同类信号（如哭泣、悲伤的表情）的反应远远早于他们对这些状态的认知理解。当然，婴儿的本能反应只是一种初级形式的移情反应，它是移情进一步发展的基础。移情中有以下三种主要的情绪过程。

1. 情绪感染

情绪感染是对于他人情绪状态或需要的直觉反应。如刚刚出生的婴儿在听到别的孩子哭泣时自己也会哭，这种移情性哭泣是情绪感染的典型代表。日常生活中，如果谈话时对方伤心落泪，我们也会不自觉有想哭的冲动。

表情移情也是情绪感染的一种。表情移情是指模仿面部特征的能力，这些模仿包括情绪表情特征，以及其他特征（如语气等）。研究表明，面部表情特征的模仿能够并且常常导致类似的情绪体验。例如，别人朝我们笑的时候我们自然也会朝他们笑，并因此体验到一种幸福的感觉。

在传播活动中，对传播对象面部表情的模仿能够帮助我们快速进入移情状态。例如当对方忧虑蹙眉时，我们也微微皱起眉头；当对方开心大笑时，我们也露出笑容。这种相似的非语言信息会传达出对对方的关注和理解，双方能很自然地进入一种融洽的情感交流氛围。

2. 映射性情绪

映射性情绪是指移情主体产生了与客体相同的情绪体验。研究者认为，移情者看到某人有某种需要或处在痛苦中，或者听到他的不幸时，便会从他的角度来看待这一情境，并因此而分享到他的感受。

这种映射性情绪的体验来源于个体对类似事件的经历。在产生映射性情绪的过程中，个体接收到有关的情绪信息（如他人受到伤害等），接下来就会对这些信息做出反应，而反应的方式就像这些不幸发生在自己身上一样。

还有一种解释是，移情可以理解成信息处理的结果。移情个体是使用自己已有的情绪信息来感受他人的情绪。例如，当一个小男孩看到他的好朋友不慎切伤了自己的手指时，他可能马上想到自己也曾经切伤过自己，并立刻感到一种由特定经历所诱发的疼痛感。在此过程中，我们是采用记忆等形式，运用已有的知识来了解他人的处境。由于来自他人的信息与情绪记忆相连，所以当我们观察到某一特定的情绪状况时，记忆被激活，情绪反应就随之产生。

3. 反应性情绪

反应性情绪不同于映射性情绪，后者是产生与他人相同或相似的情绪体验，而前者指的是个体随后的情绪性反应，即通常意义上我们所谓的同情、关心和怜悯等。当我们看到他人处在痛苦中时，我们除了产生与他人类似的情绪（映射性情绪）外，还会产生一种怜悯之情，这就是反应性情绪的典型代表。同情是源自对他人情绪状态或处境理解的情绪反应，这种反应并不是与他人情绪状态相同的反应，而是一种悲痛或对他人关心的反应。

有研究者认为个体产生与他人相同的情绪并不是移情的全部，移情过程应该包含提供安抚或帮助的冲动。在移情反应中，我们把他人的情绪状态知觉成一种对自己的要求。当我们看到痛苦，感觉到怜悯时，我们知觉到害怕并急于提供安抚。因此，反应性情绪是激发亲社会行为的前提。

（二）移情中的认知过程

移情反应产生的前提是对他人情绪状态的正确判断与理解。移情中认知的作用可分为两个阶段：一是感知和判断，即运用相关信息认识、确认和命名情绪状态的能力；二是观点或角色采择（role taking），即假设或者体验他人观点的能力。在此基础上，个体才能做出相符的情绪反应，产生真正的移情。

三、移情发生发展的早期影响因素

影响移情发生发展的因素有很多，这里主要从发展心理学的视角，从人格、依恋、父母教养方式等方面介绍传播者移情发生发展的早期影响因素。

（一）人格与移情

人格与移情之间既有区分又有重叠，很多研究者认为移情本身就是人格的一部分。有关人格与移情关系的研究考察了移情与“大五”人格理论①中五种人格因素的关系。研究表明，移情与宜人性、尽责性和开放性之间存在显著的正相关，而与情绪稳定性则不存在相关。

---

① “大五”人格理论：用五种特质来描述人格特征，这五种特质分别是外倾性、神经质（情绪稳定性）、开放性、宜人性和尽责性。

（二）依恋[1]与移情

根据心理学家鲍尔比（J. Bowlby）的理论，儿童与其抚养者的依恋关系最终会使得他们形成一种表征人际关系的“内部工作模型”，而这种“内部工作模型”又会指导儿童未来的人际交往。由于移情也是人际交往的一部分，因此二者之间必然存在某种关系。大部分非安全依恋的儿童未能表现出移情反应，而做出移情反应的儿童往往是那些安全型依恋的儿童。其原因可能在于，安全型依恋的儿童更善于表达和交流自己的情绪，而这是产生真正移情的必备条件。

还有研究考察了成人依恋与移情之间的关系。他们发现安全型依恋中的亲密感和信任与移情中的移情关心和观点采择存在显著的正相关。

（三）父母教养方式与移情

有学者认为儿童的移情要想顺利发展，其家庭环境必须具备以下几方面条件：（1）能够满足儿童的情绪需要，同时又不鼓励过分的自我关心（self-concern）；（2）鼓励儿童体验和表达各种情绪；（3）使儿童有机会观察和参与和他人的互动。从这一角度出发，父母的教养方式无疑是影响儿童移情发展的重要因素。

四、传播过程中移情的运用

在具体的传播活动中，移情是否运用得当是检验传播效果的重要标准之一。恰当运用移情，不仅可以帮助传播者顺利接近交流对象，采集到优质信息，而且在信息传播出去之后，还能够继续感染受众，得到受众的认同和情感共振，收到最优化的传播效果。传播者在传播活动中移情的运用主要体现为两种方式：主动体验和情感共鸣。

（一）主动体验

在大众传播中，移情常常发生在新闻采访或各种涉及情感交流的访谈过程中，比较典型的是新闻采访中记者与采访对象的体验式互动。这种互动不同于一般的“你来我往”，它需要记者参与到采访对象的外在生活及内在的认知、情感世界中，这种采访形式也被称作“体验式采访”。这类采访形式借助戏剧的假定性，但不是演员扮演，而是记者暂时隐蔽起自己的职业角色。如果说演员是在剧本规定的情景中按导演的要求完成对特定角色的创作的话，那么体验式采访中的记者则完全没有“剧本”可循。因为事件按其本身的逻辑发展，他只是在其中以“新角色”去参与、了解和体验罢了。不过，他参与、了解和体验

---

① 依恋理论是有关心理学概念“依恋”的一组理论。“依恋”是寻求与某人的亲密且当其在场时感觉安全的心理倾向。

的目的不像演员体验生活那样是为了塑造角色，作为传播者，他扮演这一“新角色”是为了更真实地反映生活，让人们从中感受鲜为人知的人生况味，增进不同境遇的人之间的相互了解，从而认识生活的本质内涵。

因此，在“体验式采访”中记者的角色既不同于演员，也不同于一般采访中的记者。怎样实现相关角色的转换？从传播心理学的角度看，就需要移情的能力。移情是实现角色互换的重要手段和检验标准，只有经过移情才能实现在认知和情感水平上的角色转换。反过来，验证是否实现了角色互换，也要看是否达到了移情水平。

由于“体验式采访”是记者直接参与和体验而非通过采访对象获得间接经验，因而对受众来说更具有真实感和可信度，更喜闻乐见。由于不同媒体的特点不同，广播、电视的“体验式报道”其可听性和可观赏性相对来说更强些，因而广播、电视节目的采访使用体验式的手段就更多些。

例如，曾有记者对城市无障碍设施的建设管理情况进行报道。在当地残联的帮助下，记者与残障人士同行，用了整整一天的时间，体会了一番“城市无障碍设施”的“便”与“不便”。在商场、书店、车站、银行等人群集中点，记者与残疾人一起体验电梯的上上下下、一起挪动笨重的残疾车、一起感受面对台阶时的无奈，以健康人的身份从残疾人的角度发现在无障碍设施的建设管理中切实存在的问题。

“体验式采访”让记者脱下了职业“外衣”，使得他便于融入陌生的环境进行参与，更容易敏感地发现和捕捉到新环境中更细腻、更真实甚至更深刻的东西，这样捕捉到的信息往往具有一般采访难以达到的效果。比如，在上述的体验式报道中，记者尝试推着残疾车到达某购物广场，广场保安却呵斥记者赶快离开，原因是经理发现后会炒他鱿鱼。根据采访中一些残疾人士的描述，由于行动不便，为了避免更多地麻烦别人，他们不得不尽可能减少去商场的次数。从这一细节受众就会联想到，许多对健全人来说根本不算一回事的事情，在残疾人那里就成了问题，因而会很自然地产生对残疾人的同情和理解。

再比如被称为“泥腿记者”的辽宁省丹东市广播电视台资讯部副主任、记者刘彤，专注于社区生活当中具有代表性、典型性的问题报道，对体验式采访情有独钟，甚至将它作为采访的一种常态。他常常跟搬家工人一起爬楼搬重物；跟社区保洁员一大早冒着大雨清掏楼道口的生活垃圾；在烈日下，坐在马路牙子上跟下岗职工一起找工作；在建筑工地与农民工一起扎钢筋；大年夜在满天的礼花中跟环卫工人一起扫大街。经他体验式采访的原声会在丹东电台的《民生早报》中放送给听众，比如刘彤大口大口的喘气声、哗哗的大雨声、轰隆隆砸墙的装修声……这些真实的体验在听众中引起了强烈共鸣。

刘彤在接受其他媒体访谈时表示，体验式采访虽然让记者辛苦一点，但是走到各行各业里去，走到采访对象心里去，才能换得彼此的信任和支持，“一种尊重、理解就生成了，对促进和谐社会是有益的”①。

---

① http：//cpc. people. com. cn/GB/64093/64104/16905040. html.

（二）情感共鸣

建立记者和采访对象间的融洽关系，是顺利完成采访任务的前提。但是，在大多数情况下，记者对于采访对象来说是“突然闯入”的陌生人，他们之间虽然是一对一、面对面的交流，却又不是一般意义上个体间的人际交流。采访对象内心明了自己面前的这位采访者其实并不仅仅代表他本人前来，采访的影响也绝不会止于该次交流本身的范围，它会通过报道成为大众传播的一部分，所以在采访者面前往往会感到紧张，不能很好地配合。有的采访对象因为不能把握传播的对象、范围和效果等原因，甚至会抱“多一事不如少一事”的态度，三缄其口，干脆拒绝与记者合作。这样一来，记者的采访就会陷入尴尬的境地。

为了使采访对象爽快开口，这时记者就需要主动创造融洽的交谈气氛，寻找有效的突破口，适当运用移情来使对方放下种种顾虑——设身处地地感受对方，进而将这种体验巧妙地传达给对方，往往能获得“柳暗花明”的效果。因为情绪和情感具有组织和激发全部行为的作用，一旦采访对象在情绪情感上感受到记者的角色换位，就很容易与之达到默契、交融和共鸣。这就是“移情”在形成良好的心理互动过程中的作用。

例如，全国劳动模范李素丽是北京公共汽车行业一位普通的售票员，一度因为敬业精神强而成为媒体报道的典型。央视节目主持人敬一丹在某期节目报道她时，更多的是以看平常女人的眼光去看待李素丽。李素丽在自己的岗位上尽职尽责做好本职工作；在家里她是一位好妻子，每天中午都会问丈夫午饭吃的什么，晚餐好变个花样；她也是一位好母亲，尽最大努力呵护女儿。这些人情味很浓的细节打动了敬一丹，她体会着李素丽没有时间体贴丈夫、照顾女儿的无奈感受，在真诚理解的基础上，敬一丹制作了专题节目《心疼李素丽》，节目播出后获得极大反响。这期节目成功的关键在于敬一丹较好的移情能力——她不仅仅站在传播者立场上了解李素丽爱岗敬业的先进事迹，而且把自己想象为李素丽，“走进”她的内心，对她的难处感同身受。正是敬一丹的恰当移情，使节目得到更广泛女性受众的心灵呼应，她们似乎从李素丽身上看到自己的影子，并感受到节目传递出的理解和关爱。

再例如，河南人民广播电台的记者陈明有一次到某矿区采访一位残疾女青年，当时只有这位女青年和她的母亲在家。她们面对记者一时间紧张得无言以对，采访活动一度陷入尴尬之中。后来当看到这位女青年的母亲对女儿的关怀时，陈明念叨起独自在家的儿子来，这一番关切的念叨触动了这位母亲。于是，一个母亲、一个父亲循着共同的话题，打开了话匣子，采访活动也因此达到了预期的目的。在这里，采访者首先将自己“记者”的角色转变为与采访对象相类似的角色——“父亲”，然后创设了一种特定的情感氛围——对儿女的挚爱，从而诱发了采访对象与自己相同的情感共鸣，顺利完成了采访。

五、传播者移情能力的体现

在大众传播中，移情能力体现在传播者善于与传播对象和受众沟通情感，使其被传播者的情绪所感染，以期获得传播对象和受众对所传播内容的信任和支待。

传播者的移情能力主要体现在以下几方面。

第一，传播内容体现传播者对所报道事实的认识和情感。传播者要先移情于新闻事件或新闻人物，然后再渗入自己的认识和情感，如此才能对传播内容有正确的把握。

第二，要体察传播对象和受众对传播内容的需求。传播者先要将受众的情感移入自己心里，然后再将自己的情感移入受众心里，如此才能达到双向沟通并取得预想的传播效果。

第三，要善于运用自己的情感去感染受众。首先，在态度上要诚恳、诚实、平等，用真情打动人心。对受众推心置腹，以诚相待，是移情的最佳选择。其次，要恰当利用图像、声音、着装等自我形象的魅力吸引受众，使受众产生好感。

总之，如果传播者懂得“移情”的传播心理学意义，并在实践中加以运用，不仅有助于受众在接受传播内容的过程中获得情感方面的满足，而且还有助于传播者进入良好的传播状态。

例如，中央电视台曾推出了一期节目《五一文艺晚会——劳动者的歌》。担任节目主持人的倪萍提前了解了晚会需要介绍的一位劳模的家庭情况：家徒四壁的房屋，截断了一条腿的妻子，五岁的儿子。当晚会快要结束的时候，倪萍本想平静地向大家介绍这位劳模的事迹以及劳模妻子的贡献，讲述他们一家艰辛的生活，但是当她告诉观众这一家就坐在直播现场时，她看到劳模的儿子一直用双手抓住妈妈那一条腿已不复存在的空裤管而且紧紧地靠在上边，当场流下了眼泪，引起了全国观众强烈的共鸣。

在大家都比较熟悉的访谈节目《鲁豫有约》中，主持人陈鲁豫一贯都态度温和。她在节目中亲切地对待受访者，与受访者真诚交流，让他们愿意放心大胆地并且主动地将自己的故事讲述出来。比如有一次鲁豫在对王小波的妻子李银河的访谈中问及她对王小波的看法，当李银河说王小波长得丑的时候，鲁豫说“我没觉得他丑，他很瘦吧”。鲁豫巧妙地用“瘦”淡化了“丑”的概念，顾及嘉宾的情感需求，恰当表达了自己的想法，得到李银河的好感，在信任轻松的心境中放开来谈，引出了两人恋爱中十分有趣的一段故事。

再比如，2014 年 4 月一期由华少主持的谈话节目《大牌驾到》中采访艺人钟丽缇，节目播放了一段视频，内容是钟丽缇作为单亲妈妈带着小女儿参加某亲子节目，面对镜头首次公开表达对前夫的原谅，并对三个女儿说：“我希望你们以后会原谅我，我已经很努力给你们最好的。”视频播放完，主持人华少说：“看完这个视频，我非常感动，我甚至愿意跟你分享我自己的故事，因为我也来自单亲家庭，我是我父亲一个人带大的。其实有的时候我们两个人是相依为命，当时我们家特别糟糕。所以当时看到这一段的时候，我跟我的父亲都特别地感动（用手擦去眼角的泪水），特别是到最后说要给你们最好的。”说到这里，钟丽缇忽然站起来拥抱了华少。在这里，作为主持人的华少真情流露，由于拥有相似经历而感同身受的表达非常具有感染力，他的表达体现了他的移情能力，既感染了嘉宾钟丽缇，也感染了观众。

第三节　培养传播者的移情能力

移情不是一种简单的心理活动，它是社会交往技能的重要组成部分，可以通过后天的学习和锻炼逐步养成。

一、良好的移情能力需要后天培养

移情能力与智力不同，个体在其一生中能达到的最高智商值在很大程度上受遗传因素的制约，但就移情而言，任何个体不经过后天的培养和训练，都不可能具备善解人意、设身处地想他人之所想、理解他人、善于换位思考的能力。每个人都是在经历过成功或失败、痛苦或幸福之后，才更了解他人的情感世界，更懂得珍惜自己、善待他人。对传播者而言，要想使传播内容被受众接受、理解和认同，必须要善于站在受众的位置上，想他们所想、见他们所见，通过良好的移情，让受众感觉被尊重、被理解，从而接受传播者的传播内容和意图。

西方很多优秀的新闻节目主持人往往具有多年新闻从业经历，这意味着优秀的传播者是在漫长的成长历程中逐渐打磨成形的，其间丰富的经历如同丰饶的土壤，孕育培养着新闻职业所需的各种能力，包括移情能力。类似的观念正在被我国新闻传播行业所采纳，央视新闻评论部选择记者型主持人的标准之一就是希望应征者最好不要小于 35 岁。对于一些谈话类、情感类节目的主持人，生活积累就更加重要。缺乏后天移情能力的培养，缺乏相当的人生积淀做基础，传播者在理解、体会受众情感时就会出现不足或偏差，而这些往往成为他们工作中难以突破的瓶颈。

移情能力需要以经验和训练为基础，传播者的移情能力就需要在平常的生活和工作中不断有意识地培养和锻炼。

二、传播者移情能力的培养路径

正因为移情在传播过程中具有举足轻重的作用，因此培养移情能力、充分发挥移情功能成为值得传播者探索和研究的课题。一些优秀的传播者如记者、主持人在谈到自身的职业能力建设时常常把移情能力列为需要提升的重要项目。在此我们简要介绍几种在现实生活、工作中提高移情能力的方法作为参考。

（一）深入了解受众心理

在传媒竞争日趋激烈的当今社会，谁能赢得受众，谁就能拥有传播的主动权。而要赢得受众，就必须具备受众意识，要尊重受众、理解受众，研究受众的心理状态、心理过程和心理特征，掌握他们的需要、兴趣和态度，同时还要探讨不同媒介（如传统媒体和新媒体）带给受众的不同的感知体验以及对他们心理的影响方式和程度，甚至还要研究不同性别、年龄、职业、文化程度、地域、民族等受众的特殊心理。了解得越具体、研究得越深入，我们在传播中的移情越有针对性、目的性，才会收到越好的传播效果。

在大众传播过程中，传播者的移情和受众的注意是一个问题的两个方面。移情是在制作传播内容时充分考虑受众的需要和情绪情感；同时，移情也是一种人际交往能力，是人们之间情感上的互动，不仅包括站在对方角度去考虑问题，体验对方的情绪情感，还包括把自己的情感向对象“客体”移入，借以达到感染对方的目的。传播者善于移情，能使传播内容亲切、自然，就会引起受众的注意。传播者的表达方式如果充分考虑到受众的立场、观点、需要和情感等，就有可能使传播由己达人。因此，传播者要善于移情，使自己的思维活跃、感情充沛，从而增强传播内容的感染力，更好地吸引受众的注意力。

例如 2014 年 12 月，陈鲁豫在采访影视演员王志飞父子时，问王志飞的儿子王也：“我知道你小的时候，你爸爸做演员。小孩小的时候会有点小孩子的虚荣心，但换作是我的话我会想，如果我爸要去给我开家长会的话，别人都看他，我又会有点不好意思。哪种情绪更多一点，会觉得自豪骄傲还是会觉得不好意思?”随后王也描述了自己在不同成长阶段的不同感受。这样一段采访，既有主持人试图换位思考后的提问，也满足了受众对明星子女内心感受的好奇心理。

（二）保持移情心态，有意识进行角色扮演训练

一个人的态度影响着他的行为。社会心理学家索兰德（D. C. Solander）曾做过一项实验，让其助手在热疗器的不同热度下，表现出“痛苦的”“中性的”“愉快的”三种情绪，在被试观看“接受热疗的人”的时候，相继向他们发出三种指令：（1）想象自己处在他的情况时如何感觉；（2）想象他如何感觉；（3）密切注视他的生理反应。同时，由仪器测量被试掌心出汗、血管收缩等生理变化。结果表明，在执行主试的第一和第二个指令时，在三种不同表情作用下，被试的生理状态出现了明显的差异（这是因为这两种指令可以使被试移情于实验者的助手），而这种差异在第三个指令的要求下则并不出现（因为这时不需要移情）。

这个实验不仅证明了移情的存在，还证明了不同的态度倾向对移情的产生有重要作用，因此传播者要设身处地地认识受众的立场，体验他们的情感态度倾向。

另外，传播者在制作传播内容时，要试着对受众进行具体设想，甚至可将自己假想为目标受众，通过角色扮演进行换位思考，了解受众在接收传播内容时可能存在的种种感受和需求。为此，传播者要善于从关心受众的生活、学习、情感、处事等方面的问题入手，以平实、亲切、随和的心态与之交流，让受众感觉到传播者是他们可信任的朋友。广东电台的主持人李一萍曾经在《大众信箱》节目里回答一位因父母逼嫁而出走的女青年提出的问题时说了几句话："你一个姑娘单身外出，吃住都会遇到不少困难，再说，眼下天气渐渐变凉，不知你带的衣服够不够，真让人担心！"主持人此时此刻完全设身处地地感觉到受众的存在，她这段话因表达出对出走女青年的牵肠挂肚，深深地打动了听众的内心。

（三）增加情感类的词汇储备，感染受众

移情能力的发展是以掌握共同的语言符号为基础的。符号互动论认为人与人之间的交流是一个符号相互作用的过程——"没有语言就没有沟通，就没有思维、思想和自我。"这一观点表明移情能力的提高有赖于语言能力的发展，对文字语言词汇的准确理解与运用是提高移情能力的一个重要因素。据语言学家统计，人们一般掌握常用的 3 000 多字就基本够用，但新闻传播依赖语言这种载体，传播者需要额外积累语言材料，主要是积累词汇，特别是情感类词汇。因为移情有认知成分，因此对情感类词汇的准确理解与运用就非常重要。

积累情感类词汇的一种办法是处处留心，多阅读情感类的小说、散文，多听多看相关的影视剧等。此外，还要在读的基础上勤于表达，有意识地练习运用情感类词汇来表达自己内心的真实情感，随时使用获得的新的有用词汇。我们还应从日常生活中学习语言，因为丰富多彩的口语是语言的海洋，我们把平时听来的精妙的口语加以整理就可以为我所用。当然，还可向古人学习语言，古典文学作品中有许多有生命力的语汇值得我们继承和学习，如主持人在点评节目时，能恰如其分地引用一些文言古语，生发新意、凸显哲理，可增加节目的文化品位。总之，传播者应格外注意对情感性词汇的理解与运用，通过从口语、古语、成语、谚语、格言、歇后语、外来语中汲取精华，在自己的头脑中增加情感词汇的储备，以提高理解他人言语的准确度，准确把握自己的情感。这样，我们一旦进入传播内容的创作过程，就会如鱼得水、出口成章。

感染受众是实现传播效果的理想境界，这除了需要建立在敏锐感觉和深刻感知基础上之外，还需要传播者通过语言使受众认同其传播的思想和感情，并引起共鸣。在受众接收传播内容的过程中，这种感染的能力主要体现在语言表现力、形体表现力等诸多方面。一个优秀的传播者要善于利用情感类词汇营造适合表达的氛围，营造一种吸引受众的"场"。例如，我们常常会遇到这样的现象，受众被某个节目所吸引，往往是先被主持人的语言风格和其中所传达的真情实感所吸引。良好的感染能力是有效传递信息、表达思想的前提，一个具有良好感染能力的传播者往往能取得事半功倍的效果。

（四）深入体验多元生活，融入受众

经验与人的认识活动密切相关，而移情能力正是建立在体验基础之上的。人是社会性的动物，离不开社会交往和情感交流。传播者只有深入生活，观察并体验不同人群看问题的视角、观念、情感和行为习惯，从中体会他们的喜怒哀乐，才能在头脑中积累丰富的生活素材和情感体验，才能获得真切的感悟和真知灼见的理性思维。在这一点上，传播者甚至要像演员扮演角色那样深入到普罗大众的生活中，观察并体验不同层次受众看待问题的眼光、角度、生活习惯和他们的社会经历，从中体察他们的喜怒哀乐。人类的情感很微妙，有些情感没有经历过的人是无法体会到的，这也是人生阅历相似的人容易“交心”的原因所在。

人与人的相互吸引是建立在相互之间的相似性之上。传播者要体现出与受众之间的相似性，就必须融入受众中。例如，有不少入行时间较短的记者存在一种困惑，就是跟农民没法沟通，他们觉得农民文化水平低，交流起来有困难，采访无法顺利进行。而这恰恰反映出一个问题：记者难以融入农民的生活。

央视主持人白岩松对此有深刻体会。他认为，记者或者主持人有三个层次：“入眼”“入脑”“入心”。我国大多数主持人都能做到“入眼”，即形象气质已被观众接受和认可；部分主持人处在“入脑”的层次，即观众对他提供的事实，对他的知识结构、采访水平有一种欣赏和佩服的成分。然而，作为记者和主持人，仅仅停留在“入脑”的层次是远远不够的。只有了解受众，感染受众，融入受众，真正做到对受众的移情，走到受众心灵深处，达到“入心”的境界，才能增强信息传播的亲和力、感染力和说服力。

例如，主持人在主持有关弱势群体的节目之前，最好能亲自去调查了解这些群体的生活状况，体验他们在生理和心理上遭遇的不公正对待以及由此引发的苦恼和困惑，在表现节目主题时才会有真情实感，唤起受众的共鸣。扎根在生活的土壤里是移情活动的根基，老一辈播音员宋世雄就是个很好的例子。他经常生活在教练员、运动员当中，从熟悉运动员、教练员的各个生活层面和细节入手，仔细观察，抓住人物特点，力求把血肉丰沛的人物形象展现在受众面前。中央电视台少儿节目主持人鞠萍也经常深入到孩子们的生活中，同孩子们交朋友，这样在节目中面对广大少年儿童，才能对他们晓之以理更动之以情，在真实自然的情感表达中将节目的教育主旨传播出去。总之，生活是创作的源泉，经验的积累会使传播者更能了解受众、善解人意，也必然会使移情能力得到提高。

【思考题】

1. 什么是传播心理学意义上的“移情”？它和同情、理解分别有什么关系？
2. 传播者在移情发生时，主要开启了哪些心理机制？
3. 传播中移情体现为哪些形式？以你喜爱的一位记者或主持人为例来说明。

4. 传播者可以从哪些方面来培养自己的移情能力？

【推荐阅读】

1. 余小梅．主持人心理素质［M］．武汉：华中科技大学出版社，2006.
2. 曾致．播音主持艺术新说［M］．北京：中国广播电视出版社，2002.
3. 刘京林．新闻心理学概论［M］．4版．北京：中国传媒大学出版社，2007.

第七章

传播者的情绪情感调控

【本章学习要点】

1. 情绪与情感的异同
2. 情绪与情感的类型
3. 调控情绪的方法

著名的新闻人穆青说过："人民的记者一定要有（和）人民群众一样的情感，你（人民）想的也就是我（记者）想的……"① 记者需要能够敏锐地体会到采访对象的情绪情感，同时也要及时地察觉自己的情绪变化。新闻要求客观公正和冷静，但是新闻记者却不能情感狭隘、冷漠自私，毫无新闻热情。如何合理地、适时地管理和调控情绪情感，是传播者面临的课题。

传播者在进行传播实践时，经常能够感受到情绪情感的影响，情绪好的时候下笔有如神，情绪差的时候数小时也写不出一个字。传播者受惠于积极情绪的激励，也经常被消极情绪所困扰，近年来新闻工作者抑郁甚至自杀的案例也屡见不鲜。所以传播者从心理学的角度了解情绪情感是怎么回事，非常有必要。本章将从心理学的角度对情绪情感进行概述，让传播者了解情绪状态和情感的分类，并介绍情绪情感调控的基本方法。

第一节　情绪情感概述

记者柴静曾经说过："当摄像机红灯亮起来的时候，记者有权力也有责任代替公众去问任何大家需要知道的问题。但是记者是人，就很难回避人的情感问题，会身不由己地参

① 当代新闻工作者的楷模——穆青［EB/OL］.（2004－02－24）. http://www.people.com.cn/GB/14677/21965/22072/2355768.html.

与进去。”① 这句话告诉我们，作为新闻从业者，很难回避情绪和情感问题，那么到底情绪和情感是什么呢？

一、情绪与情感

情绪和情感是人对客观事物的态度体验及相应的行为反应，它是以个体的愿望和需要为中介的一种心理活动。② 当客观事物或情境符合主体的需要和愿望时，就可能会引起积极的、肯定的情绪和情感，比如记者找到了合适的采访对象就会觉得高兴，完成了自己满意的新闻作品就会感到欣慰；当客观事物或情境不符合主体的需求和愿望时，就可能会产生消极的、否定的情绪和情感，比如记者无法进入新闻现场进行采访就会焦急，在截稿时间临近时尚未完成写作就会焦虑，在得到稿件无法发表的消息时会感到沮丧甚至愤怒。

情绪和情感是个体与外界环境之间某种关系的维持或改变，它由独特的主观体验、外部表现和生理唤醒三部分组成。主观体验（subjective experience）是个体对不同情绪和情感状态的自我感受；外部表现指表情（emotional expression），它是在情绪和情感状态发生时身体各部分的动作量化形式，包括面部表情、姿态表情和语调表情等；生理唤醒（physical arousal）是指情绪与情感产生的生理反应，涉及诸多神经结构如脑干、丘脑、蓝斑、松果体等。

人类的情绪和情感相当复杂。在以往，两者被统称为感情（affection），感情既包括情感的发生过程，也包括在此过程中的主体体验。在心理学中，用情绪和情感来更确切地表达感情的不同方面：情绪主要指感情过程，即个体需要与情境相互作用的过程，也就是脑的神经机制活动的过程，更偏向生物性；情感则经常被用来描述那些具有稳定的、深刻的、持久的社会意义的感情，更偏向社会性。情绪和情感虽然有区别，但二者相互依存不可分离，情绪是情感形成的基础，情绪中蕴含着情感。心理学主要研究感情的发生，所以较多地使用情绪这一概念。

【案例】 新闻现场的情感传递

2008 年 5 月，中央电视台抗震前线记者李小萌徒步在映秀镇一条刚刚被推开的公路上，迎面走来了一个挑着担子的老人，李小萌靠近老人招呼道：“大爷，您这是上哪儿去？”老人说：“回家看看。”李小萌问：“大爷，您家在哪儿呀？”老人答：

① 柴静：硬新闻下的柔情 [EB/OL].（2004－03－10）.http://www.cctv.com/anchor/20040310/101307.shtml.

② 彭聃龄．普通心理学 [M]．修订版．北京：北京师范大学出版社，2004：364.

"在山上。"李小萌问："您家里还好吧，现在回家去会不会有吃的？"老人回答："家里的人还好，都安置在了绵阳市内。屋子倒掉了。就是想回家看看。有吃的，在绵阳发的饼干。"李小萌说："那您就别回去了，山上经常有飞石什么的，很不安全。还是别回去了，大爷。"这位老人还是执拗地要回去。李小萌走近老人帮他把担子送到肩上。老人挑着担子走了，这时，李小萌往老人去的方向走了几步，对着老人喊着："大爷，走好，小心，注意安全呀，大爷！"听到喊声的老人回过头来，说："感谢，让你操心了，姑娘。"看到老人远去的背影，李小萌却大声地哭泣了起来。

白岩松问："小萌，是什么让你产生了哭的冲动？"李小萌说："你看到的，我并没有为老人做什么，只是给了老人一个动作，一份来自内心的担心、关切，老人却要反过来感谢我。多么善良的老人，多么宽厚的老人。"一个是感谢，一个是哭泣，正是李小萌的关爱和担心，让一个受伤的心灵得到了安抚，让两颗陌生的心连在了一起。评论认为，在灾区现场采访的记者们，面对灾区群众的这种心灵创伤，及时安抚显得非常珍贵，体现了记者的高贵品质，使新闻意义得到升华。

资料来源：张仕勇．论灾难报道中出镜记者的情绪调节［J］．河南师范大学学报（哲学社会科学版），2009（3）．

二、情绪状态的分类

情绪状态是指在某种事件或情境的影响下，在一定时间内所产生的某种情绪，其中较为典型的情绪状态有心境、激情和应激等。

（一）心境

心境（mood）是指人比较平静而持久的情绪状态。心境具有弥漫性，它不是关于某一事物的特定体验，而是以同样的态度体验对待一切事物。心境持续的时间有很大差别，有时持续几个小时，有时长达数天，甚至数周、数月或更长的时间。

心境受多种因素的影响，不同的心境对传播者也有着不同的影响。积极向上、乐观的心境可以提高传播者的活动效率，增强信心，有益于健康；消极悲观的心境会降低传播活动效率，使人丧失信心和希望，经常处于负面的心境中有损健康。

（二）激情

激情（intense emotion）是一种强烈的、爆发性的、短促的情绪状态。这种情绪状态多是由对个人有重大意义的事件引发的，比如新闻作品获得大奖之后的狂喜、暗访过程中突如其来的危险带来的恐惧等。

激情会导致"意识狭窄"，即认知活动的范围缩小，理智分析能力受到抑制，自我控制能力减弱，进而使人的行为失去控制。传播者需要清醒地意识到自己的激情状态，避免由于激情而行为失控。在新闻界，出现过不少主持人因处于激情中而失态的案例。

然而激情不全是负面的，传播者如果能够意识到并控制住自己的激情，使其保持在一定的水平下，反而可能会有正向作用，比如能够提高写作效率、使新闻作品更富文采、使广电节目更富风格性。有些记者和主持人的激情甚至已经成为其个人的突出特色。

（三）应激

应激（stress）指人对某种意外的环境刺激所做出的适应性反应。例如在采访途中遇到车祸、到地震灾区进行采访或者在无准备状态下必须马上进入现场直播等，在这些情况下传播者会产生一种特殊紧张的情绪体验，就是应激状态。

人在应激状态下，机体会出现一系列生理性反应，如肌肉紧张度、血压、心率、呼吸以及腺体活动都会出现明显的变化。这些变化可以有助于适应急剧变化的外界环境刺激，但如果这种状态持续时间过长，则会进入衰竭阶段，个体容易被自身的防御力量所损害，导致出现适应性疾病或精神崩溃等。

在地震发生后，无数记者纷纷赶往灾区进行报道，当他们进入震区后面临种种惨状，此时的应激状态使其迅速投入新闻报道，但长期持续也有可能产生不良反应。据汶川大地震之后一份针对沪津两地大地震一线新闻工作者心路历程的问卷调查显示，249 名受访记者中，超过半数（63.8%）的记者都曾经产生过不同程度的恐惧情绪，接近半数（45.1%）的记者表示会有“情绪低落”的不良症状，分别有 24.8%、19.7%、18.9%的受访者出现焦虑、失眠和做噩梦的生理反应，另有 9.6%、8.9%的受访者在行为上出现了“痛哭”和“麻木”现象。[①] 这些问题如果不能正确面对，积极调适，则有可能产生长期的心理障碍，甚至造成人格损伤。

【案例】 地震灾区记者的应激障碍

一位记者反映，由于采访经验丰富，起初几天在四川地震重灾区采访时，目睹现场的惨烈场面对她内心的影响并不大。当时，心里除了“多写稿、真实反映、写好稿”的焦虑外，处于“每天吃一顿不饿、每天睡 2～3 个小时不困”的高度亢奋状态。随着在灾区现场采访时间的推移，内心的恐惧感也在慢慢增加。返回上海后，开始从媒体上非常“密集”地了解灾区的情况；身边的同事、朋友非常“密集”地想了解灾区一线的情况，而且所在媒体也开始集中报道反映上海援建、支援灾区抗震救灾的情况。因此，那段时间完全“陷”入“灾区场景”中，不停地看、不停地说、不停地回忆。

大约经过一个月后，她内心开始逐渐抵触，而且这种抵触的情绪竟然随着时间的推移越来越强烈：不愿看到悲惨的灾区

① 复旦大学传媒与舆情调查中心分析报告《汶川地震中现场新闻记者心理调适调查》，2008 年 8 月。

场景、画面；不愿听到有关灾区的悲惨故事；更不愿去讲述自己在灾区的情况。这一情绪的出现也是她自己始料不及的，是一种什么样的心理表现也不得而知。总之这一情绪依然在延续。

灾难情景的侵入式回忆，对引起灾难回忆的线索的回避行为是典型的创伤后应激障碍的症状。这种心理障碍由极度的恐惧、惊慌失措、无能为力感引起，以触发性创伤场面的反复回忆为基本特征。记者作为目击灾难场面的人，其生命安全亦受到威胁，体验到灾难性应激，同样是创伤后应激障碍的易感人群。由于这是一种延迟性的心理反应，有一个半年以内的潜伏期，不是应激发生后立即出现，所以案例中的记者在早期并没有发觉。但是记者在灾区长时间的采访工作所受到的应激达到了累积的效果，并在报道中、回沪后反复的被迫回忆中得到加强，从而产生了越来越严重的“回避”行为。类似症状如果日益加重，持续三个月以上则构成了创伤后应激障碍。这是灾区一线记者最容易出现的问题，也是现阶段最应警惕的心理障碍。

资料来源：陶文静．大地震报道中记者心理健康问题初步研究［J］．新闻记者，2009（1）．

三、情感的分类

情感是同人的社会性需要相联系的主体体验，是人类特有的心理现象之一，人类高级的社会性情感有道德感、理智感和美感等。

（一）道德感

道德感（moral feeling）是根据一定的道德标准在评价人的思想、意图和行为时所产生的主观体验。道德感虽然具有一定的历史变迁性，但也有一些基本道德准则具有一定的稳定性，当人们的言行符合这些道德准则时，就会产生自豪感、幸福感，别人会对他们产生爱慕、崇敬、钦佩等情感；反之，若人们的言行违背这些准则，就会感到不安、内疚，别人也会对他们产生厌恶、反感、鄙视等情感体验。

在新闻界，因从业者违背道德而引发的争议屡见不鲜。2005年一位摄影记者守株待兔抓拍市民摔倒场面惹争议（见图7-1），很多网民认为记者不就路上有坑提醒路人，而是守株待兔看着路人落难的做法应受谴责：“照片拍得倒是精彩，可拍照的人太缺德。明知有坑不设路障，却满怀信心地等着人栽跟头。”照片拍摄者对此指责感到委屈：“摄影记者这个职业有时候的确很残酷。当时狂风暴雨，我在那里坚持了差不多一个小时才等到那个场面。如果没等到，我根本不能用照片说明那里有个水坑。拍不到那个坑，有关单位或许不够重视，今天就不会填补那个坑，这样的话，就会有更多的人可能在雨中摔跤。”摄影记者还表示：“我拍完这组照片后，还在附近的施工处拿了一块牌子摆在那里，提醒路人。”[①]

---

① 摄影记者守株待兔抓拍市民摔倒场面惹争议［N］．北京青年报，2005-05-11.

图 7-1　被指违背道德而引发热议的新闻图片

（二）理智感

理智感（rational feeling）是在智力活动过程中，在认识和评价事物时所产生的情感体验。例如，新闻记者在探索事实真相时所表现出来的求知欲、在发现社会问题时的惊讶、在揭露真相时的坚决、在坚守底线时的热情、在问题解决后的喜悦、在发现报道失实之后的羞愧等，都属于理智感。

1996 年，18 岁的呼格吉勒图因被认定犯强奸罪、故意杀人罪而被执行死刑。2005 年，当年的杀人真凶落网。此后，呼格吉勒图的父母持续多年上访，新华社内蒙古分社记者汤计连发五篇内参，引起相关部门和社会的关注，最终呼格吉勒图在遭枪决 18 年后，被法院宣判无罪。2014 年 12 月 15 日，当法院做出无罪判决后，呼格吉勒图的父母与记者汤计含泪相拥(见图 7-2)。

图 7-2　记者与被报道对象在问题解决后含泪相拥

（三）美感

美感（aesthetic feeling）是根据一定的审美标准评价事物时所产生的情感体验，人的审美标准既反映事物的客观属性，又受个人的思想观点和价值观念的影响。传播者追求美感体验可以让自己的新闻报道文字更精练、结构更严谨、图文更精美，而精美的版面视觉设计、隽永洗练的文笔也让读者从阅读新闻中获得美感。

2014 年第 24 届中国新闻奖新闻摄影类获奖作品《探访北京郊外"废品村"》（见图 7－3）聚焦现代化城市发展背后的环保问题，图中显示的是北京市朝阳区东小口镇电子垃圾收集点，收集点内堆满了回收来的废弃电脑显示器。众多废旧显示屏累积在一起给人带来视觉的震撼，而画面中央一位处理垃圾的工人正好透过一台只剩下边框的显示器被摄影记者捕捉到，又仿佛是电脑屏幕上展示的一张图片，让人产生一种时空穿越的感觉，精美巧妙的构图角度让人感叹。

图 7－3　中国新闻奖新闻摄影类获奖作品《探访北京郊外"废品村"》

第二节　传播者调控情绪情感的方法

传播者不仅需要及时把握他人的情绪状态，还需要察觉自身的情绪体验变化，适时地进行调控，使自己处于最佳的情绪状态。下面就简单介绍一下什么是情绪情感调控，以及传播者有效进行情绪情感调控的常用方法。

一、情绪情感调控

（一）什么是情绪情感调控

情绪情感调控是个体管理和改变自己或他人情绪情感的过程。在这个过程中，个体通过一定的策略和机制，使情绪情感在生理活动、主观体验、表情行为等方面发生一定的变化。

传播者首先要能够调控自己的情绪情感。面临采访任务，记者需要充满激情和希望；采访遭到挫折，要及时转换负面情绪，以积极乐观的情绪去想办法解决问题；在采访到重大题材时，也需要从激动和喜悦的情绪中平复下来，迅速进入适合写作的状态；在面临现场直播以及直播时遇到突发意外情况时，需要摆脱恐惧、焦虑和紧张的情绪，调整到适合直播的应有的情绪状态。

著名新闻工作者白岩松回忆 1997 年参加香港回归电视直播时说道："我负责的是驻港部队的全程直播。紧张，紧张得睡不着觉。一演练的时候，就出现重大口误。"他说："当时每天晚上 12 点，都要靠酒争取睡一觉。然后，临做直播前的 30 多个小时，一分钟都没合上眼。根本睡不着，恐惧，紧张。"可想而知，处于这样的情绪状态中很难做好直播工作。好在直播开始后，白岩松迅速调整了情绪状态，顺利地完成了直播任务。

传播者有时候还需要能够调控别人（比如采访对象或者节目参与者）的情绪情感。早些年比较流行的广播热线节目经常会有听众打电话参与，那么主持人就必须能够控制个别观众的异常情绪。甚至出现热线听众打电话说自己正在自杀，随后被主持人成功劝服的案例。可见传播者调控别人情绪的重要性。当然，如果这种调控变成刻意为达到某种节目效果的话，可能适得其反。著名节目主持人朱军主持的《艺术人生》因现场的气氛调节总是致使嘉宾落泪而成为特色，这一特色引发了广泛的争议。

（二）传播者情绪情感调控的分类

具体而言，传播者的情绪情感调控包括以下方面。

（1）具体情绪的调控：比如将负面情绪调控为正向情绪，遇到挫折时积极调整到乐观情绪，愤怒时也要调控抑制自己的情绪。

（2）唤醒水平的调控：对自己某种情绪唤醒水平有一个度的把握，使其处于合适的状态下，不能过高或过低。比如直播时不能太紧张，也不能完全不紧张。

（3）情绪成分的调控：情绪调控还包括认知和行为，可以对自己的生理反应和表情行为进行有效调控。比如伤心时离开痛苦情境使自己好受些，开心时适当掩饰和控制自己夸张的表情等。

二、情绪情感调控的方法

（一）情绪体验调控

情绪体验调控是情绪调控的重要方面，当体验过于强烈时，个体会有意地进行调控。调控情绪体验可以采用深呼吸法，全身放松深呼吸，同时默数"1、2、3"，吸气要深、满，吐气要慢、匀。

人的许多不良情绪与缺乏安全感有关。当人们感觉安全时，可以有效地缓解不良情绪，而当人的皮肤处于一定的压力和温度下就会感到舒适和安全，所以可改变触觉以减压，比如用沐浴、游泳等方式改变肌肤触觉以减少焦虑不安的情绪体验。

凝视法也被用于改善情绪体验。比如凝视某个物体，仔细分析它的颜色、形状等，可以将注意力从让我们情绪消极的事情上转移开。

消遣法是指通过听音乐、看漫画、听相声、阅读、看爆笑影视剧等方式，使人心情开朗、情绪高涨，摆脱消极情绪，恢复自信。

（二）行为调控

行为调控是个体通过控制和改变自己的表情和行为来改变相应的情绪。所以有经验的人紧张时会对着镜子扮鬼脸，这样一方面可以放松面部肌肉，同时也可以有效地转移自身注意力。

适当运动也是以行为方式来改变和调控自身情绪的手段。研究表明，紧张情绪会使体内产生热能，而原地走动、散步、小跑、摇摆和踢腿等活动可以释放消极情绪产生的热量，从而缓解消极情绪。

（三）认知调控

情绪可以是信息加工的启动状态，也可以是信息加工的背景，知觉可以唤醒需要调控的情绪。通过改变认知来调控情绪的主要方法是转变视角，即改变看问题的角度，进而影响情绪的转变。比如同是半杯水，要改变“空了半杯”这样的消极情绪，转变成“还有半杯”这样的乐观情绪。

当传播者面临要解决的问题而苦于没有解决办法时，不妨换一个角度去思考，不必钻牛角尖而使自己的情绪变得焦躁不安。比如一位新闻工作者在报道中写到某次民意调查，民众对政府的满意度是85%，被单位的领导认为满意度过低而不能发布，该记者巧妙地在新闻中加了一句“国外此类调查满意度均未超过60%”，就解决了问题。

（四）人际调控

人际调控是指经由他人的参与而改变自己的情绪状态。我们经常可以看到，当人们情绪不佳时，会寻找朋友的安慰，与朋友聊天、逛街、大吃来调节自己的情绪。与朋友待在一起使我们感到更安全，而与朋友的相处也可以让我们的注意力适当转移，朋友的开导也可能使我们改变原有的认知，从而达到情绪调控的目的。

（五）环境调控

外界自然和物理环境对人类的情绪也有一定的影响。有研究表明，冬季更让人感到抑郁，而春季更让人感到积极乐观。同样，美丽的环境令人赏心悦目，而混乱、肮脏的环境则令人烦躁。所以外出旅游、使自己处于积极的环境中也是调节情绪的有效方法。此外，还要注意不要让自己的生活、工作环境恶化，收拾干净的办公桌甚至是更亮一些的灯光都可以有效改变低落的情绪。

（六）合理宣泄

人们的负面情绪积累到了一定程度，需要找一个发泄的出口，所以我们不能长期过分压抑自己的负面情绪，宣泄也是情绪调控的有效方法，只是要找到合理的宣泄途径。比如当我们感到极度消极或愤怒时，不妨通过剧烈的运动使自己感到疲劳，或者在空旷的户外通过大喊大叫、大声唱歌甚至大哭一场的方式来进行情绪调控。

【延伸阅读】 情绪自控力测量

说明：下面题目，选A得1分，选B得2分，选C得3分，将各题得分加起来即得到总分。总分高，说明你的情绪自控能力较好；总分低，说明你在情绪控制方面还要努力，或者需要专业人士的指导。

1. 遇到令人难堪的事，你一般是如何处理的？

A. 心里感到很难受，并且维持很长一段时间

B. 说不清

C. 一笑了之

2. 别人生气的时候你会生气吗？

A. 经常会生气

B. 不一定

C. 偶尔生气

3. 考核不幸失败了，你会？

A. 很消沉，自我埋怨

B. 不一定

C. 静下心来，分析失败的原因，以求下次成功

4. 同别人相比，你通常是？

A. 忧郁苦闷的

B. 说不清

C. 活泼开朗的

5. 对自己过去所做的事，你的评价是？

A. 一无是处

B. 说不清

C. 有成功也有失意，但我都能坦然接受

6. 心里不舒服时，你一般采取什么方式处理？

A. 自己忍受

B. 不知道

C. 找朋友倾诉或采取其他合理方式宣泄

7. 你是一个容易紧张的人吗？

A. 是

B. 说不清

C. 不是

8. 你会无缘无故觉得“真是难受”吗？

A. 经常

B. 很少时候

C. 偶尔

9. 你是否常常为自己不该做而做了的事、不该说而说了的话而紧张？

A. 经常

B. 很少时候

C. 偶尔

10. 你容易激动吗？

A. 经常

B. 很少时候

C. 偶尔

11. 你常有“厌倦”之感吗？

A. 经常

B. 很少时候

C. 偶尔

12. 面临一场重大的人生选择时，你一般如何处理？

A. 紧张得不知该怎么办

B. 自作主张

C. 征求别人的意见，以使选择更合适、更完善

13. 别人认为你是一个容易紧张的人吗？

A. 是

B. 不知道

C. 否

14. 同事间发生争执，你如何处理？

A. 帮一方说话

B. 任其发展

C. 予以劝解

15. 上级给予你不公正的评价时，你会？

A. 公开与之争吵

B. 尽量忍受，但心里很不舒服

C. 不当场发表评论，事后再向他解释

16. 你对做事认真但动作很慢的战友？

A. 不耐烦

B. 无所谓

C. 可以理解

17. 心情好坏对你的学习训练有影响吗？

A. 影响很大

B. 不一定

C. 没有多大影响

18. 遇到一次难堪的经历，对你的影响一般要持续多长时间？

A. 半年以上

B. 三个月到半年

C. 三个月以下

19. 别人发表不同观点时，你一般会？

A. 马上反驳

B. 不一定

C. 耐心听其说完

20. 你经常会反思自己的情绪表现吗？

A. 经常

B. 很少时候

C. 偶尔

【思考题】

1. 情绪与情感有何联系？有何异同？
2. 情绪状态有哪些不同的类型？
3. 调控情绪情感的方法有哪些？

【推荐阅读】

1. 傅小兰．情绪心理学［M］. 上海：华东师范大学出版社，2016.
2. 辛德勒．如何控制负面情绪［M］. 高书韵，译．北京：中国友谊出版社，2018.
3. 焦娜．情绪调控心理学［M］. 北京：新世界出版社，2017.

第八章

传播者的创新与应变

【本章学习要点】

1. 创新与应变的心理特征
2. 创造性思维的内涵
3. 提高创造性思维能力的方法

前面我们阐述了传播者在工作中所需要的几种心理素质，它们都对传播者的人际沟通和传播活动起着重要作用。本章要谈谈传播者的创新与应变能力。

第一节　创新与应变的心理特征

创新与应变是传播者在传播活动中不可或缺的重要素质，创新与应变能力的优劣直接影响其传播工作的效果。创新与应变虽然是不同的能力，但在心理特征上有其共同性，其核心都与创造性思维有关，因此把它们放在一起来阐述。

一、创新能力

（一）创新是什么

创新是指能为人类社会的文明与进步创造出有价值的、前所未有的全新物质产品或精神产品。传播者的创新作品是既要人能听懂、看懂，又要人能喜欢听、乐意看。这个创新的过程就是创造性劳动的过程，其中创造力是核心因素。

（二）创造力的构成

创造力是一种高级的、独特的解决问题的能力。它与一般能力的区别在于它的新颖性和独创性。创造力是根据一定的目的任务，积极能动地产生新思想、发现和创造新事物的能力，是人在创造活动中表现出来的各种能力的总和。创造力的构成因素主要包括创造性思维和创造性想象。

创造性思维体现出人在创造活动中所特有的思维的高级水平，它能够反映出事物的新的内在规律，通常表现在对经验的重建、改组与更新上。创造性想象是在创造活动中根据一定的目的、任务，在人的头脑中独立地创造出新形象的心理过程，它是想象的一种类型；而想象是对头脑中已有表象进行加工改造、创造新形象的过程。想象所产生的结果仅仅体现出新颖的特性，却不一定能够反映出事物的内在联系；而创造不仅是奇思妙想，更要求创造的结果能够体现事物内在的本质特征。由此可见，创造力中最重要的成分是创造性思维。

二、应变能力

假如你是一位记者，在采访中，原本准备好的采访提纲被突发情况意外打乱，为应对这突然的变化，就需要启动应变能力。

（一）应变的内涵

应变，即根据情况的变化采取适当的应对行为，是一个人先天因素和后天因素的综合体现。传播者在传播工作中离不开应变能力。例如，主持人直播节目现场，面对突发的意外情况造成的干扰，能够及时准确地采取有效措施、果断巧妙地化解问题，使节目圆满结束，依靠的就是应变能力。可见，应变就是面对变化的情况，运用良好的思维能力，找出应对的方法并采取相应的行为。

（二）衡量传播者应变能力的指标

衡量应变能力的指标有两个：应变的速度和准确度。应变速度主要依靠反应时间来衡量。反应时间指从出现情况变化到传播者做出明显反应之间的时间间隔。准确度指传播者对情况变化的应对是否恰当、合情合理，采取的对策是否合适地解决了情况变化产生的问题。反应时间短且准确度高，则表明应变能力强。

应变的速度既与后天的知识经验及训练有关，也和先天气质相关，一定程度上受神经活动类型的影响。例如，不同气质类型的人，其先天的反应时间长短略有差异，典型的多血质与胆汁质的人就比典型的抑郁质和黏液质类型的人反应时间短。同时，传播者后天对某类活动形成的应对经验与训练更深刻地影响着应变的速度和准确度，相关经验与训练积累越丰富、对某类活动的熟练程度越高，对其应变速度的积极影响越大。而准确应变的关键则在于能够精准地判断情况变化并找到应对方式、采取恰当行为，这与思维能力尤其是创造性思维息息相关。由此，创造性思维成为传播者应变能力的重要心理特征之一。

对于应变反应时间的长度，我们可以通过后天对所从事的具体职业的反复不懈的训练使熟练程度得到提高，从而缩短其应变的反应时间；而应变的准确度则更依赖其丰富的人生经验和良好的创造性思维。从对传播者能力培养的角度看，提高应变准确度的重要性与难度往往大于提升应变速度。因此，若想提升应变能力，须更加注重提高创造性思维。

三、创新与应变的重要心理特征：创造性思维

（一）创造性思维的内涵

创造性思维是人类思维的高级形式。那什么是思维呢？思维是人们认识事物的核心能力，它“是借助语言、表象或动作实现的，是对客观事物概括的和间接的认识，是认识的高级形式。它能揭示事物的本质特征和内部联系，并主要表现在概念形成、问题解决和决策等活动中”①。思维在生活的每时每处都起着重要作用。

创造性思维具体指“重新组织已有的知识经验，提出新的方案或程序，并创造出新的思维成果的思维活动”②。可见，创造性思维不仅通过思维揭露事物的本质及内在联系，而且要在此基础上产生新颖的、前所未有的思维成果，并给人们带来新的有社会价值的产物。创造性思维是创新与应变的心理特征。良好的创造性思维能力是当今传媒行业高素质人才所必备的心理素质。

（二）创造性思维的成分

创造性思维是发散思维和聚合思维的统一，以发散思维为主要成分，以聚合思维为必要成分。在创造性解决问题的过程中，二者总是密切联系、相互配合。二者的关系越协调，创造力越强。

1. 发散思维与聚合思维

发散思维是无定向、无范围地由已知探索未知的思维方式，指思考时信息从同一来源出发朝向各种可能的方向扩散，并引出更多的新信息，使人能从各种设想出发，不拘泥于一种途径和既定的理解，尽可能做出合乎条件的各种解答，得出的方法、答案是新颖奇特的。它体现了求异创新的功能。

聚合思维是利用已有定论的原理、定律、方法，解决问题时有方向、有范围、有程序的思维方式，它要求传播者对已有信息进行抽象概括、分析推导、归纳演绎，强调思考时信息朝一个方向聚敛前进，从而形成确定的答案。其主要功能是求同。

聚合思维与发散思维都是创造性思维不可或缺的成分。虽然创新更依赖发散思维，但创造性思维不仅要通过发散思维产生各种解决问题的新方案，还要通过聚合思维使其落实为成果。

---

① 彭聃龄．普通心理学［M］．4版．北京：北京师范大学出版社，2012：280．

② 同①283．

2. 发散思维的特征与表现[①]

在创造性思维中，其创新的成分更多地体现在发散思维上。发散思维表现于外部行为的三个特征是变通性、流畅性和独特性。根据美国心理学家吉尔福特（J. P. Guilford）设计的发散生成测验（divergent production test）可以衡量变通性、流畅性和独特性水平的高低。

（1）变通性（或称灵活性，flexibility）。这是指发散项目的范围或维度。发散的范围越大，维度越多，变通性就越强。即表现为思维能随机应变，举一反三，触类旁通，不易受到功能固着等心理定势的影响，能产生超常规的新观点。

举例而言，请你回答“砖头有什么用?”通常的答案是砖头能够砌墙、铺路、造房子，这是砖头固有的功能。假如你只想到这些，则被其固有的功能所束缚，不能推想它的其他功能，这就是功能固着。功能固着影响思维的变通性。假如由砖头联想到它可替代尺子画线、当镇纸、垫东西，甚至可以用来打人、制作艺术品等其他的功用，则表明你的思维有较强的变通性。假如你想到的是砖头可以盖房子、建教堂、修炉灶、铺路、筑墙，虽然看起来功能不少，但都可归为建筑用一类，因而不能以此说明你的思维变通性好。吉尔福特用此法编制了“非常规用途测验”（unusual uses test），测验时有一定的时间限制。例如要求在八分钟之内说出红砖的用途，说出的类别越多表明思维的变通性越好。

（2）流畅性（fluency）。这是指单位时间内发散项目的数量。流畅性好即能在较短的时间内表达出较多的项目，反应既快又多。

接着上面的“砖头有什么用?”这个例子看，假如你列举砖头的功用时，能够在一段较短的时间内，如 3 分钟，说出它的用途，数量越多，表明流畅性越好；反之，则说明流畅性较差。此时所计算的用途数量不必考虑其类别，只计算其数量。如说出砖头能够砌墙、铺路、造房子，虽然它们是砖头关于建筑的同一类功用，但在测量流畅性时其数量要算为三个。如果你能说出的砖头功用的类别单一但数量多，表明你的变通性较弱，但流畅性还可以。

【延伸阅读】 自由连词测查思维流畅性

测查思维流畅性常用的测验如自由连词。即在规定的时间里用汉字词组自由连词，要求所连的词中，上一个词的最后一个字和下一个新词开头的字是一样的，如流动—动力—力量—量子……在固定的测验时间内连词数量越多，则流畅性越好。

（3）独特性（originality），也称独创性，是指对问题能提出超乎寻常的、独特新颖的见解。这也是发散思维最重要的特征。例如，节目主持人思维的独特性经常体现在对节目

① 彭聃龄．普通心理学［M］. 4 版．北京：北京师范大学出版社，2012：316－317.

内容的处理和对节目主题的表现上。同样或类似的节目题材，拥有独特性思维的主持人总是能“独辟蹊径”，从他人没有想到的角度来展开，结果使观众眼前一亮。看问题的角度新颖正是一种创造。

【延伸阅读】 命题测验测查发散思维的独特性

吉尔福特用“命题测验”来测试发散思维的独特性。即给出一段故事，让被测人给故事命题。题目越别具一格、奇特新颖，则被测人思维的独特性越好。

例如有这样一个故事：一对夫妻关系很好。妻子本是哑巴，经过医生治疗能说话了。由于她整天唠叨丈夫，丈夫很痛苦，只好要求医生把自己变成聋子，夫妻两个才又相安无事。

给这个故事命题时，有一类标题是这样的，如“医学的奇迹”“永远不满意”“丈夫与妻子”等；还有另一类，如“聋夫哑妻”“无声的幸福”“开刀安心”等。吉尔福特认为后一类比前一类更独特。

人们的创造性思维水平各不相同，有些人只在变通性上表现突出，而有些人则有很好的流畅性或独特性。如果一个人能同时拥有良好的变通性、流畅性和独特性，那他的创造性思维能力会很强。

（三）创造性思维的过程

英国心理学家华莱士（G. Wallas）把创造性思维过程分为四个阶段：准备阶段、酝酿阶段、豁朗阶段和验证阶段。

1. 准备阶段

此时期要搜集有关资料，积累足够的有关知识和经验，了解各方需求，提出问题。在此阶段搜集到的资料越多，就越有机会创新。

2. 酝酿阶段

这一阶段是加工消化第一阶段所搜集到的信息，用心反复咀嚼这些资料，不断消化吸收，使这些原始材料不断分离组合的过程。此时期要不厌其烦地尝试材料的各种新组合，以求找出最适合的新方案。这一过程中发散思维起重要作用，通过艰辛努力，深入探索与思考，冥思苦想寻求解决问题的思路。如果问题仍然无法解决，还可以用适合自己的方式充分放松，此时你要做的是把问题置于潜意识的心智中，让它发生作用。自从心理学家弗洛伊德提出潜意识理论后，它越来越被重视。在潜意识中，由于没有意识中固有原则规范的束缚，其产生的结果、构成的联系可能更加新奇。继续思考，则进入豁朗阶段。

3. 豁朗阶段

这是新思想、新形象产生的阶段。这一时期会豁然开朗，灵感会突然出现，所以又称灵感期。此时常常出现“众里寻他千百度，蓦然回首，那人却在灯火阑珊处”的灵感状态，新方案由此诞生。

4. 验证阶段

这是最后论证的阶段，是对新方案进行验证、补充与修正，使其适于实践，趋于完善，能够落实为新成果。此时需要许多耐心的工作，常需要以聚合思维去论证，使之符合实际状况。例如，广告人大卫·奥格威在给劳斯莱斯汽车写广告文案时，拟了26个不同的标题，又请了六位本公司的其他撰文人员在其中选出最好的一个。然后他写好全部文案，再找三四位其他撰文人员把枯燥无趣及含糊的部分删掉，提炼成一则成熟的广告文案。可见这最后的阶段也是创造性思维中必不可少的部分。

第二节　提高创造性思维能力的方法

创造性思维能力是可以在后天培养与训练中发展起来的。创造性思维能力提高了，其创新与应变能力必然得到提升。影响传播者创造性思维的因素有外在因素和内在主观因素。外在因素主要是社会环境和工作环境。当前我国从政府到各单位机构都十分重视创新，并为创新提供了较好的社会环境。在发展日新月异和竞争日趋激烈的传媒领域，更加需要推陈出新。从业者处于这样一个竞争压力较大的工作环境中，创造性思维的优劣成为决定其能否胜出的重要心理素质。因此，传播者必须有意识地从以下几个方面培养自己的创造性思维。

一、增强发散思维

以我国新闻从业者的现状为例，要使其具有优良的应变和创新能力，更迫切的是培养和增强其发散思维。现今我国新闻从业者受教育程度都较高。“当前我国广电新闻从业者的受教育程度以本科为主，占比近八成（76.8%），其次为硕士及以上，占比16.9%，大专及以下的比例不足一成，说明大部分广电新闻从业者都具备良好的教育背景。”[①] 我国正规教育的现状是对学生的逻辑思维能力培养较重视，有利于其聚合思维的发展，但对发散思维的重视程度较低。前面谈到考察发散思维变通性、流畅性和独特性的几个小测验，可以测查这三个因素的现有水平，我们还可以按照其方式培养发散思维能力。比如，可以在闲暇时花几分钟思考一下某个简单日常物品的功用，如“杯子有什么用”，再把想到的答案归类，想到的用途种类越多表明发散思维的变通性越好。又如，可以通过“文字接龙游戏”练习流畅性。再比如，可以用给文章重新起标题的方法训练独创性，例如在手机上看到小文章时可以自己再给它起几个新标题。如此等等，在日常生活休闲时就可训练自己的

① 丁迈，缑赫，董光宇．全国广播电视新闻从业者调查报告［M］．北京：中国发展出版社，2016：22.

发散思维能力，从而轻松提高创造性思维。

【延伸阅读】 发散思维的训练方法

发散思维也可以通过训练来强化，下面介绍几种常用的训练方法。

一、连接法

连接法即承接上一位表达者的话茬继续往下说的训练方法。卡耐基在训练学员即兴演讲时就常用此法。卡耐基叫一位学员以绝妙的词语来开始叙说一个故事。比如，这位学员说："前几天我正驾着直升机，突然注意到一大群飞碟正朝我靠近。于是我开始下降，可最近的飞碟里却有个小人开始向我开火。"说到这里，卡耐基要求他停下，然后要另一位学员接下去。

二、连点法

连点法即将头脑中闪现出的人、事、物和散点按照一定的顺序和结构连缀成篇。散点比如：花儿、气息、跑。可以这样将这几个散点连起来："置身各位青年朋友之中，我似乎感觉到春天的气息扑面而来，大家都很年轻，都有花儿一样的青春、花儿一样的年龄、花儿一样的生活，愿我们做一匹骏马，跑向光辉灿烂的明天。"

三、联想法

联想法是由一事物想到另一事物的训练方法。其特点是闻一知十，触类旁通，使即兴说话具有流畅性与变通性。20 世纪 60 年代美国心理学家曾采用所谓"急骤的联想"或"暴风雨式的联想"的方法来训练大学生们思维的流畅性。训练时，要求学生像夏天的暴风雨一样，迅速地抛出一些观念，不迟疑，也不要考虑质量的好坏或数量的多少，评价在结束后进行。速度越快表示越流畅，讲得越多表示流畅性越高。这种自由联想与迅速反应的训练，对于思维，无论是质量还是流畅性，都有很大的帮助，可促进发散思维的发展。

也可以用如下题目进行训练。

（1）出示一根玻璃棒，要求训练者通过联想，迅速说出它像什么。

（2）出示一个红色的球，要求训练者通过联想，讲述我们的生活充满阳光。

（3）展示一幅画，画上画着两只小鸡仔，要求训练者表述人生并不是一帆风顺的。

四、故事命题法

此法是给一个故事起标题，标题既要能概括故事的原貌和寓意，又要与众不同。

可以 4～5 人组成一个小组，在一定时间内给同一个故事拟标题，然后相互评判。此法可以培养发散思维的独创性。

资料来源：余小梅．主持人心理素质［M］．武汉：华中科技大学出版社，2006：202－204.

二、滋养好奇心

好奇心是指个体遇到新奇事物或处在新的外界条件下产生注意、操弄、提问等行为的一种内在心理动力。它是人喜好新奇性信息的一种心理倾向。它缘自好奇本能（instinct of curiosity)，即“与人和动物的惊奇情绪相联系的，由新奇刺激所引起的一种朝向、注视、接近、好奇、探索心理与行为活动”[①]。人最初的好奇心来自婴儿先天的探究反射。婴儿一旦发现新鲜的东西就会尝试用手触碰、抓弄并拿到嘴里用舌头舔尝。到了幼儿期，好奇心表现得更加强烈。但好奇心能否保持到成年，有赖于不断的爱护与鼓励。我们应在后天的生活与学习中不断滋养好奇心，因为它既是个体学习、寻求知识的内在动机之一，也是创造的基本动力，更是提高创造性思维能力的重要途径。

强烈的好奇心是创造性人才的重要特征。美国学者希克森特米哈伊（Csikszentmihalyi）在谈到创造性人才的因素时明确提出，创造的第一步就是好奇心的培养。爱因斯坦认为自己没有特殊的天赋，只是具有狂热的好奇心。古希腊哲学家柏拉图和亚里士多德也都说过，哲学的起源乃是人类对自然界和人类自己所存在的惊奇。他们认为，创造性思维往往是从人们感到“惊奇”，对这个问题产生追根究底的强烈探索兴趣时开始的。

【案例】 林肯的好奇心与《读者文摘》之谜

在互联网上流传着一个关于林肯的好奇心的故事。在这个故事中，《读者文摘》充分利用了读者的好奇心来进行策划。

《智慧》是美国当时的一本畅销杂志。一天，美国第16任总统林肯来到华盛顿的大街上。忽然他看到一家名为《智慧》的杂志社门前围了一大堆人，他耐不住好奇凑上去一看，华丽的墙上钻了一个小洞，旁边写着“不许往里看!”但好奇心还是驱使他往里看了一眼，里面是五彩缤纷的《智慧》杂志广告。林肯大笑起来，吩咐秘书订了一份。《智慧》杂志果然很独特，不论是内容、版式、设计、用料都是一流的，林肯每天抽时间阅读。在白天一次工作间歇里，他愉快地拿起一本《智慧》杂志翻看，却发现中间几页没有裁开，他很扫兴，就把这本杂志放到了一边。晚上，他想：这样一本一流的杂志不应该出现这种失误，联想到它以前墙上钻洞的创意，这或许又是一个新花样呢？想到此，他用小刀裁开了粘连页，发现其中一段内容被纸糊住了，他又用小刀撬起纸，只见里面写着：恭喜您，您用您的好奇心和接受事物的能力获得了本刊1万美元奖金。请把您的这本杂志返还本杂志社，凭此领取奖金。

林肯对《智慧》杂志编辑部这种启发读者的做法非常欣赏，提笔给编辑部写了封信，附上了一些自己的建议。不久，林肯收到了回信：“总统先生，我们这次故意设计了300本未裁页的杂志，在买到这些杂志的读者中只有八个人获得了奖金。绝大多数人没有打开粘连页，采取了直接把杂志返回本杂志社要求调换的做法。看来您是真正的智慧之人。根据您的建议，我们决定将杂志改名。”这本改名后的杂志就是风靡世界的《读者文摘》。

---

① 朱智贤．心理学大词典［M］．北京：北京师范大学出版社，1989：264.

三、提升想象力

想象力是对头脑中已有的表象进行加工改组，从而创造出新形象的能力。想象力对创造性思维有深刻的影响。爱因斯坦说过，想象力比知识更重要，因为知识是有限的，而想象力概括着世界的一切，推动着进步，并且是知识进化的源泉。爱因斯坦的“狭义相对论”就是从他幼时幻想人跟着光线跑并能努力赶上它开始的。

创造力的构成中包含了创造想象，它是想象的重要部分。想象又可分有意想象和无意想象。其中无意想象是没有预定目的、不自觉地产生的；有意想象是有目的、自觉地进行的想象，包括再造想象和创造想象。再造想象是依据语言描述或图样示意在头脑中形成相应的新形象的过程。创造想象是根据一定目的，不依现成的描述而独立创造出新形象的过程。创造想象具有更高的创造性。

那么，我们的大脑依靠什么产生这些创新形象呢？心理学研究表明，许多新形象是对头脑中已有的表象进行加工改造而形成的。所谓已有的表象即以往感知过的事物在头脑中留下的直观形象，这种形象具有直观性和概括性。可见，想象力的丰富有赖于头脑中已有表象的丰富。在头脑中要有丰富的表象储备，才有独特的改组创新。因而，提升想象力最直接的方法是增加表象储备。头脑中贮存的表象越多，意味着想象的材料越丰富，越有可能产生更多的新形象。

增加表象储备的重要方法是丰富自己的生活阅历，多闻、多看、多想，更多地去体察生活。想象的源泉是生活。人的心理实质上是头脑对客观刺激物的反映，接触的客观刺激物越多，这种反映才能越出色。[①] 在这点上可以说人的经历与经验都是“财富”，不断反思与提炼这些经历与经验可以使“财富”升值。

例如，广告人詹姆斯·韦伯·扬在《产生创意的方法》一书中提到，创意是把原来的许多旧有要素做新的组合。这还“牵涉到把旧的要素以新的组合之能力，此能力大部分在于对相互关系了解的本领”。可见积累与凝练各类生活经验有助于提高想象力。

四、突破定势限制

定势最早由德国心理学家 G. E. 缪勒（G. E. Muller）和舒曼（F. Schumann）提出。在现代心理学中，定势指先前心理活动所形成的准备状态，影响或决定着同类后继心理活动的趋势。[②] 它不仅存在于知觉活动中，在思维、运动活动中也都存在。所谓思维定势是人在思考时心理的一种准备状态，它影响解决问题时的倾向性。它的积极作用是提高解决同类问题的效率，其消极影响是容易使我们在思考时产生惰性，按照习惯的方法解决问题，妨碍创新。

---

① 余小梅．广告心理学［M］．北京：中国传媒大学出版社，2003：242.

② 朱智贤．心理学大词典［M］．北京：北京师范大学出版社，1989：118.

突破思维定势的束缚，即破除定势的消极作用，可以大大提高创造性思维。我们平时的思维习惯往往是偏重于已有的经验和模式，而不乐于轻易跳出来，因而创新受到思维定势的消极影响。例如，试想一下当你听到下面问题时的思维模式："小石走进一个房间后，没有开灯就找到了桌子上的黑手套，为什么？"通常情况下，当听到"没有开灯"时就会有一种经验倾向，认为这事发生在晚上，因为晚上和灯之间有一种符合常规的定势联系。那么，在解释这个问题时，"没有开灯"的提示使你的思维方向往"在晚上如何照明找物"这一方面去思考。如果突破这种惯性的思考模式，不把开灯与晚上连接，问题就迎刃而解了，答案是他白天进了房间。

五、发展直觉思维

所谓直觉思维，是指不经过形式逻辑分析而直接迅速地认知事物的思维活动，是一种非形式逻辑思维。它同一般思维活动的区别在于，直觉思维是直接的、突如其来的、领悟性的，而不是间接的、逻辑性的认识。我们在创造活动中常常能体验到直觉思维的参与和帮助，例如那些突然跃入脑际而能阐明问题的思想，包括顿悟、灵感等。

在灵感状态下，情绪兴奋、思维敏捷、工作效率高。但灵感的产生是有条件的。其一，要有长期艰苦的准备性工作。搜肠刮肚，冥思苦想，仍然可能陷于困境。此时正是创造性思维的酝酿期，看似思路不通，但坚持探索，就有可能豁然开朗，进入灵感期。音乐家柴可夫斯基说过，灵感是这样一位客人，他不爱拜访懒惰者。其二，利用原型启发。由其他事物引起联想，找到解决问题的途径，称为启发。具有启发作用的事物称为原型。例如在我们熟悉的瓦特发明蒸汽机的故事中，瓦特的灵感来源于看到开水壶的壶盖被水蒸气顶开。

直觉思维更注重对事物直接的观察与体验。传播者在发现和解决问题时，要保持敏锐的感觉与活跃的想象力，要及时捕捉可能突如其来的新想法、新观念，要善于发展自己的直觉思维。

六、激发创新动机

创新动机是创造力的内在动力，它具有唤起创造行动的始动功能、维持创造活动达到目标的指向功能，以及对人的创造行为进行维持与调节控制的功能。创新动机与人的兴趣和求知欲有密切关系。传播者的职业要求其看世界的眼光应是时时更新的，不是"少见多怪"，而是"多见多怪"。尤其是当前，媒体技术迅猛发展带来传媒环境的不断变化，媒体从业者更应与时俱进，使自己具有强烈的求知欲，学习尚未掌握的新知识，探索未知的新境界，创造前所未有的新见解与新事物。

七、保持适度质疑

变化是现实世界的本质特征，积极的质疑有利于创新。人面对不确定的东西会产生焦虑甚至恐惧，从某种程度上说，适度的可承受的焦虑也是去改变这种不确定性的内在动力之一，可促发人们探求其规律并试图掌控之。人面对确定的东西会有安全感，但也容易产生依赖与惰性，因而有居安思危之说，意思就是警示人们在这种情况下还要不断质疑，从而发现问题、产生创新，以图尽早解决问题，求得长效发展。

在传播实践活动中，把握好这个变化的“度”是最难的，何时变、怎样变，都需要决策人的创造性思维能力。例如一档收视火爆的视频节目，如果一直不变，观众会产生一定的视觉疲劳，那么势必要突破变化、再创新，势必面临何时改与怎样改的问题。改版要保持多少原来的因素？全面改变会失去原有的品牌价值，不改变则会失去新意被其他更新的节目取代。在何时改变、怎样改变上要把握好时、度、效问题。变化的心理依据在于传播者对人的需要的把握，包括节目受众与潜在受众的需要、主管部门的要求和社会伦理道德价值标准的要求。节目创新的目的是保持良好的传播效果，其根本是既符合社会伦理道德价值标准，又满足接收者的需要。

八、善用积极暗示

心理学中有一个关于暗示的效应，即皮格马利翁效应。皮格马利翁是一个古老神话传说中的人物，此传说讲的是擅长雕塑的皮格马利翁爱上了他自己雕刻的一座少女塑像，他对这座雕像投入了全部心血与爱恋，并向神乞求让她成为自己的妻子。爱神被他执着的期望打动了，赐予这个雕像姑娘生命，并让他们终成眷属。心理学家借用这个神话传说来说明这种自我期望的作用，即对自己有良好的期望，并用积极的暗示使自己在不知不觉中有所改变，从而渐渐靠近或实现自己的期望。这个效应又被称为期待效应或期望的自我实现[心理学家罗森塔尔（R. Rosenthal）用实验证明了这种期待的作用，又称期望的自我实现]。

因而，如果媒体人能够常常给自己良好的暗示，告诉自己“我有创造力”“我会变得更好”等，那么这些积极暗示就会促使自己在行动上做出相应的努力，日积月累，终将心想事成。

九、开展脑力激荡①

脑力激荡法也称为头脑风暴法，是由美国 BBDO 广告公司的奥斯本创立的一种集体思考，以求激发思维创新的方法。脑力激荡法常常在一个小组的成员中开展，就一个主题无限制地自由联想和讨论，其目的在于产生新观念或新设想。

具体的做法如下：以 10 人左右为一个小组，人数不宜增加或减少过多。集合这个小组召开会议，应提前一或两天把会议的主题内容通知参与人。会议的参与者在结构因素（年龄结构、专业结构、性别结构、能力结构、性格结构、知识经验结构等）上具有良好的、合理的搭配，能够取长补短、有机结合。会议有一个主持人和一个记录员。所有参会

---

① 余小梅．广告心理学［M］．北京：中国传媒大学出版社，2003：230－231．

成员必须忘记自己的职务，人人平等，畅所欲言。通过相互激励、相互诱发产生思考的连锁反应，充分激发每个人的创造力，从而产生更多的创意。在脑力激荡会议之后，由会议记录员将记录整理出来，会议主持人将这些创意分类，再让有关人员评定，取其精华，成为进行下一步决策的基础。这是一种行之有效的集体创造的方法。

运用脑力激荡法应遵循的原则：一是会上禁止批评和反驳别人的创意，保持良好的、平等的创造氛围。二是对创意的质量不加限制，创意的数量越多越好。参与者可自由联想、任意发散，毫无限制地发表见解。三是可以利用别人的创意激发自己的联想，组合产生更多新创意。这种动脑会议因为具备集体创造的结构和气氛，更能发挥每个成员的创造力，可以使组内成员在相互启发中扩展思维的变通性，产生 1+1>2 的整合效果。

传播者个体如果经常参加这样的脑力激荡会，可以很好地提升自己的创造性思维。媒体管理者如果在节目的策划与运行中经常组织召集这样的脑力激荡会议，则能够充分发挥集体的创造力，产生更多的创新思路。

我们学习知识既是为了在生活中更好地应用，更是为了创造更新的东西。掌握已有的知识固然重要，但是对未知的探索更重要！

【思考题】

1. 传播者为什么需要创新与应变？
2. 传播者创新与应变的心理特征是什么？
3. 创造性思维的成分有哪些？试评估一下自己的创造性思维。
4. 如何培养提高创造性思维？

【推荐阅读】

1. 莱勒．想象：创造力的艺术与科学［M］. 杭州：浙江人民出版社，2014.
2. 余小梅．广告心理学［M］. 北京：中国传媒大学出版社，2003.
3. 余小梅．主持人心理素质［M］. 武汉：华中科技大学出版社，2006.
4. 萨蒂．创造性思维：改变思维做决策［M］. 石勇，等译．北京：机械工业出版社，2017.

第三部分

接收者心理

作为信息传播者，你了解你的受众吗?

作为信息接收者，你了解自己吗? 你考虑过自己是如何接收信息的吗?

接收者是传播过程的重要一环，没有接收者的传播是不完整的，而且也是缺失方向的、无目的的。受众研究历来是传播学研究的重要领域，因为受众直接与传播效果相连，传播效果正是基于受众所产生的效果。由此来看，如果不了解受众，那么很难达到好的传播效果。

接收者（受众）心理部分包括第九章至第十三章的内容。此部分从提高传播心理效果的视角出发，剖析了接收者（受众）接收信息时的注意、感知觉、记忆、思维、需要与动机等心理活动规律，以及在传播活动中接收者态度变化的规律。同时还从人生全程发展的角度，介绍了传播活动对不同年龄层的接收者心理发展特征的影响。

第九章

接收者的注意状态

【本章学习要点】

1. 注意的特征与类型
2. 传播中的注意
3. 传播活动中引发接收者注意的方法

巴西富豪斯帕卡（Chiquinho Scarpa）成为全球娱乐新闻关注的焦点，缘于他在社交网站上发布的一则消息。他说自己在看完一部介绍埃及法老的纪录片后深受启发，决定效仿法老，为死后的生活未雨绸缪。为确保死后的生活质量，他准备将自己价值45万美元（约合276万元人民币）的宾利车埋在后花园，以便过世后继续享用。那么最终斯帕卡是否信守诺言埋掉了豪车呢？在本章末的“案例”栏目里将为您揭晓谜底。

本章主要介绍在新闻传播活动中，接收者如何在琐杂的海量信息中注意到某些特定的传播内容，以及在传播活动中引发接收者注意的方法及类型。①

第一节　注意的特征与类型

我们在日常生活中经常会听到“注意”这个词：上课时，老师会说“大家要注意听讲”；开会时，领导会说“注意啦，我们要开会了”；马路上，朋友会说“注意后面有车”。我们对“注意”这个词如此司空见惯，反倒没有去真正思考过它的真正含义到底是什么。

① 从传播学角度来说，信息的接收者就是受众；从心理学的角度来说，受众的本质就是信息的接收者。所以在本章中，“受众”和“接收者”或“接受者”的指称意义是等同的，两者在不同的语境下分别使用，但所表达的意义并无区别。

在心理学中，“注意”（attention）是一个专业术语，是心理学研究的基本概念之一，它是伴随着感觉、知觉、思维、记忆、想象等心理过程的一种共同的心理特征，指心理活动对一定对象的指向和集中[①]，它贯穿一切心理活动的始终。在传播心理学中，注意是指受众对某一信息内容的指向和集中的特定心理状态或过程。

一、受众注意的基本特征

受众的注意有几个基本特征，包括指向性、集中性、广泛性、选择性、持续性、转移性和分配性，其中最为基本的两个特征是指向性与集中性。

（一）注意的指向性

受众注意的指向性是指在某一瞬间，受众的心理活动或意识选择了某个对象，而忽略了另一些对象。例如读者在观赏话剧演出时，他的心理活动或意识就选择了舞台上演员的台词、动作、表情、服饰等，而忽略了剧场里的其他观众，甚至在演出结束时，他也不知道邻座的观众是谁。所以受众注意的指向性是指心理活动或意识在哪个方向上进行活动，也就是说受众的注意必须有一个明确的指向目标，即使处于同一认知环境中，不同受众因其注意的指向性不同，接收到的外界的信息也截然不同。

（二）注意的集中性

受众注意的集中性是指当受众的心理活动或意识指向某个对象的时候，往往会在这个对象上集中起来，即全神贯注起来。例如，当读者在阅读报纸时，他的注意力就高度集中在某个版面、某篇文章或某幅图片上，与此无关的其他事物便被排除在意识之外，甚至视而不见。成语“废寝忘食”，就是说当注意集中于某一事物时，可以忘记吃饭和睡觉。注意的集中性说明心理活动在该对象上的注意必定是有强度和紧张度的，这种强度或紧张度的程度代表的是注意在关注对象上的集中和对无关对象的压抑与排斥。

据传，唐朝时年轻的诗人贾岛曾经在驴背上冥思苦想自己的诗句“鸟宿池边树，僧推月下门”：这里的“推”要不要换成“敲”呢？“推”和“敲”到底用哪一个好？直到驴子冲撞了当时的大文学家韩愈他才回过神来。这正是“推敲”典故的由来。这一典故也完美地阐释了什么是注意的集中性：当贾岛集中注意时，他注意的指向性是诗句，他完全沉浸在自己的诗句里，忘记了自己正在行路，也忽略掉了路途中的各种情况，他注意的集中性是如此之强，以至于冲撞了韩愈才警醒过来。

注意的指向性和集中性是密不可分的，当人们高度集中自己的注意时，注意指向的范围就会缩小。如果说注意的指向性是指心理活动或意识朝向的对象（方向），那么集中性

---

① 彭聃龄．普通心理学［M］．修订版．北京：北京师范大学出版社，2004：186.

就是指心理活动或意识在一定方向上活动的强度或紧张度（见图 9－1）。心理活动或意识的强度越大，紧张度越高，注意也就越集中。

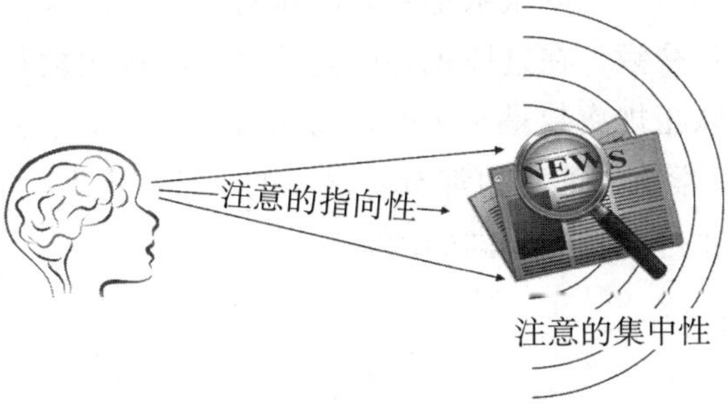

图 9－1 注意的指向性与集中性示意图

【延伸阅读】 注意力与鸡尾酒会效应

鸡尾酒会效应正是人们的注意这一心理状态或过程在现实生活中的表现。

在一个嘈杂的鸡尾酒会上，几十人甚至上百人走来走去，可是当我们一注意到自己的某个朋友时，其他人就被我们忽略掉了。然后，在这种吵闹的环境中，尽管周边的噪声很大，我们还是可以和朋友正常交谈。这时候，我们的注意集中在与朋友的谈话内容上，而将背景中其他的无关声音或噪声刺激排除在外充耳不闻。然而，如果此时在另一处有人喊自己的名字，即使他声音不大，我们也会立即有所反应。我们注意到的声源所发出的音量，感觉上会是其他声源的音量的三倍。

鸡尾酒会效应的法则无时无刻不在控制着我们的注意，使得我们注意那些对我们重要的事物，而忽视那些不重要的。

（三）注意的广泛性

注意的广泛性是指注意的广度，也就是注意的范围有多大，即受众对所注意的传播刺激在一瞬间清楚地觉察或认识的数量。一方面，受众可能对多种传播刺激类型做出反应，所以报刊、广播、电视、网络虽然分别诉诸不同的传播渠道，但它们都可以被受众注意到。但是，注意的广泛性并不是指传播刺激越多越好，当需要注意的对象超出一定数量时，大脑可能无法一次性处理那么多信息。研究表明，在一秒钟内，一般人可以注意到4～6 个相互联系的字母，5～7 个相互间没有联系的数字，3～4 个相互间没有联系的几何图形。

（四）注意的选择性

注意的选择性是指受众在同时呈现的两种或两种以上的传播刺激中，选择一种进行注意，而忽略另外的刺激。1954年，哈斯托福和坎特里尔（Hastorf & Cantril）研究了受众对同一场足球比赛的选择性注意。这是1951年达特茅斯大学与普林斯顿大学之间的比赛，比赛中多人受伤，但是两所学校的报纸都互相谴责对方学校的粗鲁行径。研究者给两所学校的学生观看同一段比赛视频，在这段视频中两校球队犯规次数是一样的，但是普林斯顿的学生平均看到对方球队犯规次数是9.8次，而达特茅斯的学生看到自己球队犯规的次数仅为4.3次。[①] 可见两校学生的注意力都有着显著的“选择性”。正是由于注意选择性的存在，人们在同一视频中才可以看到不同的内容。

（五）注意的持续性

注意的持续性是指受众的注意在一定时间内保持在某一特定的传播刺激上，也被称为注意的稳定性。注意的持续性是衡量注意品质的重要指标，在我们的生活和工作中具有重要的意义。只有持续地注意，受众才能集中精力与传播内容进行思维层面的互动。但是注意的持续性也有一定的限度，当超过这一限度时，受众的注意力难免会动摇和转移。所以在传播实践中，教师授课通常是控制在45分钟内，而一集电视剧的时长也与之类似。不过，受众注意的持续性与传播刺激也直接相关，比如面对一部电视剧，受众注意可以持续45分钟，而对另一部电视剧，注意持续的时间不到5分钟。受众对于广告的注意持续的时间往往更短，所以一出现广告，某些受众甚至会立即选择调台。

【延伸阅读】 如何让自己的注意力持续集中

你是否在一定时间内，无法稳定地把注意力集中于某一特定的对象与活动？当你工作或者听课时，是否大部分时间处在“溜号”状态或者偶尔会出现“溜号”状态？老师在台上讲课，你是否貌似在听，但心却不知飞到哪里，影响了你的工作与学习呢？

这样的问题就是注意力不集中所导致的。注意力是指人的心理活动指向和集中于某种事物的能力。注意力不集中的危害有很多，如使人意志消沉、兴趣分散、人际关系紧张、学校纪律难约束、学习成绩差、工作效率低、自信心不足、生活质量下降等。

如今有心理学家研究发现，倒着数数可以集中注意力，这个方法叫计数训练法。例如，100，99，98…依次数到1，或者100，98，96…依次数到2。若是能做到又快又准，反复练习，注意力集中水平则会有一定的提高。

如果有朋友发现自己的注意力不能很好地集中，可以试一下这个方法哦！

---

① 赛佛林．传播理论：起源、方法与应用［M］．5版．郭镇之，译．北京：中国传媒大学出版社，2006：57.

（六）注意的转移性

注意的转移性是指受众能够主动地、有目的地及时将注意从一个传播刺激对象调整到另一个传播刺激对象。注意力的持续性和转移性是一个事物的两个方面，注意的转移性是思维灵活的体现，也是快速加工信息形成判断的基本保证。比如受众需要把注意从一部电视剧中抽出来，投入到新闻中去，此时如果存在转移的障碍，直至电视剧结束，注意仍未转移，那么受众就失去了接纳新的传播刺激——新闻的机会。从这个角度来讲，网瘾正是网友对游戏的注意力未能及时转移，进而把这种对游戏的注意带入到现实生活中的表现。

（七）注意的分配性

注意的分配性是指受众在同一时间对两种或两种以上的传播刺激进行注意，或将注意分配到不同的活动中。比如司机在开车的同时还需要分配注意资源用以收听广播，家庭主妇一边洗衣服一边看肥皂剧，读者也需要对同一份报纸的不同版面分配注意资源。对受众而言，注意是有限的，不可能什么都关注，所以必须学会分配自己的注意。

【延伸阅读】 心理测试：注意持续性与注意动摇

请注视图9－2，里面较小的方框到底是处于较靠前的位置，还是处于较靠后的位置呢？你是否觉得小方框时而位于后方，时而位于前方？这种现象被称为注意动摇。在比较复杂的认识活动中，注意动摇是必定会发生的，但只要我们的注意不离开当前活动的目标，动摇就没有消极作用。

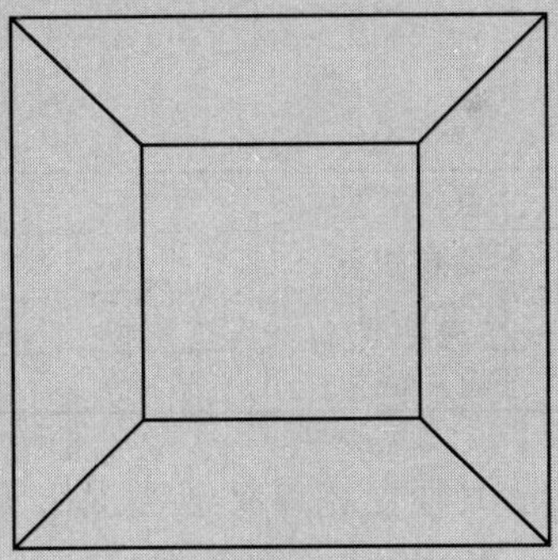

图9－2　小方框位于前方还是后方？

二、注意状态的不同类型

（一）从受众的角度分类

根据受众的注意是否有准备、是否需要付出意志的努力来划分，注意状态可以分为以下三种类型（见表9－1）。

1. 不随意注意

不随意注意指受众的注意是自然发生的，不需要付出任何意志的努力。比如我们走在大街上，无意中看到路边的广告牌，此时我们对这个广告牌没有任何准备，也没有明确的认知任务。在这种情况下，注意的引起与维持不是依靠意志的努力，而是取决于刺激物本身的性质（比如广告牌形状怪异、面积超大、色泽艳丽等）。所以不随意注意是一种消极被动的注意，在此过程中，受众的积极性水平较低。

2. 随意注意

随意注意指受众的注意有着特定的目的，并且需要付出一定意志力来维持注意状态。比如在阅读报纸时，受众是为了了解新闻事件等某种特定的目的而进行阅读，此时他会自觉、自动地将心理过程集中指向这份报纸中的某一新闻内容，并积极选择新闻中提供的各种信息。它是一种积极、主动的形式。如果某一传播内容（比如广告）能从不随意注意上升到随意注意，那么它的传播效果应该会更好。

3. 随意后注意

随意后注意是一种特殊的注意形式，同时具有不随意注意和随意注意的某些特征，它有着某种特定的目的和任务，但是却不用付出意志的努力。它是在随意注意的基础上发展而来的。随意后注意既能服从于当前的活动目的与任务，又能节省意志的努力，因而对完成长期的、持续的任务特别有利。比如某位受众对体育新闻特别感兴趣，就会去发挥主观能动性特意寻找体育新闻信息来阅读（随意注意），当这些随意注意达到一定程度后，在日常生活中，可能并不需要刻意关注，一些体育新闻信息自然而然就会被他知晓（不随意注意）。

表 9-1　　注意的类型

注意的类型	是否有特定目的	是否需要付出意志努力
不随意注意	否	否
随意注意	是	是
随意后注意	是	否

传播学大师麦克卢汉曾经提出不少引起争议但又使人深受启发的概念，其中包括“冷媒介”与“热媒介”。麦克卢汉认为，热媒介提供的信息比较充分、完善，没有留下很多空白供受众去补充和完成，因此热媒介需要受众参与的程度低；冷媒介提供给受众的信息不充分，需要受众予以补充、联想，受众参与其中的程度高。[①] 我们也可以从注意的角度来理解麦克卢汉的冷、热媒介：对于冷媒介，受众更多是随意注意；对于热媒介，则可能更多是不随意注意。

（二）从媒介的角度分类

如果从媒介的角度来看，不同媒介因其不同的特性，对应的受众的注意状态也有所不

① 胡正荣．传播学总论［M］．北京：北京广播学院出版社，1997：239.

同（见表 9－2）。

表 9－2　　媒介类型与注意类型

媒介类型	传播方式	诉诸感官	主要的注意类型
报刊	文字/图片	视觉	随意注意
广播	声音	听觉	不随意注意/随意注意/随意后注意
电视	声画	视听	不随意注意/随意注意/随意后注意
网络	文图/声画	视听	随意注意

在不同的媒介类型中，广播的“伴随收听”状态已经被我们所熟知和认可。20 世纪 90 年代，广播在电视的冲击下，经历了从衰败到重新崛起的历程。广播再次被受众所接受，在很大程度上得益于它对“伴随收听”状态的开发。正是由于这一特性，交通频率成为最先冲出突围的广播类型。随着中国私家车数量的飙升，车载广播成为广播事业再次焕发青春的重要诱导因素。众所周知，对于司机而言，最重要的任务是安全驾驶，所以司机必须把注意力集中在驾驶上。此时，作为受众，他对广播节目内容的收听只能是伴随状态，即在不随意注意、随意注意和随意后注意之间不断跳转。

历史总是惊人的相似。如今人们似乎正在逐渐远离电视，那些依然会打开电视的人也并非正襟危坐、全神贯注地盯着屏幕，他们只是习惯了开着电视，电视成为家庭生活的背景音。根据中国互联网络信息中心的调查数据，2018 年上半年中国网民人均每周上网时长达到 27 小时，也就是说每天上网时长大约 4 小时。① 受众把注意力集中在网络上的时间越长，那么电视被分配的注意自然就越少。

第二节　传播中的注意研究

在传播学中，受众的注意力是一个极其重要的研究内容，从某种意义来说，传播的目标就是要获取受众的注意。

一、注意力传播模式

1987 年，传播学学者麦奎尔（Denis McQuail）提出，大众媒体的首要目的往往既不是传递信息也不是表述文化、信息或价值观来团结公众，而只是为了吸引和抓住视觉或听觉上的注意力。媒体因此而达到了直接的经济目的，即从受众身上赢利（因为在绝大多数

① 中国互联网络信息中心．第 42 次中国互联网络发展状况统计报告［R/OL］．(2018－08－20)．www.cac.gov.cn/2018－08/20/C_1123296882.htm.

的实际情况下，注意力=消费），同时也实现了间接的经济目的，即向广告商转售受众的注意力。据此，麦奎尔提出了展示和注意力传播模式，即在同一受众市场中，几个消息来源（source，S）采用不同的竞争的媒体渠道来展示各自的视觉或听觉信息（media display，MD）以赢得注意力（见图 9－3）。① 这种状态的内在机制是一个零和游戏，因为现在受众的注意力总量在任一特定时点上都是有限的，因此任一渠道或展示所赢得的都是竞争对手所输掉的。

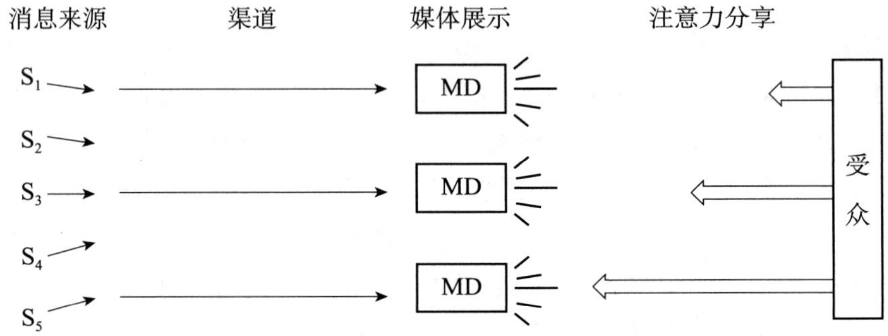

图 9－3 麦奎尔的展示和注意力传播模式

1997 年，迈克尔·戈德海伯（Micheal Goldhaber）发表《注意力购买者》（Attention Shopper）一文。文中提到，在以网络为基础的信息社会中，对人们来说，信息浩如烟海且不再是一种稀缺资源，而是相对过剩的。稀缺的资源是人的注意力，因此当下新经济的实质就是“注意力经济”。

2004 年，达文波特（Thomas Davenport）拓展了注意力经济的内涵，他认为现代社会过多的资讯压力已经超过了人们注意力的负荷，引发了“注意力匮乏”的问题。② 如何支配一个人的注意力、如何防止注意力的涣散、如何吸引注意力、如何使注意力发挥最大效益等，成为注意力经济的研究课题。

二、注意过滤与信息焦虑

（一）注意过滤

心理学家研究认为，大脑神经系统在加工信息的容量方面是有限度的，不可能对所有感觉刺激进行加工。因此，当信息通过各种感觉通道进入神经系统时，要先经过一个过滤机制，只有一部分信息可以通过这个机制，并接受进一步的加工，而其他信息则被阻断在外面。“注意”就是这样一个信息的过滤机制（filter theory），它就像一个门户或是通道，这个门户或通道的容量是有限的，所有外界的刺激必须先经过它，才能得到后续的认知加

---

① 麦奎尔．大众传播模式论［M］．2 版．祝建华，译．上海：上海译文出版社，2008：51．

② 达文波特．注意力经济［M］．谢波峰，等译．北京：中信出版社，2004．

工。注意的过滤机制提示我们在进行传播活动时必须考虑受众的因素，否则我们的自说自话很容易被过滤在外，不能引起受众的任何注意，不能达到任何传播效果，是传播的浪费。

注意的过滤器理论是从认知主体即受众的角度来进行分析；认知资源理论（cognitive capacity）则是从认知客体即传播刺激的角度来进行阐述，该理论认为不同的认知活动对注意提出的要求是不同的，比如我们在看英文电影时可能不需要分配太多的注意，但是如果这段视频是英文考试中的一项内容，那么我们就需要分配更多的注意。认知资源理论认为，可以把注意看作一组对传播刺激进行归类和识别的认知资源能力或认知能力，这些认知资源是有限的，传播刺激越复杂，占用的认知资源就越多，当认知资源完全被占用时，新输入的刺激就不会被注意。认知资源理论提示我们，在传播活动中，传播者还应该考虑提供给受众的传播刺激是否越出了受众的认知资源能力，要避免信息过载的现象出现。

在当今以互联网飞速发展为标志的所谓信息社会里，人们每天都被大量的信息所轰炸，其注意过滤机制和认知资源在无限量扑面而来的信息流中被一次次冲击。仅就广告而言，营销专家马丁·林斯特龙（Martin Linstrom）指出，一位普通消费者在 65 岁之前会接触到 200 万个电视商业广告，这相当于在整整六年中每天看八小时的电视广告。[①] 美国一项研究表明，一个美国人平均每天要接收约 34G 信息，接受这些信息平均花费 11.6 小时。人类的大脑在历史上从未像今天这样需要处理如此多的信息。在当前的媒介环境中，我们拥有将近 2 000 份报纸和 600 个广播电视频道，以及超过 300 万家的网站和约 1 000 亿个网络页面。阿尔温·托夫勒把信息过载带来的危机称为“未来的冲击”。

（二）信息焦虑

不可否认，互联网的发展大大方便了信息的传播，对我们的工作和学习、生活都带来深刻的影响，遇到任何不懂的问题，我们都可以去问谷歌（Google）或百度。但是面对动辄成千上万的搜索结果，你是否感到无奈？我们有限的注意力资源如何面对无限的信息刺激？

传播学研究认为，在信息爆炸的社会中，人们暴露于各种信息刺激之下，无法集中注意去进行深入的认知，经常会感到无所适从，甚至会产生一些心理问题。从注意的角度来说，因为信息过载，我们无法对其一一进行注意，也无法确认自己是否错过了某些重要信息，由此产生一些心理上的不安和紧张，或者我们注意到了信息的刺激，但却没有时间去深入理解和掌握它，于是信息焦虑便产生了。人类传播的目的是为了获取信息，但是太多的信息刺激却阻碍我们获取真正想要得到的有用信息。

社交网站的出现加剧了这种情况。据统计，2019 年第一季度微博月活跃用户达到 4.65 亿，微信月活跃用户达到 10.82 亿，平均每天有 450 亿次的信息发送出去，4.1 亿次

---

① LINSTROM M. 普通消费者 65 岁前接触 200 万个电视商业广告［EB/OL］.（2011-12-28）. http：//money.163.com/11/1228/09/7MBO5T8M00253G87.html.

音频呼叫成功。对人类的大脑来说，我们是否有能力注意到如此众多的消息？当信息过载的时候，信息就妨碍了信息本身，信息交流也就变成了信息的噪声。信息过载表现在以下方面：

（1）喧闹（loudness）：信息的过多重复，如广告。

（2）费解（decoding difficulty）：行话术语、陌生符号等使人理解困难。

（3）无关性和不适合性（disconnectedness and irrelevance）：信息与需求无关，对需要不合适。

（4）过于复杂（bad complexity）：复杂比简单好，因为它含有更多信息，但复杂不当会令人厌烦。

（5）通道拥挤（clutter of communication）：过多的人同时利用同一个媒介来交流信息。

（6）缺少反馈（lack of feedback）：由于信息爆炸，在受众眼中，信息似乎是随机的和混乱的，永远得不到反馈的。

（7）风格性噪声（stylistic noise）：具有不同生活方式和不同素质的人会对信息有不同的理解，有些信息对另一些人来说就是噪声。

（8）伪信息（pseudo-information）：表面上看提供了信息，实际上没有任何信息。

（9）内容过载（sheer overload）：不管信息好坏，仅仅由于其数量和速度超过了通道容量。①

研究认为，在信息过载的情况下，大量信息刺激给大脑带来压力，人们集中注意力的时间也因此而缩短。注意力不能长时间集中，深度思考能力也受到影响。“碎化片阅读”“读图时代”就是我们集中注意力时间缩短的表现。在极端情况下，一些受众每日需要接触海量信息，或对信息资源有较强的掌控欲望，一旦每天正常获取信息的渠道不畅，他们就会感到极不适应，变得焦躁不安，一些人会不停地看手机、查收邮箱，进而引发精神萎靡、失眠、头痛、缺乏食欲等一系列精神和生理上的不良反应，我们称之为信息焦虑症（information anxiety）。

【延伸阅读】 趣味测验：信息焦虑症，你有没有？

以下是信息焦虑症常见的症状，对照一下，看看你符合几条。

1. 一个小时要检查五遍以上手机，哪怕去深山老林度假也一样。当发现没有人来电或来短信时，会有很深的失落感。

2. 每天登录N遍电子邮箱，反复检查邮件。

3. 当因为某种原因不能上网时，整个

① 顾犇．信息过载问题及其研究［J］．中国图书馆学报，2000（5）：42-45.

人极度焦虑难受，恨不得变成超人，飞到外太空去接受网络的超强吸引。

4. 下意识地登录无聊网站搜索无聊图片，搞得血脉偾张也乐此不疲，喜欢享受这类肤浅的快感。

5. 总是怕自己跟不上潮流，会花大量时间去搜集一些新近流行的事情。当别人问到某个信息自己不知道时，情绪一下子就跌到谷底。

6. 喜欢信息胜过真实的生活以及人际交往。常有一种“万物皆醒我独醉”的飘然世外的感觉。

7. 最喜欢在BBS上跟帖，以及同人讨论无聊的八卦新闻。如果网上没有新的好玩信息出现，人就呈抑郁状，半天提不起精神。

8. 一天十来个小时地挂在聊天软件上，可以同时跟N个人聊天，闲下来一点点都会急得没办法。

9. 喜欢被信息淹没的感觉，玩电脑游戏的时候会有一种强烈的满足感，不断延长游戏时间。但在现实生活中有时反而会觉得自己一团糟。

资料来源：全球医院网. http://health.qqyy.com/article/0901/19/107e2.html.

三、受众注意的测量与应用

虽然注意是受众的内部心理状态或过程，但是它却可以通过受众的外部行为表现出来。例如当收看电视时，受众会把感觉器官（眼、耳等）朝向所注意的对象，以便得到最清晰的印象。当受众注意力高度集中时，其血液循环和呼吸都可能会有所变化，如肢体血管收缩，头部血管舒张，吸气时间变短而呼气时间相对延长等。此外，注意还常常伴随某些特殊的表情动作，比如托着下颌、目不转睛、目光似乎呆滞等。

这些注意的外部表现为我们进行受众注意的测量提供了客观指标。比如在实验环境或自然环境中，当受众阅读报刊书籍、听广播、看电视电影、浏览网页时，可对他们的心率、脉搏、呼吸、皮肤电、眼动轨迹、脑电波等进行实时测量，以此来推断受众对特定传播内容的注意。

当然，在传播学研究中，也有不少对受众注意的测量是采用观察法进行的，比如我们可以观察并统计一部电影在放映过程中离场的人数、睡觉的人数以及打哈欠的人数和次数等。但需要注意的是，注意作为一种内部心理状态和过程，不管是观察法还是精密的仪器测量下，它与行为表现之间都并非一一对应的关系。例如在课堂上，学生可能眼睛盯着老师和黑板，但是思绪早已飘到了千里之外；在实验室里，受众心率越来越快，可能是他想起来待会儿就可以见到女朋友了。所以，对受众注意的测量需要慎之又慎。当前传播学中对受众注意进行科学测量的研究并不多见，人们还是习惯于使用收视率、阅读率这样的指标，采用自主报告和观察测量这样的方法来侧面反映受众对传播内容的注意。

互联网时代的传播似乎为受众注意的测量提供了新的途径，因为人们在网上活动的任何痕迹都被记录了下来。当你打开某一个网络页面后，敲击键盘、滚动页面、点击链接、鼠标悬停等都有可能被记录下来进行分析，甚至包括你在不同页面内容之间点击行为的相互关联等，这些实时变动的行为数据都可以被用来推测受众注意的“轨迹”。当前不少大型网络公司都拥有自己的用户行为研究部门，一般称作用户体验设计中心（user experience design，UED），进行包括受众注意测量等方面的用户研究。

我们可能都有过网络购物的经验。当我们成为某一电子购物网站的注册用户时，常会收到一些商品促销邮件，那么商家决定是否发送促销邮件的依据是什么呢？当我们购买一件商品（比如图书）时，页面上会立刻向我们推荐相关的其他书籍（见图 9－4），商家又是依据什么做出判断的呢？其实这些都与我们的注意相关，也就是说，我们在此网站的注意轨迹被记录下来进行了分析，比如我们搜索了什么，看了哪些产品的介绍，最终购买了哪些产品等，这些都被当作探究我们注意的指向性和集中性的指标，从而推断出我们的喜好，进而进行精准的营销。

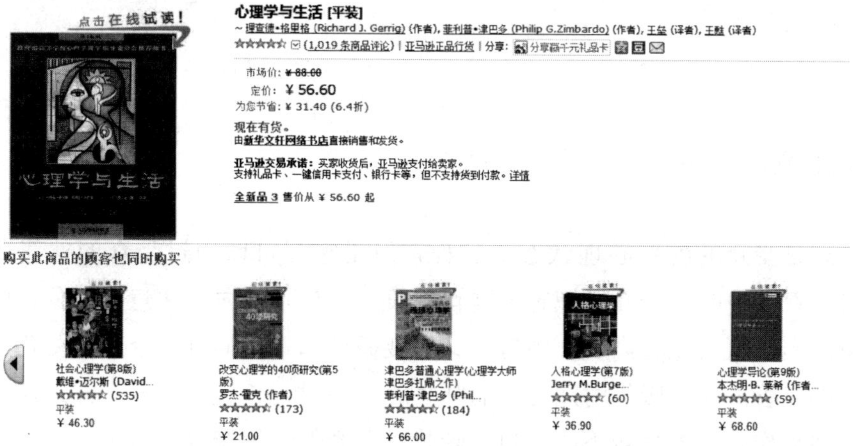

图 9－4　购物网站利用受众注意测量进行精准营销

第三节　传播活动中引发接收者注意的方法

注意是受众接触信息的前提条件，所以传播者自然希望自己发出的信息刺激能够得到受众的注意。那么在传播实践活动中，有哪些方法可以用以吸引受众的注意呢？下面对受众的不随意注意和随意注意两种类型分别进行介绍。

一、引发受众不随意注意的方法

要想引发受众的不随意注意，首先要考虑传播刺激自身的特点。一般来说，传播刺激的新异性、刺激强度、运动变化等都可以引发受众的不随意注意。

（一）新异性

新异性是指传播刺激异乎寻常的特性。以前没有见到过的刺激物容易吸引受众的关注，不管是新闻报道、电视节目策划还是广告创意、电影特技，都追求创新性，其本质就是要用新异性去吸引受众的注意。但要注意，不必片面地一味追求新异刺激物，一些日常生活中的普通事物换一个角度来看就有了新异性。比如水滴落地是我们所常见的现象，但是很少有人仔细观察过水滴落地后破裂四处飞溅的过程，高速摄像机记录下这一过程，并用特定的慢镜头呈现出来，就成为吸引受众的新异的画面。不是只有新异性才能吸引不随意注意，有时候，一些我们非常熟悉的声音也能吸引我们的不随意注意，并给我们带来愉悦的感觉，比如婴儿的笑声、雨滴声、可乐加冰的声音、ATM 机出钞票的声音等。

（二）刺激强度

环境中出现的强烈刺激也能吸引受众的不随意注意，比如巨响、强光等，我们可以发现电视中播放广告时的声音总是大于普通电视节目的声音，特别是从普通电视节目突然转换到广告时，声音之大有时候会把我们吓一跳。需要注意的是，这些所说的刺激强度并不是绝对强度，而是相对强度，即刺激强度与周围刺激强度的对比，比如报纸中我们总是第一眼先看到最大的那张图片，所以如今报纸中图片的运用极其广泛。传媒业界流传的所谓“三秒钟理论”，是指一个读者停留在报摊前，在三秒之内就会做出购买哪份报纸的决定，所以一份报纸只有三秒的时间来吸引读者的注意。因此一家报纸如何能比其他报纸给读者带来更强烈的刺激，是需要认真思考的问题。

（三）运动变化

运动的事物比静止的事物更能吸引受众的不随意注意，所以电视、电影天然比报刊、书籍更能吸引受众的注意。有人认为，好莱坞电影比中国本土电影好看，就是因为它们的电影中运动镜头更多。

二、引发受众随意注意的方法

受众的随意注意是预定目的、有所准备并需要付出意志努力的，要吸引受众的随意注意，可以考虑以下因素。

（一）对目的的依从

一方面，刺激目标越明确越具体，越易于引起随意注意。在传播过程中，先抛一个问题来设置一个悬念，便能吸引受众一直跟着传播者的思路往前走，一些影视节目就是靠悬念来牢牢抓住受众的。另一方面，明确通过传播活动想要达到什么目标，比如课堂上要求学生看一篇新闻报道并进行测验，那么受众或学生付出的随意注意就要比其他情况下更多。

（二）对兴趣的依从

令受众感兴趣的事物更容易引发受众的随意注意。比如科技新闻对于多数人来说可能比较枯燥，但是对于科技爱好者来说，就容易引发随意注意。频道专业化的出现正是遵循对于自己感兴趣的事物更能激发起人们的随意注意这一原则。

（三）对组织的依从

传播活动是否有组织的，也关系到随意注意的引起与维持。比如某位观众每天晚上七点钟都会准时收看《新闻联播》，那么每天一到晚上七点钟，他的随意注意就会发挥作用。多数电视节目都有固定的播出时段，多数报纸也都有相对固定的版面安排，正是基于这个原因。

（四）对经验的依从

知识经验也对随意注意有重要影响。人们对自己熟悉的事物更容易维持注意；如果对某项传播刺激一点都不熟悉，那么理解起来就像天书一样，自然很难维持随意注意。假设能在传播之前给予一定的铺垫或解释说明以帮助理解，那么受众就更容易对其维持随意注意。

三、注重分析受众自身的差异

注意虽然是由外在刺激引起的，但是它也与受众自身的差异密切相关。一方面，千差万别的受众其心理状态、需要、情感、情绪、兴趣各有不同，只有了解自己的受众，才能成功地吸引他们的注意，更加科学的受众调研、更加精确的受众测量将在传播研究中发挥更重要的作用；另一方面，受众的人格特质也会影响到他们对传播刺激的注意，比如有些受众自身性格坚毅、意志坚定、自控性强，就更易于克服干扰，使自己的注意集中于当前的传播内容。

【案例】 巴西富豪成功吸引公众注意力

当地时间 2013 年 9 月 20 日，也就是斯帕卡宣布将埋葬豪车的这一天，无数媒体云集斯帕卡的私家花园，有不少电视台对此事进行现场直播，大家都在等着看这场闹剧到底如何收场（见图 9－5）。

图 9-5　媒体报道巴西富豪埋葬豪车

然而就在车子要开下墓穴的时候，斯帕卡突然叫停仪式，并表示自己“有事宣布”。在众多媒体面前，斯帕卡说：“我欺骗了你们，我今天说要葬车，只是想吸引你们的注意。我有一件比车重要得多的事情想和大家谈谈。”以下是斯帕卡的发言：

在我宣布葬车的这一个星期里，许多人都指责我说，好好的车，为什么要平白无故地埋掉它呢？如果你用不着了，那也应该捐掉才对。但是大多数人却都会选择埋葬掉比车更宝贵的东西：心、肺、各种健全的器官。车和这些东西比起来，又能算得了什么呢？

我上演了这一出闹剧，只是想要吸引你们的注意，想要告诉你们所有人，有多少人因为得不到捐献器官而死去？又有多少人带着健全的器官死去？有多少人在下葬时同时也陪葬了像豪车和健全器官这样宝贵的财富呢？

我呼吁在这段时间里对我恶语相向、嘲笑我的那些人成为器官捐献者。要捐献器官不用写进遗嘱什么的，只需要告诉你们的家人你是一名器官捐献者。你们将拯救无数生命。

在媒体的镜头前，斯帕卡举起一块标语牌：“我是一名器官捐献者，你呢？”表示自己已率先做出这一决定。他身后的海报上写着“下周将是全国器官捐献周”和“多么荒唐啊，要埋葬掉比宾利宝贵得多的东西：你的器官”（见图 9-6）。

原来斯帕卡不是真要埋葬自己的豪车，而是想要呼吁大家捐献器官。他这个充满爱心的、设计巧妙的“谎言”不仅没有令大家生气，反而打动了不少人。帕斯卡就是通过这样的手段来吸引大家注意的。

图 9-6　巴西富豪倡议捐献器官

资料来源：综合中国新闻网、环球网以及新浪微博账号@fall_ark。

你还记得本章开头部分笔者设置的悬念吗？如果你看到现在这个案例，那么笔者吸引你注意的目的也就达到了。

【思考题】

1. 注意的基本特征是什么？
2. 你觉得新闻与传播学中有哪些研究议题与注意力有关？
3. 传播活动如何吸引受众的注意？要考虑哪些因素？

【推荐阅读】

1. 彭聃龄．普通心理学［M］．修订版．北京：北京师范大学出版社，2004.
2. 张雷．媒介革命：西方注意力经济学派研究［M］．北京：中国社会科学出版社，2009.
3. 本帕尔．抢占注意力［M］．周昕，译．北京：中信出版集团，2018.

第十章

接收者的信息处理过程

【本章学习要点】

1. 感觉和知觉的心理基础
2. 受众感知觉的特征和规律
3. 受众的思维模式与规律
4. 受众记忆的类型与规律

据媒体报道，2013年国庆节当天，在天安门广场上观看升旗的群众离场后留下5吨垃圾。有人认为中国人素质低，爱国应该从维护环境做起；也有人认为情况特殊，留下垃圾情有可原；还有人将此条新闻与往年的新闻对比，称广场上垃圾的数量在逐年减少，这是群众素质提升的表现。为什么面对同样一则新闻信息，人们却有着完全不同的理解呢？受众是如何对信息进行处理和加工的呢？

第一节　接收者的感觉和知觉

为什么一千个读者眼里会有一千个哈姆雷特呢？之所以会产生这种现象，是因为虽然莎士比亚创造的哈姆雷特只有一个，但是当哈姆雷特作为信息传递给受众时，由于在不同受众的大脑中经历了不同的加工，因而受众眼中的哈姆雷特各不相同。本章就是对这一加工过程进行阐释。而在这一加工过程中，感觉和知觉具有至关重要的作用，因此我们先从感觉和知觉说起。

人类认识世界是从感觉和知觉开始的，受众对传播刺激的反应也是从感觉和知觉开始的。要想对传播的信息内容进行接收和组织，就必须通过感觉和知觉，所以理解受众的感知觉及其作用机制和规律很有必要。

一、感觉和知觉的内涵

我们看新闻报道、听广播节目、看电视节目都离不开视觉和听觉，它们都属于我们的感觉系统。感觉（sensation）是人对事物的个别属性的认识，它提供了内外环境的信息，保证了受众自身机体与环境的信息平衡，是一切较高级、较复杂的心理现象的基础，是人的全部心理现象的基础。[①] 我们较为熟悉的感觉有视觉、听觉、嗅觉、味觉、触觉等，其实这些是我们的外部感觉，我们还有内部感觉诸如运动觉、平衡觉、内脏感觉等。

感觉是受众接触媒介信息的前提条件，麦克卢汉曾提出媒介是人的延伸，更准确地说，麦克卢汉意指媒介是人的外部感觉器官的延伸。媒介的发展确实延伸了人类的感觉，但延伸得再长，最终要使外部信息进入我们的大脑，还是得通过我们自身天然的感觉器官。所以要理解传播活动必须先了解人类感觉的基本属性、特征及规律。

人们通过感官得到了外部信息后，这些信息经过头脑的加工，产生了对事物的整体认识，这就是知觉（perception）。知觉是外界信息直接作用于感官而在头脑中产生的对事物整体的认识。[②] 知觉与感觉一样，都是外界信息直接作用于感官而产生的，离开了感官，则既没有感觉，也没有知觉。知觉以感觉为基础，但并不等于感觉的简单相加。

传播学中，我们知道人类接受外界信息的刺激后，首先会进行编码和解码。然而传播学中的编码和解码是过于笼统的概念。施拉姆认为，所谓编码就是将意义或信息转化成符号的过程，所谓解码就是将符号还原为信息或意义的过程。其实编码和解码的过程并非这么简单，外界刺激作用于人们的感官，如何成为人们可以理解的信息？在这个过程中，光、声等能量必须经过感官的换能作用，才能转化为神经系统所能接受的神经能或神经冲动，也就是心理学中所说的感觉编码。人类的大脑不能直接加工外界的声光电，只能对外界刺激引发的神经冲动进行加工，这是编码这一传播学概念的生理和心理基础（见图 10－1）。

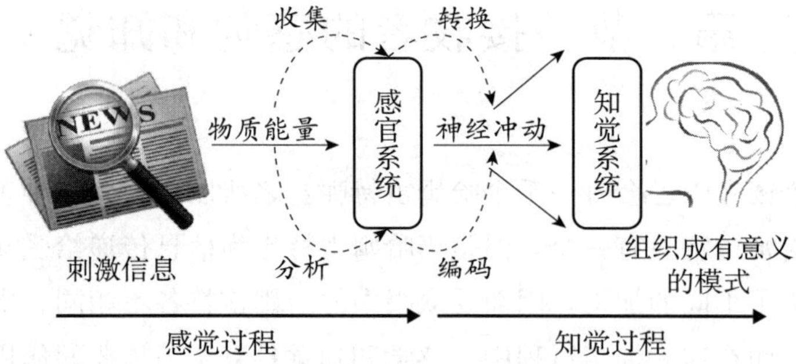

图 10－1　从感觉到知觉的信息接收与处理过程

---

① 彭聃龄．普通心理学［M］．修订版．北京：北京师范大学出版社，2004：78.

② 同①129.

人类的感觉系统就像是一台永不关闭的生物电脑，感觉的过程就是收集、转换、分析、编码的过程。把物质数据源源不断输送给大脑，这种信息的输送功能就是感觉。大脑再将感觉组织成有意义的模式，这一过程被称为知觉。

二、感知觉的特征与规律

（一）感觉的特征

感觉的特征主要表现为感觉系统对刺激物的感受能力，这种感受能力又称为感受性。感受性的大小或强弱可用感觉阈限来衡量。

1. 绝对阈限（absolute threshold）

绝对阈限衡量感觉系统的敏感性，刺激只有达到一定的强度才能引起人们的感觉，人们所能感受到的最小刺激量，叫绝对阈限。人类五种基本感觉的绝对阈限如表 10－1 所示。比如当细小的灰尘落在皮肤表面上，我们并不能感觉到它的存在；当细小的灰尘聚集成尘埃颗粒时，我们不仅能看见它，还能感受到它对皮肤的压力。

表 10－1　五种基本感觉的绝对阈限

感觉类型	绝对阈限
视觉	夜晚晴朗时可看见距离 50 公里处的一支烛光
听觉	安静环境中可于距离 6 米处听到手表秒针的走动声
味觉	可尝出 7.5 升水中加入的一茶匙糖的甜味
嗅觉	可闻到在三居室中洒一滴香水的气味
触觉	蜜蜂翅膀从 1 厘米高处落在面颊上的感觉

2. 差别阈限（difference threshold）

两个同类的刺激物，它们的刺激强度只有达到一定的差异，才能引起感觉的差别，从而被分辨出来。比如上百人参加的合唱，只增加一个人并不能听出声音的差别，如果增加 10 个人，差别就比较明显了；再比如在一个点燃 10 根蜡烛的房间里，如果想让房间变得亮一点必须再增加蜡烛，只有增加到三根蜡烛时，我们才能察觉到光线有所变化。这种刚刚能引起差别感觉的刺激物之间的最小差异量，被称作差别阈限。

3. 阈下知觉（subliminal perception）

任何低于绝对阈限的刺激所引起的信息感知都被称为阈下知觉。我们之所以提到阈下知觉，是因为它曾经在广告中被应用并轰动一时。美国一家电影院在影片放映过程中，每隔 5 秒钟就有一个以 1/3 000 秒速度闪现的广告“吃爆米花！喝可口可乐!”，这些广告呈现时间如此短暂，低于绝对阈限，因此观众是意识不到的。但是商家声称，由于此举，爆米花和可乐的销售额分别提高了57%和18%，因此这种方式也被称为潜意识广告。时至今日，我们已经明白这只是一场骗局，更多严谨的心理学实验证明所谓的“阈下广告”或“潜意识”广告基本无效。

（二）知觉的特征

1. 知觉的组织性

受众的知觉系统具有把个别属性、个别部分综合组织成为整体的能力，即知觉的组织性。如图10-2所示，你看到了什么？可能不会有人回答说看到了七个圆点，一般而言，我们可以看到左边由三个圆点组成的三角形，以及右边由四个圆点组成的正方形。即使这些圆点没有用线连起来，我们也会这么认为，而且认为这是理所当然的。

图10-2　知觉组织性示意图

一旦这种知觉的组织性发挥作用后，它所形成的整体知觉反过来会影响到我们对整体中个别元素的知觉。如图10-3所示，当我们注意图片中间的字符时，如果把它放到纵列中，那么看到的可能是英文字母“B”，而如果把它放在横列中，那么看到的会是阿拉伯数字“13”。

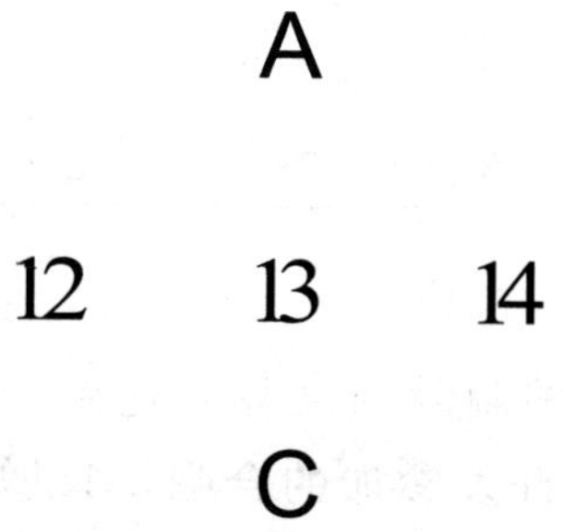

图10-3　知觉组织性对受众理解信息的影响

心理学家经过研究总结了以下原则，认为在知觉的组织性启动时，有很多因素会促使人们按照这些原则来进行整体知觉（见图10-4）。

邻近原则：空间上彼此接近的刺激物容易被知觉为一个整体。

相似原则：大小、形状、颜色等相似的刺激更容易被知觉为一个整体。

连续原则：人们更倾向于把刺激物看作一个连续性的整体而不愿意拆散它。

闭合原则：人们更倾向于把刺激物看作一个闭合的图形。

同域原则：处于同区域的刺激物更容易被知觉为一个整体。

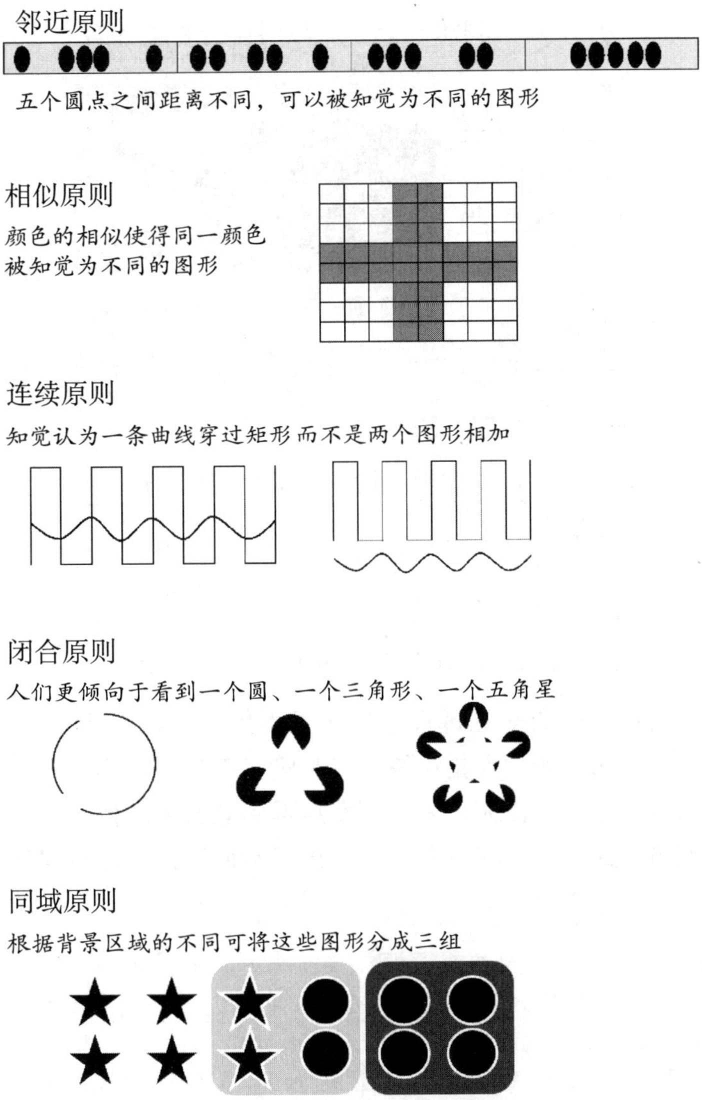

图 10-4　知觉组织性的原则

新闻作为一种信息刺激，自然也会对受众的知觉产生影响，而且这种知觉过程受到知觉原则的限制。比如同一版面上相邻的两则新闻往往被视为一个整体来认知，即新闻中所谓的版面语言。图 10-5 是某报纸的一个版面，相邻的两则新闻分别是《恶父虐摔六岁女儿致重伤》和《十六岁少女当街暴打七旬奶奶》，读者自然会把这两则新闻放在一起理解，共同形成自己的知觉。

上述事例是关于新闻信息在版面位置上的邻近性，时间上的接近性也会使受众产生联想。2013 年 10 月 1 日，中华人民共和国成立 64 周年国庆；而美国因为国会未能通过新财政年度临时拨款预算，政府非核心部门被迫于 10 月 1 日暂时关闭。这两个事件本无任何联系，但因时间接近被读者拿来放在一起理解，一些网友恶搞称“为庆祝中国国庆，美国政府从北京时间 10 月 1 日中午 12 点起正式关门”。

恶父虐摔六岁女儿致重伤
没钱吸毒逼女儿乞讨养他
十六岁少女当街暴打七旬奶奶

图 10－5　知觉邻近性原则影响新闻理解

相似原则在受众对新闻的知觉过程中也屡见不鲜。2006 年年末，南京一位老太太在公交站台上被撞倒摔伤，老太太指认撞人者是刚下车的小伙彭宇，并把彭宇诉至法院要求赔偿。彭宇则称自己并未撞人，只是下车后看到老太太跌倒，主动过来扶起她，称自己做好事反遭诬陷。此后数年间，各地只要出现类似事件，总被媒体贯以“××市彭宇案”的字眼（见图 10－6）。

- 别让“彭宇案”再影响“扶老”了(图) 网易 06-08 07:02 - 32家媒体报道
- 老人遭多车碾压报警者被判赔 怎能让彭宇案... 中金在线 07-16 06:14 - 553家媒体报道
- 即时评|还好这次上海没出"彭宇案" 东方网 05-30 10:13
- “合肥彭宇案”三名被告因自证撞人录音败诉 搜狐网 2012-12-15 - 72家媒体报道
- 又见彭宇案！女子扶老人被指撞人 如何证明... 凤凰网 03-03 10:16 - 460家媒体报道
- 福州版彭宇案：小伙疑停车救人被反诬肇事者 新浪网 2012-10-13 - 12家媒体报道
- 海盐出现彭宇案？ 嘉兴在线 2012-12-25
- 女子扶老人被指撞人：女子扶老人被指撞人 ... 湖北招... 03-04 13:41 - 2家媒体报道
- 京城好人学雷锋50年 却遭遇类似“彭宇案”... 法制网 01-05 06:05 - 25家媒体报道
- [实务案例]江苏如东再现彭宇案，见义勇为反... 我要怀孕网 01-28 18:28

图 10－6　媒体中出现的各地的所谓“彭宇案”

2012 年，网络上有人提出“中国式过马路”这一概念，即“凑够一撮人就可以走了，和红绿灯无关”。此后“中国式××”的说法开始蔓延，媒体和网络上出现大量以戏谑口吻议论中国人或中国社会问题的“中国式××”，如“中国式插队”“中国式买票”“中国式堵车”“中国式相亲”“中国式旅游”等。新华社发文称，“中国式”不能代表整个社会，不希望这种“中国式”成为“中国病”的代名词，更不能让这种标签给中国的面貌和形象抹黑。

2. 知觉的恒常性

知觉一旦形成，就倾向于固定下来，不再轻易变化。外界刺激其实时时刻刻都在变化，就像我们拿起一本书，当这本书与我们眼睛之间的距离发生变化时，书上的字的大小对我们眼睛的刺激也在变化，但我们并不认为字的大小在变化，我们的知觉告诉我们字的大小是固定的，这就是知觉的恒常性。知觉恒常性包括形状恒常、大小恒常、明度恒常和颜色恒常等。

知觉的恒常性受多种因素的影响，其中视觉线索起重要作用。所谓视觉线索就是指环境中的各种参照物给人们提供的物体距离、方位和照明条件的信息。这些信息对于维持知觉恒常性有重要意义。我们可以用一个实验来说明线索的重要性。如图 10－7 所示，如果仅从知觉物理刺激的角度来说，图片中前面的人要比后面的人高出很多，但是由于远近距离和透视原理，最终我们的知觉会认为这些人的形体是相差不大的（恒常）。为了让读者意识到知觉恒常性的重要，笔者特意打破这种恒常性，让后面某个人保持大小不变，移动到与前面的人同一位置，结果可能会非常让人吃惊——两人居然相差如此之多。

图 10－7　知觉恒常性的示意图

2000 年以来，关于城管执法过程中与小贩发生争执的新闻事件层出不穷。由于城管代表着政府公权力，往往被读者置于被审视、被监督、被指责的地位，而小贩则成为社会弱势群体的代名词。在这种固定的社会知觉中，不管争执的原因是什么，也不管在争执中是谁打了谁，凡是出现类似争执事件，网友总是一边倒地指责城管。当这种缺乏事实根据的社会知觉一旦固定下来，就很有可能形成根深蒂固的偏见，很难被扭转过来。

3. 知觉的适应性

知觉的恒常性告诉我们，知觉一旦形成不会轻易改变；知觉的适应性则告诉我们，当外界刺激输入发生变化时，我们的知觉系统能够进行调整以适应这种变化。戴眼镜的读者应该更能体会这种知觉的适应性：刚开始戴眼镜时看外界还不太适应，但过几天就会适应，反倒偶尔不戴眼镜时还不适应呢。

知觉的适应性告诉我们，某种新闻信息传播带来的固有印象并非不可改变，只是需要我们持续不断地进行新的新闻信息的刺激输入。比如中国的食品安全问题，由于近年来多起食品安全事故被广泛地予以报道，在受众心中形成了不良的印象，因此要改变这种不良印象，就需要对中国食品安全的正面事例不断地进行报道，让受众的知觉重新进行适应，回归正常的认知轨道。

第二节　接收者的记忆

天空不曾留下鸟的痕迹，但鸟已经飞过。其实鸟飞过的痕迹已经留下，不过不是留在天空，而是留在我们的记忆里。

记忆是我们头脑中积累和保存个体经验的心理过程①，用心理学术语来讲，就是人脑对外界输入的信息进行编码、存储和提取的过程。我们看到的新闻信息，由新闻引发的思考，从新闻中体验到的情感或引发的行为活动，都会在我们的大脑中留下不同程度的印象，其中一部分作为经验能保留相当长的时间，在一定条件下还能恢复，这就是记忆。

记忆与感觉和知觉的不同之处在于，感觉和知觉要求刺激信息直接作用于感官，相当于信息的输入，而记忆则是对信息的编码、存储和提取。心理学研究认为，只有经过编码的信息才能被记住；同时，人们对外界信息的记忆是有选择的，人们只会记住那些对自己有意义的信息；记忆还依赖我们原有的知识和认知结构。所以要想让别人记住你的新闻作品，或者要想弄明白为什么自己看过的新闻经常一点都记不起来，就必须了解记忆到底是怎么回事。

一、记忆的类型及其应用

不管是对于个人的成长还是对于整体社会的发展进步来说，记忆都是至关重要的，我

① 彭聃龄．普通心理学［M］．修订版．北京：北京师范大学出版社，2004：206.

们不能想象人类没有记忆会是什么样子。为了更好地理解记忆，心理学研究从不同的角度对记忆进行了分类（见图 10-8）。

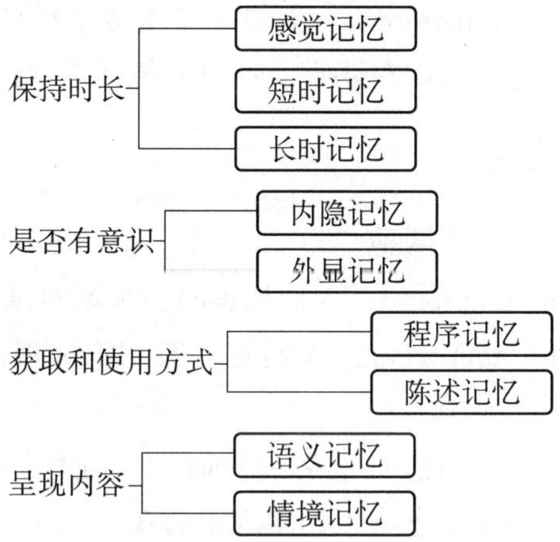

图 10-8　记忆的类型

（一）按照信息保持时间长短来划分

按照信息保持时间的长短，记忆可以分为以下几种。

（1）感觉记忆（sensory memory）：当外界信息刺激停止后，感觉信息在一个极短的时间内（通常是 0.25～2 秒）被保存下来，被称为感觉记忆。观看电影电视时，我们能够把一帧帧静止的画面看成是连续的运动的场景，就是感觉记忆在发挥作用。

（2）短时记忆（short-term memory）：保持时间约 5 秒～2 分钟，包括未经编码的直接记忆和刚刚编码完成的工作记忆。直接记忆容量有限，通常为 7±2 个单位，经编码后的工作记忆容量可以扩充。

（3）长时记忆（long-term memory）：信息经过充分和有深度的加工后，在头脑中会长时间保留下去。这是一种永久存储，有时可以长达一生，而且容量无限度。

（二）按照是否被意识所控制来划分

按照是否被意识所控制，记忆可以分为以下两种。

（1）内隐记忆（implicit memory）：个体在无法意识的情况下，过去经验对当前的行为或活动产生的无意识的影响。内隐记忆也被称为自动的无意识记忆。

（2）外显记忆（explicit memory）：在意识的控制下，过去的经验对当前的行为或活动产生的有意识的影响。外显记忆也被称为受意识控制的记忆。

（三）按照记忆的获取方式和使用方式来划分

按照获取方式和使用方式，记忆可以分为以下两种。

（1）程序记忆（procedural memory）：如何做事情的记忆。这类记忆往往需要多次实践才能获取。在应用程序记忆时，往往不需要意识的参与。比如经过长时间的学习和实践，熟练操作摄像机好像已经变成一种本能，在使用摄像机时，你根本不会意识到要如何去按照步骤去操作它。

（2）陈述记忆（declarative memory）：对有关事实或事件的记忆。它可以通过传授获得，它的提取需要意识的参与。我们在课堂上学习的传播学理论就是这样的陈述性记忆。

（四）按照记忆的内容来划分

按照内容，记忆可以分为以下两种。

（1）情境记忆（episodic memory）：人们根据时空关系对某个事件的记忆。

（2）语义记忆（semantic memory）：人们对一般知识和规律的记忆，与特殊的时间、地点无关。

受众接触媒介信息时，首先是感觉记忆和短时记忆起作用。比如当我们浏览一份报纸、看到一个电视画面时，媒介信息作为刺激因素会在大脑中留下印象，但这能否转化为长时记忆，才是受众媒介接触的关键。为了更便于大脑的加工，我们在对媒介信息进行编码时，最好不要一次性传递太多的信息，能保持在七个单位以内当然最好。因为只有进入长时记忆的信息才有可能达到传播效果。如果大脑拒绝继续加工，媒介信息就不会进入长时记忆，传播的效果就完全没有达到。

电影电视等画面感较强的媒介信息更容易留下情境记忆，报纸杂志等用抽象字符传递的信息更容易留下语义记忆；陈述记忆最好通过文字或语言来达成，程序记忆要通过不断的实践，而通过影像的方式似乎更容易领会。受众在接触媒介时会用到自己的外显记忆，但也应该考虑自己的内隐记忆是否在悄悄起作用。

二、记忆加工过程

心理学研究认为，记忆是一个结构性的信息加工系统。所谓结构性，是指记忆由三个不同的子系统，即感觉记忆、短时记忆、长时记忆来组织。这些子系统处于整体记忆系统的不同加工阶段。外界信息刺激首先要通过我们的感官被注意和感知，从而进入感觉记忆，随后经过编码进入短时记忆，再经过加工之后存储到长时记忆，这些被保存在长时记忆里的信息在需要的时候又会被提取到短时记忆里（见图 10－9）。

在记忆的加工过程中，编码、存储和提取是三个基本步骤，受众对媒介信息的接受同样也是经由这样三个步骤的加工：

编码（encoding）是对媒介信息进行形式转换的过程，它包括对媒介信息的反复感知、思考、体验等。新的信息必须与固有的知识结构形成联系，融入旧的知识结构或者对旧的知识结构进行更新才能得以巩固。

存储（storage）是把从媒介信息中感知到的事物、体验到的感情、思考过的问题等以一定的形式保存在头脑中，可以是事物的图像，也可以是概念或命题、结论。

提取（retrieval）是指从记忆中查找已有信息。这是记忆过程的最后一个步骤。再认

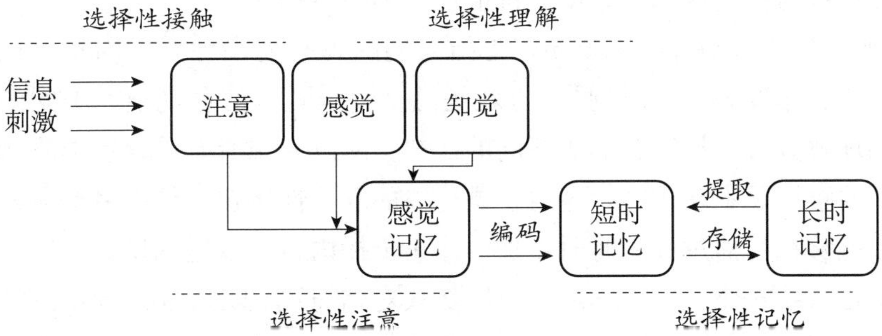

图 10－9 记忆的加工过程

和回忆是提取的基本形式。

三、受众的选择性心理

使受众能牢牢记住传播内容是传播的目标之一。但是我们知道，记忆只是大脑加工的最后一道程序，在它的前面还有那么多的关卡，传播内容要想在受众的大脑里存储下来，必须经历一条极其艰辛的途径。传播学学者把信息到达受众并被受众记忆的过程进行总结，称这条心理之路为选择性心理，它包括选择性接触、选择性注意、选择性理解和选择性记忆（见图 10－10）。

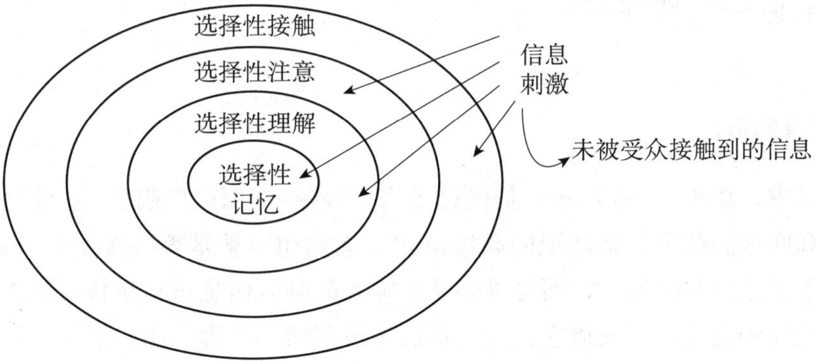

图 10－10 选择性心理示意图

选择性接触（selective exposure）是指个人倾向于接触那些与自己既有态度一致的传播，而回避那些与自己既有态度不一致的传播。通过本书的学习，我们已经知道，自己的媒体接触是一种行为，自己的既有态度是一种态度，当自己的行为与态度不一致时该怎么办呢？这就涉及本书第十一章中讲到受众认知时所说的费斯廷格的认知失调理论。选择性接触不过是受众在认知失调的状态下，为了消除心理紧张感而采取的回避某些传播信息的策略。

选择性注意（selective attention）是指由于无法预知信息内容，所以即便是在自己选择性接触的媒介内容里，也有可能包含着与自己认知不一致的信息，受众利用选择性注意机制，忽略掉那些与我们信念、态度、价值观等不一致的内容。

选择性理解（selective perception）是指人们的理解受多种心理因素（比如假定、期待、动机、情绪、态度等）的影响[①]，也就是说，对于同一信息刺激，不同的受众有不同的反应方式和理解方式，最终会形成不同的认知。所以妄想所有受众都能准确无误地理解自己想要表达的意思是不现实的。这也正是传播的复杂性所在，传播者必须对此有足够的心理准备，并能够在传播过程中时时添加、修正传播内容，以达到良好的传播效果。

选择性记忆（selective retention）是指受众对信息的记忆受到多种心理因素的影响，人们会选择记起部分信息，而遗漏掉另外一些信息，有时候这种选择和遗漏是自己完全意识不到的。从认知一致的角度来讲，这也是受众特殊的自我防御机制，比如我们选择忘掉令人悲伤的信息，而只记住那些美好的回忆。

第三节　接收者的思维

人不仅能认识事物和现象的外部联系，还能认识事物和现象的内在联系及规律。在传播过程中，受众不仅能理解信息的表面意义，更能在此基础上深刻理解和把握信息的内在联系，对信息内容进行解读和评价，并探索其中的规律性，这种认识就是通过思维过程来进行的。

一、思维的概念与特征

（一）思维的概念

在心理学中，思维（thinking）是借助语言、表象或动作实现的，对信息内容等客观事物概括的和间接的认识，是认识的高级形式。感觉和知觉是直接接受外界的刺激输入，并对输入的信息进行初级加工；而思维则是对输入的刺激信息进行更深层次的加工，它能够提示事物之间的关系，形成概念，利用概念进行判断、推理，用以解决实际问题。[②]

（二）思维的特征

1. 思维的概括性

思维的概括性是指在大量感性材料的基础上，把一类事物的共同特征和规律抽取出来，加以概括。例如，我们看某一新闻，并不是孤立地认知这一单篇新闻，而是把这篇新闻与以往看到过的，或者在同一天发生的，或者同一版面上刊登的其他新闻联系起来，考

---

① 本章第一节对受众认知的影响因素已做详细讲解。

② 彭聃龄．普通心理学［M］．修订版．北京：北京师范大学出版社，2004：246.

虑它们之间的内在联系，从而概括出一类新闻的共同点。思维的概括性使受众对新闻的认知摆脱了具体新闻事件的局限性，不仅扩大了新闻认知的范围，也加深了受众对新闻事件的理解。

2. 思维的间接性

思维的间接性是指人们通过借助一定的媒介和一定的知识经验对客观事物进行间接的认识。例如在对国庆长假的新闻报道中，我们不仅是在理解某一篇新闻，而且会根据自己从其他报刊、电视、网络上得到的信息来对“国庆长假”相关新闻报道进行概括，甚至会把自己以往在国庆长假期间出行、旅游的知识经验涵盖在内，由此共同概括出“国庆长假”这一特定的新闻特征。因为思维的间接性，我们才能超越单篇新闻信息的刺激，认识那些没有直接作用于我们感官的事物，从而揭示事物的本质和规律。

3. 思维是对经验的改组

思维是一种探索和发现新事物的心理过程，它常常指出事物的新特征和新关系，每当遇到一个新的新闻信息的刺激时，它就会对受众头脑中已经有的知识经验不断进行更新和重组。例如，过去人们认为国庆七天长假是难得的旅游机会，大家可以举家外出旅游散心；随着时间的推移，我们通过新闻可以知道，长假期间到处堵车，景区里人满为患，在外堵心不如在家休息。由是，我们可以看到关于国庆长假的新闻报道不断更新和重组着我们对这个假期的认知。

二、受众思维的过程

思维是通过一系列复杂的操作来实现的，在受众大脑中，运用以往存储的新闻信息和自身的知识经验，对外界输入的新闻信息进行分析、综合、比较、抽象和概括的过程，就是思维。

（一）新闻信息的分析与综合

分析是指受众在头脑中把事物的整体分解为各个部分或各个属性，比如把一篇新闻报道分解为段落、句子、字词等；综合是受众在头脑中把事物的各个部分、各个特征、各种属性结合起来，了解它们之间的联系，重新形成一个整体，比如把新闻报道的各个段落综合起来，就能把握该新闻想要表达的意思。分析与综合就是把新闻信息拆开来、揉碎了再重新“捏”（塑造）出来一个整体形状的过程。

对新闻信息的分析与综合是方向相反却又紧密相连的同一思维过程的两个方面，对于新闻信息的认知来说两者缺一不可。分析是把部分作为整体中的部分，从部分的相互关系上来进行分析，只有这样分析才有方向和意义；综合是通过对各部分特征的分析来实现的，这样综合才有基础。在对新闻信息进行反应时，即需要分析，也需要综合。

（二）新闻信息的相互比较

比较是对不同的新闻信息进行对比，确定它们的共同点、差异点及其关系。这种对比既可以是时间维度上的，也可以是空间维度上的，比如可以对比某一新闻信息与以往新闻信息，也可以把同时出现的不同新闻信息进行比较。

从上述分析我们可以看出，比较也是以分析为前提的，只有把新闻信息的部分特征区别开来，受众才能进行比较；同时，比较还要确定新闻信息之间的关系，所以比较又是一个综合的过程。

（三）新闻信息的抽象与概括

抽象是指受众在思维层面上抽取出不同新闻信息或事件的共同特征和属性，舍弃其个别特征和属性的过程。例如我们通过阅读新闻得出“世界经济形势趋向好转”这一基本判断，就是对众多具体的经济新闻报告进行抽象而来的。抽象的结果就是得出概括性的结论，这种概括性的结论一般是事物间的内在联系或本质特征。对新闻信息进行抽象和概括使我们对新闻信息达成更高层次的理解。

【案例】 广场上的垃圾引发的争议

2013 年 10 月 1 日，中华人民共和国成立 64 周年国庆纪念日，也是国庆长假的第一天。当日清晨，来自全国各地的约 11 万名群众冒雨在北京天安门广场观看升国旗仪式。升旗仪式结束后，天安门广场上留下许多垃圾（见图 10－11），最密集处甚至露不出地面。150 名保洁员人手一把扫帚，加上两辆清扫车、两辆垃圾收集车，以拉网式的排兵布阵方法，用了 30 分钟才把这些垃圾全部清除，初步估计清扫出的垃圾重达 5 吨左右。

图 10－11　广场上留下的垃圾

以上算是对新闻事件比较客观的事实描述，然而就是这一新闻经媒体报道后，引起众多民众的注意，进而导致舆论哗然，成为当天社交网络上热议度最高的话题。不少网友对这则新闻信息的反应是：我们不应该这样做。他们通过微博发出了倡议：

今天是祖国母亲的生日，我们欢呼，我们珍惜。请只留下崇敬，带走垃圾！

举手之劳带走垃圾，维护身边美好环境，为大家营造一片舒适空间！

在这特别的日子里，我们为祖国的生日欢呼，更应为自己的行为负责。做一个负责的公民，做一个文明的公民。留下记忆，带走垃圾，从我做起！

如此多的垃圾，需要环卫工人去清理，于是也有网友对环卫工人的辛勤劳动表达敬意：

清理 100 米的地下通道，环卫工的膝盖要弯曲 2 000 次，环卫工一天在天安门附近捡到 3 000 个烟头，清理一块口香糖至少要花两分钟……不乱扔垃圾，为维护环境尽一份微薄之力。

随后，一些媒体注意到了网友的热议，也通过自己的官方微博账号介入进行评论。

新华社：11 万群众观看升旗仪式，数吨垃圾留在天安门广场。看红旗在头顶飘扬，垃圾随手丢脚下。在欢呼祖国万岁、雀跃拍照的时候，是否该想到脚下的垃圾？滴水观沧海，一斑窥全豹。爱国不是响亮的口号，而是点滴的行动。爱国，从小事做起，你我共同行动。

《人民日报》：今天，是祖国母亲的生日。11 万人观看天安门升旗仪式，却留下近 5 吨垃圾，个人失德竟让国家形象蒙羞。遍地的垃圾是警醒：没有国民的强大，就难有中国的崛起；追求你自己的素质，就是争取中国的进步！国庆之日，我们一起记取：你怎么样，中国就怎么样；你有光明，中国便不黑暗！

央视新闻：国庆当天，10 多万游客留下 5 吨垃圾，就在天安门广场。惭愧的远不止在场的。不要说恶习源自他人，爱国更无须空喊口号，改变要从自己做起。美丽中国，不全是别人的职责。与其埋怨嘲讽，不如实实在在地改进，13 亿人的文明，需你我共建。

《北京青年报》：11 万人在天安门广场留下的 5 吨垃圾，无异于一面“集中”正衣冠的镜子，照出了我们文明素质中的短板，照出了我们爱国热情背后的差距。我们要培养自尊自律、群己权界的现代公民意识，要强化自豪自信、忠于国家的爱国情感，请从力所能及的文明小事做起，从不随地吐痰、不大声喧哗、不乱扔垃圾做起。

我们注意到，前述网友的自发评论还只是就事论事，而媒体的介入则对事件进行了分析与综合，并结合以往新闻报道的经验，进一步抽象和概括，把扔垃圾这件事情上升到爱国的层面。正是这一抽象和概括引起部分网友反感：凭什么指责我们？一些网友认为媒体小题大做上纲上线，并对网络批评声音提出质疑：

当然有随手就把垃圾带走的人，而且是大部分，否则会只剩 5 吨垃圾吗？

天安门今天七点半就封闭，车辆绕行，广场还无垃圾箱，这种管理该反思，而无权指责围观群众。

我觉得那些骂别人扔垃圾的人，到了

天安门广场也会扔垃圾的。

就在此时，另一种声音出现了，一些网友对现场情况进行说明解释，为观旗群众开脱并表示对他们的声援：

广场的观旗者，好样的！(1) 为了安全，广场无垃圾箱；(2) 看国庆升旗得从晚上开始排队，由于队伍拥挤，警察规定严禁随意走动，有垃圾必须就地摆放。(3) 一个几千人的小区，一晚上的垃圾也不止5吨（塞满10个大垃圾桶），昨天广场上11万人排队一晚也就5吨垃圾（人均45克，半个香蕉皮）！

为安保考虑，当天广场上没有垃圾桶；又因为10多万人集会，随意走动容易引发踩踏事故，所以不能随意走动，警方要求垃圾就地放置。而在9月30日晚，就有大量爱国群众或旅游者排队，当晚北京在下雨，大冷天扶老携幼，一晚过后秩序依旧，没发生任何混乱和伤害事件，10多万人仅留下了5吨垃圾，平均每人以克计算，30分钟就收拾得干干净净的垃圾说明什么？

这些新的细节性信息成为新的刺激，对受众原有的知觉带来冲击，冲击并改变着受众已然形成的知觉，原来事情并不像人们想象的那样……接下来，还有网友翻出以往的新闻进行对比，通过对比分析历年的垃圾数量，最后得出综合性结论，与往年相比5吨垃圾并不算多：

游客素质在提高？天安门垃圾比2005年少了14吨！升旗仪式结束后，天安门广场满地垃圾，清扫的垃圾多达5吨左右。昨天好多人都在痛批天安门广场那5吨垃圾，其实5吨已是巨大进步了。去年同期日产垃圾是8吨哦。而2005年的黄金周日产垃圾居然是19吨。

天安门广场上的垃圾引发的舆论热议可谓一波三折。在这一过程中，我们可以看到对同一新闻信息的刺激源，受众的感觉是不同的，他们的思维过程也因为刺激信息的变化而不断变化着，最终形成相对稳定的综合性知觉印象。最后，我们用《新京报》微博上的评论来结束这场争论：

观旗扔垃圾，关乎公德无关爱国！一种社会公德问题，没必要动辄贴上政治标签。如果天安门广场乱扔垃圾就是不爱国的话，那么以此类推，我们的社会中，随地吐痰、闯红灯、损坏公物等缺德行为，都能算不爱国。

第四节　接收者的认知

认知，是指人们获得知识或信息加工的过程，这是人的最基本的心理过程。它既包括前述的感觉、知觉、记忆、思维，还包括想象和语言等。人脑接受外界输入的信息，经过头脑的加工处理，转换成内在的心理活动，进而支配人的行为，这个过程就是信息加工的过程，也就是认知过程。

新闻信息是人们用以监测社会环境的重要手段。对于受众而言，新闻信息就是外界刺激。当这种刺激作用受众时，便会对受众的社会认知产生影响。在心理学中，社会认知主要是研究人们如何从社会环境中获取信息，并如何形成推理和判断的过程，即人们如何根据所接触的社会信息形成对社会环境的基本判断。①

一、社会认知的过程

人们在通过新闻信息进行社会认知时会遵循感觉和知觉的相关原则，同时在形成社会认知的过程中也存在一些特定的模式，其中分类与图式最为重要。

1. 分类

当接触和阅读一篇新闻报道，或观看一档电视节目时，我们并不是把其当成独立的个体，而是立即将其自动归入某一类型当中，这个过程就是分类。比如阅读“临武瓜农被城管殴打而死”的新闻，我们很可能将其归入以往看到的城管殴打小贩的新闻中去；我们看到《中国好声音》，自然会把它与《中国最强音》《中国梦之声》《超级男声》《我为歌狂》《最美和声》《我是歌手》等放在一起，将其归类为“选秀类歌唱电视节目”。

2. 图式

图式是指一套有组织、有结构的认知现象，它包括对所认知事物的知识，有关该事物各种认知之间的关系及一些特殊的事例。图式包括个人图式、自我图式、团体图式、角色图式、剧本图式等。我们对明星的印象经常会形成个人图式，比如我们对明星王菲及李亚鹏都有各自相对固定的认知图式，一旦爆出王菲与李亚鹏离婚的消息，我们立即把这一消息放在两人的图式中去进行分析，得出自己的结论。如前所述，受众对“城管”所形成的认知属于团体图式和角色图式，个别城管素质低下、暴力执法的新闻使得我们形成了对城管这个团体的认知，另外城管的角色定位也构成了其角色图式，“城管暴力执法殴打小贩”又形成了剧本图式。一旦新闻报道再次涉及城管与小贩，我们自然会按照这样的团体图式、角色图式和剧本图式去认知和理解信息。

分类和图式有助于受众快速而经济地处理大量信息，它能帮助受众：解释新信息，从而获得有效的推论；提供某些事实，填补原来知识的空隙；对未来可能发生的事情的预期加以结构化，以便将来有心理准备。

但是分类和图式也使得受众满足于对新闻信息浅尝辄止，觉得没有必要去进行详细的分析，有可能会促使受众形成错误的社会认知。

二、传播研究中的认知

（一）认知影响因素

受众如何接收信息并对信息进行加工和处理？这是传播研究者所关心的话题。我们所

---

① 彭聃龄．普通心理学［M］．修订版．北京：北京师范大学出版社，2004：2-3.

看到的报刊书籍上的字符、广播影视中的声音和图像等都对我们构成信息刺激。受众接触信息的过程就是不断对外界刺激进行感觉和知觉的过程。在这一过程中，传播研究更关注有哪些因素能够影响到受众的认知。研究发现，假定、动机、情绪、态度、文化等因素都会给受众的认知带来影响。①

1. 假定与认知

认知是以假定为基础的，假定源自受众以往的经验。单眼的扭曲房间（monocular distored room）实验证实了这一点。该实验的具体内容是实验者建造了一个特殊的房间，该房间的后墙被建造成一个梯形，即墙体两边的高度是不一样的，高的一端稍微向后，矮的一端稍微向前，人们利用单眼透过门上的小洞望过去的话，注意不到后墙的特殊性。这时候如果有两个人走进屋里站在靠后墙的地方，我们会觉得有点不对劲，站在稍矮那边的人显得很高大，而站在稍高那边的人显得很矮小；如果两人互换位置就更加诡异了，我们会看到一个人越来越大，另一个人则越来越小。之所以会出现这种情况，皆因为我们假定房间的后墙是矩形，两边高度是一致的，而且其墙面与前墙是平行的。

2. 动机与认知

动机影响认知的结论也是通过实验得出的。实验中选择的动机是饥饿，参与实验者被分成三组，分别被饿了 16 小时、4 小时和 1 小时，然后把他们带入房间，告诉他们要进行视觉阈限的测试，测试方法是让他们自我报告从极其模糊和暗淡的图片中看到了什么。当然这些图片上什么都没有，可是由于他们假定实验主持者不会欺骗他们，所以他们在 12 次测验中，都报告了自己“看到”的那些东西。有趣的是，饿的时间越长的人，其报告看到食物的次数越多；反之就越少（见表 10－2）。

表 10－2　饥饿时长与报告内容的关系

饥饿时长	报告看到食物相关的平均次数
1 小时	2.14
4 小时	2.88
16 小时	3.22

3. 情绪与认知

情绪与认知关系的实验更加复杂，因为它使用了催眠技术。参与实验者被催眠后，被提示处于某种情绪之中，比如置身于快乐的情绪中，此时让他观看一些图片，并要求他描述这些图片的内容；随后将其催眠让其忘记刚才的描述，并将其置入焦虑的情绪中，再次要求其描述图片内容（前后两次出示的图片是完全一样的）。实验结果表明，处于不同的情绪中的人，其注意的细节和描述的思路均有所不同：当处于快乐情绪中时，其描述更加积极乐观；当处于焦虑情绪中时，其描述更加消极悲观。

① 赛佛林．传播理论：起源、方法与应用［M］．郭镇之，译．北京：中国传媒大学出版社，2006：65－67.

4. 态度与认知

态度影响认知的实验我们在注意的选择性部分已经有过描述。实验证明，持不同态度者对同一信息刺激做出的反应截然不同，从他的认知结果完全看不出是基于相同的信息刺激。

5. 文化与认知

文化背景影响认知的结论是由双眼竞争的实验得出的。实验者设计了一个类似双筒望远镜的道具，每个筒里放着不同的图片，但参与实验者并不清楚这一点，他们被要求双眼看向这个道具里面，然后报告看到了什么内容。结果证明，人们看到的往往是自己文化背景中非常熟悉的图片，而忽视了另一张非本文化背景的图片。实验参与者分别是美国人和墨西哥人，这些参与者几乎都未曾离开过自己的国家，具体的实验结果如表 10－3 所示。

表 10－3　不同文化背景对认识的影响

被试分组	报告看到墨西哥场景的次数	报告看到美国场景的次数
墨西哥男性	44	16
墨西哥女性	45	15
美国男性	7	53
美国女性	12	48

（二）认知冲突与协调

有时候新闻信息前后并不一致甚至前后矛盾，这在当今的新闻报道中是极其常见的。比如某人上个月还被当作先进典型模范人物进行报道，如今却因贪污受贿生活腐化被逮捕；再比如我们刚刚阅读到政府为保证食品安全制定了多么严格的监管措施，可转眼间就曝出一起重大食品安全事故。这时候，作为外界刺激信息，相互矛盾的新闻信息造成了人们认知的紧张状态，这种心理紧张或不舒服的感觉会形成心理压力，促使人们排除或减轻、降低这种认知上的矛盾冲突，达到一致的协调状态。大众传播关注人们如何处理不一致的信息，即认知冲突应该如何解决。

1. 海德平衡理论

海德（Heider）于 1958 年提出“平衡理论”（balance theory），这个理论考虑的是在个人的认知系统中情感之间的一致性，它通常用两个人之间以及这两个人对同一事物的情感的方向来说明。简单地说，我们总是想与自己喜欢的人保持相同的态度，而与自己不喜欢的人保持不同的态度。

知名演员成龙深受广大影迷的喜爱，但是 2009 年成龙参加博鳌论坛时的言论引起了极大的争议。他说对于到底自由好还是不自由好感到很矛盾，因为太自由了，就会像台湾地区和香港地区一样变得很混乱，所以中国人还是需要被管的。这一番话引起了不少人的反感。如果你是成龙的影迷，向来喜欢成龙，但是你又不同意他关于自由的言论，那么当你听到他说的这番话，就会出现认知的冲突和矛盾，这时候你会怎么办呢？

办法一：改变自己对成龙的看法，认为成龙不值得喜欢。

办法二：改变自己对于自由的看法，与成龙保持一致。

办法三：歪曲事实，认为成龙说这些话并不是出于真心。

办法四：否认事实，认为说这些话的不是成龙而是他的替身。

以上办法均可以减轻或降低心理紧张，重新回到平衡状态。平衡理论认为，不平衡的结构会向平衡的方向变化，因为不平衡的系统会产生压力促使人们做出改变，直至系统重新达到平衡。

2. 认知失调理论

费斯廷格（Festinger）于1957年提出“认知失调理论”（cognitive dissonance theory）。该理论同样承认存在一种趋于实现认知一致性的压力，不过此理论关注的是个人态度与行为不一致的状态，这种状态导致心理紧张，人们必须减少或消除它的压力，以恢复调和状态。为了重回调和状态，人们要么改变自己的态度，要么改变自己的行为，而在现实中，人们经常会选择改变自己的态度而非行为。比如某人看到一篇关于“吸烟有害健康”的科普报道，但他自身又是一个吸烟者，那么这样的认识不一致导致失调，为了重回调和状态，他要么戒烟，要么认为“吸烟有害健康”这一说法不足为信，而他选择后者的可能性更大。

海德的平衡理论与费斯廷格的认知失调理论虽然是在说人类接收信息之后的认知问题，但这一部分已经突破了认知的范围，进而涉及态度及其改变。在本书第十三章，我们将会对态度改变的相关内容进行更为详细的讲解。

三、认知的陷阱

为了正确进行社会认知，人们必须毫无偏见地搜集社会信息。然而研究表明，实际的社会信息搜集和获取过程中存在着诸多陷阱（主观偏见），一不留神就会深陷其中。

1. 事先预期带来偏见

受众在接触传播内容之前，总是会有各种各样的预期，比如：2013年《中国好声音》的学员整体水平不如2012年；央视的“春节联欢晚会”就是比地方卫视水平高；官员贪腐的负面信息肯定不会全部告诉我们；明星的绯闻不过是为赚取大众眼球，哪里会有真感情；《南方周末》总是敢于说些真话。

事先预期能够为我们提供加工信息的框架，有助于我们进行判断，然而有时预期也会导致错误的知觉。原因有三点：首先，我们的预期有可能是错误的；其次，我们可能忽视了预期对自己信息搜集的影响；最后，我们可能用事先预期完全取代了信息搜集的过程。

在当今中国社交媒体极其活跃的媒介环境中，社交网络看似极其热闹，大家经常会因为某个新闻事件而争论不休。然而不少参加争论的网友其实并不了解事实和真相，他们只是依据自己的预期在争论，凡是不符合自己预期的内容便成为他们攻击的对象。长此以往，使得网络中缺乏理性的声音，经常充斥着网络暴力和意气之争。

2. 信息中包含偏见

由于注意的指向性、集中性、选择性和分配性，在面对同一新闻信息时，我们关注的方向和强度均有所不同，这就使得我们搜集到的信息难免带有个人偏见，然而我们对这种偏见有时候视而不见。我们在接触新闻信息时，其实已经与原始信息刺激隔了好几层，在这个过程中，新闻的信息源、新闻采访者、新闻编辑等都有可能对信息进行过滤和加工，这就难保不在加工过程中掺杂个人的偏见。所以我们必须对新闻信息抱持批判和审视意识。

3. 高估小样本的代表性

尽管新闻报道也要求全面真实，但是新闻信息毕竟不同于普通生活，它总是选择那些异常的信息加以关注。从这个角度来说，新闻报道与统计调查背道而驰，新闻报道需要个性化的事实，统计调查需要平均化的共性。然而来源于小样本的个性化新闻事实，因其更加鲜活生动，更能吸引受众，也更容易对受众带来社会认知的影响。

比如新闻会选择报道不久前一位游客在郊区爬山时不慎失足跌落山崖死亡，而忽视这是该景区近十年来唯一一次事故，属于小概率事件。但就是这一小概率事件让我们心存忧虑，甚至影响到自己的出行计划。特别是当这位不幸的游客是我们认识的人或者与受众自身有某些相关联、相同之处时，它对受众认知形成的影响就会更强烈。

4. 忽略信息取样过程

信息取样过程与小样本有一定的联系，我们常常关注新闻报道的内容，却忽略了新闻报道是如何来的，比如这个记者是谁、他为何选择这一题材、他是如何进行采访调查的、都采访了哪些人、结论是如何得出的等。结论得出的过程受到诸多因素的影响，如果我们只是关注最后呈现在我们面前的这篇新闻稿件，那么当然会错过修正自己社会认知的机会。

2013 年 7 月 17 日上午，湖南临武县城管局工作人员在执法过程中与瓜农邓正加发生争执冲突，邓正加死亡。不少媒体在报道中提到，目击者称城管用秤砣击打瓜农头部致其死亡。其实只要仔细阅读新闻就会发现，接受媒体采访并称城管用秤砣击打瓜农头部者都是与死亡瓜农有血缘或亲属关系的人，城管方面对此予以否认。所以是否存在城管用秤砣击打瓜农这一细节，需要进一步的事实认证。但在读者看来，仿佛这已经是板上钉钉的丝毫不用怀疑的事实。

对新闻事实的认定往往需要几个不同信息来源相互印证，形成完整的证据链。然而在现实新闻实践中，一方面由于时间紧急要抢新闻，另一方面有些当事人不愿意接受采访，导致新闻信息源比较单一片面，这时得到的信息或结论难免失实。如果不加以认真分辨和思考，自然会影响正确的社会知觉的形成。

【思考题】

1. 感觉与知觉分别是什么？两者有何异同，有何联系？
2. 新闻信息如何从知觉的角度影响我们对社会的认知？
3. 受众思维经历一个什么样的过程？

4. 受众的选择性心理对传播活动有何启发？

【推荐阅读】

1. 孔达．社会认知：洞悉人心的科学［M］．周治金，等译．北京：人民邮电出版社，2013.

2. 戈尔茨坦．感觉与知觉［M］．10版．张明，等译．北京：中国轻工业出版社，2018.

3. 邵志芳．思维心理学［M］．2版．上海：华东师范大学出版社，2007.

4. 鲁忠义，杜建政．记忆心理学［M］．北京：人民教育出版社，2005.

第十一章

接收者使用媒介的动力系统

【本章学习要点】

1. 动机与需求
2. 需求层级理论
3. 受众使用媒介的动机

图 11－1 中的场景可不是拍电影，画面上这位背着书包的小姑娘是中国云南的一位小学生，她滑过铁索跨越怒江峡谷，只是为了去上学。是什么动机支撑着她如此勇敢的行为？

图 11－1　跨越怒江的上学路

与此形成鲜明对照的是，新闻曾报道过一位高中生卖掉自己的肾，只为换钱买苹果手机。这又是怎样的动机呢？

如图 11－2 所示，如果说吃饭的动机仅仅是源于饥饿的需求，那么为什么有时候我们明明已经吃饱，但看到美食还是想吃，而有时候我们明明饥肠辘辘，但看到不符合自己饮食习惯的食物却还反胃，宁肯饿肚子也不吃呢？

图 11-2　动机与食物

每个人行为的背后总有动机在支撑着，可是人们的动机又是如此的不同、如此的复杂。

第一节　接收者的动力系统的内涵

俄国文学家高尔基有句广为人知的名言：我扑在书籍上，就像饥饿的人扑在面包上。这句话形象地表达了人类对信息和知识的渴求。人类为什么要进行传播？受众为何要接触媒介？这背后必定是有原因的。

一、动机与需求

在心理学中，我们把行为背后的原因称为动机（motive）。动机是由目标或对象引导、激发和维持个体活动的一种心理过程或内部动力（drive），它构成人类大部分行为的基础。对于传播者和受众而言，不管是主动进行传播还是被动接收传播内容，都是由动机所引导的，也就是说，动机是人类传播行为的基础。

动机必然指向一个目标，目标引导个体行为的方向，并提供原动力。比如，每天晚上七点钟你要打开电视收看《新闻联播》，《新闻联播》只是一个诱因，你想要通过收看《新闻联播》获取的信息才是目标。目标会随着知识经验的积累逐渐丰富起来：刚开始收看《新闻联播》是因为爷爷每天必看，为了表示对爷爷的尊敬才陪他一起看；后来是学校老师要求大家收看，为了完成老师交代的任务不得不看；再后来自己发现《新闻联播》中的信息可以帮助自己确定买哪只股票，所以每天必看；当然也有可能你每天看《新闻联播》是为了跟男朋友有共同的聊天话题。

在动机研究中需求和需要不做区分，英文均对应同一个单词 need。在心理学中，需求是指有机体内部的一种不平衡状态，它表现在有机体对内部环境或外部生活条件的一种稳定的要求，这种要求成为有机体活动的源泉。这种不平衡状态包括生理和心理的不平衡，如血液中水分缺乏，产生喝水的需求，这属于生理需求；社会秩序不好，产生安全的需求，这属于心理需求。在需求得到满足之后，不平衡的状态暂时得到消除；当新的不平衡状态出现时，又会产生新的需求。

需求与动机有所不同，需求是一种不平衡的状态，动机则是为了达到平衡状态，由需求向行动过渡的一种心理过程，所以需求是动机产生的基础，动机则与行动直接相关。

二、动机从何而来

人类行为的动机到底由何而来，一些心理学家（见图 11－3）围绕这个问题进行了长期的探索。

19 世纪末 20 世纪初，心理学家（以麦独孤为代表）认为动机是人类的本能。本能论受到达尔文进化论的影响，当时的心理学家相信，人类大部分行为都是由本能控制的，本能是在进化过程中形成的，它是人类行为的原动力。如蜘蛛天生会结网、海狸天生会筑坝、老鼠天生会打洞，这些都是生物在进化过程中形成的本能行为。难道传播行为也是人类进化过程中形成的本能？

本能论对心理学研究影响重大，弗洛伊德的精神分析理论和马斯洛的需求层级理论①，都是建立在本能论的基础之上。弗洛伊德认为人的心理活动的原动力是人类与生俱来的本能（生的本能和死的本能），马斯洛认为人类行为是由生来固有的自我实现的潜能决定。两位心理学家由本能出发，分别走向了两端，弗洛伊德把人类不愿面对的本能指出来给人们看，马斯洛则把人类最美好的本能拿出来给人们看。

麦独孤（W. McDougall，1871—1938）　弗洛伊德（Sigmund Freud，1856—1939）　马斯洛（A. H. Maslow，1908—1970）

图 11－3　研究动机的心理学家

其实在若干年后，当我们分析传播的功能或是人类传播的动机时依然还带着本能论若隐若现的影子，所谓的环境监测功能难道不是为了人类更好地生存？所谓的获取知识、增

① 本章第二节将会详细讲解。

强自身改造世界的能力难道不是为了人类的自我实现？

20 世纪 20 年代，心理学家提出驱力理论，试图以此代替本能论。该理论认为驱力是指个体由生理需要（如食物的需要、性的需要等）所引起的一种紧张状态，它能激发或驱动个体行为以满足需要、消除紧张，从而恢复机体的平衡。随后心理学家又提出驱力减少理论，认为个体要生存就必然有需要，需要产生驱力，驱力是一种动机结构，它供给机体一定的力量或能量，使需要得到满足，进而减少驱力。这种理论的解释力大大增强了。比如当我们从边远地区回到城市里时，会立即打开电脑看看最近发生了什么新闻事件，可能就是为了消除我们对外界信息缺乏的紧张状态。

可是为什么有时候就算我们生活在城市里，每天接触大量信息的刺激，却还是想要一直在网上挂着呢？我们并不缺乏信息啊！为此心理学家提出唤醒理论，认为人类总是被唤醒，并维持着生理激活的最佳水平。比如我们在办公室里坐了一整天，晚上会选择看一部有激烈打斗的动作电影，如果我们进行了一整天的激烈运动，晚上可能会选择一部安静舒缓的爱情电影：我们总是在对自身机体进行调节以达到最佳状态。

以上关于动机的理论都强调个体行为来自内在动力，而忽略了外在环境刺激物在引发行为上的作用，由此心理学家又提出了诱因理论。诱因指能满足个体需要的刺激物，它具有激发或诱使个体朝向目标的作用。例如，衣服的基本功能是防寒取暖，这是人的基本生理需求，可是在满足此类基本需求之后，我们看到时装杂志上的华丽服装，仍忍不住购买的冲动，即便我们并不冷，或者这些服装也并不保暖。传播中的广告营销行为应该是诱因理论最好的证明。

认知理论向内连接我们的心理状态，向外连接人类的行为。该理论对动机的看法是，来自外界的信息经过个体的编码、存储、提取和输出等加工过程，在头脑中形成了各种不同的观念，这些观念在刺激物和行为之间起中介作用，它既能引起行为，又能改变行为。在这个意义上，认知具有动机的功能。

人类动机是如此的重要，它吸引了众多心理学家对其进行探讨；动机又是如此的神秘，它既看不着也摸不到，心理学家从各自的角度和立场出发，提出了动机来源的不同说法。传播学虽然更看重外显的传播行为，但是如果没有动机作为支撑，这些行为也不过是无源之水，经不起推敲，所以传播学中对于受众动机的探讨一直没有停止过。

第二节　接收者的需求层级

人类的需要是否也有一个内在的结构？在这方面，马斯洛的需求层级理论（hierarchical theory of needs）影响最大。人们知道马斯洛也大抵是因为他的需求层级理论，这一理论的影响早已超出了心理学范围，影响到多个学科的相关理论。

一、马斯洛的需求层级理论

马斯洛总结了五类最基本的需求，并将其按层级进行整理（见图 11－4）。

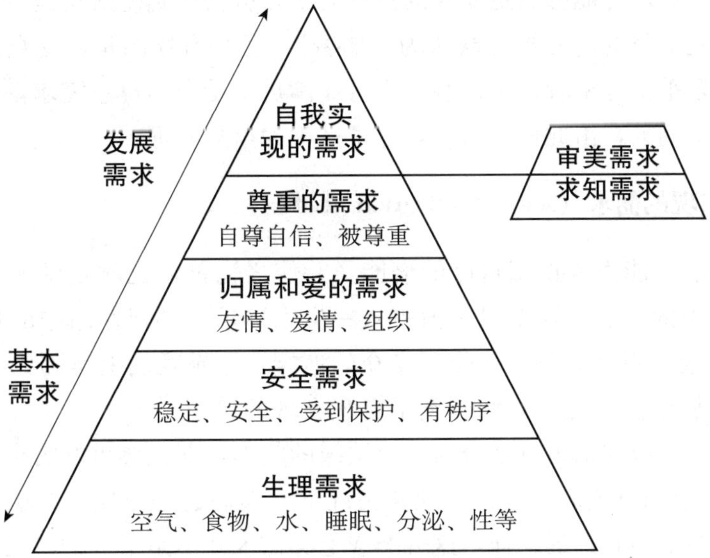

图 11－4　马斯洛的需求层级理论示意图

（一）生理需求（physiological need）

生理需求是人的基本需求，在人的所有需求中是最重要的，也是最有力量的。如果受众的基本生理需求未得到满足，一般也不会有空暇时间来接触媒介信息。

（二）安全需求（safety need）

安全需求表现为人们要求稳定、安全、受到保护、有秩序、能免除恐惧和焦虑等。影视剧中的角色在受到生命威胁时往往最能吸引受众的注意，就是因为受众感受到了那种安全需求得不到满足的恐惧。另外，受众接受传播也是为了获知外界信息以确定自己安全的表现。

（三）归属和爱的需求（belongingness and love need）

归属和爱的需求指一个人要与他人建立感情上的联系或关系，如成为朋友、追求爱情、参加团体并在其中获得某种职位等。我们与朋友、与我们爱的人一起观看哪怕极其无聊的电视节目，有时候也能看得津津有味，因为我们更看重在这个过程中与朋友或爱人的交流与沟通。而且随着传播和媒介的发展，共同收看某一电视节目的观众们也因此而成为一个团体，或者组成互联网上的一个虚拟群体，在其中满足归属和爱的需求。

（四）尊重的需求（esteem need）

人们都有自尊的需求，也希望得到别人的尊重，自尊需求的满足会使人们相信自己的力量和价值。如果传播内容中包括伤害受众自尊的信息，那么自然会遭到受众的排斥和抑制；反之，如果传播内容能够满足受众的自尊需求，就会受到受众欢迎。

比如有些电视节目的内容被受众认为“弱智”，可是奇怪的是，受众往往是一边骂一边继续看得不亦乐乎。分析者认为这些内容可能满足了受众的尊重需求，因为从中可以看到那些比自己更笨的人，由此得到满足，这也被称为审丑心理。

（五）自我实现的需求（self actualization need）

人们提升自己的能力或挖掘自己的潜能，并使之完善，也就是说人最高的需求目标是成为自己理想中的自己，这个目标值得人一生去追求。影视作品中的那些英雄人物或是大众媒介所制造的明星们总是能受到受众的追捧，一定程度上是因为他们正是自我实现的典型，或者从他们身上，我们看到了自我实现的希望。

马斯洛的需求层级理论也有划分为七个层级的版本，即在尊重的需求之上添加了求知（认知和理解）需求和审美需求，但在通常情况下，人们还是习惯五个层级的需求这一版本。就像我们在图示中看到的那样，这五类或七类需求并不是平等的，马斯洛认为它们是从低到高排列的，需求层级越低，力量越强大，潜力越大，随着需求层级的上升，需求的力量相应减弱。

人们必须先满足低层级需求，只有在低层级需求得到满足或部分满足之后，高层级需求才有可能出现。一些低层级需求的匮乏会直接关系到个体的生存，所以被称为基本需求；而一些高层级的需求并非维持个体生存所必需，但是这些需求得到满足可以让人生存得更有质量，所以被称为发展需求。

当然，在一些特殊情况下，人们的低层级需求尚未得到满足，但是却会去追求更高层级的需要。人类历史上那些为实现理想的人不惜牺牲生命，他们是不考虑自己的生理需求的；一些虔诚的教徒也宁愿过着清贫的生活，忍受着低层级需求的缺失，以此来实现他们更高的自我实现的需求。我们身边可能也有一些爱好网络游戏的朋友，他们宁肯不吃饭不睡觉也不愿放弃游戏中的角色和地位，似乎也是违反需求层级的例证，尽管这一行为并不值得提倡。

马斯洛的需求层级理论对传播学的意义在于它促使我们从动机和需求的角度来思考传播行为。人类为什么要进行传播？如果说在远古时代，人们相互传递信息是为了确认环境安全，那么今天传播的意义何在？

其实随着社会的发展，众多的社会信息我们是不可能像远古那样通过亲自体验去获取的，于是大众传播成为我们的监视器和雷达，传播的环境监测功能与远古时代一样，帮助我们确认社会环境是否安全。

【延伸阅读】　地震中应急广播的功能

广播在如今大众媒介的家族中并不显眼，仿佛是已经没落的媒体，虽然车载广播的普及使得广播媒体似乎焕发了第二春，但在网络等新媒体的面前，它依然是属于过去时的媒体。

今天哪些人在听广播？为什么听广播呢？首先是有车一族，他们通过广播了解实时路况，并且让广播陪伴自己的旅途，打发无聊的时间，所以交通频率在广播中最早重拾辉煌。广播节目比如音乐、相声、评书等适合在开车时伴随收听的节目是听众的最爱。而在一些农村地区，广播属于老年人的伴侣，他们最爱听的是戏曲，当然也会通过广播去了解天下大事。这就是今天的广播，如果从需求层次来看，广播似乎满足了人们的发展需求，人们听广播并不是事关生死的基本需求，而是为了满足自己认知、审美、放松、娱乐、享受等较高层级的需求。

然而在特殊情况下，广播所满足的需求可能完全不同。2010 年青海玉树发生地震，国家广电总局紧急采购 3 万台收音机送往灾区，并采购 4 部高频发射机和 10 台柴油发电机以确保广播信息的正常发送。2013 年雅安地震中，仅总政治部就为救灾一线官兵配发了近 2 万台野战收音机（见图 11－5）。国务院总理李克强视察灾区时还特意问当地群众收音机信号好不好。同时，雅安地震中“国家应急广播芦山应急电台”开播，由国家新闻出版广电总局指控协调，中央人民广播电台、四川广播电视台、雅安人民广播电台、芦山县广播电视台联合开办，全天 24 小时滚动播出，以政府公告、救援信息、听众热线、专家访谈、灾害互助等形式，对身处灾区的民众、救援人员等群体提供定制化、点对点、全方位的实用信息实时发布，这也是我国应急广播体系建设中的首次实践尝试。

在了解了雅安地震中的应急广播之后，你还认为广播是满足人们审美、娱乐、放松等发展性需求吗？随着社会的发展，人类的基本生理和生存需求是可以得到保障

图 11－5　地震中应急广播发挥着特殊的作用

的，在此情况下，我们自然会追求更高层级的需求，所以我们已经忘记了传播的原始功能；可是当特殊情况（比如地震）来临时，我们仍会迫切地、深切地体会到传播媒介怎样满足我们的生存、安全等基本需求。

二、受众的需求及其满足

自从有了生命，也就有了传播。随着生命的进化，人类传播能力也在不断进化。人类文明在过去4万年里所取得的日新月异的进展，对掌握传播系统的依赖程度要大于对制造工具和材料的依赖程度。正是人们完整准确传播信息的能力不断增长，推动复杂技术不断向高级发展，文明才得以产生。[①] 也正是在满足人类基本需求的目标驱使下，人类的传播技术不断发展、日益强大，才最终产生了我们今天繁荣而庞大的媒介生态系统。

人类最基础的传播类型——自我传播，或称人内传播，更靠近心理学的范畴。自我传播的基础形式诸如感觉、知觉、思维、记忆、想象、情绪、感情等本身就是心理学的研究内容，同时也是人类基本的心理和生理过程。可以说人内传播本身就是在满足人之所以为人的基本生理需求。同时，人内传播也使得自我认知得以实现，而只有通过自我认识，我们才能清楚地感受到自己的生理需求及其是否得到了满足。

唯心主义哲学家认为，世界上除了我们自己之外，没有他人，他人不过是以自我为中心的映照而已。虽然这一观点较为极端，但也在一定程度上说明了人与人交往的目的，人际传播不过是通过与他人进行符号互动来达成认识世界、认知自我、调整自我和完善自我的过程。从这个角度来说，人际传播首先满足了人类生存和安全等基本需求；其次人际传播可以建立与他人的和谐关系，对于更高层级的友情、爱情等情感和归属的需求做出回应，满足了人类情感沟通的需求；或许在人际交往中，人类自尊、自信、被尊重的需求也能得到满足。

组织传播更明显地指向归属的需求，而且只有在组织中才更有利于实现自己的价值，通过与组织成员的互动以及在组织中担任的角色来获取自尊和自信，并得到组织成员的认可、信任与尊重，进而满足我们自我实现的需求。

当然，传播学最受关注的依然是大众传播。综合前人的研究，我们把大众传播的功能列举如下（见表11-1）。你会发现大众传播的功能与需求层级理论之间若隐若现的对应关系，只不过说到大众传播的功能时，我们是以传播者为出发点，而说到需求层级理论时，我们是以受众为出发点。

---

① 德弗勒．大众传播学诸论［M］．杜力平，译．北京：新华出版社，1990：8-9.

表 11－1　　大众传播的功能与需求层级的对应关系

大众传播的功能	需求的层级
传播信息/监测环境 通过持续不断、公开、大量地向受众提供各种事件发展变化的信息，对周围环境进行监测，及时报警，引起人们防范 报道有关经济信息、市场动态、交通情况、文化生活等涉及周围环境的信息，以满足日常信息需要	**生理需求** 空气、食物、水等是否安全 **安全需求** 我们的生命财产等能否保障 社会是否稳定、有秩序
引导舆论/社会联系 通过信息的传递、解释等动员受众形成全社会范围内基本一致的意见、态度和看法，用以调节社会内部的矛盾冲突	**归属和爱的需求** 建立友谊、维持爱情 加入社会组织
促进社会准则的实行 **给予社会地位**	**尊重的需求** 建立自尊与自信 受到信任与尊重
提供教育/文化传承 通过传播文化知识、科学技术等，不但保存社会文化遗产，也促进社会成员社会化的逐渐完善	**求知需求**
提供娱乐/放松享受 通过媒介提供的文化娱乐信息，放松自己，同时也提高自身艺术鉴赏能力	**审美需求**

有趣的是，传播学研究认为，传播信息、监测环境是大众传播最基本的也是最重要的功能，而它所对应的生理需求和安全需求，是人类需要层级中最低层级的也是最基础的需求。

第三节　接收者的动机类型

人类传播行为的复杂性正源于其背后的动机多样性，那么这些动机如何进行分类呢？作为信息接收者的受众来说，我们使用媒介的动机又有哪些呢？

一、动机的类型

为了更好地理解人类的动机，我们有必要对动机进行分类。心理学中对动机的分类有多种不同的方法。

（一）生理动机与社会动机

生理动机也称驱力，以有机体自身的生物学需要，如饥、渴、疼痛、母性、性欲、睡眠、排泄等为基础。但是当这些生理需要得到满足时，生理性动机就会趋于下降，而且由于人是社会性动物，所以满足这些生理需要的手段也受到社会生活的影响，因此人类社会中纯粹的生理性动机比较少。

社会动机是以人的社会文化需要为基础的，比如人对权力的需要、对社会交往的需要、获得成就的需要、认识外界的需要等，因此产生了相应的权力动机、交往动机、成就动机和认知动机等。这些动机推动人们加入社会组织，在交往和团体中获得自信、尊重与某种地位。传播学中涉及的受众的动机基本都是以社会文化需要为基础的社会动机。

（二）原始动机与习得动机

原始动机是与生俱来的动机，它是以人的本能需要为基础的，如前文提到的饥、渴、性、睡眠、排泄等，都属于原始动机，不需要学习自然就有。

习得动机是指后天获得的动机，即经过学习产生和发展起来的各种动机，例如逃避恐惧和获取赞许等，这些都是通过学习才形成和发展起来的。

传播学中涉及的受众的动机既有原始动机，也有习得动机，但是习得动机多一些。

（三）有意识动机与无意识动机

有意识动机指人的动机有一部分发生在意识水平，即能意识到自己的行为动机是什么，意识到自己的行为追求的目标是什么。无意识动机指人没有意识到自己的动机是什么，或者有时候会忽略掉自己的动机，在无意识的状态下做出一些行为举动。比如在观看英文影视剧时，开始我们或许能意识到自己的目的是强化英语水平，但是在观看的过程中可能很快就把这种有意识的动机抛在脑后，而完全没有意识到自己其实已经转入了追求放松享受的动机之中。

（四）外在动机与内在动机

外在动机是指人在外界的要求与外力作用下产生的动机，比如为了通过时事政策课程考试而去查阅近一段时间的新闻。内在动机是指由个体内在需要引起的动机，比如意识到了解时事的意义并且对时政新闻感兴趣而去查阅新闻。不过外因还是要通过内因起作用，所以外在动机也可以转化为内在动机。

二、受众使用媒介的动机

作为受众，其接触媒介是一种外显的行为，行为背后必然有动机，传播学中对受众使用媒介的动机有专门的研究，相关的研究也是传播学理论的重要组成部分。

动机作为一种内部心理过程，不能直接进行观察，在正常状态下，我们可能也意识不到动机的存在，就像我们意识不到空气的存在一样，但是空气一旦缺乏，我们立即能感受到。对于媒介也是这样，我们生活在媒介世界中似乎感受不到它的存在，当然也意识不到我们接触媒介的动机，但是当我们每天接触的媒介突然没有了，这时候会发生什么呢？

这样的事情真的发生了。1945 年纽约八家主要报系的工人们罢工两周，几乎全城的报纸都停止出版印刷，直到此时读者才开始怀念每天有报纸看的美好时光。那么怀念报纸意味着什么？传播学学者贝雷尔森（B. R. Bereson）对此事件进行了研究，最终总结出阅读报纸的八个目的或原因：

（1）明了关于公众事物的消息和解释；

（2）从报纸上寻找日常生活的指导；

（3）为了消遣；

（4）为了社会声望；

（5）为了做“替代式”的社会接触；

（6）由于阅读本身被认为是一件“好事情”；

（7）要维护安全感；

（8）由于读报已经变成一种欲罢不能的行为方式。[①]

不过，当时贝雷尔森还没有意识到他是在研究受众的动机，他只是站在传播者的立场上研究没有报纸会怎样，而且由于当时传播效果研究前景黯淡，强大效果论被否认，贝雷尔森也是考虑“研究媒介对人们做了什么”到底有何意义。另一位传播学学者卡茨（E. Katz）则从上述研究中得到启发，他建议应该把研究主题换个思路，要研究“人们使用媒介做了什么”，这样就把研究从传播者的角度转换到受众的角度，由是开始了一系列对受众媒介使用动机的研究，并发展出传播研究中的“使用与满足”理论（见图 11－6）。

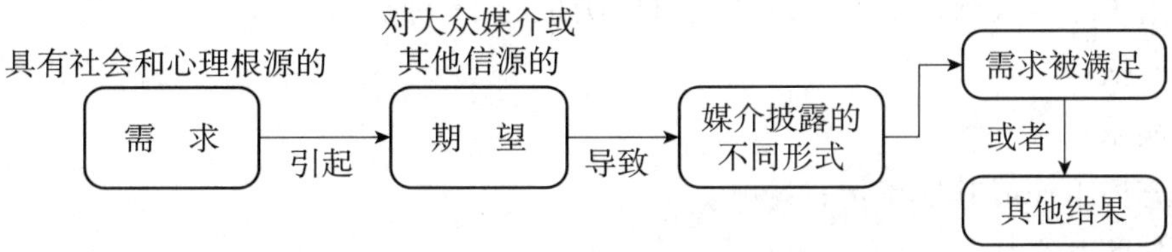

图 11－6　使用与满足理论示意图

使用与满足理论是从受众的需求和接收信息的动机出发进行的研究，该理论认为，受众都是有着特定需要的个人，他们接触媒介的行为是基于这些特定的需要，并且通过使用媒介使需要得到满足。根据这一理论，受众面对传播并不是被动的，他们可以主动选择自己偏爱的和需要的信息，而且不同受众还可以通过同一媒介信息来满足不同的需要，从而达到不同的目的。因此不是媒介在操纵大众，而是受众自主地使用媒介，受众接触媒介信息的过程也正是受众需求得到满足的过程。

使用与满足理论突出了受众的地位和作用，它认为受众不是被动的接收者，而是积极主动的使用者。当然这一理论也招致不少批评的声音：首先，该理论假设受众清楚自己需要什么，并且知道如何使用媒介去满足需求，显然这一点并不成立；其次，该理论的前提是受众可以自主选择媒介和信息，但从整体媒介生态环境来看，其实受众的选择余地是极其有

① 李茂政．大众传播新论［M］．台北：三民书局，1986：302.

限的。①

然而，即便受众对媒介及信息的选择余地有限，他们也不清楚自己的需要是什么，更不知道应该如何使用媒介去满足需要，但是受众在媒介及信息面前也并不是消极被动的接收，他们也在能力所及的范围内进行着积极主动的选择和使用，有时候这些主动性可能连他们自己都没有意识到。传播学研究更偏向宏观的社会领域，总会有意无意地过分强调和夸大传播的效果，然而心理学的研究表明，想要让受众接受一种信息的刺激并对之进行理解和记忆，其实是一个相当艰辛和危险的过程，一路上有太多不确定的因素。总之，传播者决定什么信息以什么形式到达受众，然而信息由外界刺激转化成内在的感觉、体验和思维的心理过程则完全由受众自己掌握。

在大量基于使用与满足理论的文献研究基础之上，1973 年卡茨等人汇总整理出受众对大众传播的 35 种需要，并进一步将其分成 5 类：

（1）认识需要：获得信息、知识和理解；

（2）情感需要：情绪的、愉悦的或美感的体验；

（3）个人整合的需要：加强可信度、信心、稳固的地位；

（4）社会整合的需要：加强与家人、朋友等的接触；

（5）舒解压力的需要：逃避和转移注意力。

1993 年，传播学学者波尔斯（Perse）和考特赖特（Courtright）再次借鉴以往的研究成果，列出了综合大众传播和人际传播可以满足的 11 种需求：

（1）放松；

（2）娱乐；

（3）忘掉工作或其他事情；

（4）与朋友交往；

（5）获知关于自己和别人的事情；

（6）消磨时间（尤其是无聊的时候）；

（7）寻求刺激；

（8）降低孤独感；

（9）满足一种习惯；

（10）让其他人知道我在乎他们的感情；

（11）让某人为我做某事。

我们发现，不管是 5 种还是 11 种需求类型，基本上还是逃不脱马斯洛的需求层级理论。不过这些细化和具体化了的受众使用媒介的动机，为后来的学者们进一步研究受众动机提供了借鉴，上述这些动机类型也经常被改编成媒介使用的动机量表来使用。

---

① 胡正荣．传播学总论［M］．2 版．北京：清华大学出版社，2008：226.

【延伸阅读】 收视动机与偏好之间的关系

如果想要证明受众是否能够自主地使用媒介及其信息来满足自己的需求，我们需要明确两件事：首先，我们需要知道受众的需求即使用动机到底是什么；其次，我们需要知道他们选择了哪些媒介内容或信息。2010年，我们在新疆和西藏进行少数民族电视观众调研时就遵循这样的思路开展了研究。

我们通过收视动机量表中的描述语句来测量受众的收视动机，并对量表语句得分情况进行统计分析，用因子分析①的方法来探索其收视动机的内在结构，最终得出5类收视动机（见表11－2）。

表11－2　少数民族地区电视观众的收视动机

动机语句	新闻信息	探究外界	逃避现实	放松娱乐	学习知识
了解国际时事	0.79				
了解国内时事	0.78				
了解国家的方针政策	0.72				
了解本民族的事情	0.59				
从电视上了解怎样解决自己的问题		0.69			
想知道外面的世界是什么样子		0.68			
想看电视上的人们有什么不同		0.55			
增长见闻，开阔眼界		0.51			
消除孤独			0.78		
没什么其他事可做			0.67		
平时太累了所以看电视			0.41		
让自己放松				0.79	
从电视上可以看到幽默和快乐				0.69	
了解商品信息					0.72
学习各种知识					0.48
贡献率	17.23%	13.89%	13.54%	11.40%	8.76%
累积贡献率	17.23%	31.12%	44.66%	56.06%	64.82%

假设使用与满足理论确定有效，那么不同收视动机的人选择收看的节目应该也有所不同，这样才能说明他们确实是在自主选择节目内容以满足其特定的需求。我们

① 因子分析是简化数据的一种方法，在社会及行为科学领域经常用以探索潜在的心理结构维度。其基本思想是依据被调查对象对各个语句的评分，找到各个变量之间的内在联系，同类变量之间的联系会更紧密，相关性会更高，不同类之间的变量相关性则比较低，从而把同一类的变量汇聚在一起，起简化数据的作用。

把被调查者对各类电视节目的喜欢程度与收视动机各维度进行相关分析①，分析结果验证了我们的假设：观众的收视动机不同，则他们喜欢的电视节目类型也相应地有所不同（见表 11-3）。

表 11-3　收视动机与收视偏好的相关关系

	新闻信息	探究外界	逃避现实	放松娱乐	学习知识
新闻	0.36	0.26			0.26
娱乐			0.14	0.29	
影视		0.26	0.23	0.32	
科教	0.40	0.22			0.27
广告			0.18		

如果受众收视动机偏重于获取新闻信息的需求，那么他们会选择通过科教和新闻节目（r 为 0.40 和 0.36）来满足此需求；如果受众需求偏重于探究外界，那么他们会选择新闻、影视和科教节目；如果他们需要逃避现实，那么将首选影视，其次是广告和娱乐节目；如果他们需要放松娱乐，那么会选择影视和娱乐节目；如果他们需要学习知识，那么会首选科教节目，其次是新闻节目。

资料来源：王斌，陈锐．少数民族地区电视传播效果研究［M］．北京：中国广播电视出版社，2011.

【思考题】

1. 受众接触媒介的动机是什么？
2. 自媒体时代受众变身为传播者的动机是什么？
3. 需求层级理论对我们理解受众有何启示？

【推荐阅读】

1. 马斯洛．动机与人格［M］．3 版．许金声，译．北京：中国人民大学出版社，2007.

---

① 相关分析在各类调查研究中广为应用，相关泛指两个变量之间的关联程度，一般多用 Pearson 相关系数 r 来表示两个变量之间的关系。相关系数 r 界于 -1 到 $+1$ 之间，两个变量变化趋势一致则为正，变化趋势相反则为负，两者关系越紧密，则其绝对值越接近于 1。

2. 卡茨，拉扎斯菲尔德．人际影响：个人在大众传播中的作用［M］. 张宁，译．北京：中国人民大学出版社，2014.

3. 利文斯通．理解电视：受众解读的心理学［M］. 龙耘，译．北京：新华出版社，2006.

4. 塔洛克．电视受众研究：文化理论与方法［M］. 严忠志，译．北京：商务印书馆，2004.

第十二章

接收者的心理发展特征

【本章学习要点】

1. 遗传与环境对心理发展的影响
2. 人生阶段的心理危机与发展关键
3. 心理发展与传播内容

“阳光下蜻蜓飞过来，一片片绿油油的稻田，水彩蜡笔和万花筒画不出天边那一条彩虹，什么时候才能像高年级的同学有张成熟与长大的脸？盼望着假期盼望着明天，盼望着长大的童年，一天又一天一年又一年，盼望着长大的童年。”①

人是世界上最神奇的物种，人生最神秘的事情莫过于成长，小时候我们盼着长大，成人后我们又怀念童年不想长大，我们的成长到底经历着什么？

你有多久没有陪爷爷奶奶看电视了？是不是因为你们喜欢的电视节目类型完全不同？好吧，即便你们勉强看同一个电视节目，你觉得你们看到的内容是一样的吗？你们的理解和认识相同吗？

如今的年轻人都拒绝成熟、不想长大，可是长大成人却是无法避免的客观事实，将来有一天，你也会像爷爷奶奶那样，看着电视在沙发上就睡着了。

第一节　心理发展理论

你的童年最深的记忆是什么？《聪明的一休》《铁臂阿童木》还是《巴啦啦小魔仙》？随着传播在日常生活中的无孔不入，人心理发展的每一个阶段都被深深地打上了媒介的烙印，我们可以通过这些印记去探寻发展的轨迹和规律。

---

① 歌曲《童年》，词作者罗大佑。

一、心理发展的决定因素

幸福的人生各有各的幸福，痛苦的人生也各有各的痛苦，每个人的人生历程都是独一无二的。然而作为人类，我们的生理和心理发展又有着相似的历程，从出生到死亡的心理变化又有着相同的规律。发展心理学（developmental psychology）就是专门研究人的心理及行为如何积极发展和变化的学科，而这个学科首要面临的问题就是：遗传和环境谁决定着心理的发展？

（一）遗传与环境

遗传（heredity）或先天（nature）作用，是指父母对后代的生理和心理特征的基因传递。遗传决定论者认为，人的智力和个性品质在生殖细胞的基因中就已经被决定了，环境的作用仅在于引发、促进或延缓先天素质的开发。就如同有的婴儿会盯着电视屏幕目不转睛，有的婴儿听到音乐就会安静下来，此时他们并无清晰的意识，为何接受传播刺激后会有不同反应呢？难道不是遗传决定的？

环境（environment）或后天（nurture）作用是指影响发展的外部条件。环境决定论者认为，环境和教育在个体心理发展过程中起着重要的作用，刚出生的婴儿好比一张白纸，环境和教育决定了在上面画什么图画。他们认为人的任何行为都可以通过外在的强化或惩罚手段来加以塑造、改变、控制或矫正。

心理学家皮亚杰（Jean Piaget）提出了相互作用效应模式，认为遗传和环境在个体发展中是相互作用的，好的遗传和好的环境结合导致好的发展结果，而不良的遗传和差的环境引发不良的发展结果。遗传为个体提供了发展的潜能，并限定了发展的极限，同时学习、营养、疾病、文化、社会等环境因素也决定了个体在此基础上的发展和变化。个体一旦开始发展历程，遗传特性就会受到个体经验的影响，而个体经验也同样会受到遗传特性的影响。[①] 环境影响了遗传特性起作用的方式、程度和途径，而遗传特性影响着环境中某些因素起作用的方式和程度。

（二）心理发展过程

心理发展到底是怎样一个过程，不同的学者有不同的看法：一种是“渐进论”的观点，认为从婴儿到成人的心理发展是一个逐渐积累的连续量变过程；另一种是“阶段论”的观点，认为个体心理发展不是一个连续量变的过程，而是经历一系列有着质的不同的发展阶段的非连续过程。

其实心理发展应该是一个由量变到质变的过程，是从简单到复杂、由低级到高级的过程。心理发展过程也具有一些普遍性的特点。

---

① 库恩．心理学导论：思想与行为的认识之路［M］. 9版．郑钢，等译．北京：中国轻工业出版社，2004：108－109.

（1）心理发展是一个持续不断的过程，每一心理过程和个性特点都逐渐地、持续地发展。

（2）心理发展有一定的顺序性，整个心理发展按一定的顺序进行，个别心理过程和个性特点的发展也有一定的顺序。

（3）心理发展的前后阶段有规律地更替着，前一阶段为后一阶段准备了条件，从而使前一个阶段有规律地过渡到后一个阶段。

（4）各心理过程和个性特点发展速度不完全一样，其达到成熟的时期也各不相同。

（5）心理各方面的发展是相互联系和相互制约的。

（6）心理发展的速度和各方面的发展情况有明显的个体差异，这既取决于遗传，也取决于环境和教育条件的不同。

心理发展过程理论要求在传播实践中明确自己的受众定位，根据受众的心理发展阶段来决定传播的形式和内容；同时受众并不是整齐划一的，有必要对受众的个性差异加以考虑。

二、心理发展与传播

心理发展理论与传播密不可分。如果心理发展是由遗传决定的，那么传播研究者和从业者可能会伤心欲绝，因为一切都已经由遗传决定了，传播是不可能产生效果的，试图通过传播去影响他人、改变他人观念和行为的努力完全是浪费。不过，幸好环境对心理发展也起着重要作用，我们仍大有可为。

传播总是有目的的，在传播学研究范畴内，大部分研究内容都与心理发展有关，比如传播的功能研究是从宏观角度研究传播对人类发展所起的作用，传播效果研究是从微观角度研究传播对受众的心理、态度、行为所产生的影响。而且传播效果研究历来是传播研究的重中之重，不管是早期认为传播效果强大的魔弹论还是有限效果论、弱效果论，都认为传播可以改变人，而不少致力于以传播改进社会公平发展的研究，诸如知识沟的研究、创新与扩散研究等。而这一切都是建立在环境对人类心理发展起作用这一前提之下，如果环境不起作用，那么传播就是没有意义的。

心理发展的相互作用效应模型也提醒我们，当我们在研究中发现传播根本不起作用、没有达到任何效果或者效果微弱时也不用垂头丧气，因为对人类心理发展来说，传播不过是一种环境影响因素，其效果还需要通过内在的遗传特性去起作用，所以其效果有限也是可以理解的。当然，这对于那些夸大传播效果者来说是个令人悲哀的消息，不过只有正视这一点，才能客观地、实事求是地去进行传播研究。学校教育不是面临着与传播活动同样的情况吗？毕竟，传播不是没有任何作用，如果能够正确认识传播作为环境通过遗传特性起作用的方式和途径，通过传播去影响人们、改变社会还是有希望的。

鲁迅弃医从文的故事或许可以令我们鼓舞。鲁迅当年学医，也就是更多关注生理和遗传因素，但是他发现这对于改造国民性来说太难了，当时国人的麻木不是肉体上的，而是精神上的，所以他毅然弃医从文，立志用手中的笔、用自己的文章、用文化的力量来影响世人。也就是说他最终选择做一个传播者，用传播实践通过环境去改变国人的心理状态，从而实现自己的梦想。

第二节　心理发展阶段与对应传播内容

在人生心理发展阶段方面的研究领域，埃里克森（Erik Erikson）是一个不容忽略的人物（见图 12-1）。他首次提出了终生发展的详细过程模型，该模型主要来自他自己在心理层面要面对的一些主要社会挑战的分析，以及这些挑战所带来的变化，而这些挑战是每个人在人生的各个阶段都可能会面对的。

图 12-1　发展心理学家埃里克森

一、心理发展阶段面临的发展任务和危机

人生的心理发展既是一个连续的过程，也可以分为不同的阶段，当个体发展到一定的年龄阶段后，应该表现出与年龄相符的行为特征，这种社会期待性的行为特征被称为发展任务。埃里克森认为，心理发展是贯穿人生始终的活动，他把这一过程分为八个阶段。[①] 在每一个心理发展阶段，面对每一个发展任务，个体都会经历特定的心理困境或危机（个人冲动与社会现实之间的矛盾）。如果能够成功解决危机并摆脱困境，会使个人和社会产生新的平衡，从而使人健康发展，获得满意的生活；如果问题不能得以解

---

① 库恩．心理学导论：思想与行为的认识之路［M］．9 版．郑钢，等译．北京：中国轻工业出版社，2004：18-150.

决，会使人失去平衡，应对以后的危机会更加困难，生活之路也将更加坎坷，个人成长也将受阻。

（一）第一阶段：婴儿期（出生至1岁）

心理危机：信任对不信任（trust vs mistrust）
主要问题：我的环境可信吗？
中心任务：接受照料
正面结果：信任、乐观
自我品质：希望
重要关系：父母

在婴儿期，儿童完全依赖他人的照料，信任或不信任的基本态度在这一时期形成。婴儿如果能够得到温暖、抚摸、爱和生理方面的关怀，获得满足，就会形成对他人的信任。如果父母对婴儿不够关心，孩子在需要时得不到关怀，父母的冷漠或感情上的拒绝会导致孩子形成对他人的不信任。信任的态度将会导致积极乐观，不信任的态度可能导致孩子在以后发展中的不安全感、猜疑和与他人建立关系时存在困难。

（二）第二阶段：幼年期（1～3岁）

心理危机：自主对羞怯和怀疑（autonomy vs shame and doubt）
主要问题：我是否需要得到其他人的帮助？
中心任务：模仿
正面后果：自我控制
自我品质：意志
重要关系：父母

在这一阶段，孩子开始爬行，触摸、探索和自己动手的意愿表现出自控能力的增强，幼儿习得对自己身体的自主控制并知道对自己的选择感到羞愧或怀疑，父母通过鼓励孩子尝试新本领来培训孩子的自主意识。不过当孩子在尝试中“犯错”比如摔跤、尿床等时，如果父母的嘲笑伤害了孩子，或者一切包办代替，对孩子过度保护，可能会使孩子怀疑自己的能力，对自己的行为感到羞耻。

（三）第三阶段：童年早期（3～6岁）

心理危机：主动对内疚（initiative vs guilt）
中心任务：认同
主要问题：我可以去做吗？
正面后果：具有自信心、进取心
自我品质：目的
重要关系：家庭

这一阶段儿童开始表现出主动精神，他们在游戏中学习如何计划并执行任务。通过让孩子自由地做游戏、提问、主动要求和选择活动，父母可以对儿童的主动性进行强化。儿童通过模仿生活真实情景的游戏学习社会技能和角色，尝试完成新事情、激发新想法，并不为失败所击倒。如果父母总是严厉批评孩子，不让他们玩游戏，不鼓励他们提问，会让孩子认为积极主动参与活动是件错事，因而产生内疚感。

（四）第四阶段：童年中期（6～12 岁）

心理危机：勤奋对自卑（industry vs inferiority）
中心任务：教育
主要问题：如何才能做得更好？
正面成果：获得学习能力和成就感
自我品质：能力
重要关系：学校

上学第一天对所有人而言都是个重要的日子，它标志着一个全新的人生阶段即将展开，童年的很多变化都由此开始。从这一天起，儿童的世界快速扩张到社会，也开始面临一连串的挑战。在学校里，儿童开始学习那些社会认为重要的技能，成败会影响对自己能力的自信。如果儿童因自己的活动成效得到赞扬，他们就会形成勤奋的倾向；如果被批评、斥责，就会形成自卑的倾向。

（五）第五阶段：青春期（12～18 岁）

心理危机：自我认同与角色混乱（identity vs role confusion）
中心任务：成长
主要问题：我是谁？
正面后果：强烈的团体归属感，为未来准备计划
自我品质：忠诚
重要关系：同辈群体

青春期是一个最为躁动不安的阶段。青年处于童年和成年之间，面临着独特的问题。心理和生理上的成熟带来新的感觉、新的躯体和新的态度，青少年必须根据自己的各种自我知觉和与他人的关系建立统一的角色认同感，即把自己所扮演的各种社会角色在自我感觉上整合起来，将自己各种矛盾的经历整合起来，形成统一的自我。无法形成这种角色认同者将会陷入角色混乱的痛苦，因为他们不知道自己是谁，不知道该何去何从。

（六）第六阶段：成年早期（18～35 岁）

心理危机：亲密对孤独（intimacy vs isolation）

中心任务：关心与爱

主要问题：你愿意嫁给我吗？

正面后果：组成密切关系，与他人分享

自我品质：相互关怀，同甘共苦

重要关系：配偶、朋友

经历了懵懂的青春期后，进入成年早期阶段，个体在这一阶段感受到自己在生活中有亲近他人的需要，寻求与他人建立亲密的关系，关心他人并与他们同甘共苦，分享生活中的爱或深厚的友谊。如果无法与他人建立亲密关系，个体会陷入深深的孤独感，即感到孤独和被遗忘，这种情况会影响到以后阶段的心理发展。

（七）第七阶段：成年中期（35～65 岁）

心理危机：亲代性对自我关注（generativity vs stagnation）

中心任务：获得创造力

主要问题：为了谁？

正面后果：成功的个人事业和悉心关怀培养下一代

自我品质：关怀

重要关系：工作场所、社区、家庭

进入成熟的成年期，个体保持平衡的主要动力来自指导和关心下一代的兴趣。人们关心自己的孩子，关心他人的孩子，关心人类的未来，造福下一代，此时个体能够放眼社会，关心他人的幸福并通过自己创造性的工作为之贡献力量。无法做到这一点的个体将处于只关心自己需求和舒适的自我关注状态，生活失去意义，人会感到痛苦和忧郁，不能自拔。

（八）第八阶段：成年晚期（65 岁至去世）

心理危机：完满感对绝望感（ego integrity vs despair）

中心任务：反省

主要问题：如何面对死亡？

正面后果：对一生感到满意

自我品质：智慧

重要关系：人类

成年晚期也被称为老年期，这是反省的时期。在此阶段，个体须抱着接受自己和满意的态度回顾一生。一生充实和对自己负责的人会有一种完满感，自尊自重，这使得他可以带着尊严面对衰老和死亡。如果带着遗憾看从前的生活，老年人会有绝望的感觉，背负痛心和懊悔，觉得生活欺骗了自己，失去了很多机会，自己失败了而且重新开始已不可能，衰老和死亡的威胁将会成为恐惧和消沉的根源。

二、基于心理发展阶段的传播内容

发展心理这一学科的主要目标有三个：描述、解释和使发展最优化。就如同我们上述所讲的人生发展阶段理论一样，它首先给我们描述了人生发展的各个阶段及其特征，在这一理论基础之上，我们可以对很多发展过程中的心理和行为进行合理的解释，最终我们的目标是要让个体的发展过程更加符合客观规律的要求，以便于其更好地发展和成长。

对传播学理论研究和业务实践来说，心理发展理论让我们从更深层的心理层面来认识受众。尤其是传播内容都有特定的目标受众，受众作为社会生活中的个体就必然受到心理发展阶段的制约，理解心理发展阶段的相关理论能够使我们更深入地理解受众的特征，采用更为合理的方式传播适合他们心理发展阶段的内容，从而达到最佳的传播效果。在传播实践中，也确实有不少人在这样做。

（一）婴幼时期

婴幼时期（包括上文所述婴儿期和幼年期）是人生心理发展的第一、第二阶段，即 3 岁及以前。此时婴幼儿的意识尚不成熟，媒介传播内容的主要目标其实不是婴幼儿，而是他们的父母（尤其是母亲），所以婴幼阶段的图书、期刊、音视频、网络站点便成为针对这一阶段儿童心理发展需要的传播内容。

国家卫计委数据显示，2016 年和 2017 年两年中国出生人口分别为 1 786 万人和 1 723 万人，2018 年出生人口 1 523 万人，也就是说当前 0～3 岁婴儿数量超过 5 000 万，庞大的人口基数以及巨大的传播内容需求量预示着未来的母婴传播将是黄金市场。

（二）童年早期

在童年早期（3～6 岁），儿童已经有初步成熟的自主意识，他们会盯着电视屏幕，并会表达自己对电视节目的喜好，虽然他们可能并不能真正理解电视节目的内容。

风靡全中国的《喜羊羊与灰太狼》（见图 12－2）自 2005 年推出后，陆续在全国近 50 家电视台同时热播，截至 2019 年 6 月，播出量已突破 1 500 集，最高收视率达 17.3%，并推出了衍生品如电影、图书、舞台剧、手机游戏、QQ 表情、食品、文具、服装等。据制作方说，该动画片的目标受众是 3～6 岁的儿童。①

其实我们用发展心理学理论来审视这部动画片就会发现，它正契合了该年龄段儿童的心理发展任务：片中的主角羊和狼都在积极主动地尝试新事情、不断激发新想法，并且不为失败所击倒。更为难得的是，它的情节足够简单，适合该年龄段儿童的思维习惯和认知

① 不少超龄人群也迷恋这部动画片是基于其他的心理需要，属于对传播内容的选择性理解，在此不详述。

能力，所以它的大获成功也是水到渠成的。

图 12－2 《喜羊羊与灰太郎》电影海报

对于成熟的动画产业来说，在投拍之前应该有科学的儿童受众调研，对故事情节、人物造型等进行测试。这也是未来的方向。只有牢牢抓住受众不同阶段的发展心理，帮助他们解决心理危机，才能更受到受众的欢迎。

（三）童年中期

在学龄期也就是童年中期（6～12 岁），儿童心理发展最重要的任务就是学习能力的获取，所以针对这一阶段儿童的传播内容以知识教育型为主，多是通过有趣的故事、游戏来讲解某一相关的知识技能。

世界电视史上里程碑式的节目《芝麻街》（见图 12－3）就是综合运用木偶、动画和真人表演喜剧、纪录片，并加入流行元素等各种表现手法，寓教于乐地向儿童教授基础阅读、算术、颜色的名称、字母和数字等基本知识，有时还教一些基本的生活常识，例如怎样安全过马路、讲卫生的重要性等。自 1969 年播出以来，它获得了电视领域几乎所有的重大奖项，如今在超过 120 个国家播出，并成为其他儿童电视节目模仿的典范，美国前总统奥巴马也因为表达自己是看着《芝麻街》长大的而被称为“芝麻街一代”。

其实《芝麻街》节目制作的初衷是期望能为那些因家庭贫穷不能进入学校的儿童提供成长阶段必要的智力和文化启蒙，所以它是明确地把节目当作教育的手段。最终获得所有儿童的喜爱则是制作者未曾预料到的。

当然，《芝麻街》的成功也得益于节目团体严肃认真的态度。节目制作与节目研究全程携手合作，截至 1999 年，基于该节目的相关科研已经超过 1 000 项。该节目要求节目内容专家、教育学者和节目制作者在《芝麻街》运行的每一阶段都展开合作，在每集节目制作前和制作过程中必须进行评估研究，提供指导新节目制作的有用信息，节目制作后则进行总结性评估研究，检验节目内容是否达到既定教育目标。

图 12－3　《芝麻街》中的动画形象

（四）青春期

青春期（12～18 岁）的个体最迫切需要解决的心理发展问题是自我认识，并对多个社会角色进行统合，所以这一时期他们最迷恋的是偶像剧，那些偶像剧中的主人公正是他们希望实现的自我，他们也最在意自己的身体变化，所以他们也是各种流行服饰等时尚文化的追崇者。就是在追星、追流行的过程中，他们完成自身的蜕变，认清了自己的角色，成功跨越这一发展阶段。

（五）成年早期

成年早期（18～35 岁）个体最关注的问题是爱恋，他们需要在生活中找到亲近的人并建立亲密关系。你想到有哪些节目与之相对应呢？以时下中国最流行的婚恋服务类节目《非诚勿扰》（见图 12－4）为代表的一系列婚恋节目，成为近年来中国电视屏幕上少有的热潮。纵然这些节目表演和娱乐的成分大于生活服务的实质，但其广受欢迎不能不说透露出了青年人对于婚恋问题的迷惘和关注，这正是他们这一阶段心理发展需要解决的问题。婚恋类节目可能没有解决问题，但至少它们把这个问题摆出来给大家看。

（六）成年中期

在埃里克森的发展阶段划分中，成年中期（35～65 岁）是如此的漫长，不过这一阶段的主题是永恒的：成就，有创造力的工作。所以针对这一发展阶段的受众，他们更适合财经类、创业类节目，一些时尚类、财富类杂志时常举办各种慈善主题的活动，也正是看中这一阶段的个体除了自我成就之外，还面临着关注社会下一代的心理任务。

（七）成年晚期

成年晚期（65 岁至去世）面临的主要问题是如何面对死亡，也就是如何安享晚年。

图 12－4　聚焦婚恋的电视节目《非诚勿扰》截图

不少针对老年人的广播电视节目正是维护老人的兴趣爱好、陪伴老人享受天伦之乐。其中的代表是我们耳熟能详的中央电视台的《夕阳红》栏目，该栏目开播于 1993 年，至今已走过 20 多个年头，虽然几经改版，但服务对象依然是老年人。“最美不过夕阳红，温馨又从容，夕阳是晚开的花，夕阳是陈年的酒，夕阳是迟到的爱，夕阳是未了的情”，该栏目的这首主题曲已经成为深受大家喜欢和广为传唱的歌曲。

【延伸阅读】　心理发展与电影分级制度

电影分级是指根据影片的内容来规定和划分适合观赏的年龄段。电影分级是一个标准，也是一个参考值，电影分级制度的出现主要是为了青少年的发展教育，区分等级和适宜度起到指导观看的作用。在一些地方，电影分级制度可能具有强制拒绝未成年人看某些电影的法律效力，在其他地方，分级制度可能没有法律效力，但电影院仍执行电影分级限制。

美国电影分级制度

1968 年以前，美国电影协会（MPAA）未制定分级制度，后来在导演和制作单位呼吁更大的艺术创作自由的压力下，电影分级制度于 1968 年 11 月 1 日出台。美国电影协会制定的非官方的影视作品分级制度如下。

G 级（GENERAL AUDIENCES）：

大众级，适合所有年龄段的人观看。该级别的影片中没有裸体、性爱场面，吸毒和暴力场面非常少，对话也是日常生活中可以经常接触到的。

PG 级（PARENTAL GUIDANCE SUGGESTED）：

辅导级，建议儿童在父母的陪伴下观

看，因为其中一些内容可能不适合儿童观看。该级别的电影基本没有性爱、吸毒和裸体场面，即使有时间也很短，此外，恐怖和暴力场面不会超出适度的范围。

PG-13 级（PARENTS STRONGLY CAUTIONED）：

特别辅导级，13 岁以下儿童尤其要有父母陪同观看，一些内容对儿童很不适宜。该级别的电影没有粗野的持续暴力镜头，一般没有裸体镜头，有时会有吸毒镜头和脏话。

R 级（RESTRICTED）：

限制级，17 岁以下必须由父母或者监护人陪伴才能观看。该级别的影片包含成人内容，里面有较多的性爱、暴力、吸毒等场面和脏话。

NC-17 级（NO CHILDREN UNDER 17 ADMITTED）：

17 岁或以下不可观看。该级别的影片被定为成人影片，未成年人被坚决禁止观看。影片中有清楚的性爱场面、大量的吸毒或暴力镜头以及脏话等。

香港地区的电影分级制度

Ⅰ级　适合所有年龄

Ⅱ级　儿童不宜（1995 年以前）

ⅡA 级　不适合儿童，建议有家长指导

ⅡB 级　不适合青少年及儿童，强烈建议家长给予指导

Ⅲ级　只准 18 岁及以上人士观看

其中ⅡA、ⅡB 级是劝告性质，儿童和青少年仍可入场观看；Ⅲ级电影则严格执行年龄限制。

台湾地区电影分级制度

普遍级（简称“普”级）：一般观众皆可观赏。

保护级（简称“护”级）：未满 6 岁之儿童不得观赏，6 岁以上未满 12 岁之儿童须由父母、师长或成年亲友陪伴辅导观赏。

辅导级（简称“辅”级）：未满 12 岁之儿童不得观赏，12 岁以上 18 岁未满之青少年须由父母、师长或成年亲友陪伴辅导观赏。

限制级（简称“限”级）：未满 18 岁不得观赏。

1988 年 1 月 1 日仅分为限制级及普遍级，同年 6 月 8 日修正增加辅导级，1994 年 4 月 1 日增加了保护级。

电影分级从理论上讲能保证不同层次的电影观众的需求，但在实践上也会遇到诸多的现实问题，其实际效果可能也并不像理想中的那么好。

【思考题】

1. 心理发展过程对传播者而言有何启发意义？
2. 心理发展各阶段的任务和危机分别是什么？
3. 如何基于心理发展阶段准确定位传播内容？

【推荐阅读】

1. 埃里克森．童年与社会［M］．高丹妮，译．北京：世界图书出版有限公司，2018.

2. 费尔德曼．发展心理学：人的毕生发展［M］．6版．苏彦捷，等译．北京：世界图书出版公司，2013.

3. 谢弗．发展心理学［M］．9版．邹泓，等译．北京：中国轻工业出版社，2016.

4. 卜卫．大众媒介对儿童的影响［M］．北京：新华出版社，2002.

第十三章

接收者的态度变化

【本章学习要点】

1. 态度的结构与功能
2. 态度与行为的关系
3. 影响态度改变的因素

节约粮食向来是中华民族的传统美德，然而近年来餐饮浪费现象越来越严重。据统计我国一年浪费的食物蛋白质就达 800 万吨，相当于 2.6 亿人一年所需；浪费脂肪 300 万吨，相当于 1.3 亿人一年所需。为了厉行节约反对浪费，2013 年以来在政府支持、媒体宣传和公众自发行动配合下，“光盘行动”蔚然成风，越来越多的人态度明确地反对餐饮浪费，拒绝“舌尖上的浪费”。

那么态度到底是什么？态度是如何形成的？改变公众的态度又受哪些因素影响？今天我们所说的舆论引导，在很大程度上就是使受众形成某种态度，或者改变受众的某种态度。所以本章将围绕“态度”这个议题，简单介绍心理学中关于态度的研究内容。

第一节　态度的形成

关于态度的研究是心理学中最令人着迷的，因为态度既连接内在的思维和情感，又联系着外在的行为表现。对传播研究来说，态度改变也是传播的重要目标之一和传播效果的主要表征，态度改变研究中的一些重要成果，与由传播学四大先驱之一霍夫兰(C. Hovland) 所主导的研究课题——传播与态度的形成及其变化有着密切的联系。

一、态度的心理成分

你对品牌的态度决定了你在超市货柜上选择哪一个商品，你对节目主持人和某一节目的态度决定了你如何操纵遥控器，你对工作和生活之间关系的态度决定了你未来的人生道路。我们常听说态度决定一切，态度决定命运。态度真的有这么重要吗？“态度”是我们经常挂在嘴边的一个词，那么你真正了解态度吗？到底什么是态度？我们来看看心理学关于态度的定义有哪些。

行为主义心理学者强调经验在态度形成中的作用，认为态度是一种心理和神经的准备状态，它通过经验组织起来，影响着个人对情境的反应［奥尔波特（G. Allport)］。认知心理学者则强调现在的主观经验，把人当成会思考并主动将事物加以建构的主体，认为态度是个体对自己所生活的世界中某些现象的动机过程、情感过程、知觉过程的持久组织［克雷奇（Krech)］。

心理学家弗雷德曼（Freedman）认为态度是个体对某一特定事物、观念或他人稳固的由认知、情感和行为倾向三个成分组成的心理倾向。他的定义强调了态度的组成及其特性，这也是目前大家比较认可的关于态度的解释。

所以态度并不像我们想的那样简单，它包括的心理成分有三种（见图 13－1）。

（1）认知成分：指人们对外界事物的心理印象，包括有关的事实、知识和信念。认知成分是态度其余成分的基础。

（2）情感成分：指人们对态度对象的肯定或否定的评价以及由此引发的情绪情感。情感成分是态度的核心与关键，情感既影响着认知成分，也影响着行为倾向成分。

（3）行为倾向成分：指人们对态度对象所预备采取的反应，它具有准备性质。行为倾向成分会影响到人们将来对态度对象的反应，但它不等于外显行为。

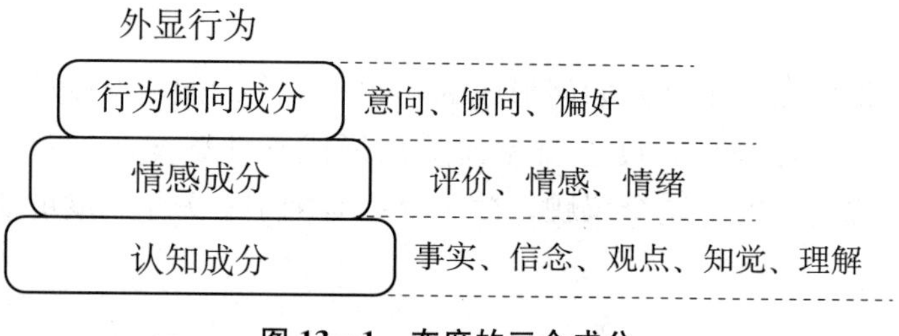

图 13－1　态度的三个成分

举例而言，按照态度的三成分理论，受众对《新闻联播》的态度包括：（1）认知成分：《新闻联播》是每天发生的最重要新闻事件的汇总，能够帮助我们了解中国；（2）情感成分：我觉得《新闻联播》很好，我喜欢看《新闻联播》；（3）行为倾向成分：只要身边有电视，我一定会准时收看《新闻联播》。

再比如美国人对拥有枪支的态度，如表 13－1 所示。

表 13－1　美国人对拥有枪支的态度

态度成分	积极态度	消极态度
认知成分	个人拥有枪支可以有效地保护自己	个人拥有枪支会引发更多的暴力事件
情感成分	拥有枪支很酷，有吸引力	枪支很危险，碰都不想碰
行为倾向成分	想买一把枪	才不会买枪

二、态度的形成过程

态度的三种成分都非常重要，但是不同受众对某一特定对象的态度会因为这三种成分比重的不同而有所差异。同一态度对象，比如某一电视节目，有些受众可能对其认知成分更多些，而另一些受众可能情感成分更多。为了说明态度三个成分如何以不同的方式组合从而产生态度，研究者提出了态度的影响层级概念，并根据态度形成的固定步骤，总结了三种不同的层级（见图 13－2）。[①]

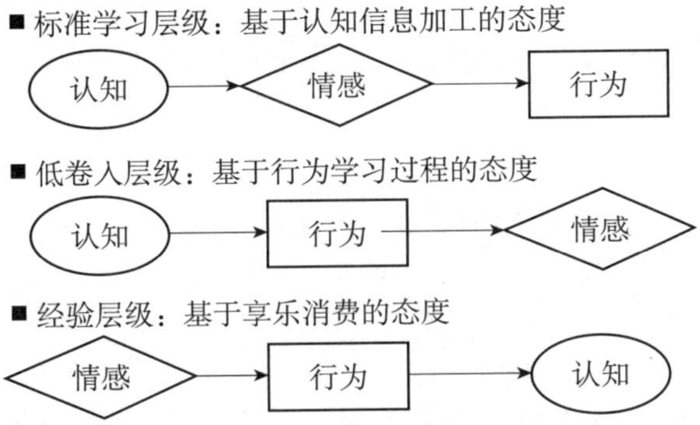

图 13－2　态度的影响层级模型

（一）标准学习层级（the standard learning hierarchy）

标准学习层级是最常见的一种态度形成过程和模式。受众首先通过对态度对象各种相关属性的了解的积累形成对态度对象的认知，然后根据这种认知进行评价并形成对态度对象的情感，最后基于这种情感开始有所行动。比如我们在认知层面上去了解《非诚勿扰》的节目内容、主持人、嘉宾等，然后在认知基础上产生情感性评价，最后决定是否观看这一节目。这是一种比较慎重的态度形成模式，态度一旦形成就不易改变。

（二）低卷入层级（the low-involvement hierarchy）

低卷入层级是一种不太慎重的态度形成模式。在低卷入层级模式中，受众最初并不对态度对象抱有强烈的情感偏好，而是在信息有限的情况下采取行动，并在行为之后再根据行为过程中的体验来形成情感评价。受众在不太投入的情况下，比如拿着遥控器随便调台，然后因为偶然因素而在《非诚勿扰》停留下来，之前可能没有听说过这个节目或者了解不多，观看节目之后再形成情感上是否喜好的评判。

（三）经验层级（the experinetial hierarchy）

心理学研究认为，受众并不是全知全能的理性决策者，他们在决策时可能经常是非

---

① 所罗门．消费者行为［M］．5 版．张硕阳，等译．北京：经济科学出版社，2003：201.

理性的，仅仅依靠自己的情感反应。比如，有些受众只是喜欢和朋友一起看电视，而并不在乎电视上正在播放的内容是什么。这种并不完全理性的态度在生活中并不少见，比如一些青少年喜欢某个偶像，那么只是要偶像出演的影视剧，他们必然是最忠诚的观众，其实他们关心的只是偶像，对于偶像所演的影视剧到底是什么内容，可能并不是非常关注。

经由以上几种态度形成模式的了解，我们知道态度形成的过程并不是完全一样的，有些可能是在认知学习的基础上形成态度，有些可能仅仅是由情感的喜好决定了态度，还有些是行为在先，行为之后再根据行为体验等来形成态度。本书第十一章讲过认知冲突与协调，曾经提到认知与行为需要保持一致，这其实与本章所讲的态度形态是一致的，为了保持认知的协调，受众完全有可能根据自己的行为来做出态度评判。

【延伸阅读】 大学生对星座文化的态度

星座文化是大学校园里极为流行的一种青年时尚，当代大学生与朋友们聊天时总会提到星座文化。他们热衷于谈论明星偶像们所属的星座，并根据其所属星座来分析这些明星们的感情和事业发展。他们浏览星座网站、接触星座测试、寻求星座知识、向往星座情缘。他们对星座文化极其熟悉，可以把十二星座的性格、爱好、优点、缺点等特征背得滚瓜烂熟。他们愿意向周围的朋友炫耀自己所掌握的星座知识，并利用这些知识帮助朋友们分析日常生活中遇到的种种问题，甚至根据星座文化向他们提出一些行动建议。

星座文化到底有什么魔力？作为一种主流文化并不提倡的东西，星座文化为什么能吸引如此众多青少年——甚至是接受高等教育的在校大学生——的注意力呢？笔者在一项研究中探求了大学生最初是如何接触到星座文化的，星座文化以何种传播渠道流传开来，大学生接触星座文化的深层动机是什么，大学生对星座文化到底持何种态度，有哪些因素会影响到大学生对星座文化的接触等。

研究发现，星座文化在大学校园里的流行离不开一定的社会经济基础，是市场经济繁荣发展的产物；星座文化的流行也是政治开明程度不断提高的结果；社会文化中多元价值观和对个性的重视强调也推动了星座文化的流行。此外，现代大众传媒的高度发达也为星座文化的传播创造了条件。

大学生之所以会被星座文化所吸引，是因为他们想要了解性格、爱情、职业、财运、健康等方面的知识，这是与大学生的心理发展特点相契合的。大学生们接触星座的动机是不同的，基本上可以划分为人际实用型、好奇探索型、群体影响型、消遣娱乐型。其中主要是好奇探索和消遣娱乐，然后才是群体影响和人际实用。这也与大学生的心理发展密切相关，即大学生自我认知的需要、人际交往的需要、信念寄托的需要、周围群体的感染和压力以及青少年自身对外界的好奇探究等。

大学生对星座文化所持的态度是模糊的、盲目的，在认知、情感和行为倾向三个维度上是不平衡的，其中在情感维度上尤其显著，而其他两个维度则并不突出。他们或许并不知道星座文化到底是什么，他们对星座文化也没有太多的了解，但是在情感维度上，他们却表现出对星座文化相当大的兴趣，投入的情感特别多，这表明星座文化已经成为大学生中的一种时尚流行符号，它的象征意义远大于实际意义。

当然大学生对星座文化的关注也表现出一定的理性色彩，他们能够较准确地把握星座文化在自己的生活中所处的位置，对星座文化有相对清醒的认识，只是把星座文化当作日常生活中的娱乐和调剂，而不会让星座文化影响到自己的实际生活。

资料来源：陈锐．大学生星座文化接触行为研究：一种青年时尚的传播心理透析［D］．北京：中国传媒大学，2007.

三、态度的功能

态度既然这么重要，那它在受众的生活中到底有什么作用呢？心理学家卡茨提出态度的功能理论，将态度的功能总结如下。①

（一）效用功能（utilitarian function）

效用功能也叫作适应功能，这种功能与基本的奖惩原则有关。比如，如果认真学习会得到父母和老师的酬赏与赞许，那么儿童就会形成对学习的正向态度。也就是说，个体会形成那些与他人要求相一致并与奖励联系在一起的态度，而避免那些与惩罚相联系的态度。这种奖惩可能来自他人，也可能来自自己的体验，比如观看某一电视节目感觉很开心快乐，就会形成对该节目的正向积极态度。

（二）自我保护功能（ego-defensive function）

自我保护功能是指态度有助于人们防御外来威胁和内在感觉，应付情绪冲突和保护自尊。20 世纪 50 年代在广告领域一项著名的研究成果表明，当时家庭主妇对速溶咖啡持非常抵制的态度，原因在于这种产品可能威胁到她们自认为是“全能持家者、勤劳好妻子”的观念。几年前，受众对一些知识型诸如读书节目评价不高，认为节目形式死板、内容枯燥，除了节目自身的原因外，也有可能存在受众出于自我保护（掩盖自己理解能力不够）而不自觉地贬低节目这一原因。

（三）认知功能（knowledge function）

有些态度的形成是因为人们对秩序、结构和意义的需要，当人们处于一种模糊的情境

① 侯玉波．社会心理学［M］．北京：北京大学出版社，2002：99－100.

中，或面对全新的情况时，就会有这种需要。而态度的形成有助于我们组织有关的知识，使世界变得有意义。比如整个图书馆里的书对我们而言是过于庞杂的，我们喜欢哪一类图书，它便有了意义，我们通过态度的形成而在面对它们时自动将其归类，不喜欢的那些便与我们无关。

（四）价值表达功能（value-expressive function）

态度还有助于人们表达自己的核心价值观。比如喜欢《中国青年报》的读者和喜欢《环球时报》的读者可能对很多社会问题都有着不同的态度，喜欢《快乐大本营》的观众和喜欢《中国好声音》的观众在价值观上也有所不同。他们通过表明自己对某一媒介内容的喜好态度，可以表达自己拥有怎样的价值观。

四、态度与行为

通过学习，我们知道在一定程度上态度是行为的前提和基础，研究者之所以对态度如此着迷，主要是想通过了解态度去预测行为。比如传播研究者经常会去调研受众对某些媒介、传播内容等的态度，主要是想要理解和预测他们的媒介接触行为。那么态度是否必然导致行为呢？

在北爱尔兰发生暴力冲突时期，研究者为了调查英国普通民众对爱尔兰人的态度，有意将一些写错了地址的信件投送到普通民众家中，信封上要么是英国人的名字，要么是爱尔兰人的名字。研究者想知道，写着爱尔兰人名字的信件是会被退回邮局还是被扔掉。实验结果表明，写着英国人名字的信件多数被退回邮局，写着爱尔兰人名字的信件则杳无音信，它们很有可能是被扔进了垃圾桶。

实验似乎表明态度导致后续的行为，并且两者有一致性。可是，如果真是这么简单，那怎么会有“言行不一”这个词存在呢？而且，如果人类行为真是这么简单，那么科学研究就太容易了。显然，态度并不总是能导致相应的行为，有时候人们隐藏自己的真实态度，有时候人们的态度可能与行为并不一致。

1930 年，心理学家拉皮尔（LaPiere）与一对年轻的中国夫妇一起旅行，沿途造访当时对中国人还有很强偏见的美国宾馆和餐厅，结果发现几乎所有场所都对他们给予热情的接待。然而当旅行结束后，拉皮尔给这些场所发去调查问卷询问他们对中国人的态度，结果九成被调查者明确表示他们不欢迎中国人。① 拉皮尔的研究发现了态度与行为之间的不一致，或者说态度并不等于行为。

随后的几十年间，这一实验引起众多研究者的兴趣，他们通过大量的研究和分析，认为要想通过态度去预测行为，应该注意以下因素。

（一）态度的特殊性水平

通过态度预测行为时，我们应首先确定态度是指向一般对象还是特殊的具体对象，比

① 泰勒等．社会心理学［M］．10 版．谢晓菲，等译．北京：北京大学出版社，2004：107.

如在拉皮尔的实验中，美国人对亚洲人群体的态度与对某一个具体的亚洲人的态度在特殊性上有所不同，用后者来预测行为显然更准确。也就是说态度的特殊性越高，预测行为就越准确。如果你问受众是否喜欢娱乐节目并以此来进行行为预测，效果可能不会太好；但如果你问他们是否喜欢最近一期《快乐大本营》，并用来预测他们是否会收看下期《快乐大本营》，预测结果可能会更准确。

（二）时间因素

随着时间的推移，态度也会变化，所以用态度预测行为必须考虑时间因素，我们不可能用某人十年前的态度来预测他今天的行为。一般来说，态度测量与行为发生之间的时间越长，干扰因素就越多，用态度来预测行为就越不准确。所以媒介市场的受众调研数据需要实时更新，我们不能用去年的调研数据来预测今年的受众媒介接触行为。

（三）人格特征

受众自身是千差万别的。有些人习惯了言行不一，有些人就是善变，还有些人比较固执己见。但总体来说，那些内在自我意识高的人更严于律己，他们更关注自身的行为标准，因此用他们的态度去预测行为就比较准确；而公众自我意识高的人更关注外在的行为标准，所以他们的态度或行为中有更多的“表演成分”，用态度来预测行为就会经常失败。

（四）态度强度

与弱的态度相比，强烈的态度对行为的决定作用更大。增强态度的一个有效途径就是让人们参与到态度对象中来。让人们参与某些事情是增强其态度的有效手段，比如学生集体去清除河道垃圾，很可能会增强他们对于环保的积极态度。在传播实践中，亲自参加过节目录制的观众显然对该节目持更积极的评价。

态度与行为之间的关系相当复杂，以上只是列举了几个影响因素而已。总之，我们应该清楚，态度研究的重要意义在于，通过对受众态度的探究，可以更深层次地理解受众的行为，但是态度并不一定导致行为，两者之间并不完全一致。但即便态度与行为不一致，我们对这种不一致的现象进行深入研究，也可以发现有价值的成果，也可以加深我们对受众的理解，这或许才是态度研究的价值所在。

第二节　影响接收者态度变化的因素

研究态度的心理成分、态度的形成过程，其实最终目的还是在于研究态度的改变。从某种意义上说，传播是有意图的人类活动，其意图就在于影响别人，特别是希望接收者发生态度的变化。心理学家霍夫兰在这方面做过大量的研究，而他也正是因为在这方面的研究被传播学之父施拉姆拉进了传播学先驱的队伍。

态度改变的研究意义重大，因为在社会生活中，如何改变他人的态度不仅影响到媒介接触和使用，更影响到日常生活和重大政治经济决策。就在我们编著本书之际，现任美国总统特朗普最发愁的事可能就是如何改变美国议员们的态度，使其支持修建美墨边境墙。当然，作为本书的作者，最发愁的事就是如何能改变你对传播心理学的态度，使你认为这门学科并不枯燥，而是充满乐趣的。

然而，态度的改变又是极其艰难的。我们接触过大量节约用水的相关宣传，但是对节约用水的态度真的有所改变吗？我们确实能够在生活中做到节约用水吗？恐怕不然。而且在其他众多事项上，我们可能根本就不认同对方的观点，更不用说改变态度了。

在传播学和心理学中，有关态度改变的研究相当多，本书第十一章曾涉及认知平衡和认知协调理论，也是态度改变的内容，在本章中不再重复，这里重点介绍说服模型。说服与态度改变在本质上是一回事，态度改变是说受众，说服则是从传播者的立场出发改变对方的态度，所以“说服”与“态度改变”就如同是一枚硬币的两面，实则是一回事，因此本章叙述中不再区分二者的差异。

态度改变到底受哪些因素影响，我们以霍夫兰的说服模型为基础，把相关的内容进行归纳，如图 13－3 所示。外部刺激（包括传播者、信息内容、传播情境）对受众发生作用，受众经过特定的心理过程后，要么态度发生改变，要么不改变态度，而是对信息进行贬损、歪曲和拒绝。下面我们将针对态度改变过程与传播学相关的各方面影响因素进行解释。

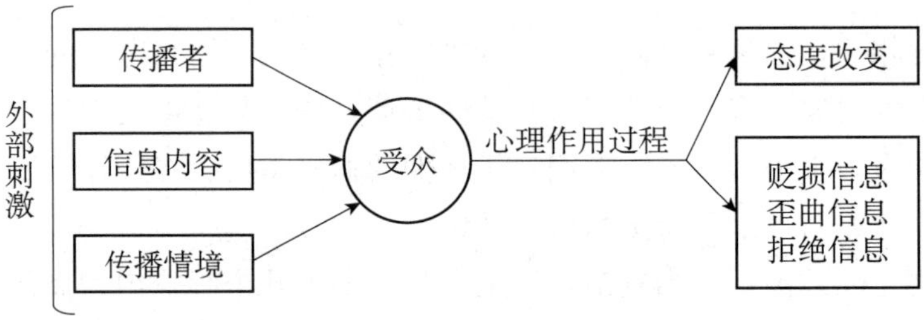

图 13－3　态度改变过程中的各影响因素

一、传播者

传播者即信息来源（简称信源）。传播者对态度改变的影响因素主要体现在以下几个方面。

（一）可信度

可信度高的传播者比可信度低的传播者更具有说服力，更容易改变受众的态度。营销传播活动要寻找代言人时也往往会非常重视其可信度，那些一贯表现优秀、在公众心目中形象良好的明星往往会带来更好的营销效果。但同时，最近的一些研究也表明，支持过多的东西会降低高可信度信源的有效性，比如一位明星同时代言超过四种产品，其可信度就开始下降。

（二）专业性

具备专业性的传播者比非专业的传播者更具说服力。所以在营销传播中，我们往往会需要一位专业人士，比如医药、牙膏的广告会让医学博士、专家来出面，而奶粉、食品等则会选择营养专家，人们倾向于相信专业人士的说法。但需要注意的是，专家其实只对自己本专业领域内的事情更有发言权，另外如果专家所言被证明是虚假的，那么其负面效果极其严重，有可能会影响到公众对于其他专家的态度。如今不少伪专家四处发言，导致公众称其为“砖家”，已经严重影响到整个社会的公众信任程度。

（三）可靠性

传播者是否公正可靠也是他们是否值得依赖的重要条件。如果传播者支持的观点看似与自己的利益相悖，那么其言论就更可信；如果其发言与其自身利益相关，那么其可靠性就大打折扣，因为他能从自己的观点中获益。比如某位电视制作人推销自己的节目可靠性就比较低，但是如果他是对竞争对手的节目表示肯定，那么可靠性就比较高。我们常说的“王婆卖瓜，自卖自夸”其实也是基于同样的道理。王婆夸瓜可靠性并不高，因为她是为了卖瓜，反倒是其他的卖瓜者李婆、张婆也夸王婆的瓜甜，消费者才更愿意相信。所以在公关营销活动中，如果企业自说自话，其可靠性并不高；而客观的第三方或专业机构来证明其产品的优良性能，才更有说服力。

（四）吸引力

具有吸引力的传播者更容易改变受众的态度，这是广告商找明星代言的原因所在，因为每个明星背后都有着庞大的粉丝群体，对他们而言，偶像的态度就是他们的态度。另外，研究证明，外表漂亮的传播者更具说服力。有研究者让漂亮的人和一般的人去说服大学生参加一个请愿活动，结果前者说服了 43％的人，后者说服了 32％的人。吸引力应该与认知一致理论相关，对于漂亮的或是对我们有吸引力的、我们喜欢的人来说，为了与他们保持一致，我们需要与他们的态度相同或相似，所以就更容易被他们的观点所左右。

（五）参照群体

参照群体是个人认同的、为其树立和维持判断标准并提供比较框架的群体，如果人们重视自己所在的群体，它就是一个可信度高的信源，成员信任它，并愿意相信群体内成员的观点，也会改变自己的态度，与群体成员保持一致。这就是为什么儿童产品的广告中总是出现儿童，而老年产品的广告中总是出现老人的原因。医药广告经常出现所谓的“现身说法的痊愈者”，也是出于参照群体的考虑。

【延伸阅读】 霍夫兰对信源可信度的实验研究

第二次世界大战期间，美国有一位广受欢迎的娱乐明星史密斯（Kate Smith），他曾经参与一次广播节目，在18个小时内成功地推销出3 900万美元的战争债券。这次成功的推销轰动一时，分析者认为这主要是因为史密斯被认为是一个真诚的和值得依赖的人。

这一事件也引起了心理学家霍夫兰的注意：难道信源对态度改变如此重要吗？在这件事的启发下，霍夫兰等设计了一项实验。实验者给参与的初试提供相同的观点性材料（包含四篇文章的小册子，对当时极具争议的四个议题发表看法），但告诉一部分人说信源是高可信度的，而另一部分人被告知信源可信度较低，具体的争议性观点及所设置的信源见表13-2。

表13-2　霍夫兰实验材料设计

议题	高可信度信源	低可信度信源
抗组胺药物能否继续无须医生处方就能销售？	《新英格兰生物医学》杂志	《大众画报》
现在能否制造出实用的核潜艇？	奥本海默（美国核科学家）	苏联《真理报》
钢铁厂是否应对目前的钢铁短缺负责？	《国家资源规划委员会公报》	反对新政的右翼专栏作家
1955年正在经营的电影院数量是否会因电视的出现而下降？	《财富》杂志	电影闲话专栏女作家

实验结果表明，在多数议题上，高可信度信源在态度改变方面成效显著。在第四个议题上没有表现出这种趋势，我们今天再来审视，可能是该议题在信源可信度的设置上确实存在问题，所谓隔行如隔山，财经杂志是否有权对媒体发展趋势做出预测呢？而电影闲话专栏女作家可能因为亲近性以及与受众易接受性而成为参照群体，她的观点自然更容易改变公众的态度。

二、信息内容

信息内容既包括传播内容本身，也包括信息内容呈现的方式。

（一）态度差距

影响受众态度改变的一个重要因素就是信息所包含的观点态度与受众原有态度之间的差距，一般来说，差距越大，受众改变态度的压力也就越大。比如受众对某一档电视节目原来持中性稍偏负面的态度，如今他所接触的信息试图让他接受这档节目是一个非常优良的节目，两种态度之间的差距就比较大。研究证明，差距与态度改变之间呈倒U形曲线关系，差距太小或太大的时候，几乎都不会发生态度的改变，最有效的态度改变发生在差距中等的时候。

（二）生动性

信息内容的生动性既包括表现形式，也包括叙述手法等。如图片和文字在生动性方面就存在差别，一般而言比较生动的信息更容易吸引受众注意力，留下的印象比较深刻，记忆效果也更好。在叙述手法上，语言生动活泼、有悬念有故事的描述更吸引人，所以新闻事件比统计数字更生动，一些数据采用图表的方式来展现也是为了增强生动性。一对一的面对面交谈要比一对多的演讲更生动，不少广播电视节目主持人被要求想象与观众在交谈也是出于生动性的考虑。一般情况下，越是生动的信息内容越容易改变态度，但是也并非完全如此。研究表明，当信息比较简单时，越生动的信息越容易改变态度；当信息比较复杂时，不生动的信息在改变态度方面表现会更好。

（三）重复

受众倾向于喜欢他们更熟悉的事物，所以适当重复可以有效改变受众的态度。心理学家曾经用实验证明，试验中出现频率越高的词汇，被参与实验者给予的积极评价越高。但需要注意的是，重复对于改变态度的效果类似于态度差距，即适度的重复最有利于态度改变，过多或过少都会适得其反。

（四）比较

采用比较的方式是一种改变态度的常用策略。比较能够更加形象直观地说明问题。如果告诉你说一部超薄手机厚度只有6毫米，你可能并没有太直观的印象；但是如果拿它与硬币进行比较，告诉你说它的厚度相当于两枚硬币摞起来，你可能就会意识到它有多薄。新闻记者在采访现场经常会使用这种方法，比如炸弹落地后形成的弹坑到底有多大，记者亲自跳进坑里，观众自然就明白它到底有多大了。但是要注意，如果比较中攻击性过强，或者肆意对竞争者进行贬损，反倒会引起受众的反感，影响其态度的改变效果。

（五）单面说和两面说

单面说与两面说是安排说服性信息的两种方法，也被称为"一面提示"与"两面提示"，常用于对某些存在对立因素的问题进行说明或宣传。所谓一面提示是说仅安排有利于传播者的言论，不提反面观点，或者即使提也是否定对方。所谓两面提示是指注意安排正、反两种立场的信息内容，甚至承认对方观点中的可取之处，但因能巧妙地道出其不足，所以仍能让人们乐于接受传播者的观点。

一般来说，单面说能够做到比较集中地表达自己的观点，论旨明快，简洁易懂，但同时也会给人一种“咄咄逼人”的感觉，使受众产生抵抗心理；两面说由于同时提示双方观点，显得比较公正客观，可以消除受众抗拒心理，但同时论旨也变得比较复杂，理解难度也增加了，所以如果把握不好分寸，反而容易成了替对立观点做宣传。

单面说与两面说所引起的态度改变的效果比较复杂，它还受到受众因素的影响。研究表明，对原来就持赞成态度的受众而言，单面说的效果比两面说要好；对原来就持反对态度的受众而言，两面说的效果要好于单面说。对于文化水平较低的受众，单面说效果更好；对于文化水平较高的受众，两面说效果更好。

（六）得出结论的方式

得出结论的方式是指在传播信息的过程中是直接明示结论还是寓结论性观点于信息之中，类似于在新闻报道中直接给出观点还是“用事实说话”。明示结论可以使观点更鲜明，读者更易于理解传播者的意图和立场，但同时也容易使传播内容显得生硬而引起受众反感；传播信息的过程中不直接得出结论，而是仅提供引导性的判断材料、将观点隐藏在材料之中，这种方式使得受众感觉好像是自己得出的结论，可以使他们在不知不觉中接受结论，但有时也容易使信息主旨隐晦、模糊，增加理解的难度，不易贯彻传播者意图，可能弄巧成拙。

不同的结论得出的方式所引起的态度改变的效果也比较复杂：在论题和论旨比较复杂的场合，明示结论比不下结论效果好；在说服对象的文化水平和理解能力较低的场合，明示结论效果更好。

（七）“诉诸理性”与“诉诸感情”

“诉诸理性”是指冷静地通过摆事实、讲道理的方式，运用理性或逻辑的力量来达到改变受众态度的目的；“诉诸感情”是指通过营造某种氛围或使用感情色彩强烈的言辞来感染对方，以谋求特定的态度改变目的。

1936 年心理学家哈特曼（H. Hartmann）利用德国议会选举之际进行了一次实验。他设计了两种号召选民支持社会党的宣传册：其中一种是诉诸理性，主要是介绍社会党的纲领政策，试图以政策的合理性来说服选民；另一种是诉诸感情，强调如果社会党失败会给德国带来危机，试图用“共赴国难”的气氛来感染选民。结果证明，在发放诉诸感情宣传册的选区里社会党选票增长率最高，诉诸感情似乎要优于诉诸理性。类似的实验也被美国心理学家设计出来并在美国进行实地测试，结果是诉诸感情的宣传册效果更好。这样的实验结果可能会让心理学家伤心吧，公众原来是不理性的，很容易被欺骗或被感染而改变自己的态度。

但是也有研究者对此持更为严谨的态度，他们并不认可诉诸感情的效果一定就好于诉诸理性，其效果可能因人、因事、因时而异。有些问题只能诉诸理性，比如科学上的争议，靠感情很难说服对方；而一些紧急情况下，振臂一呼却较之于慢条斯理地讲道理更有效。中国哲学向来讲究中庸之道，如果能够将这两种方式结合起来，动之以情，晓之以理，效果应该会更好。

（八）诉诸恐惧

诉诸恐惧也被称为警钟效果，意指唤起人们的危机意识和紧张心理，促成他们的态度发生改变。从心理学的角度来说，诉诸恐惧的功效在于，它对事物危机程度的强调可以最大限度地引起受众的紧张状态，吸引他们投入注意力，它所带来的紧迫感也可以促使人们迅速采取行动。不少广告作品都是在使用恐惧诉求来说服受众。图 13－4 是 2004 年英国警方发布的禁毒宣传图片，图上写着“不要让毒贩改变你邻居的脸”。图中显示的是一名叫罗丝安妮·霍兰德的吸毒女子 29 岁到 37 岁之间拍下的照片（从左到右）。禁烟的宣传图片也同样采用诉诸恐惧的手法，把烟灰缸设计成肺的样子，让受众直观地感受到吸烟对肺的伤害，希望以这种方式来呼吁人们远离香烟（见图 13－5）。研究表明，这些诉诸恐惧的信息在引起人们心理紧张程度方面都有着明显的效果，而且恐惧诉求的程度越强烈，其所引起的心理紧张也越大。但是对于态度改变而言，有学者的研究表明轻度恐惧诉求效果最好，也有学者的研究结果是中度恐惧诉求效果最好。目前对此仍有争议尚无统一观点，但至少提醒我们，诉诸恐惧要讲究分寸、切合实际，不能仅靠危言耸听来改变态度。

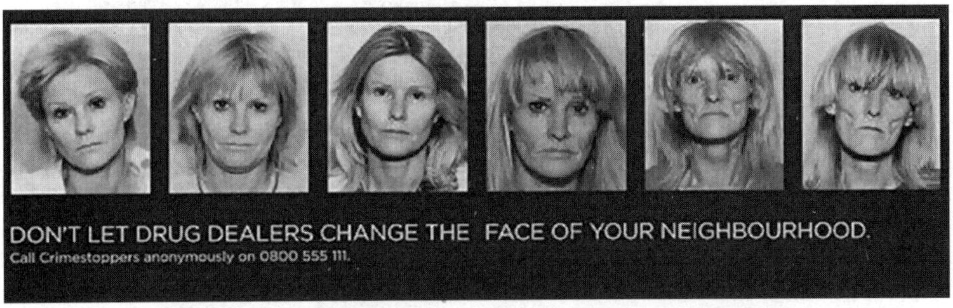

图 13－4　禁毒宣传图片采用诉诸恐惧的方式来改变态度

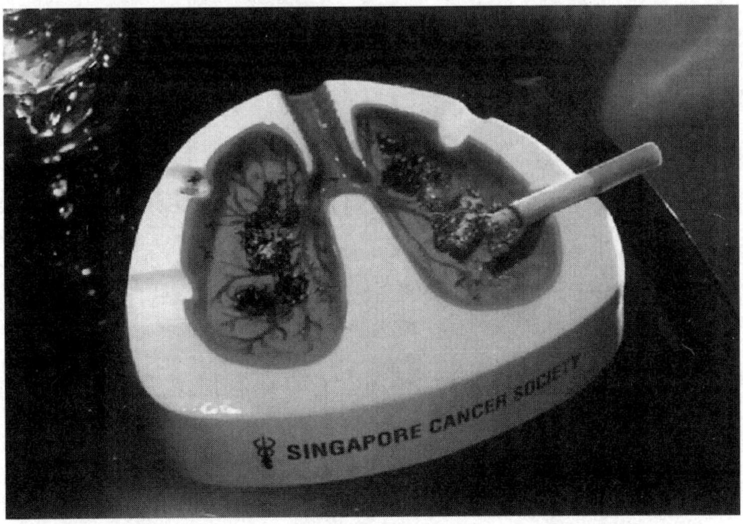

图 13－5　禁烟宣传图片采用诉诸恐惧的方式来改变态度

（九）诉诸幽默

人人都希望自己处于开心快乐的状态，所以诉诸幽默的广告极为常见（见图 13-6）。现在在国际广告界，幽默诉求似乎已经成为通用的法则，然而对于诉诸幽默的效果似乎尚未有研究结果可以支持。一些研究者认为，受众为了维持轻松愉快的心理状态而愿意接受说服性观点，因为如果观点冲突则有可能打断这种心理状态。总之，诉诸幽默至少不会引人反感，而且更容易让人在轻松愉快的状态下接触信息，这可能是其功能所在。

图 13-6　环保公益广告采取诉诸幽默的方式来改变态度

（十）诉诸性感

广告界认为诉诸性感的传播内容更能引起受众的注意。事实好像确实如此，在引起受众心理紧张方面，性感诉求的广告更有效，所以如今广告画面中有不少女性裸露的镜头（见图 13-7）。然而这种方式对改变态度是否有效呢？一些研究表明，引起人们兴趣的画面过于有效，以至于吸引了人们太多的注意力，反倒遮蔽了人们对广告内容的加工和记忆。所以诉诸性感的传播内容可以用来吸引人们的关注，但在改变态度方面恐怕作用不大。

影响态度改变的各项因素在信息中并非单独存在，往往是几种因素同时起作用。比如一则劝说人们注意交通安全禁止酒驾的公益广告（见图 13-8），首先是使用重复的手法，但重复的两个啤酒瓶盖又有差异，两者对比的差异提示受众酒驾易出事故，从而巧妙地表达了主题。

图 13-7　采用诉诸性感的方式来改变态度的商业广告

图 13-8　采用比较法来改变态度

三、受众

作为信息接收者和被说服的对象，受众是态度改变的主体，不管是传播者还是信息内容都需要通过受众起作用。在态度改变过程中，受众自身会受到以下因素的影响。

（一）人格与性格

有些人天生就容易被说服，不管是何种形式、何种内容的信息，霍夫兰把这种人格称为可说服性人格。而另一些人则是任何信息都难以说服的，这样的人不具备可说服性。在性格方面，有些人对他人的劝告习惯于表示抗拒，习惯于否定权威，不愿接受新观念，态度不易改变；有些人则非常容易接受他人的劝告，这种人的性格特征往往是缺乏分析、判断能力，依赖性强，独立性差，容易崇拜权威，容易从众，较易改变自己的态度。

1945 年，贾尼斯（I. Janis）从自信心的角度对人格特征与态度改变的关系进行考察，他以“社会不安全感”“委曲求全性”和“感情抑郁程度”作为衡量自信心强弱的指标，结果发现，自信力越强，可说服性越低，自信力越弱，可说服性越高（见图 13－9）。

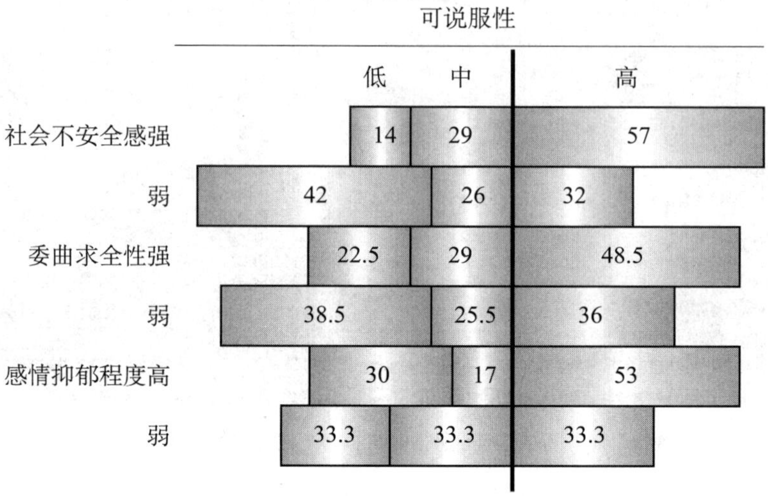

图 13－9　自信心与可说服性的关系

（二）气质类型

心理学研究把人按照气质类型分成不同的特质，比如胆汁质、多血质、黏液质、抑郁质等。其中黏液质类型的人较内向、反应慢、惰性较强，态度稳定不易改变；胆汁质类型的人不灵活、较固执，态度也不易改变；多血质类型的人活泼外向、灵活多变，其态度稳定性较差，容易改变。

（三）智力水平

我们一般会认为智商高的人几乎不会被说服，其实智商高的人与智商低的人一样可以被说服，只是在论点很难的时候，智商才起作用。而且智商高的人并不一定精通所有领域。所以智力是影响态度改变的重要因素，但并不能以智力高低来预测态度改变的难易。但是智力水平较高的人分析与判断能力强，因而他们坚持或者改变自己的态度比较主动；智力水平较低的人认知判断水平较差，改变自己的态度较被动，容易受外力的影响。

（四）心情状态

研究表明，心情好的人更易于接受他人的说服性观点。有一项实验是在被试接受说服性信息的时候给他们东西吃（心情好），另一组则不给，结果表明前一组态度改变更大。同样的效果也发生在有美妙音乐的时候。研究者认为，心情好的时候人们可能不愿意深入去考虑，也不愿意破坏好心情，所以更容易被说服。

（五）卷入程度

心理学研究发现，角色扮演可以有效改变个体的态度。在一项有关戒烟的研究中，参与者被要求扮演肺癌患者。有些被试特别投入，他们看X光片，假装自己与医生交谈，并想象自己在医院等待手术，经历手术的痛苦。结果这一高卷入程度的心理体验过程对戒烟的效果非常明显。

（六）免疫效果

正如人体对疾病的抵抗一样，如果受众事先受到过多的说服会产生免疫力，从而使态度改变变得困难。比如当我们听周围太多的人评价某种电影很差之后，即使有人告诉我们这部电影其实不错，我们的态度也会很难改变。

总之，在态度改变方面，受众的个体差异是普遍存在的，除上述因素之外，诸如年龄、认知需求、自我防御等都会起作用。正如我们前面所说，态度的预测适用对象越是特殊和具体则结果越准确；在受众态度改变方面也是如此，针对的说服对象越是具体，态度改变就越有可能发生。

四、传播情境

传播情境是传播活动发生的外部环境，这种外部环境也会影响到个体的内部心理活动，从而对态度改变有影响。

（一）预先警告

预先警告是指如果预先告诉或暗示被说服者将收到与其立场相反的信息，此时个体的态度将难以改变。预先的警告会使人对新信息产生抗拒，但这仅限于令人讨厌的信息。也有研究者认为，当受众自己对某一信息了解很多时，预先警告反而会引起反感。

（二）预防接种

预防接种与预先警告相类似，但是更进一步——事先让受众接触反面信息。研究者认为，事先接触反面信息就像是接种疫苗一样能够使人更坚强，在以后遇到对立观点的宣传时，更能够坚持自己的观点不为所动；而那些从未接触过反面宣传的人，一遇到对立观点，自己的观点可能很快就被瓦解了。

（三）分散注意

分散注意又叫作“分心”或“精神涣散”，是指当情境中出现的干扰因素使人们处于分心状态时，就容易接受影响，从而改变态度。也有研究者认为分散注意力能减少抗拒，从而对态度改变起到促进作用。但是分心也要适度，如果过度分心则所要传达的信息根本无法到达受众，态度改变也就无从谈起。

（四）压抑状态

压抑状态指信息传播者有意制造某种令人感到压抑的气氛，从而使人们改变态度。在这里压抑是人们的一种心理感受，但是造成此种感受的压抑气氛却是客观存在的一种情境因素。在社会萧条、经济恐慌、战争来临之际，人们处于比较压抑的状态，此时其态度改变的可能性更大。

【思考题】

1. 态度形成的过程是怎样的?
2. 受众态度的形成有什么作用?
3. 结合现实的舆论引导案例，思考从态度理论出发如何进行正确的舆论引导。

【推荐阅读】

1. 霍夫兰．传播与劝服［M］. 张建中，等译．北京：中国人民大学出版社，2015.
2. 西奥迪尼．影响力［M］. 闾佳，译．北京：北京联合出版公司，2016.
3. 津巴多．态度改变与社会影响［M］. 邓羽，等译．北京：人民邮电出版社，2018.

第四部分

新媒体与传播心理

新媒体与传播心理包括第十四至第十六章的内容。面对日新月异的变化，某些传统的新闻传播模式已不足以解释当下的传播实践发展，因此这一部分打破了“传播者”与“接收者”的二元结构，结合当下研究热点，以及未来学科发展趋势，开放性地探讨了社交网络与人际传播心理、心理学视角下的网络舆情与网民心理等，并从心理学视角解读谣言传播。

关于新媒体，在学术意义上目前并没有非常清晰的定义。从一般意义上来说，新媒体只是一个相对的概念，“新”是相对于“旧”而言，是指相对于传统媒体而言的媒体及其各种应用形式。通常我们认为传统媒体是指报纸、杂志、广播、电视，除此之外的其他媒体类型及应用都可以被称为新媒体，这是从媒体发展的历史以及概念的外延来对新媒体进行界定。

也有观点认为，新媒体是以数字信息和网络技术为基础、以互动传播为特点、具有创新形态的媒体。这种观点不再纠结于到底新媒体包括什么类型，而是从新媒体基于的技术基础，以及最核心的特征来进行说明。

还有一些观点是从新媒体的使用者出发来探讨什么是新媒体，他们认为新媒体就是能对大众同时提供个性化内容的媒体，是传播者和接受者融汇成对等的交流者，而无数的交流者相互间可以同时进行个性化交流的媒体。美国《连线》杂志称所谓新媒体就是所有人对所有人的传播，这句话简明扼要地点出了新媒体的核心特征。

媒体发展与人类文明的进程相伴而生，每一类新媒体的产生都影响到人类社会的发展：文字的发明突破了传播的时间限制，纸张的发明突破了传播的空间限制，印刷术带来的快速复制使得大规模传播成为可能，电子技术则实现了信息的远距离快速传播。

传播学家麦克卢汉认为，媒体的发展使得人类脱离了部落化时代，但以电子技术为基础的新媒体的发展正在使人类重新部落化。在网络构成的虚拟化世界里，信息传递可以瞬间到达和反馈，它不只消除了空间和时间上的差异，更实现了人的视觉、听觉及整个神经中枢的延伸。在电子媒体的作用下，地球正在缩小成一个“村落”。

根据中国互联网络信息中心的数据，截至2018年12月，中国网民规模为8.29亿，互联网普及率为59.6%，中国手机网民规模达到8.17亿，网民中使用手机上网的人数占比高达98.6%①，中国已经进入移动互联时代。新媒体在当今社会生活中已经无处不在，它利用各种渠道手段和表现形式来刺激我们的感官，并充分挤占了我们所有的时间和空间。根据统计数据，中国网民人均每周上网时长达到27.7小时，比2017年年底提高0.7小时。

由此看来，新媒体已经渗透到我们生活的方方面面，而且媒体的进化速度远高于人类自身的进化速度，所以当新媒体技术呈现日新月异的变化，而人类自身特别是思维方式并未发生较大的改变时，这两者之间相互适应的过程也会导致网络新媒体时代传播心理出现不少新的值得研究的课题。本部分将从人际传播、群体传播、大众传播三个层面出发，梳理网络社交、网络舆情、网络谣言的相关研究议题和研究结论，希望能对新媒体传播心理的研究有所启发。

---

① 中国互联网络信息中心．第43次中国互联网络发展状况统计报告［R/OL］．（2019-02-28）．www.cnnic.net.cn/2019-02/28/c_1124175686.htm.

第十四章

社交网络与人际传播心理

【本章学习要点】

1. 网络人际传播的特征
2. 社交网络中人际传播的心理研究
3. 社交网络中的亲密关系

人际传播是个人与个人之间的信息传播活动，也是由两个个体系统相互连接组成的新的信息传播系统，它是最典型也最普遍的社会传播活动，也是人与人社会关系的直接体现。然而在中国现行的传播学研究框架内，人际传播并不是重点内容，一般情况下，人们认为这是由于中国传播学更偏向于新闻学传统的大众传播，而大众媒介在传播中的出现、介入及其社会地位的迅速提升，使得人们更关注大众传播的特点及功能，同时参与传播活动的主体也被迫沦为“受众”。

但是近年来，随着手机网络、社交网络、自媒体和移动互联网的发展，被忽视的人际传播的意义再次得到重视，在大众媒介日益式微、社交媒体日益壮大的当今时代，人际传播既不同于以往的大众传播，又不同于传统时代的人际传播，它被赋予新的意义，成为新的研究重点和热点。

根据中国互联网络信息中心（CNNIC）发布的调研报告，截至2018年12月，中国网民规模达到8.29亿，其中手机网民8.17亿，所有网民中使用手机上网的人数占比达98.6%，手机网民规模已经超越传统PC网民的规模。另有传播机构调查称67%的中国人曾在饭前拍照发微博，智能手机用户平均每6分钟看一次手机，38%的用户平均每天使用手机超过5小时，92%的年轻人上厕所时使用手机，85%的人每天睡前必做的事情是刷手机，每天有超过1 000位用户通过婚恋网站牵手成功，而66%的用户选择使用手机分手……使用手机与他人进行社会交往改变着人们的社交方式，影响着我们的心理，也改变着我们的生活。

第一节　网络人际传播的特征

传统的人际传播研究认为，人际传播的动机首先是为了保证个人的生存和发展，其次是为了建立与他人的协作关系，再次是为了自我认知和相互认知，最后是为了满足人的社会性与精神和心理的需求。

人际传播有着明显不同于大众传播的特点，比如人际传播的方式渠道多样，方法灵活，传递的信息的意义更加丰富和复杂，双向性更强，反馈及时，互动频度高等。在网络新媒体时代，人际传播的这些特点虽然没有发生根本的改变，但是也有了新的发展。

一、从现实传播到虚拟传播

网络社交以虚拟技术为基础，人与人之间的传播以间接交往为主，以符号化为其主要表现形式，每个人在网络上的存在都是虚拟的、数字化、以符号形式出现的。网络新媒体彻底打破了人际传播的面对面特征，使得跨时空人际传播成为可能。从这个意义上说，网络新媒体使得人际传播距离大幅度缩短，然而实际的距离并未缩短，只是虚拟的时空概念被缩短了。这种虚拟交往使人摆脱了时空限制，使个人真正成为传播的中心，但同时这种无束缚的人际传播也带来不少问题，比如自我约束和道德感的降低等。

二、从狭隘传播到普遍传播

正是由于时空因素以及交往成本的限制，传统的人际传播是比较狭隘的，也就是说人际传播通常被看作单一的，也是私密的。可是在网络新媒体时代，人际传播具备了多重性，单一的人际传播常常是同时进行的，比如在微信朋友圈与个人与个人之间的传播，也可以把这种私密化的传播让其他朋友看到，甚至有些人际传播被故意设置为面向普通公众的传播。

三、从单向交往到多向交往

传统的人际传播是单向的，两个人之间的信息传播活动必须借由某种特定的渠道，而网络新媒体时代，人际传播可能同时具备多重渠道，比如可以在电脑上写邮件，同时也可以通过手机通话，还可以通过微博、微信等进行互动。传统的人际传播常常局限于现实的人际关系，然而网络新媒体时代的人际交往大大拓展了交往范围，众多在现实生活中互不认识的人可能通过共同的网络活动（比如游戏）而建构起相对稳固的人际关系。

四、从单一身份到多样身份

在传统的人际传播中，传播主客体的身份是固定的，是由现实生活中的身份所决定的；但是在网络新媒体时代，传播主客体都摆脱了现实身份的约束，以虚拟的身份在网络上参与传播活动，甚至是在不同的传播场合下以不同的虚拟身份参与活动，一人分饰多角活跃于各个网络传播场合也不再是难事，在各个角色间自如转换身份也日益平常。

第二节　网络人际传播的心理研究

网络人际传播是一个相对宽泛的领域，在这一范畴之内，研究者从各自的学科领域和研究兴趣出发，做了大量的研究。下面对这个领域目前进行的研究以及取得的研究成果进行简单的介绍。

一、虚拟交往与现实关系

在网络新媒体构建的人际传播关系中，传播的场所和传播的主体都具有虚拟性。研究表明，在这种虚拟状态下，人们更倾向把传播活动当成游戏，特别是在不暴露自己身份的状态下往往不会受现实角色的束缚，更容易出现个性化行为，从而产生与真实角色行为不相符合的社会行为。更重视体验性、自主性、无责任性、高度个性化是网络人际传播的特征。

虚拟社会的人际传播甚至超过现实社会。相关的研究发现，社会互动是互联网用户最常做的事情之一，比如现在人们可使用 QQ、微信等互联网交际工具实现即时沟通。2000 年，美国的一项调查表明，90％的人使用互联网交换电子邮件，24％的人参与过聊天室的活动。

虚拟交往有可能会继续发展为线下人际传播。研究表明，相当一部分人际关系是在电脑空间形成，然后在物理世界发展的。2001 年的一项研究发现，被调查者中 63％的人已经通过电话与网络中的熟人交谈过；54％的人与互联网上相识的朋友在现实中见过面。两年后的追踪研究表明，通过互联网形成的关系很多仍在继续。事实上，这组人当中有 15％的人已经与他们在互联网上遇到的人订了婚，10％的人已经与互联网上认识的人结婚，而当今在中国极其流行的婚恋网站也正是基于这种把虚拟交往带进现实社会的传播方式。

二、虚拟社交与自我表露

人际传播的重要功能之一是自我认知和相互认知，这就需要传播者能够充分进行自我表露。自我表露是有意或无意地通过自己的言语和行为向他人展示自己，以达到印象管理的目的。在网络新媒体时代，人们是否更倾向于进行充分的自我表露呢？一般认为，网络上由于匿名性和个性化的张扬，人们会更易于进行自我表露，而且表露的速度、广度和深度都远超过现实社会中的表露，但也正是网络的虚拟特征使得人们认为网络自我表露的真实性可能存在较大的问题。那么真实情况到底如何，我们可以从网络虚拟角色的个人资料和头像来进行考察。

（一）个人资料

社交网络中每个人都必须填写个人资料信息。我们通常认为这些信息都是随便填写的，网络时代的一句名言就是“你不知在网络那头跟你聊天的是不是一条狗”，因为人们总觉得网络上的个人资料的真实性无从考证，所以也不必当真。但事实上，社交网络中的个人资料远比我们想象的真实，这也是了解网友性格的非常好的手段。

2009 年，得克萨斯大学奥斯汀分校的心理学家山姆·高斯林（Sam Gosling）和他的研究团队从 Facebook 等社交网络中搜集了 236 份个人资料，并使用问卷来评估用户的真实人格特质和理想人格特质（他们希望自己是什么样的人）。研究中的人格特质采用“大五人格”理论中的五种特质：外倾性、神经质、开放性、宜人性、责任心。接着，研究人员将从社交网络中搜集的个人资料与用户的真实人格特质、理想人格特质做比较，结果让人吃惊。研究者发现，基于社交网络中的个人资料所带给人的人格印象非常精确地表示了用户的真实人格，而与用户的理想人格无关。其中最精确的人格特质是外倾性，最不精确的是神经质。同时，该项研究与以往的研究一致地表明，神经质这一特质若非与本人接触，是很难确定的。也就是说，在填写个人资料的时候，我们并不是以我们希望自己是什么样的人这样的标准来填写的，而更多的是基于真实情况填写。那么，为什么人们会在社交网络中提供自己真实的个性信息？这是因为人们都会本能地以为，通过真实的个人资料，可以让更多的人了解自己，而人都有一种渴望被了解的心理，因此就会基于真实情况填写。

（二）网络头像

在我们注册的各种网络账号中，都需要选择一张图片作为头像，就是这张头像图片成为社交网络中我们给人留下的第一印象。研究甚至表明，头像给人留下的印象远比文本内容更深刻，尤其是对那些并不熟识的人，在社交网络中，因为缺少现实中交流的机会，由头像所形成的印象会根深蒂固，很难改变。

俄亥俄州立大学教授布兰登·范德海德（Brandon Van Der Heide）做了一项研究。在研究中，他找来 195 位大学生被试，要求他们通过观察 Facebook 的个人资料判断一位学生用户的性格。他所使用的个人资料是虚拟的，包含头像和一句“关于我”的陈述。被试所要做的就是在看完个人资料后，判断这名学生用户的性格是内向的还是外向的，并做出 1 至 7 的七级评分（得分越高越外向）。

实验中一共有四份个人资料，随机向被试呈现其中一份。个人资料一中，头像与陈述都暗示这位用户性格外向，头像展示的是用户与朋友在一起，陈述是："和我的朋友们在一起，我是最快乐的。"个人资料二中，头像与陈述都暗示用户性格内向，头像展示的是用户一个人坐在公园长椅上，陈述是："一个人静静地看一本好书，没有比这更快乐的了。"在剩下的两份资料中，头像与陈述的暗示不一致，其中一份资料的头像暗示性格外向，陈述暗示性格内向，另一份资料则相反。

结果表明，当头像暗示的是内向性格的时候，被试就会去注意陈述的内容，如果陈述也暗示性格内向，那么被试就会做出内向的判断，但如果陈述暗示性格外向，那么被试也会认为这位用户性格内向，只是没有前者那么内向。然而，当被试所看到的是外向头像的时候，无论陈述是内向还是外向，被试都会将这位用户判断为外向。也就是说，当头像暗示用户性格外向的时候，陈述是什么已经对于判断没有影响了。

由于我们对于网络头像的选择往往是个人的自主意志决定的，所以当头像变成个人标志之后，它就具有一种装饰性。研究者认为，通过头像可以在一定程度上推测主人的性格特征，但这种分析的准确性仍有待提高。

【延伸阅读】 通过网络头像推测性格特征

(1) 用自己或者家人照片做头像：这样的人通常有以自我为中心的倾向，不容易被别人所左右，具有较强的自我意识，为人较固执。

(2) 用卡通图片做头像：此类人士比较怀旧，拒绝成长，容易被外界事物左右，思想比较理想化，但是创造性意识很强。

(3) 用动物、宠物图片做头像：此类人也具有较强的自我意识，容易和其他人产生矛盾，有自闭、自抑倾向。

(4) 用俊男美女照片做头像：心理年龄偏小，虽然为人热情，但是缺乏理智，情绪容易大起大落。

(5) 用风景美图做头像：为人成熟，人缘很好，有较强的处理问题的能力，是典型的"水晶球"型的人物。

(6) 用恐怖图像做头像：内心有恐惧和不安全感，为人容易悲观，知心朋友极少甚至没有。情绪起落很大，十分敏感。

(7) 用搞笑整人图片做头像：为人世故，做事出人意料，不怎么招人待见，缺乏责任感，属于没事挑事型。

(8) 用政治伟人照片做头像：此类人墨守成规，做事情中规中矩，不喜欢冒险，思维非常严谨，比较理性，思想成熟不容易被其他人左右。

(9) 没有头像者：此类人做事情随心所欲，没有明确观点和目标，是十足的乐天派。

但有些人会隔三岔五地频繁换头像，如果问这样做的原因，他们大多会笑一笑说，这样比较好玩，或者说想换一下心情。其实这类人往往会引领小圈子的话题，或者说是小圈子里的“明星”。他们情商很高，很善于跟别人交流，在挑选头像的时候，也不是为了换而换，而是自然而然地表现出幽默感，让人会心一笑。另外，他们也是一群对新事物敏感的人，很善于发现有意思的新鲜事物，这也是他们能够成为“小圈子明星”的原因。

2014 年 6 月，一款新的网络应用“脸萌”爆红微信朋友圈。这款应用软件可以通过五官元素的拼接让用户快速创造出自己的个性漫画形象，并分享到社交平台（见图 14 - 1）。研究者认为，拼脸类应用的兴起表明，人们逐渐对社交媒体习以为常之后，对个性化和创意的需求越来越旺盛，而漫画头像的表现形式刚好迎合了这一特点。此外，动画头像也让用户可以通过漫画形式来表达自己的情绪。

图 14 - 1　脸萌创建的个性化头像

2014 年，在微信朋友圈里，突然很多好友的头像一夜之间加上了醒目的“红角标”（见图 14 - 2），以至于有文章称这是一种“现象级头像”。这种头像其实与以往的普通头像并无太大差别，只是在右上角添加了一个红色的数字小标记，这个小标记除了显眼，能够立刻被识别外，还是对手机信息通知系统的模仿，它利用智能手机强迫我们养成的行为习惯，成为视觉上最突出的图标。

图 14 - 2　头像上的红色数字标记

不过，也有研究者提醒，比起自己换了个什么头像，努力让自己成为有趣的人更重要。心理学研究结果表明，人们在评价一个人时，其支撑性信息是以往形成的情感倾向。如果你不喜欢一些人，那么他们频繁更换头像往往会被认为是喜欢装腔作势，只会引发你的恶感，或者选择性无视。所以，头像背后的真人才更重要，毕竟有趣的人到哪里都能受欢迎。

三、虚拟社交与社交依赖

网络和现实相比，社交方式有很大的差异性，很多现实中口拙的人，在网络上却能够侃侃而谈，滔滔不绝。比起面对面的交流，网络给了人们一个缓冲的空间，它主要是通过文字的形式去表达自己的思想，一些词语在输入的过程中也能经过修饰和思考，甚至有一部分人喜欢发一些图片表情来表达自己的内心想法。但是人们也担心，长时间用这样的方式交流就会形成习惯，久而久之，现实社会中的交际能力会下降。

此外，不少网民因过度依赖网络，长时间面对电脑，还出现了视力下降、思维迟缓、情绪低落、精力不足等问题。不少青年因习惯了键盘打字，常常提笔忘字，颈椎也出现不适等。网络社交依赖最显著的特征是在网络上无话不谈，十分亲密，但在现实中见面时却无话可说，不知所措。

社交网络依赖症正逐步影响现实生活。我们要严格控制自己的上网时间，找到适合自己的宣泄方式。尤其长期依靠网络工作的人更容易产生网络社交依赖，更要注意合理规划时间，把在网络上用的精力合理分配到现实生活中。

一项关于微信阅读的研究表明，现在微信已经成为人们习惯的阅读方式。那么人们都在微信上读什么呢？一项研究表明，人们在微信上阅读最多的内容依次为生活小常识（75.2%）、开心段子（71.5%）、人生感悟（67.1%）、职场经验（58.9%）、心灵鸡汤（57.7%）和保健常识（52.4%）。同时，大部分人转载微信的内容是因为他们觉得有实用价值（71.5%）、内容有趣（69.5%）和有意义（59.3%）。

研究表明，人们“阅读”微信，一是打发无聊的时间，二是排遣郁闷，三是较快速地了解瞬息万变的世界。但频繁看微信却是源于更深层次的心理原因——大多是因为无聊、焦急、静不下来，源于人们对安全感、归属感的需要，源于人们对被关注、自我价值和成就感的渴望。所以微信阅读背后是行为依赖，一般人总是害怕孤独，且常常厌恶孤独，一旦孤身一人便觉得不安全。一遍一遍地刷，就是想看看微信朋友圈里的“朋友们”在干什么，将自己置身于微信的环境中就不会感到自己的孤独，这就满足了人们对安全感的需要。

四、社交网络与社交焦虑

澳大利亚最近的一份调查研究发现，社交网络会使人们变得越来越焦虑不安，增加心理压力。该研究报告发现，使用社交网络的人总会觉得有人在联络他们，他们应及时回复，以免遭到抱怨。同时，他们还时常要为使自己的身份资料吸引人们的眼球而绞尽脑汁，甚至寝食难安。这份由代表消费者卫生保健组织的机构所做的研究报告共调查了420名18岁以上的澳大利亚人。报告发现，63%的人会觉得总有人在跟他们联络，其中35%的人称他们觉得人们会期待他们尽快给予答复；而13%的人则为使自己的身份资料显得诙谐、有新意而常感到不安。

美国班尼迪克大学的一项研究也证实了同样的现象，即使用社交工具可导致更多社交焦虑障碍，特别是使用社交网络与人互动之后，在面对面与人交际时会产生更大的焦虑。研究人员针对26名18～20岁的女大学生进行了调查，他们评估了每位研究对象的社交焦虑程度，然后让她们在Facebook上交一个朋友，再让他们面对面接触，并以皮肤反应测定她们的生理觉醒。结果发现，有社交焦虑障碍的研究对象在一开始若是通过社交网络开始和某人交友，那么会对日后与那人面对面实际接触产生负面影响。研究者认为，这有可能是因为在Facebook等社交网络上交友会让一些网友比较有安全感，可是一旦进入现实实际相处就会发现与自己的想象并不相同。

五、社交网络与社交疏离

在网络新媒体的海洋里，我们每天都要更新自己的在线状态，经常上传照片，没有网络的时候会出现焦虑不安的症状，早晨起床就打开手机。那么社交网络是拉近了你我的距离，还是让我们越来越找不到自己的存在价值呢？每个人都是放射状网络中的一个节点，我们的好友越多，加入的社交网络越多，所处的网络就越复杂，但传统意义上的社交就离我们越来越远，以至于人们感叹：社交网络就是亲近了陌生人，疏远了老朋友。

针对这种现象，心理学研究者提出“在线社交疏离症”的概念。这一概念是说患有此症的人与现实社会脱离，不参加现实的社交活动，自我疏远、自我隔离、自我封闭，不屑于也不想与外界做面对面沟通，常常沉溺于线上，如电脑、iPad、手机等。中国互联网络信息中心（CNNIC）发布的报告显示，60.9%的人表示网络让日常生活中的亲情友情爱情都变淡了。

而一项研究社交网站利弊的报告指出，沉溺于社交网络的虚拟社会可能导致人们对现实人际关系的疏离以及安全感的下降，更有甚者会产生多疑、恐惧、防范等交往障碍。显然，仅限于电脑和移动设备的虚拟社交难以满足人们在心理上的正面建设，人们更渴望的是面对面的交流，是现实世界的真实互动。此前，更有一项由英国心理健康基金会发起的调查报告也证实了相似的观点：人们在面对面接触时，脑下垂体后叶会分泌一种类似催产素的荷尔蒙，这种荷尔蒙可以帮助人们减缓压力，提高信任感，甚至激发爱的感觉。

六、社交网络与社交孤独

美国乔治华盛顿大学胡佛研究所资深研究员罗兰·德沃金（Ronald Dworkin）认为，

我们拥有越来越多新的社交工具，却越来越少地拥有一个真实的社会，社交应用就是为孤独而生的，孤独的人喜欢社交媒体。纽约大学社会学家埃里克·兰纳伯格（Eric Klinenberg）曾在《大西洋月刊》发表文章《Facebook 让我们变得越来越孤独吗》，认为社交互动的质量而非数量最能预测孤独状况。在中国互联网络信息中心发布的研究报告中，57.3%的人觉得整天泡在网上让人“更孤独”，34.4%的人坦言自己就有“网络孤独症”。

麻省理工学院社会学家雪莉·特克（Sherry Turkle）疑惑，为什么我们花费了很多时间与技术在一起，却吝啬把时间分给现实生活中的人？为什么我们对科技期待更多，对彼此却不能更亲密？1990 年代初，雪莉沉醉于网络聊天室和在线虚拟社区，写书庆祝网络新生活。20 多年后，昔日的科技代言人变身科技反思者，并出版了新书《群体性孤独》，她认为，手机在身让人们有了安全感，但他们生怕漏掉任何一条重要信息；网上友情容易获得，但这种亲密关系存在着随时失去的风险。

德国社交网络研究学者格罗斯·德特斯（Grosse Fenne Deters）持有不同的意见，她研究了人们使用 Facebook 的频率如何影响他们看待朋友、家人以及社会的方式。她认为社交网络不会让人们感到更孤单，相反，频繁地更新 Facebook 会减少孤独，因为更新状态勤快的人会感到自己与朋友们联结在一起。所以，人们担忧网络社交会使人孤独，害怕网络交往会成为现实社交的替代品的想法是不正确的，因为科技只是工具，会带来什么结果完全取决于人怎么用它。很有可能是，人因为孤独了，才跑去网络上找人交流。

还有一些研究者认为，人有孤独感是正常的。孤独感是理解世界的重要条件，孤独感有时还使人深刻。孤独感不是网络带来的，反而是网络表达、缓解和消除了部分孤独感。以前周围人有孤独的感觉而我们不知道，现在一上网，大谈自己的“寂寞”，好像寂寞的人变多了。这种寂寞与孤独感大部分都是在现实社会中形成的，只是在网络上有了较为充分的表达而已。

七、社交网络与网络成瘾

社交网络成瘾，即前述的网络关系成瘾。社交网络成瘾的主要表现是：每天一打开电脑，第一时间就打开社交网站，拼命刷屏发状态；在忙得不可开交的时候，也要挤出时间在微博上徜徉，担心自己几个小时不上就被滚滚信息潮流抛在后方；遇到网络连接出问题、上不了这些网站的时候，就会心神不宁，坐立不安，满脑子想着好友们在网上又更新了什么好玩的内容……

调查数据表明，人们在网络上花费的平均时间逐年增加。而根据美国杜克大学心理学教授丹·艾瑞利（Dan Ariely）研究得出的数据，人们花在社交网络上的时间也是突飞猛进，是占据上网时间中最长的（22.7%），而且有继续上升的趋势。也就是说，人们愿意花费在社交网络上的时间越来越多。

“究竟为何社交网络让人们如此着迷甚至上瘾？社交网络如何改变人们的生活方式？”“社交网瘾”成为热门话题，甚至成为 2011 年达沃斯论坛上一个分论坛的主题，来自全球各地的政治高层、科研人员和经济学家们都认为应该对社交网瘾引起足够的重视。

丹·艾瑞利的研究表明，任何人都能把自己最新的情况放到网上，然后通过社交网络，跟自己认识或者不认识的人分享。当这种分享得到一些人的肯定时，人的心理会有满足感。参与的人越多，这种满足感就越强烈。但是当这种满足感成为一种习惯时，许多人已经依赖甚至离不开网络了，从而出现了社交网瘾。

美国马萨诸塞州阿桑普逊学院对刚入学的本科新生进行了一项调查。调查发现，可以根据 Facebook 上面好友的数量预测学生对大学的适应性。有超过 200 个好友的新生在自尊、个人适应和学业适应问卷上的分数低于那些没有那么多好友的新生。对于那些初来乍到的新生而言，在 Facebook 上的“好友”越多，现实中的朋友就越少。可见，社交网络对现实生活中的正常社交并没有多大帮助，反而起反作用。

印度心理学家米拉·尼尔坎森的研究结论是：在印度青少年中，不满 18 岁的青少年受到网络的诱惑最大，而这些青少年很有可能因为网瘾在未来出现一些心理疾病。她认为“青少年越来越倾向把生活重心搬到网络上，而他们在网络上的时间越长，登录 Facebook 的概率就越高”。她还发现，这些孩子同其他没有网瘾的孩子相比更容易辍学、忘记睡觉和吃饭，更重要的是，这些孩子往往更容易陷入激动或者沮丧的情绪中。

挪威卑尔根大学“Facebook 患者”研究项目表明，Facebook 上瘾的症状与毒品上瘾、酒精上瘾和化学物质上瘾类似。Facebook 上瘾现象经常性地发生在年轻用户，而不是年老用户身上。焦虑不安和缺乏社会安全感的人使用 Facebook 的频率比其他人高得多。研究者认为，可能那些焦虑不安的人发现通过社会媒体进行交流比面对面的交流更易于接受。同时，有远大抱负的人更易于降低 Facebook 上瘾的危险，女性使用 Facebook 上瘾的可能性更大，Facebook 上瘾还与外向性格有关。

【延伸阅读】 Facebook 成瘾测量量表

挪威卑尔根大学（UIB）研究者安德里森提出了测量 Facebook 成瘾的量表，该量表以六个维度为基础，各个选项按照以下程度来计分。

（1）从不；（2）偶尔；（3）有时；（4）经常；（5）总是。

1. 花大量时间思考 Facebook 或上 Facebook 时的计划。

2. 越来越迫切地想上 Facebook。

3. 上 Facebook 是为了忘记私人问题。

4. 尝试减少上 Facebook 的次数但失败了。

5. 如果停止上 Facebook 会变得焦躁不安。

6. 过度上 Facebook 对工作/学习产生消极影响。

安德里森的研究表明在六个选项中选择了至少四个“经常”或“总是”表示可能已经对 Facebook 上瘾了。

丹·艾瑞利教授提出用两种方法来避免社交网瘾。其中一种方法就是通过修改密码等方法禁止登录。他让学生在每个星期天晚上互相修改社交网站密码，然后等到下星期五晚上才告诉彼此新密码，这样在平时上学的时候，他们就不能登录社交网站了。另一种方法是给自己在社交网络中的时间设定限额。如果没有超出限额，就给自己奖励；反之则惩罚。有必要的话，还可以邀请朋友互相监督，或者可以用钱来作为惩罚手段，这样效果更好。

八、社交网络与网络暴力

关于网络与暴力的研究自从网络诞生起就一直没有停止过，或许网络暴力不过是社会现实暴力在电视和网络空间的延伸。然而，网络技术的新特点也使得虚拟社交网络空间中的暴力行为表现有了新的特征和变化。

对网络与暴力的研究有两种基本的模式：一种认为网络行为会影响现实生活中的暴力行为，这类研究通常会测量某种网络行为（比如网瘾或网络游戏参与等），同时测量现实中的暴力倾向（攻击性水平）及暴力行为，从而探讨两者之间是否有联系；另一种模式则是聚焦于网络空间中表现出来的暴力行为，比如人肉搜索、网络攻击性语言等，这些暴力虽然存在于虚拟空间，但是其危害性后果却延伸到了现实生活中，给暴力受害者带来现实生活中的伤害。

网络虚拟空间的暴力行力通常被简称为网络暴力。这是一个相对模糊的概念，一般说来，它是指在网上发表具有攻击性、煽动性和侮辱性的言论、图片、视频，并造成当事人的名誉损害的行为；或者是在网上公开当事的现实生活中的个人隐私，侵犯其隐私权；抑或是对当事人及其亲友的正常生活进行言论侵扰，致使其人身权利受损等。

网络暴力的成因是复杂多样的，但网络传播的特性是重要原因之一，有时候即使不带有攻击目的的网络交流也会体现出攻击性，这可能与网络平台自身“不太友好”有关。研究者认为，当面对面交往时，我们更倾向于赞同对方。而在网络中，我们要比现实中的自己表现得更冷漠、就事论事，更多地反对别人、制造紧张气氛。另外网络表达的匿名性更是网络暴力的催化剂，它使得网民自我约束能力放松，更加肆无忌惮地发表评论，发表现实中不敢或不能表达的思想，甚至恶意攻击。

但是也有研究者指出，网络暴力有其普遍性心理原因，无论是网上还是现实生活中，人们都比较容易被负面新闻吸引。一方面，这是因为太多的正面宣传过于教条、与生活距离远甚至具有欺骗性，无法满足人们的心理需要。另一方面，人类心理机制会产生“反向行为”，即通过对负面新闻的关注，表达对美好事物的追求。在新闻传播中有“坏消息综合征”的说法，这是指暴力、凶杀、灾害的新闻总能激起更多人的关注兴趣；微博和论坛上往往也是那些负面的消息和批判性的评论更能引起人们的转发和评论。

（一）网络人肉搜索

网络搜索技术是互联网发展成果之一，在这一基础上，网友自发形成人肉搜索。其搜索机制与搜索引擎类似，但是更多的是利用人工来参与提供信息，靠众多网友的力量来寻求答案，更强调搜索过程的参与性和互动性。

人肉搜索的起源应是一些社区论坛中的问答版块，人们可以把自己的问题发上去，看到问题的网友可以根据自己的理解和知识经验来应答，这也符合互联网的共享性和开放性特征。后来这种方式被网民所发扬光大，在大家感兴趣的某一（新闻）事件上，网友会集中力量对当事人的各种隐私信息进行“人肉搜索”，使其曝光在网络空间中。

2006年2月“虐猫”事件是人肉搜索早期曾轰动一时的案例。当时有网友在论坛上公布了一组虐猫视频截图，随后又有网友在网上贴出了虐猫事件中女主人公的照片，并做成一张“宇宙通缉令”，让全国网友举报，还有不少网友愿捐网络虚拟货币及人民币悬赏捉拿“凶手”。随后在网友的“人肉搜索”中，该女子的身份基本被确定，并遭受网友的舆论谴责。从虐猫图片发布到虐猫者身份确定，前后不过六天时间，“人肉搜索”的效率之高可见一斑。

客观地讲，人肉搜索有一定的积极性，它充分发挥了网络技术优势，利用众人的智慧，而且常常是站在社会道德的立场上，对某些违背道德伦理的负面人物进行“搜索”，并利用群体舆论压力对其进行围观和谴责，所以被认为是一种惩恶扬善的集体潜意识。但不可否认的是，有些人肉搜索行为已经超越了其应有的边界，甚至涉嫌违反法律法规。而且即便是出于善意，其方法和手段上的适当性依然值得商榷，更何况人肉搜索有时还会被人恶意利用。

就在“虐猫”事件发生之后不久，2006年4月“铜须门”事发，一网友发帖自称妻子沉迷《魔兽世界》，并在一次玩家聚会后与网名为“铜须”的男子发生一夜情。悲情丈夫的帖子引来网友的同情和对“第三者”的声讨，他们利用网络工具，搜寻“铜须”在现实中的资料。随后，网友找到了“铜须”的真实姓名、身份、所在学校，以及他的QQ个人空间、照片等，并纷纷在网络上跟帖对其进行声讨。但网友的“正义”和“愤慨”这次有点尴尬，因为直到如今此事件的真伪仍然有待考证。

被称为网络暴力第一案的“死亡博客事件”则把人肉搜索置于法律的考量之下。2008年年初，一位网友在浏览到姜岩的MSN空间后，在网上义愤发帖，标题为《看到一个MM自杀前的博客 因为小三……她从24楼跳下去了 好惨》，帖子全文转载了姜岩自杀前的博文。随后，一个自称姜岩的朋友的朋友的网友发了题为《哀莫大于心死，从24楼跳下自杀MM最后的Blog日记，是我朋友的朋友》的帖子，帖子中写道：“小三的话题一次一次出现在视野里，而我们，除了谴责之外，其他，再也无能为力。”一场网络风暴由此展开：网友在漫骂谴责小三之后，动用了所谓的“人肉搜索”，搜索并公布了自杀女性的丈夫王菲以及第三者的详细资料，包括姓名、工作单位和家庭住址等。激动的网友甚至找到了王菲父母的家，在其门口用油漆写下了“逼死贤妻”等字样，还有网友找到王菲所在单位，王菲因此遭到辞退，其他单位接到王菲求职也退避三舍。最后，王菲对网站提起诉讼，法院判令网站停止侵害名誉权、公开赔礼道歉，并承担精神损失。

心理学研究认为，人肉搜索是多元价值观下个性化表达的失范，当个性表达失去社会规范的约束、无视社会伦理道德的存在时，必然走向边缘化。同时，人肉搜索现象也表现出各种非主流价值观与主流价值观的碰撞与冲突，这种冲突必然导致网友的道德评判和舆论打压。此外，网民通过参与人肉搜索，可以实现自己的情感表达需求，发表对于社会事件的观点和看法，同时也可以展示自我的能力和价值，得到别人的尊重与认可，甚至是体现自身的“英雄情结”，最终在道德的旗帜下，享受到类似于广场狂欢的快感体验。

而群体狂欢式的公众参与也体现出网络中的“群体极化”现象。当聚集起来的人群受集体精神支配而形成心理群体时，在暗示、感染、模仿等无意识的心理机制下，情感、思想、行为等趋于一致，群体意志支配着个人行为。在这种网络去权威化、去个性化，并且网民理性判断和自我约束降低的情形下，网民往往会忽略言行的法律边界，进而产生负面后果。

（二）网络攻击性言语

同人肉搜索一样，网络言论也应该遵守公民社会责任和公众道德操守，应该在法律法规和伦理道德的框架下进行传播。但是在社交网络平台上，人们的言论却常常突破这些界限，攻击、诋毁他人，恶意评价他人甚至造谣的现象时有发生，以至于有人说微博等社交平台就是人们的情绪垃圾场。

比如 2013 年年底，在新浪微博的热门话题榜上，像“人至贱则李云迪”“陶晶莹滚出大陆”“贴吧虐狗女侠”“严惩魔女李依芮”“北京台无耻”等话题赫然在列。“人至贱则李云迪”这一事件是由于台湾明星王力宏公布了恋情，而内地艺人李云迪也在同一天公布恋情，于是网友认为李云迪有捆绑王力宏进行炒作之嫌，所以引发大家的吐槽。这本不是什么大事，但微博中的话语却极具攻击性。

为什么在网络社交平台上有这么多的负面信息呢？这些负面信息有什么特点？它们的传播又会带来什么情绪反应等心理效果呢？研究者以新浪微博平台中的“热门话题”为具体研究范围，考察了其中的负面话题（这里的“负面”被界定为“通常被认为是不愉快的或有伤害的事件和对象的信息”），归纳出微博中的负面信息呈现如下特点：（1）语言带有极端性；（2）主要集中在娱乐领域；（3）话题公共性强；（4）攻击对象扩大化与“贴标签”。

通过对微博负面信息所引起的情感反应的考察，研究者认为，负面信息能够激起受传者的负向情绪，但是对话题背景的了解程度也影响着人们对负面信息的感受程度，同时事件本身的性质也影响受传者的情绪情感反应。所以整体而言，虽然负面信息能够激起负向情绪，但这种刺激的效果并不强大。研究者进一步发现，经常接触微博负面信息的网民对于微博负面信息的负向情绪并不多，这可能是微博上负面言论的泛滥令受传者产生了脱敏效应，对负面信息刺激的感觉阈限提高所致。

九、社交网络与点赞心理

在网络上人们往往不满足于仅仅分享信息，还想对别人特别是朋友发布的信息表达自己的情绪或观点、意见及评论，这是网络新媒体互动性和反馈及时的表现。但是这种情绪和观点反馈越来越碎片化、简单化和快捷化，以至于可以简化到用♡形图标来表达。而这种简捷的“点赞”方式出乎意料地大受欢迎，数据表明国外社交平台 Facebook 引入点赞功能后，短短一周内超过 52%的用户至少点击一次“赞”，那么当我们点赞时，到底是要表达什么呢?

美国加利福尼亚州立大学心理学教授拉里·罗森（Larry Rosen）认为，点赞这种方式表现出，每天花数小时沉溺于 Facebook 等社交网站的年轻人喜欢数次“小啜”式地与人沟通，就像喝水一样，虽然一小口水不能满足你，次数多了，饥渴就会得到缓解。评论文章指出，点赞成了社交网络上内涵和外延最丰富的人类行为，它集合了一切欲言又止、哑口无言却又充满表达欲时的心情，同时又云淡风轻，无须回复，降低了参与成本，还适度缓解了孤独。赞的微妙之处在于，它既不是“大爱（love)”，也不是“+1（agree)”或者“太棒了（awesome)”，对于互动来说，它的剂量正合适——既不委屈发言者，也不勉强表态者，交际行为得以完成，宾主尽欢。也有网友总结归纳了点赞的心态：心地太善良，很难对朋友的新装修或新旅行视而不见，表示下“朕已阅”；好久不见，无话可说，但我还在关注你，不用回复了；确实说得不错。

期待被赞者其实是希望自己获得关注，这也是人的天性，因为每一次赞都意味着有一个真实的人在后面关注，但“关注”仅仅是浅层次的情感交流。数据分析专家莫伊拉·伯克（Moira Burke）在《大西洋月刊》中撰文写道：利用 Facebook 的点赞按钮去跟朋友互动，能够有效地增加社会资本，同时还能减少我们的沟通成本。但文章同时也指出，这种懒惰式的点赞按钮带给人们的满足感不如组合式的沟通方式：点赞加评论。

但即便如此，在你轻轻点一个赞的同时，你依然有可能暴露个人特征。英国剑桥大学心理测验学中心的迈克尔·科辛斯基（Michal Kosinski）和他的两位同事的最新研究证实，人们的许多个人特征，诸如政治倾向、宗教信仰、性别、种族和性倾向，都可以通过他在 Facebook 上的“赞”进行预测。研究人员开发了一个数学模型，依据 5.8 万位美国 Facebook 用户的“赞”记录来预测他们的各项特征和偏好。之后，他们将模型的预测结果与这些志愿者的 Facebook 档案信息以及通过在线测试得出的智力、人格和生活满意度等信息进行比对，结果发现，这个模型非常准确地预测了参与者的性别、种族出身和性倾向。其性别预测正确率高达 93%，95%的概率能准确识别黑人和白人，同性恋和异性恋的识别率达 88%。同时，该模型对民主党人和共和党人、基督教徒和穆斯林进行识别的概率高达 80%。但是，这个模型在预测恋爱状态、药物滥用以及父母离异状况等方面的准确度较低，比如对父母离异状态的预测率为 60%，与“父母离异”关系最大的几个“赞”的内容是：“对不起，我爱你”“如果我和你在一起，那么我就只想和你在一起，我不要其他任何人”。在科辛斯基看来，此研究结果的意义在于，“像父母离异这样的生活事件，会给人们留下永久性的行为痕迹，而这种痕迹可以在网络环境中被检测到”。

“点赞”和“评论”作为关系社区里的用户主要互动机制，两者在使用时用户的心理模型虽然有所不同，但却是互补的。然而有时候，社交媒体或者购物网站上的消费者的吐槽（负面评论）却让商家们操心极了，他们想尽各种方法，或聘请水军，或做大量的网络客服工作来弥补。其实根据最新的研究，这些负面评论并不一定起损害品牌的作用，反而还有益处。这扩展了我们一向对互联网口碑传播的印象。这项研究由包括芝加哥大学在内的多所大学研究员、教授参与，他们找到的数据很有趣：一个腕表销售页面含有负面评论，而且这些评论都是用礼貌的语言呈现，该腕表的销售会比没有负面评论的页面提高41％。研究者指出："这些负面的评价会被当成有智慧的、更高水平的、可信赖的意见。"而比起对同一产品清一色的积极正面赞许，人们更接受"有赞有弹"的状态，因为这样看起来更加真实，反而减少了那些在犹豫要不要购买的人的疑虑。所以，作为商家，关键点或许并不一定是"消除负面评价"，而是要让更多高素质的消费者来评价产品，在保证语言流畅礼貌的情况下，他们的评价或许更加能够赢得普通消费者的欢心。

十、社交网络与积极心理

有些研究者认为，社交网络有积极的作用，比如 Facebook 让我们更开心。研究者还发现 Facebook 能够提高社会信任度、增进社交往来，甚至鼓励人们参与政治活动。马修·利伯曼（Matthew Lieberman）在自己的著作《社交天性：人类社交的三大驱动力》（*Social：Why Our Brains are Wired to Connect*）中提出，社交网络是我们和他人分享的一种方式。成功分享后，心理和生理上的满足感常常会起到自我激励的作用。社交媒体的普及已经从根本上改变了我们阅读和看东西的方式：我们在消费信息的时候会考虑用什么方式、和什么人分享这些信息。甚至在分享信息之前，光想到成功分享就能激活我们的奖赏处理中枢。

虚拟的社交联系甚至可以缓冲压力和痛苦。马修·利伯曼和同事于 2009 年的研究证明，当女性受到疼痛的刺激时，握住男友的手或者看男友照片可以减轻痛感，而且照片麻痹疼痛的效果要比身体接触强一倍。"强制想象"就是真实事物的精神体现，心理学家文迪·加德纳（Wendi Gardner）和辛迪·皮克特（Cindy Pickett）将其称为"社交零食"。出于某种不知名的原因，距离的因素和强制想象有麻醉效果，我们或可期望这种效果也能推广到社交网络上所有朋友的照片。

研究社交媒体的使用和社交网络分享动机的心理学家山姆·高斯林说："这问题之所以这么复杂，是因为 Facebook 可以做很多事，而且不同的人都在用 Facebook 做这一系列不同的事。不仅如此，它们还造成改变，因为人们自己就在改变。"2010 年，卡耐基梅隆大学的一项课题发现，如果人们直接和他人互动（给彼此留言、发私信或者"喜欢"某消息），他们的社会联系感和社会资本都有所提高，孤独感下降。不过，如果试验参与者只是被动地消化了新闻内容，Facebook 则造成相反的效果，即降低与他人的联系感而增强孤独感。

密苏里大学的心理学家做的实验还测量到了这种效果的生理表现。在实验中，被试眉毛上端和眼睛下部粘了四个电极以记录面部表情，此研究法被称为面部肌动电流描记法。

当被试和Facebook积极互动时，从他们的生理反应测量到的幸福感显著升高；而在被动浏览时，这个效应就消失了。

约克大学的约翰·伊斯特伍德（John Eastwood）和同事的研究结果与以上发现相符，为此他们写了一篇关于“无聊”的统合分析文章。该文章认为，是什么让我们觉得无聊，因而不开心？答案是注意力。我们在集中注意力的时候不感到无聊，而不专注时无聊的感觉就出现了。伊斯特伍德的研究和最近关于媒体多任务处理的研究证明，我们把注意力分散在越多的任务上，就越难以对每件事都保持专注，因而变得越来越心烦意乱。

第三节　社交网络中的亲密关系

亲密关系是人际传播中特别吸引人关注的一个特殊议题。在网络时代，亲密关系的建立、维持和终结都打上了网络的烙印，那么网络的出现给亲密关系的研究带来了哪些改变呢？

一、社交网络中的人际吸引

人际吸引是指个人之间在感情方面相互喜欢和亲和的现象，即一个人对其他人所抱有的积极态度。社会心理学研究认为，人际吸引受情境因素和个人特质的影响。

情境因素主要包括时空距离和交往频率，而这两项都已经被网络新媒体所改变，网络新媒体使得时空距离几乎不存在，而且还增加了虚拟时空的交往，同时虚拟交往因为不限于时空而导致随时随地的互动，因而也就有了更高的互动频率。也就是说互联网能提供一种重要的新机制，在时空相隔遥远的情况下建立起心理上的接近。

个人特质主要包括外表、容貌、才华、能力、个性、品质等，而在虚拟空间里，由于外表和容貌等外在特质的虚拟化、符号化，导致人们更关注内在特质，这也算是网络新媒体带来的平等性。而且确实有些证据表明，与面对面的情形相比，在互联网上开始的友谊开局会更好。

在2001年一个以大学生为对象的研究当中，被试在两种情形下与同一伙伴进行互动。对一半对子来说，两次互动都是面对面展开的；对另一半对子来说，先做互联网互动，然后做面对面互动。在第二次互动结束的时候，要求被试在一个从－7（极其讨厌）到＋7（极其喜欢）的尺度上表达自己对伙伴的喜欢程度。与两次都是面对面进行互动的被试（平均分是2.45）相比，那些第一次互动是在互联网上完成的被试，一致地更喜欢他们的伙伴（平均分是4.70）。

研究人员认为，之所以会出现这种结果，是因为起初在互联网上的互动使得被试较少受到对方诸如身体魅力这样一些表面特征的影响。而且，互联网上瞬间的匿名状态可能鼓励人们更多地做自我暴露，而这也能增加受喜欢程度。

二、社交网络中的关系维持

据英国报道，调查显示，现在的年轻人都倾向于利用社交网站私下联系爱慕的对象，而不是面对面表白。因为在面对喜欢的人时，他们感到很尴尬，甚至语无伦次。年轻情侣也更喜欢通过留言、发短信等方式谈恋爱。

此项研究的对象为 2 000 名英国成年人，其中五分之一的人表示在约会时大都使用社交网络进行交流，三分之一的调查对象承认自己不敢给暗恋的人打电话，甚至接听对方打过来的电话也很尴尬。在调查者中，仅有 50%有自信将爱慕者约出来，直接示爱。

传统的约会方式在逐渐消亡，电子信息化的表白示爱已经成为一种时尚潮流。随着科学技术的发展，网络社交工具让我们避免了与暗恋对象见面的尴尬难堪，为男女提供了更多脱单的机会。

杨百翰大学也做过相关调查，结果显示，即使双方已成为恋人，也不会轻易公开宣布恋情。因为他们认为通过网络建立的感情有点虚拟，而且六个月甚至一年的恋爱时间还不够长。但是，在热恋中的情侣，女性会对男朋友发短信道歉等很反感，反过来，男性也不喜欢女朋友这样做。所以，仅仅通过网络人际传播方式维系的感情不会持续很久。

三、社交网络中的关系终结

科罗拉多大学丹佛分校最近研究了如果人们在社交网络被好友取消关注会怎样。这项研究包括两部分内容：一是试图搞清楚经常被取消关注的是哪种朋友，二是被取消关注对人们情绪带来的影响。

前一项研究结果表明，社交网络上最有可能被取消关注的是高中时期的熟人，被取消关注最常见的原因是他发表了有关宗教或政治方面的极端言论，另外一个重要原因是他经常发表无聊的帖子。人们取消关注的可能性按程度从大到小依次是：高中朋友、一般朋友、朋友的朋友、共事的朋友、兴趣相投的人。该研究基于一项在推特（Twitter）上的问卷调查。

后一项研究结果表明，当人们发现自己被朋友取消关注后，最常见的情绪反应依次是："我很惊讶""烦死我了""我感觉好笑""我感到难过"。根据取消关注时两人的亲密关系程度可以在一定程度上预测人们在面临此种情况时会表现出何种情绪，如果被最好的朋友取消关注，我们就会更烦躁和难过，而被陌生人取消关注则并不感到难过。此外，被取消关注前，朋友间如果就出现的矛盾进行过交流，那么负面情绪也会少一些。

在虚拟的网络社会里，社交关系多是弱关系，人们虽然在社会网络上有很多朋友，但维持这种社交关系的成本很低，所以当我们用取消关注的方式来结束这种虚拟的联系时，它自然也更容易，不过对真实世界的影响尚需进一步的研究。

【思考题】

1. 社交网络对人际传播带来什么变化?
2. 网络人际传播中有哪些心理相关研究议题?
3. 社交网络中的亲密关系与现实相比有哪些异同?

【推荐阅读】

1. 谢尔顿．社交媒体：原理与应用［M］．张振维，译．上海：复旦大学出版社，2018.

2. 苏勒尔．赛博人：数字时代我们如何思考、行动和社交［M］．刘淑华，等译．北京：中信出版集团，2018.

3. 潘理等．社交网络群体行为分析［M］．北京：科学出版社，2018.

第十五章

心理学视角下的网络舆情

【本章学习要点】

1. 网络舆情的概念与发展历史
2. 网络舆情监测的流程
3. 网络舆情与心理研究
4. 网络舆情与网民心理

伴随着互联网的发展，日均信息量也呈现出几何级增长，中国工程院院士邬贺铨 2012 年曾表示，互联网每天产生的信息约有 800EB，如果装在 DVD 光盘中要装 1.68 亿张，装在硬盘中要装 80 万个。社交媒体如 Facebook，一天新增 32 亿条评论、3 亿张照片，信息量达 10TB；对 Twitter 而言，一天新增 2 亿条推文，约有 50 亿个单词，比《纽约时报》60 年的词语总量还多一倍，信息量达 7TB；对淘宝而言，一天千万量级交易，1.5PB 原始记录。此外，视频已成为互联网流量的主流，到 2015 年在互联网上一秒内所传视频总量需要一个人花五年时间才能看完。

在如此海量的信息中，其实存在着大量有价值的信息，这些信息的价值也逐步被人们所认识和利用，其中近年来发展最快也比较成熟的应用是网络舆情监测，或者称网络口碑监测、竞争情报分析。

第一节　网络舆情概说

“舆情”一词古已有之，《旧唐书》记载公元 897 年（唐昭宗乾宁四年）一封诏书中写道：“朕采于群议，询彼舆情，有冀小康，遂登大用。”这是目前史料中最早出现的对“舆情”一词的记载。在古时，官员可以奏折形式向朝廷上报民间舆情，皇帝也会派钦差大臣到实地调查民情，另外民间的歌谣、谚语等都在一定程度上反映了当时的社会舆情。

一、舆情的心理学内涵

现代意义上的舆情，从广义上来讲，是指社会民众的社会政治态度，通俗来讲，就是泛指社情民意，舆情监测就是要搜集、整理民众对特定对象（比如商业组织、产品以及社会事件和社会问题等）的认知、态度、意见和情绪。而认知、态度、意见和情绪正是社会心理学研究的核心内容，所以从心理学的角度来审视和研究舆情监测，应该能给我们打开一扇新的大门。

近年来，互联网舆情传播载体呈现出多样化特征，网络作为信息集散中心，聚集了社会舆论，也放大了舆论生态。一方面，网络舆情事件的发生、发展，在很大程度上反映着社会心理的变迁。但是由于网民中低年龄、低学历和低收入的“三低”人群集中，在一定程度上决定了公众在表达意见和诉求上存在偏激、感性的特点。另一方面，因为网络信息表现出传播载体多样化、途径多点交叉扩散和传播主题逆反心理强的特点，所以导致对负面信息管控难度加大，公众围观心态更加强烈，这直接使我们在舆情危机处置应对时面临更加复杂的情况。

【案例】 洪灾之中的舆情

2013 年 10 月 7 日，“菲特”台风重创浙江，约 870 余万人受灾。其中，宁波余姚灾情严重，70%以上的城区被淹，全市 80 多万人的生活受到影响。面对洪水灾害，余姚市政府相关管理部门采取了一系列救灾举措，但其在信息发布、救灾力度等方面仍然受到舆论非议。尤其在救灾中期，各种传言“搅浑”舆论，例如“孕妇三天没吃饭”“超市商品被抢购一空”“买白菜花生需百元”等，反映了当地民众焦虑、不满等情绪。

10 月 11 日晚，宁波电视台记者在市中心报道余姚洪水已退，余姚正恢复正常生活时被现场民众围观，称其粉饰灾情，强烈要求去他们所在的受灾地区报道。随后大量民众围堵卫星转播现场，并将护送电视台记者的特警警车砸坏，一度演化成群体性骚乱，群众甚至聚集在余姚市政府门口，举出政府官员“下台”“回家种田”等标语表达对“救灾不力”的不满（见图 15－1）。

图 15－1　宁波洪灾引发舆情

二、舆情监测的发展历程

虽然舆情古已有之，但现代意义上的舆情监测历史却极为短暂。舆情监测天然地与“网络”结合在一起，是因为在网络时代才有了真正意义上的舆情监测。在 1949 年中华人民共和国成立之后直到 20 世纪 90 年代网络兴起之前，中国经历了多次社会舆论的变迁和冲击。不过这些社会思潮多是由政治家提出的，公众处于被动地位，此时社会舆论表现出一律性和排他性，不同的声音只是在地下小规模传播，并未公开也没有被广泛传播。

“文化大革命”后期，由于长期处于“四人帮”的压制之下，不少民众开始进行质疑和反思，一些不同的舆论声音也开始悄然传播开来，这其实也反映出民心之趋向。特别是 1976 年周恩来逝世之后，全国各族人民无限悲痛，而“四人帮”压制广大人民群众悼念周恩来，激起人民群众的强烈义愤。悲愤情绪迅速在人群中传播，终于在当年清明节前后，上百万群众自发聚集于天安门广场，在人民英雄纪念碑前献花篮、送花圈、贴传单、作诗词、声讨“四人帮”，这可以被看作前网络时代的一起“重大舆情事件”。

“文化大革命”结束后，各种社会思潮活跃，涉及政治、经济、文化、社会生活等各个方面。在这个过程中，媒体自身也发生了翻天覆地的变化，电视逐步普及并成为人们的首选媒体，广播退居二线并被定位为车载媒体从而重新焕发青春，党政机关报探索转型之路并发展出一批晚报都市报大放异彩，而其中最引人注目的莫过于网络的兴起。只有网络的兴起，才为舆情的发展奠定了前提条件。因为之前媒体虽然发展迅速，但由于发布流程和技术条件所限，对信息传播的控制依然是相对容易的；但网络的普及和发展给信息传播的审核管制带来极大的困难，特别是自媒体、社交媒体的应用，更是把社会舆论带进了全新的“大众麦克风”时代。

2008 年北京奥运会的举办促进了中国的网络舆情监测迅速迈入正规化。当时一方面出于对外宣传、展现中国形象、营造奥运良好舆论氛围的需要，我们需要了解国外如何看待中国、如何看待北京奥运会；另一方面出于保持国内社会和谐稳定的需求，我们也需要把握民间舆论的各种诉求信息，及时化解各类社会矛盾，避免矛盾激化和扩大，一些机构被委派或自觉地开始做舆情监测工作。

北京奥运会结束后，中国的社会舆论生态经由长期的发展，已经完全呈现出另外一番景象。在党政机关媒体（如党报/刊、机关报/刊）之外，都市报刊和行业报刊在市场经济压力之下要寻求吸引读者、扩大发展量之道以自足，因此以读者需求为中心不断进行改版，舆论监督的功能也日益强化。电台、电视台等传统媒体也在寻求转型之路。在媒体专业主义的推动下，舆论监督成为媒体的重要功能之一。除此之外，随着网络的普及，BBS 论坛如天涯网社区、凯迪社区等聚集了大量网友，并经常引发各种社会话题的讨论。微博等社会化媒体的兴起又把这种网络舆论的声音无限放大，形成今天我们所面临的复杂多样化的舆论生态环境。

三、网络舆情监测的现状

目前的舆情监测机构有以下几类。

其一，高校科研院所。由新闻传播领域的学者从传播学、舆论学的学术研究角度入手，对新的网络舆论生态即舆情进行研究，发布相关的研究报告。

其二，媒体机构（新媒体部门）。在媒体转型压力之下，传统媒体的新媒体部门开拓舆情业务，借用自身信息汇集整合的优势，为相关机构提供舆情报告。

其三，广告公关公司。这类公司原来是服务于企业的广告投放、公关维护等，如今很自然地转向为企业提供增值服务即舆情监测，也类似于原来的竞争情况分析和行业信息动态报告。

其四，技术软件开发公司。这类机构从技术的角度切入舆情监测，利用网络信息大规模抓取、存储、检索等技术手段，在舆情监测领域里提供技术支持。

目前，这四类机构各有优劣，高校科研院所研究性强，比较严谨，但离市场需求较远，不能很好地满足舆情需求方；媒体机构对媒体信息传播规律有着深刻的认识，也具有先天优势，即能够进行舆论引导实务操作，但传统媒体的思维在网络时代需要加速更新；广告公关公司距企业最近，最能把握市场需求，但权威性和引导力不足；技术软件开发公司拥有强大的技术优势，但不了解舆情文本内容及舆情业务规律。所以目前这四类机构既存在竞争关系，但更重要的却是相互之间的合作。

【延伸阅读】 人民网舆情监测室

在互联网影响力日益增强的今天，各级党政机关、企事业单位和学术机构都越来越重视互联网舆情的监测、研究和引导工作，互联网业已成为党和政府治国理政的重要新平台之一。人民日报社所属的有关机构自2006年起就开始探索智能搜索引擎和网络舆情研究，并于2008年正式组建人民日报社网络中心舆情监测室（2010年后为人民网舆情监测室），2009年成立北京人民在线网络有限公司（人民在线），和舆情监测室“一个机构、两块牌子”。

目前，舆情监测室有具备传播学、社会学、经济学、公共管理学、数理统计学等专业背景的舆情分析研究人员200多名，已形成了一套较完整的网络舆情监测理论体系、工作方法、作业流程和应用技术，可以对传统媒体（含中央媒体、地方媒体、市场化媒体、部分海外媒体）网络版、网站新闻跟帖、网络社区/论坛/BBS、微博、网络“意见领袖”个人博客、网站等网络舆情主要载体进行24小时监测，并进行专业的统计和分析，形成监测分析研究报告等成果。

舆情监测室创办了国家重点新闻网站首家舆情专业频道——人民网舆情频道，出版了国内唯一一份有正式刊号的《网络舆情》内参，并承担了很多网络舆论和危机管理等方面的研究工作，包括国家软科学研究计划项目“科技舆情监测与形象传播研究”、2011 年国家社会科学基金重大项目《突发公共事件舆情应对与效果评估信息平台建设研究》、国家社会科学基金项目“2010 年中国社会思想动态”、中国社科院年度《社会蓝皮书》（2007—2013）网络舆情部分等。

2009 年开始，舆情监测室定期对外发布“地方应对网络舆情能力推荐榜”、“网络文化热点排行榜”、“央企网络舆情应对能力排行榜”、“舆论信心指数”、“企业网络舆情应对能力与声誉管理研究报告”、央企网络舆情指数体系等研究成果，提出中国已进入“大众麦克风时代”、突发事件处置“黄金四小时”、地方网络论坛是政府听取民意的最短路径、培养体制内“意见领袖”、网络“倒逼”中国改革等新理念，编写了实用性强的舆情案例库、舆情分析师手册等工具书。此外，舆情监测室还长期为众多中央和地方党政机构、企业、社会团体提供热点舆情事件应对、网络媒体危机公关等方面的顾问服务。

人民网舆情频道被《南方周末》和《南风窗》列为 2009 年度“致敬传媒”，被腾讯网列为 2010 年“华语传媒盛典”年度栏目/频道。中国社科院 2010 年 7 月推出的《新媒体蓝皮书》中指出，人民网舆情频道的推出，表明党中央和主流媒体对网络舆论监督的高度重视和支持态度，表明新闻网站的舆论监督不仅远远超越了传统主流媒体的新闻舆论监督，而且已成为新媒体时代中国民主制度的推动者和实践者。

自 2010 年人民网舆情监测室成立专门的企业舆情部，加大对企业舆情的研发力度后，形成了一系列研究成果，特别是《央（国）企网络声誉研究报告》《企业网络声誉研究报告》《企业家网络声誉研究报告》等引起强烈社会反响，同时还开发了《企业舆情案例库》和《企业危机应对 36 条法则》等一系列产品，为各大中型企业提供专业的企业危机应对建议。另外，针对行业舆情现状，组织编写了能源、金融、通信、家电、食品等行业舆情分析报告，为众多企业、机构、社会团体提供咨询服务。从 2011 年起，企业舆情部开始参与“央企网络宣传效果评估体系”等课题，并推出“企业危机应对能力评分体系”“央企舆情指数体系”等成果。

第二节　网络舆情与心理研究

所谓网络舆情监测，其实是社会情绪和心态监测，只不过利用了多种技术手段，而且目前的监测方法和监测范围多局限于从网络上传播的信息中进行监测。如果放宽视野的话，舆情监测与民意调查有异曲同工之妙，只不过舆情监测具有后发性和被动性，而民意调查更具先发性和主动性。未来的社会心态监测领域的发展必然是舆情监测与民意调查的结合。目前的学术研究领域对于舆情监测的介入有以下几个主要方面。

一、网络舆情与社会心态

当网络舆情和舆论兴起之后，有不少学者对其进行了反思，认为网民毕竟只是社会中的一个特殊群体，哪怕其数量基数巨大，也是具有明显特征的群体，其网络言论不能代表全社会的声音，特别是在中国还有很多农村地区等的弱势群体是无法通过网络发声的。而且传播学理论也告诉我们，即便是在网上，依然存在沉默的螺旋，而且沉默的还可能是大多数，那么经常在网络上积极发言的人，既不能代表所有的网民，更不能代表（那些不上网的）社会公众。因此我们不能片面夸大网络舆论背后的社会公众心态，如果非要以网络舆论来代表社会公众心态，恐怕有失偏颇。

这样的观点虽然有一定的道理，但社会心理的研究不会如此简单。就像心理学实验中不会简单地通过对小白鼠的行为观测就得到确切的结论一样，我们当然不应该简单地把网络舆论等同于社会公众心态。但网络舆论却给我们打开了一扇观测社会公众心态的窗口，而且在技术发展的支持下，它是一扇极其方便和重要的窗口。通过这扇窗口，我们可以结合社会心理学、新闻传播学等相关学科的知识规律，借机去探究社会心理的变化过程。如果把一个社会比作一个人，那么网络舆情等于是给了我们一台 CT 扫描仪，让我们有了一种技术手段更好地去探测其大脑活动，从而推断其心理变化过程。网络舆情也像是一支社会的温度计，我们不能通过温度计的结果来推测社会得了什么病、需要如何治疗，但是我们可以通过测量到的温度值来辅助医生进行决策判断，开出药方。

【案例】 “毒胶囊”引发的“皮鞋狂欢”

无论如何我们也不会想到，当有一天我们以“皮鞋”为关键词进行搜索时，与这个词联系最紧密的居然是“胶囊”。

可事实就是如此，2012 年 4 月 15 日“毒胶囊”事发，有媒体爆料河北一些不法厂商用生石灰处理皮革废料，熬制成工业明胶，贩卖给一些企业制成药用胶囊，最终流入药品企业。一时间，在微博中关于“皮鞋”的讨论超过 200 万条，由“皮鞋”生成的扩展话题包括“皮鞋胶囊”“皮鞋酸奶”“皮鞋雪糕”“皮鞋果冻”等，皮鞋似乎无处不在。有网友编出打油诗：想吃果冻了，舔下皮鞋；想喝酸奶了，舔下皮鞋；感冒要吃药了，还是舔下皮鞋；上得了厅堂，下得了厨房，爬得了高山，涉得了水塘，制得成酸奶，压得成胶囊。

我们看到网络舆论生态中网民面对“毒胶囊”时的各种冷嘲热讽，网络段子层出不穷，在这场网络狂欢的背后，我们看到社会公众的愤怒和无奈，以及对相关管理部门监管不力的指责。这种社会心态经由网络舆情的方式表现出来，成为当时社会心态的记录。

二、网络舆情与沉默的螺旋

社会心理学研究表明，个人意见的表达是一个社会心理过程，人们作为社会性动物，总是试图从周围环境中寻求支持，避免陷入孤立。这种害怕被孤立的心态导致人们在发言时首先要对周围意见环境进行观察评估，当发现自己属于“多数”或“优势”意见时，更倾向于表明自己的观点，反之，当发现自己的意见处于“少数”或“劣势”时，会屈从于环境压力而转向“沉默”，这种“沉默”又会影响其他社会公众的认知，进而循环往复，最终形成“沉默的螺旋”。

那么在网络舆论中，这种沉默的螺旋是否还存在呢？有人认为网络的匿名性使得人们不惧怕“被孤立的威胁”，更易于发表自己的观点；或者由于网络中意见的多样性，人们认为总有人支持自己的观点，从而导致“沉默的螺旋”不易生成。但是也有人认为部分特殊的网友更愿意表达自己的观点，而大部分与事件无关的网友更倾向于围观而非发表观点，所以会导致更大范围的“沉默的螺旋”。

一项研究表明，网络交流只是传播手段的变化，社会孤立动机在网络上依然存在。85%的网民认为自己在网络上表现出的性格特征与现实中完全或基本一致。在网络空间，现实的社会关系多少会被带入网络，从而影响人们的网络行为。即便压力不是指向现实中的个体，也会指向一个虚拟的 ID，这同样是一种压力。调查结果显示，84.3%的人表示在对某个问题发表评论时，态度会有所保留。而且网民在其经常活动的网络群体中感受到的压力往往会更大。但是，网络上沉默的螺旋相较现实中也有些变化，80%的人从不或很少在论坛上就某事发表评论的原因并不是“担心别人不同意自己”，而是因为“个人性格使然”，以及认为“网上的讨论解决不了现实问题”。同时，网上海量信息使人们疏于思考和评论，兴趣的多样化也造成了共同讨论话题的减少。[①] 所以，网络上沉默的螺旋依然存在，但其存在形态有一定的变化。

三、网络舆情中的意见领袖

最早由传播学先驱之一拉扎斯菲尔德提出的“意见领袖”的概念如今已被人们所熟知，其最初的含义是指那些活跃在人际传播网络中，经常为他人提供信息、观点或建议并对他们施加个人影响的人物。[②] 那么在网络时代特别是在网络舆情事件中，意见领袖是否存在，他们又有着怎样的特征呢？有人认为网络中每个人都是平等的，每个人都可以尽情地发言，而且由于观点信息量的剧增，导致意见领袖更难产生；但更多人认为网络时代意见领袖更易于借助网络传播脱颖而出，只是他们具备了不同于传统意见领袖的新特征。

---

① 谢新洲，王宇．“沉默的螺旋”假说在互联网环境下的实证研究［EB/OL］．（2003-08-18）．http：//news. xinhuanet. com/newmedia/2003-08/19/content_1033425. htm.

② 郭庆光．传播学教程［M］. 北京：中国人民大学出版社，2002：209.

有研究者把当前的网络意见领袖分为不同的类型，比如“兴趣型意见领袖”，基于个人兴趣和爱好而积极地使用网络提供的各种交流平台发表言论与观点；“经济驱动型意见领袖”，受经济利益驱动而积极在网络中发表言论，有些是受雇于网络公关策划团体，有些是想借助网络影响力满足其盈利目的；“政治目的型意见领袖”，往往是肩负着表达某种政治主张、引导网络舆论的目的。根据影响力持续时间的长短，意见领袖又可以分为“事件型意见领袖”和“群体型意见领袖”，前者是指在某一事件中担任意见领袖的角色，事件结束后该角色就不复存在，后者是指在某一类特定网民群体中经常发表言论并能影响该群体的角色。

网络上的意见领袖，其首要特征是在网络上表现活跃。只有积极参与网络活动，才能扩大社交范围、提高曝光率和参与程度，才能提高自身在网络群体中的认知度和信任度。网络意见领袖需要具备出色的表达能力，特别是网络语言表达能力，这是意见领袖与公众交流的重要手段。网络意见领袖往往在某个领域具备专长，具备独到的话题分析能力，能够帮助公众在凌乱的信息中抓住重点，在复杂的事件中挖掘本质，从而引领公众的关注和思考方向。但是网络意见领袖与其影响的受众群体之间的关系极不稳定，公众对网络意见领袖的认知极其有限和片面，对其真实社会身份知之甚少，所以对其认可度、忠诚度往往缺乏稳定性。①

【案例】 网络名人秦火火“谣翻中国”被判刑

网络名人秦火火，2013年8月被警方刑事拘留。2014年4月，该案开庭审理，法院最终判决秦火火犯诽谤罪，判处有期徒刑两年，犯寻衅滋事罪，判处有期徒刑一年六个月，决定执行有期徒刑三年。

据媒体报道，为了出名，秦火火无所不用其极。2010年，秦火火首次以“中国秦火火”在新浪微博上注册。2010年8月，在一段网络视频中，秦火火跳着所谓的“无敌咸蛋超人舞”，还边跳边脱衣服。有网友在下面回复称“真是朵万年一开的奇葩”，还有网友称“看了视频，也理解了他的疯狂，这种人害起人来往往是没有底线的，对付他的最好办法就是不理他，让他借骂名人炒作的伎俩落空”。为了出名，2011年五六月份，秦火火竟跑到地铁里求粉。当时秦火火身穿白色T恤、米色裤子，用胶布将一个纸条粘在身上，上面写着“我叫中国秦火火，请关注我”等字样。同时，秦火火还在喊着“你好，我是新浪的微博用户，我叫中国秦火火，请加我，关注我，谢谢”。

2011年“7·23”甬温线特别重大铁路交通事故后，秦火火开始了第一次造谣。秦火火说，在动车事故后，看到网上有人说对中国人和外国人的赔偿金额不一样，他就编造了一条信息，称向意大利籍乘客赔偿3 000万欧元。这则谣言在网上发布

① 陈然，莫茜．网络意见领袖的来源、类型及其特征［J］．新闻爱好者，2011（24）：6-7.

后，迅速被转发。秦火火事后说，这条信息在两小时内被转发了1.2万次，他的粉丝也增加了1 500名。

此后，秦火火的造谣一发不可收拾，不但利用谣言继续攻击铁道部，还将矛头对准了红十字会，以及罗援将军、张海迪，甚至已故的雷锋等名人。秦火火说，他最简单的做法就是添油加醋，夸大事实，并且捕风捉影，没有任何证据。在言语上，秦火火一般使用肯定性的质疑，更能引起网友的共鸣。

据秦火火供认，在其从事网络推手、网络营销等业务时，为了扩大知名度、影响力，其所在公司员工组成网络推手团队，伙同他人，通过微博、贴吧、论坛等网络平台，组织策划并制造传播谣言、蓄意炒作网络事件、恶意诋毁公众人物，以此达到公司牟利目的。秦火火宣称，网络炒作必须要"忽悠"网民，必须要煽动网民情绪与情感，才能将那些人一辈子赢得的荣誉、一辈子积累的财富一夜之间摧毁。秦火火等人公开表示："谣言并非止于智者，而是止于下一个谣言。"他们甚至使用淫秽手段对多位欲出名的女孩进行色情包装，"中国第一无底线"暴露车模、"干爹为其砸重金炫富"的模特等均是他们"引以为傲"的"杰作"。他们的行为严重败坏了社会风气，污染了网络环境，造成恶劣影响，有网民称其为"水军首领"，并送其外号"谣翻中国"。

资料来源：诋毁雷锋 爆炒干露露郭美美［N］. 深圳晚报，2013-08-22.

四、网络舆情与情感挖掘

技术有技术的优势，人有人的优势。在舆情监测的技术发展中，一个关键技术是情感分析与挖掘，有没有办法让电脑读懂一篇文章的情感色彩呢？特别是当我们面临着数以十万计的文章时，电脑可不可以帮助我们来进行解读？这是所有舆情分析人员都希望能够实现的事情，也是舆情技术人员正在努力去实现的目标。然而在现阶段，这种机器解读的情感分析准确性还不够，还不能完全正式投入使用。

情绪情感是人类复杂的心理活动，心理学对人类情绪情感的研究有诸多的成果，专家学者也一直在尝试采用一套系统的可操作的方法去解读人类的情感。从生理心理学的角度来看，通过对人类脑部的扫描以及相关生理指标的测量，可以了解人类的部分情感反应，然而非接触式的测量如何来实现，这依然是一个难题。国外的情绪分析研究成果可以让我们通过远距离测量，比如通过对人的面部肌肉的运动轨迹进行测量分析来判定其情绪反应，那么我们是否可以通过人的具体的话语分析来推测其情绪情感反应呢？

目前学术界采用的方法是建构一套情感词典，比如把所有跟情感相关的词汇进行标注，并在此基础上对每一个词汇进行分类和赋值，然后通过数据算法建模，当文章中出现与情绪情感相关的词汇时，就会自动与事先建构好的情感词典进行匹配，并进行相关的运算，从而得到一篇具体的文章的情绪情感数值结果。国内已经有不少这样的情感词典出现，然而仅限于学术研究，在投入实际应用时还存在一定的问题，其中最主要的障碍在于中文语法和词汇的复杂性。

有鉴于此可以得知，越是具体的、有针对性的文章，对其构建的情感词典效果就越好。比如对手机的评价，可以是单纯评价其屏幕、电池、色彩、重量、性能等各个方面，而在各个方面之中又有特定的词汇来表示对于它的认知和评价，比如电池“耐用”或“好”以及“垃圾”和“差”。据此我们可以构建一套特有的用于对手机进行评价的词汇体系，当将其内嵌入相应的网络监测系统，定向去抓取网友对手机的评论时，可以相对更加准确地探知网友的情感倾向。

五、网络舆情与社会认知

网络舆情生成和转化、转移的速度快，又呈现出明显的网络碎片化和娱乐狂欢化特征，导致被网络舆情所裹挟的社会公众缺乏足够的时间和有效的信息形成稳固的正确的社会认知，所以社会公众在网络舆情中的行为往往是在极短时间内，在信息变化且不完整的状况下做出的，因此这些网络舆情行为中出现显而易见的不理性因素也就不足为奇了。

这种不理性的社会认知首先表现在人们极易受以往刻板印象的影响而快速形成新的认知偏见。比如在2013年浙江余姚水灾事件中，有网友爆料当地某镇领导下乡视察水灾，因穿高档鞋子，迫不得已由年近六旬的村书记将其背进灾民家里，相关的照片在网络流传引发众多网友和媒体关注（见图15－2）。

图15－2　浙江余姚洪灾引发舆情的网络照片

在信息还不够完整的情况下，众多网友和媒体已经就此展开评论。可想而知，此时的评论多是建立在想象和猜测的基础上，而这种想象和猜测的根据自然是长期以来对官员行为形成的“官老爷”刻板印象。由此网络舆论展开了对“官本位”的批判：有媒体评论称“如果面对水灾，党员干部把一双鞋看得比群众利益和党员形象更重，那就丧失了群众最起码的尊重和信任”，也有媒体称“鞋没湿，民心却失了”，更有评论者直斥“官老爷鞋没进水，脑子进水了”。在汹涌的民意声讨中，照片曝光六小时后，该镇党委研究决定免去该官员职务，并处以党内警告处分。

随后，媒体跟进报道使得事件真相逐渐浮出水面。原来该镇领导当日所穿并非网传“高档皮鞋”，而只是一双普通的鞋，被村干部背也是另有原因：背人的村干部与被背的镇干部两人私交甚好，开玩笑说自己力气大，要背起试试看，并不存在网友所批判的“官本位”。由此，舆论开始转向指责政府免职决定“过于草率”“不问真相”“糊弄网民”。

事后有人反思此次舆情事件，认为这是一次“舆论失焦”。虽然舆情事件背后透露出官员的形象危机，但这起网络围观事件也体现出民主的暴力，这样的围观只能满足网民自身的发泄需求，与社会责任感无关。

第三节　网络舆情与网民心理

从近年来的网络舆情事件可以得知，一些微小的社会事件经过网络炒作、发酵之后，极易演变为影响深远的舆情事件，网络舆情的危机爆发频率越来越高成为不可改变的事实。从现阶段的网络舆论来看，一系列的不稳定因素让舆情应对变得复杂化，这也让我们通过网络舆情去把握社会公众的心理显得更加重要。

一、注意力覆盖广

网络信息承载量大，覆盖社会生活的各方面，可以为舆论提供足够多的讨论素材；网络传播速度快，无时间、印刷等壁垒，可以为舆论传播提供足够的“带宽”。官员的一句话、政府的一个文件都有可能引发舆情。时间上的不确定常让涉事方措手不及、急忙回应、漏洞百出，或以准备不足为由拖延回应，这些做法都会使舆论更加嘈杂。

二、注意力转移快

舆情的发展进程一般呈现“钟”形或是多个“钟”形的叠加。如果在舆情潜伏期、前期采取遏制或疏导措施，在很大程度上可减少舆情爆炸冲顶，这也是舆情应对中强调“尽早”的原因，也是“黄金 24 小时”等原则的来源。在当今的网络舆论生态中，公众的注意力极易转移，很多时候一起舆情事件尚未结束，公众的注意力已经转向另一起舆情事件，这就导致新闻越来越呈现出“易碎品”的特征，更需要快速把握社会公众的心理变化过程。

三、思维容易扩散

单个舆情事件的解决较为容易，多个舆情事件聚合的解决难度超越单个解决之和。由于思维的扩散性，次生舆情的多发会把单个舆情事件串联起来，形成“拧绳”效应，而且越拧越多，最终造成错综复杂的局面，难以化解。

四、容易遵从权威

在舆论形成时网民非理性的特征让意见领袖的作用更加显著。普通网民对事件的讨论是“就事论事”的，不会去刻意注意事件背后隐藏的社会问题。一旦有舆论领袖发现或分析出“背后的故事”并利用已有的资源如微博账号、新闻网站等传播，舆论就会“跟风”或“拍砖”，这使得舆论领袖能在一定程度上引导舆论发展。

五、聚焦与放大效应

网络舆论中，媒体有时候会在无意间充当某些信息的“洗白机”，把原来一些影响力小、与事实有偏差的信息转化为舆情热点。例如“安徽太和‘孕妇失踪，胎儿被盗’”案的信息来源本是地方媒体，经人民网转发后才被媒体广泛转载与热议。最后查明这是一出孕妇“自导自演”的闹剧。在这类事件中，人民网充当了“洗白机”。由于网络信息的纷繁复杂，信息真伪的判定更为困难。媒体“漂白”谣言、“洗白”小道消息的事情时有发生。网络中，媒体是把双刃剑，有可能为舆情“灭火”，更可能为其“浇油”。

六、谣言易生成扩散

谣言往往利用各种传播渠道如论坛、微博、微信等对大众感兴趣的信息渠道进行误传，其特征有缺乏事实依据、一时难以辨别、话题引人入胜等。在新媒体时代，谣言借助网络不仅扩大了传播范围，还加快了传播速度，增加了辨识难度，其危害性更大，后果也更为严重。

七、演化成网络狂欢

网络舆情事件极易演化成网络集群式狂欢，这也是有学者指出的网络“娱乐致死”特征的重要表现之一。其实这种娱乐化特征一方面使得舆情更便于传播，另一方面也使得网民在意义的消解与重构中情绪得以发泄和释放。比如2014年众多演艺圈名人因吸毒、嫖娼等违法犯罪事实被拘，网友整理发现，这些明星中有导演、编剧、演员、歌手等，于是戏称可以凑齐了拍一部电影《监狱风云》。

【案例】 网友发帖骂交警被行拘引发舆论狂喷

2014年5月4日，山东男子曹某因违法停车被贴罚单，后为泄私愤在网络论坛匿名发帖骂人，涉嫌违法，被网警识别并抓获。警方认为"曹某公然对人民警察进行侮辱，造成恶劣社会影响"，因此对其处以行政拘留5日的处罚。该消息被媒体报道后引发网友不满，舆论指责山东交警如此"小家子气"，并开始对山东兖州交警的官方微博进行"围观"。不管该微博发布什么消息，下边均能收获网友大量评论性指责。还有网友发出"一人说一句兖州交警真孬种"的倡议，得到众多网友响应。最终山东交警撤销该行政处罚决定，并向当事人赔礼道歉。

【思考题】

1. 网络舆情涉及哪些心理学因素？
2. 网络舆情与心理研究的哪些议题相关联？
3. 如何结合心理学知识正确解读网络舆情案例？

【推荐阅读】

1. 李普曼．舆论［M］．常江，等译．北京：北京大学出版社，2018.

2. 人民网舆情监测室．如何应对网络舆情？——网络舆情分析师手册［M］．北京：新华出版社，2011.

3. 齐中祥．舆情学［M］．2版．南京：江苏人民出版社，2017.

4. 邹振东．弱传播：舆论世界的哲学［M］．北京：国家行政学院出版社，2018.

5. 杨明刚．大数据时代的网络舆情［M］．深圳：海天出版社，2017.

6. 周蔚华，徐发波．网络舆情概论［M］．北京：中国人民大学出版社，2016.

第十六章
谣言传播的心理研究

【本章学习要点】

1. 谣言传播者的心理动因
2. 谣言接受者的心理动因
3. 谣言的心理特征及其识别
4. 应对谣言的心理策略

你轻信过谣言吗？你是否也曾主动转发信息，然后发现那只是谣言而已？

谣言，是指没有相应的事实基础，却被捏造出来并通过一定手段进行传播的言论。关于谣言的研究，最著名的应该是奥尔波特（Gordon Allport）于 1947 年提出的谣言产生的公式：

谣言 =（事件的）重要性 ×（事件的）模糊性

在这个公式中，奥尔波特指出，谣言的产生与事件的重要性和模糊性呈正比，事件越是重要，相关信息越是模糊，谣言产生的可能性就越大。所以，重要事件发生时往往伴随着谣言的传播，而要想终止谣言的传播，就应该及时披露事件真相。

“谣言”自古有之。在古代汉语中，“谣言”指流行于民间的歌谣或谚语。随后由“谣”衍生出“造谣”“传谣”等说法，“谣言”也就发展为指那些恶意传播的、没有事实依据的话语。

网络出现后，谣言通过邮箱、聊天软件、社交网站、网络论坛等传播，形成网络谣言。

第一节　谣言传受者的心理动因

虽然在现代社会人们受教育的程度不断提高，科学文化知识不断丰富，获得消息的渠道也日益多元化，似乎能够对各种传言做出理性判断。然而，信息的爆炸性增长和技术进步也使谣言传播的速度大大加快，人们往往来不及分辨各种信息的真假。

人们倾向相信那些未经证实的传言，只不过是因为他们常常对自己缺乏直接经验和切身体会的事物都难免轻信①，比如磁铁能预报地震、普通人的大脑只被开发利用了10%、牙刷比马桶还脏、转基因食品吃死了德国奶牛、在加油站用手机会引起爆炸……

你思考过为什么有些人热衷于传播谣言，有些人又容易轻信谣言吗？

一、谣言传播者的心理动因

（一）传播者的自我满足和炫耀心理

有时候谣言传播者是为了炫耀自己“消息灵通”，或是把网络谣言当成展现自己“能力”的手段，他们往往并没有意识到自己传播谣言的危害性。有人在传播一些谣言时觉得自己在听者面前居高临下。“这种满足在那些生活平淡无奇和心态不平衡的人中间可能很有吸引力。为了维持这种威望，他们煞费苦心地去听，将听到的内容传播给自己的邻居们，并对此感到自豪。”② 有些网络达人爱搜集重大事件的传闻，以此来提高自己的威望和点击率。这些达人往往不会考虑谣言传播的后果，而只是乐于搜集和传播，甚至不惜凭空捏造。

2014年11月，“河南超400万斤黄梨滞销，果农忍痛喂猪”的消息广为流传，随后不少热心网友前往当地采购黄梨，却发现此事为谣传。原来在当地果农把坏梨烂梨喂猪是很正常的事，而好事者称自己有办法帮助销梨，所以故意把图片（见图16－1）发到网上引起人们的关注。专家指出，现在网络上“消费”网友爱心之举甚多，结果造成真正需要网友关注的事反而也被认为是假消息而错失获得帮助的机会。

图16－1　网传黄梨滞销的图片

---

① 果壳网．谣言粉碎机［OL］．https：//www.guokr.com/scientific/channel/fact/.

② 奥尔波特等．谣言心理学［M］．刘水平，等译．沈阳：辽宁教育出版社，2003.

现代社会是信息社会，掌握越多的信息就等于掌握了越多的资源，在人际圈子里也就占据了越有利的位置。而一些谣言往往是有别于正常信息的，是惊世骇俗或让人大吃一惊的，是与人们日常掌握的信息不同的，有时人们传播这样的谣言会使自我评价高涨，心理上获得满足，同时也显示了个人掌握的信息量大，从而享受“你不知道我知道”的优越感。

（二）维系人际关系的谈资

网络谣言通常具有争议性及话题性，容易成为维系网络人际关系的“纽带”。当人们感觉无话可谈的时候，谣言和八卦就被用来调节气氛，而在这种情况下，即使是平时不传谣言的人，也会因为无聊而被谣言俘虏。

（三）为了求证和确认事实

有时候转发谣言并不代表相信了谣言，而是为了求证谣言到底是不是事实。当信息的真实性不能确定而且自己又无法确认的情况下，人们会想办法求助于他人来确认，所以有时候人们看到一条模棱两可的消息时，往往会产生一种“到底是真是假”的好奇，因此可能会无意识地转发出去，并加上“求证”的字样。但这样的消息很可能会引发恐慌，并在传播过程中丢失“求证”二字。

另外，在谣言传播的过程中，出于“合理化”的心理，一些人可能会自动对不完整、不明确的信息加以补充，而这种补充往往只是个人觉得“合理化”的补充，这也是导致谣言产生的一个原因。

（四）谣言无害的娱乐心理

当代社会人们生活节奏快，常常觉得生活单调乏味，而八卦谈资可以为平淡的生活增添刺激和乐趣，所以娱乐心理也是人们传播和接受谣言的心理因素之一。持这种心理者往往认为谣言好玩、无害，出于娱乐的目的而传播它，甚至自己胡编乱造一些娱乐性消息到处乱传。

有些谣言能够传开也许并没有什么特别的理由，只是因为有些人持一种“宁信其有，不信其无”的态度。有时候谣言之所以能传得那么快、那么远，很大的一个原因在于许多谣言传播都属于“利他型谣言传播”。2011 年春抢盐风潮中许多人在亲友之间奔走相告“碘盐、海带可以防辐射”。除了极少数炒盐价的人之外，绝大多数人并非“别有用心”，相反他们可能都觉得这是为了亲友好——为了他们的身体健康，为了他们能躲过一劫。但这种“良好用心”的结果却是几乎所有人都相信了一个未经证实的传言。许多人正因为觉得自己的言行是利他的，所以在传播谣言时不仅没有负罪感或心理负担，相反还觉得是在做好事，最终反而导致了谣言的猖獗。

（五）仇恨、嫉妒和偏见滋生谣言

仇恨、歧视、嫉妒和避免内疚是产生诽谤类谣言的原因。这一类谣言有明确的指向对象，因为个人或群体之间出现利益冲突，而在现实中又出于各种各样的原因无法得到解决，所以通过造谣的方式来进行诽谤。

偏见是对某一个人或团体所持有的一种不公平、不合理的消极否定的态度。在现实生活中，社会的各个团体、阶层之间存在着利益上的冲突、地位上的不平等，这是产生偏见的重要因素。冲突导致敌视，敌视导致对对方的否定性情感和心理，甚至以谣言的方式出现，攻击对方。从谣言中常常也能够看出偏见的存在，谣言的牺牲品经常是替罪羊。偏见是对社会的并不全面的感知。谣言总是针对最新发生的新闻事件，它能够表现出或加强潜在的偏见。比如某些地域或民族歧视，经常导致一些负面新闻被安排在某地域或某民族的人物身上，而社会公众可能由于对政府的执政能力存在偏见，往往不愿意相信官方发布的真实情况和公布的真实数据，而宁可相信民间传播的小道消息。

有一个流传甚广的谣言是这样的：你知道上海的市花是什么花吗？白玉兰。知道上海人为什么把白玉兰选为上海的市花吗？因为上海到处都有白玉兰。不对，上海到处都有桃花、茶花等，为什么偏偏选白玉兰为市花？告诉你吧，因为白玉兰树只有花没有叶子，我们常说“红花还要绿叶扶”，可是白玉兰竟然连叶子也不要，说明它何等自恋！上海人选白玉兰为市花恰恰反映了上海人的自恋，自以为是，瞧不起外地人。

这个故事显然是一个谣言。选白玉兰为市花的真正原因是，在上海的气候条件下，白玉兰开花特别早，花大而洁白，开放时朵朵向上，象征着一种开路先锋、奋发向上的精神。但谣言为什么至今仍在传播？因为它符合有些人关于上海人的偏见，有些传播者甚至明知它只是一个调侃的说法，依然乐此不疲地传播。

二、谣言接受者的心理动因

（一）谣言反映出公众的安全需求

谣言生成的公式中所提到的“（事件的）重要性”，就是指对受众而言，该信息与其切身利益的相关性。信息传播是人类的本能之一，是其获知自身所处环境安全与否的重要手段，谣言由此就通过信息传播而散布开来。所以谣言的生成与人类基本的心理需求密切相关。

当与自身利益密切相关时，人们为了安全起见，常常对谣言采取“宁可信其有，不可信其无”的心态。正因为如此，近年来社会上流传的谣言大多与安全紧密相关。中山大学的一项研究表明（见图 16－2），在社交媒体中最容易被人们所点击和转发的谣言中，超过一半（50.89%）的谣言与“人身安全”相关，“食品安全”和“疾病相关”也是易滋生谣言的重灾区，而这些显而易见都利用了人类对于基本安全的迫切需求。

中国社科院社会科学文献出版社和上海交通大学舆情研究实验室联合发布的 2013 年舆情蓝皮书《中国社会舆情与危机管理报告（2013）》也指出，网络谣言主要集中出现在事故灾难、政策出台、民生问题等类型事件中。如 2012 年“世界末日说”，导致无数谣言

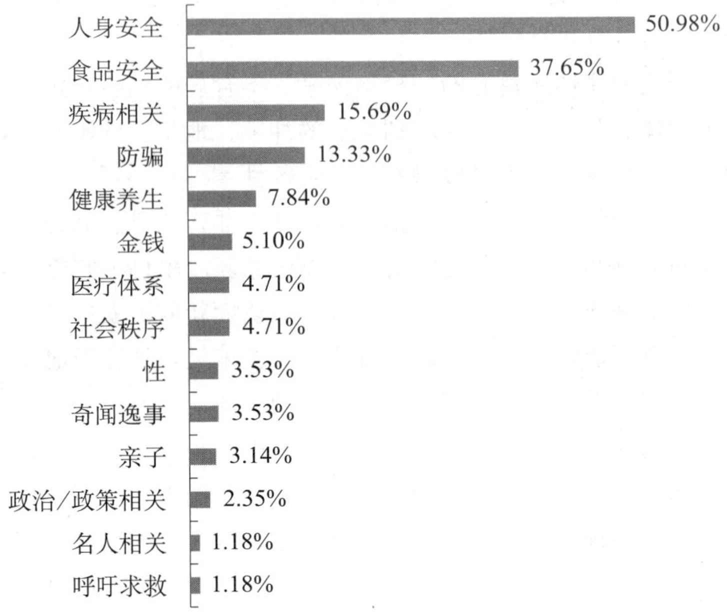

图 16－2　哪些谣言最容易在社交媒体中传播

滋生，甚至引发抢购蜡烛等不少荒唐闹剧。

2008 年，一则小道消息通过网络迅速传播："告诉家人、同学、朋友暂时别吃橘子！今年广元的橘子在剥了皮后的白须上发现小蛆状的病虫。四川埋了一大批，还撒了石灰……"这则谣言导致严重的后果，大半个中国产的柑橘出现严重滞销，全国七成柑橘无人问津，损失或达 15 亿元，各地的水果批发市场里商贩守着烂掉的橘子哭泣的场景随处可见。

2010 年 2 月，关于山西一些地区要发生地震的消息通过短信、网络等渠道疯狂传播，由于听信"地震"传言，山西太原、晋中、长治、晋城、吕梁、阳泉六地几十个县市数百万群众 2 月 20 日凌晨开始走上街头"躲避地震"（见图 16－3），山西地震官网一度瘫痪。21 日上午，山西省地震局发出公告辟谣。

（二）谣言透露出公众的社会焦虑

焦虑源于深层次的内心不安。从心理学角度讲，焦虑是一种缺乏明显客观原因的内心不安或无根据的恐惧，特别是当人们遇到某些事情如挑战、困难或危机时出现的一种情绪反应。而社会焦虑则属于某些社会或时代，它往往直接由物质原因引起，也突出地表现于担心自己及家庭的现状和前景。社会学及社会心理学研究表明，社会焦虑和物质匮乏之间虽然有一定相关性，但并不是呈完全对应的关系，社会普遍焦虑之时并不一定就是社会生活最为水深火热之时，甚至倒有可能是向一个有希望的社会转型的征兆。

2012 年的一份研究报告表明，当年的网络谣言背后透露出社会公众强烈的反腐焦虑，公众对于反腐败的关注使得一些谣言借助反腐的形式得以流传。数据显示，超过一半

图 16-3 谣传将发生地震而引发群众在街头等待

(55.2%)的网络谣言与腐败相关，其中最多的是公职人员被造谣涉及色情或强奸事件(24.1%)，其次是谣传官员非法敛财或者炫富(20.7%)，再次是谣传公职人员滥用职权、暴力执法或陷入权力斗争(17.2%)。当然，这种反腐焦虑也得到了回应，在随后两年时间里，中国掀起了前所未有的反腐风暴，对于公众的反腐焦虑具有一定的缓解作用。

2013 年 H7N9 禽流感疫情消退后，相关谣言共涉及 27 个省（自治区、市），而作为主要疫区的浙江、江苏和安徽三省的曝光谣言例数居于前三。但是非疫区的山东、山西、江西、河北、福建等地出现较多谣言，曝光谣言例数占比高达 60.3%。也就是说，非疫区的群体其实比疫区的民众更加担心本地会出现疫情，焦虑感提升，传谣率也随之增长。

“9·11”事件之后的美国也因社会焦虑而陷入大量谣言之中。比如谣传每 5 瓶可乐中就有 1 瓶被恐怖分子注入了炭疽病毒；9 月 11 日那天没有一个犹太人到世贸大厦上班，因为他们事先就得到了恐怖袭击的消息（实际上遇难者中 15%是犹太人）等。

心理学研究认为，一个群体的共同焦虑越多，通过谣言来进行表达就越有可能。有人传播谣言的主要目的之一就是试图解码那些令人恐惧和不确定的情景。甚至有时候有人明知谣言错误得离谱还会传播，是因为通过信息交换能够舒缓内心的不安。

（三）谣言中隐藏着公众的心理期待

人们无法轻易达成的渴望有时也会滋生白日梦类的谣言。人们其实清楚某种渴望是很难实现的，或者很难直接说出来，就会通过谣言来包装——比如，“邻居家的小孩”是每个孩子从小都被灌输的经典谣言，“隔壁老王”是每个被认为不成器的男人最大的噩梦。每到年底发奖金的时候，网络上就会谣传“听说某某公司发了 48 个月薪水啊!”。而关于全中国有多少万套空置楼房，人们纷纷逃离北上广等经久不衰的消息也属此类谣言。在某些时候，这类谣言也能满足人们的幻想，甚至给人以正能量，比如微博上时不时会有某个漂亮姑娘送乞讨老人馒头之类的感人故事……

2013年3月，无数媒体转发了深圳街头90后女孩当街给残疾乞丐喂饭的新闻图片（见图16－4），感动了无数网友，引发广泛传播。甚至连《人民日报》、中央人民广播电台等官方网络均予以转载。众多网友为女孩竖起大拇指，称赞此举是社会正能量。但很快就有网友指出该新闻是策划团体的炒作。有媒体证实，整个行为其实是某商业展的炒作。此后，策划者出面致歉，承认照片是摆拍的。

图16－4　深圳女孩喂乞讨者吃饭的摆拍照片

人们之所以容易接受此类谣言，是出于对信息的选择性接受。多数人更倾向于选择和传播对自己有利的信息，或者倾向于选择和传播符合自己心理期望的信息，而不管这种信息是真是假。另外，可能传播者期望可以通过此类消息的传播与发酵形成舆论压力，进而把谣言变成现实。

（四）谣言满足了人们的猎奇心理

心理学家将好奇心定义为个体对新异刺激的探究反应。人类天生有好奇探索的本性，好奇是产生谣言最基本的动力之一，越讲不清楚的事，越能引起人们的好奇心。在特殊时期，如果公众无法通过权威渠道获得值得信赖的消息，他们就会在好奇心的驱使下转而寻找小道消息，这便为谣言的传播提供了空间。另外，关于明星和名人的小道消息、高层内幕等总会有各种谣言版本出现，引得人们津津乐道，正是因为此类内容满足了人们的猎奇心理。

（五）受众易受盲目从众心理影响

所谓从众是在群体压力下，个体自觉不自觉地以某种群体规范或多数人的意见为准则，改变自己的态度和行为的现象。个人易受群体行为的影响，当大家都在转发时，个体或会不加分辨地盲目跟帖并加以传播，从而不仅接受还主动转发了谣言。

由于部分网民认识能力有限、警惕性也比较差，在对待谣言时缺乏基本的分析和判断能力，往往会听风就是雨，一味盲从。特别是一些谣言打着“科学”的旗号，更难辨别真伪。比如“吃盐防核辐射”谣言就是利用公众对科学知识的盲从来传播的，居然造成多地居民抢购食盐的风波。

第二节 网络谣言的心理特征

网络谣言之所以能广为流传，也因其在传播过程中利用了接受者某些心理特征，下面从几个方面对此进行分析和说明。

一、网络谣言的认知特征

（一）用过于精确化的数字来证明可靠性

谣言大多是找不到来源出处的，是极其模糊的信息。这些信息为了达到使人确信的目的，往往会极其追求信息的“准确性”，所以经常使用过分确凿和绝对化的数字来说服受众。研究表明近三分之一的谣言都使用精确数字，比如《不要再买这个菜了！因为它100％致癌！》《太可怕了！未来80％的家庭将面临洗牌，有图有真相！》等。这些数据看似客观，实则并无确切的出处，只是用数字来突出其客观性和准确性，但数据不过是用于掩盖其并无根据的幌子。

（二）用强烈冲击力的图片以求“眼见为实”

社交媒体中流传的谣言大多都附有图片，而且不止一张图片。研究发现传播谣言的文章平均附带3.56张图片。人类往往愿意相信自己亲眼看到的，正所谓“眼见为实”，但却往往忽视了“眼见未必为实”，有不少谣言照片是张冠李戴，甚至是故意制造出来的假图片。这些图片往往极具视觉冲击力，极易抓人眼球，让人们在震撼之余理性后退，从而接受谣言，将其当真。

（三）简单而又具体的谣言更容易传播

你一定听说这样的研究结果：不小心吞下去的口香糖，需要七年时间才能从身体里排干净；我们的大脑容量只使用了10％；从太空中可以看到中国的长城。这些传闻都很简洁具体，极具画面感的细节描述在脑海中挥之不去。不过它们都是假的！这些谣言说明了一个道理：切实具体、容易理解的传闻最容易流行起来；复杂的观点不太可能得以广泛传播，那些有上下文背景的观点在传播过程中会被断章取义。所以谣言在传播过程中会细节化，变得越来越简单，越来越易于识记。正是因为这些说法简单又生动具体，才给人留下深刻的印象，使人信以为真，而复杂难懂的谣传不太容易散播。所以谣言的制造者往往会炮制出简单而具体的谣言。

（四）谣言往往会假借科学之名进行扩散

有句格言说："古代科学常常以迷信的面目出现，而现代迷信则常常以科学的面目出现。"在以食品安全、自然灾难、科技带来的以灾难为主题的谣言中，包含着一些似是而非的科学术语是寻常之事，例如说维生素C和虾同吃会产生化学反应，生成有毒的三氧化二砷并导致人死亡，这里"三氧化二砷"这个术语本身就会大大提高谣言在表面上的可信度。①

（五）谣言与部分事实混杂使人真假难辨

网络谣言的一个显著特征是真假混杂、辨识难度高。有些谣言为了让人信以为真，甚至还会故意掺杂一些真实的内容，这样真真假假更难以分辨。比如关于食品安全的谣言之所以层出不穷、屡禁不止，除了因为人们对生命安全有着天然的紧张感外，还因为当前社会中确实存在着种种食品安全问题，这样时真时假，不由得人们不相信。

特别是一些传闻先是被官方定性为"谣言"，但不久之后却被证实是"事实"，这类谣言被网民戏称为"官谣"。比如2012年年底，媒体人罗昌平在网络上实名举报部级高官国家能源局局长刘铁男，当天国家能源局回应称"造谣"，并称已联系网络管理部门和公安部门报案报警，将采取法律手段处理此事。然而五个月后，"谣言"竟然成真，刘铁男因严重违纪被中纪委调查，并经法院审理被判处无期徒刑。这种"官谣"不仅损害了官方的公信力，更破坏了网友的心理认知图式，使得打击和澄清网络谣言也变得更加困难。

针对全国各大城市陆续以限牌来调节城市交通现象，2013年年底，深圳市公安局在接受采访时表态：深圳"没有准备限牌限号""绝不会搞突然袭击"。2014年4月，《南方日报》发表文章《深圳不限牌，底气何在》，文章通过采访深圳市市长和交通委主任，说明深圳不会以限牌来治理拥堵问题，将通过经济手段来调节市民出行方式。5月，深圳一汽车销售员因散布深圳即将限牌的消息而涉嫌造谣被警方调查。然而2014年年底，深圳市政府召开新闻发布会，决定当天18时起在全市实行小汽车增量调控管理，20分钟后生效。媒体评论认为，此举让公众今后很难相信政府的保证，并追问到底谁在"造谣"。

二、网络谣言的情感特征

（一）用诉诸恐惧的手法引起受众心理恐慌

传播学关于说服的技巧中，诉诸恐惧是一种极其有效的手段，社交媒体中流传的谣言

---

① 果壳网．谣言粉碎机［OL］．https：//www.guokr.com/scientific/channel/fact/.

对这一手段也有运用。研究表明，33%的谣言包含有死亡唤起，像“致癌”“有毒”“毁容”等相关词汇会被经常使用。在诉诸恐惧的信息冲击下，受众往往会进入恐慌和焦虑的情绪中，从而放松了警惕，甚至放弃了理性，抱着“宁信其有，不信其无”的心理，不敢轻易忽略或否定这样的谣言。

（二）用不断重复的信息刺激公众的真伪底线

在谣言刚开始传播时，并不是所有的人都选择相信。但随着谣言一遍一遍地传播，人们的信念就会发生动摇，直至最后信以为真。从心理学角度来讲，重复地看到某一刺激物的出现，在情绪上可能会引起好感，而逐渐变成适应，直至喜欢；此外，重复可以导致熟悉，而这一变化可能有助于对被重复的刺激物产生良好评价。

传播学里关于说服和态度改变的研究也指出，人们会倾向于忘记消息来源而记住信息内容，所以谣言的一再反复传播并不能使谣言变成事实，但是借助重复的力量，谣言可以诱使更多的受众信以为真并进一步传播谣言。斯坦福大学做过这样一项研究：向参与实验的被试重复散布一条“百事可乐罐子上有老鼠尿”的谣言。被试听到谣言次数越多，就越认为消息可能来源于权威刊物，而不是专门报道娱乐八卦的小报。

（三）风险防范心理致负面谣言更容易传播

谣言中很少有正面的、积极的内容，因为我们天生就更倾向于传播负面消息。从进化心理学的角度来说，人类总要时刻警惕周边潜藏的危机因素。我们总是会害怕一些不确定的事情，所以不断地把谣言传来传去，以图弄清楚到底发生了什么。

谣言也可以被看作一种非理性的风险防范机制。国外一家公司的调研报告表明，在20多个受调查的亚太国家和地区中，中国人最倾向于与人分享负面体验（其比例为得分最低的韩国人的两倍），就像中国的俗语所说的：“好事不出门，坏事传千里。”所以我们更容易去“提醒”亲友们注意各种或真或假的危险。

三、网络谣言的行为特征

（一）人际传播使得谣言更容易被人接受

谣言通常都是通过人际网络来传播的，而且相对来说，越倾向于人际渠道，其伪装性越大，越容易使人信以为真，无论是在现实社会还是在网络空间都是如此。而微博、微信等网络社交媒体在这方面起了激化作用。一个从理性的角度看不可信的谣言，如果是亲朋好友打电话来告知，并坚持说“相信我，我绝不会骗你”，出于对他们为人的信赖（你当然相信亲友不会骗你、害你），很可能我们会产生思想上的动摇甚至开始相信。所以在谣言传播中，普通人的作用可能会超过意见领袖。以前，普通泡泡糖要咀嚼很久才能变软，然后才能吹出泡泡。直到20世纪70年代中期，一家公司推出了全新的泡泡糖，它几乎入口就能变软，就能吹出泡泡……是什么使它这么快就变软呢？不久，“答案”揭晓——这款泡泡糖是由蜘蛛蛋制成的。这个谣言传播得如此广泛，以致新款泡泡糖的销售一落千丈。公司立即展开调查，发现谣言并不是恶意诽谤的同行炮制的，而是那些可爱的儿童传播的。心理学家指出，有些谣言的散布与散布者的地位和名气无关。正因为孩子没有判断力，几乎轻信任何东西，谣言才能散播得如此迅速。

（二）经济利益诉求促使谣言广为传播

你一定收到过这样的短信：“为了爱你的和你爱的人，请将这条短信尽可能多地转发。”短信的内容则随时间的转变而变化：食品危机时，内容是关于某食品会致癌或损伤你的身体；餐具危机时是某炒菜锅含有一种会影响肝脏的元素……由于现在社会已经进入风险社会，谣言也就会时时出现。谣言甚至已经成为某些人重要的营销武器，竞争对手通过炮制有关对手的耸人听闻的谣言达到影响竞争产品销量的目的。

第三节　应对谣言的心理策略

作为信息的接受者，我们要能够及时辨别出谣言；作为信息传播者，我们更要时刻警惕不要误传了谣言。那么，从心理学的角度出发，我们应该如何应对谣言呢？

一、引导理性思维，以消除偏见

如何应对网络谣言，或者降低网络谣言的危害呢？首先要做到信息公开透明，根据谣言的生成公式，在无法改变信息重要性的基础上，唯有使信息模糊度减小，才能减少谣言的流通量。对于大众而言，在接收信息时，也要多加注意信息的出处、可靠性，可多方查证，避免被单方面陈述误导。同时，公众要增加一定的对科学、法律、社会常识的认知，培养科学的批判精神和认知方式，增强对网络谣言的“免疫力”。

然而心理学研究表明，信息依然会被人们有选择性地加工和解释。这表明改变人们已经形成的错误认知是非常困难的，所以辟谣是一项复杂的工作。一个错误的信息即便是被更正之后，如果更正的信息与人们原本的看法相违背，反而会加深人们对这条（原本）错误的信息的信任。这种现象在心理学上被称为“逆火效应”（the backfire effect）。

在2013年的一项研究中，凯利·加勒特（Kelly Garrett）和布莱恩·威克斯（Brian Weeks）发现：那些改变原有看法的人是先前就不相信这件事的人；如果某人对这件事持有相反的态度，那这种纠正不仅起不到作用，还会加深其对信息源的怀疑。2012年对气候变化的研究也发现了相似的效应：如果信息与人们不坚定的认知冲突，那么他们就会抛弃原有的认知；但如果人们先前的认知非常坚定，那他们就会抛弃所获得的新信息。

就算我们认为自己已经完全改正了错误的观念，原先的认知依旧会对我们的记忆和想法产生影响。莱万多夫斯基（Lewandowsky）和他的同事们在西澳大学做了一系列研究，他们让学生们阅读一篇关于明显是发生在澳北区的抢劫酒品商店的新闻。所有学生都阅读了基本事实相同的新闻报道，但有的新闻中提到了抢劫者的种族，而另一些则没有涉及。然后他们让其中一组学生相信嫌疑人是高加索人，让另外一组学生相信嫌疑人是土著人。在报道的最后，嫌疑人的种族可能是确定的，也可能是不确定的。之后，实验参与者需要进行半个小时与先前毫不相关的电脑工作。之后他们需要回答一些事实性问题（比如新闻里“被遗弃的车辆是什么类型的?”）以及推理性问题（比如“你认为谁是袭击者?”）。在学生们回答完所有的问题之后，研究人员就可以对他们关于土著人的种族态度进行评估。

每个人的记忆都是正确的，学生们都可以回忆起有关犯罪的细节，也能详细讲出哪些信息是确定的或不确定的。但种族偏见很强的学生依旧会根据错误的种族信息认为抢劫者是土著人，即使他们知道这个问题已经得到了纠正。他们能够准确回答出那些事实性问题，也知道他们所知的种族信息是错误的，但他们仍然会在回答推理性问题的时候依赖这种错误。他们会说袭击者可能是土著人，或酒品商店老板可能因为他们是土著人而误解了他们。也就是说，虽然错误的认知得到了纠正，但这种坚定的错误认知会一直影响人们的判断，即使人们可能已经意识到了这种情况。

这种情况在中国近年来的舆情事件中也屡有发生。比如人们宁愿相信湖南一位小贩是被城管拿秤砣砸脑袋致死，而不愿意相信官方出具的死因鉴定结论。同样的事情在浙江也发生过，一位村民遭遇交通事故死亡之后引发轩然大波，因为网民更愿意相信这背后有不可告人的阴谋：这位村民是被谋杀的。一些网络意见领袖组团亲自前往调查，随后根据调查情况改变了自己的观点，结果他们被网友指责，说他们收受了政府的好处。而人们所熟知的南京一位小伙子扶起大妈结果被“诬陷”，随后被法院判决应承担责任的案例，被认为是随后一系列“老人倒地到底要不要扶”的始作俑者，但很少有人关注到南京事件中的当事人在两年后已经坦承自己确实负有责任。

媒介的发展为人类的信息传播创造了有利条件，但也带来了一些不利因素。人类信息的接受和认识形成的过程相当复杂。但即便如此，面对当前的网络舆情和谣言传播，政府及相关管理部门、传统媒体和新媒体、广大网民还是需要有所作为，充分发挥其正面作用，限制其负面作用。

二、提高公信力，抑制逆反心理

对于政府部门而言，塑造政府正面形象，提高自身公信力，是应对负面舆情和谣言的最有效的途径。应对舆情，可以分为三个层次：发现负面舆情信息，想办法掩盖或是删帖来平息舆情，此为下策；在舆情爆发后积极应对，以诚恳的态度和有效的措施来纠正以换来民众的理解，此为中策；在平时积极增强自身的舆情免疫力，即使舆情爆发也可以岿然不动，此为上策。在当前社会环境中，多数舆情涉事部门还停留在第一个层次，少数能达到第二个层次，而做到第三个层次的则少之又少。

在风险社会，舆情免疫力无疑是最宝贵的财富，但舆情免疫力不是用金钱可以买得到的，它不是来源于外部，而是需要修炼自身“内功”。免疫力的获取大致需要以下几个方面的努力：首先，要有长期以来形成的良好形象，此为舆情免疫力最基本的要求；其次，要主动建立与社会公众沟通的多种渠道，与公众形成日常的良性互动，微博和微信等社交媒体的出现为实现这一点提供了方便，各级政府部门在这方面也做了不少尝试。

2013 年 10 月，国务院办公厅发布《关于进一步加强政府信息公开回应社会关切、提升政府公信力的意见》(简称《意见》)。《意见》指出，互联网技术的迅猛发展和信息传播方式的深刻变革，社会公众对政府工作知情、参与和监督意识的不断增强，对各级行政机关依法公开政府信息、及时回应公众关切和正确引导舆情提出了更高要求。与公众期望相比，当前一些地方和部门仍然存在政府信息公开不主动、不及时，面对公众关切不回应、不发声等问题，易使公众产生误解或质疑，给政府形象和公信力造成不良影响。

《意见》要求着力建设基于新媒体的政务信息发布和与公众互动交流的新渠道。各地区各部门应积极探索利用政务微博、微信等新媒体，及时发布各类权威政务信息，尤其是涉及公众重大关切的公共事件和政策法规方面的信息，并充分利用新媒体的互动功能，以及时、便捷的方式与公众进行互动交流。开通政务微博、微信要加强审核登记，制定完善的管理办法，规范信息发布程序及公众提问处理答复程序，确保政务微博、微信安全可靠。

2014 年 4 月，国务院办公厅印发《2014 年政府信息公开工作要点》，再次要求各行政机关要把政府信息主动公开工作作为推进依法行政的重要手段，不断扩大公开范围，细化公开内容。要制订信息发布、解读和回应整体方案，加强新闻发言人制度和政府网站、政务微博微信等信息公开平台建设。要依法规范做好申请信息公开工作，完善受理、审查、处理、答复以及保存备查等各个环节的流程，依法依规满足人民群众的特殊信息需求。

根据腾讯发布的《2014 年上半年政务微博微信发展报告》，历经 2011 年的发端，2012 年的井喷，政务微博在 2013 年步入规范运营、务实应用的成熟阶段，2014 年政务微博也备受社会关注，截至 2014 年 6 月 15 日，经过腾讯微博平台认证的政务微博达 181 524 个，其中党政机构微博 111 728 个，公务人员微博 69 796 个，而团委、公安司法和政府依然是部门组成的“三驾马车”，超过全部数量的 75%。这体现了政府部门对于新媒体的接纳程度有所提升，也显示出政府积极参与社会讨论的姿态和主动把握时代脉搏的决心，网络舆论场迎来“微博国家队”的整体崛起。

在塑造形象方面，除了增加新媒体应用数量外，更重要的是转换思维方式，运用互联网思维提升社会沟通能力。简单地说，就是从原来的宣传思维转变到网络时代的公关思维。比如根据媒体报道，中共中央纪委监察部官网于 2014 年异军突起，而且一路飘红，形势看涨。从 2013 年 9 月上线以来，第二个月的点击量就达到 3 000 万。2014 年 3 月，总访问量达到 2.3 亿次，日均访问量超过 120 万次，峰值达到 600 万次。在全国反腐的大形势下，中纪委官方网站对信息发布的控制权和节奏感恰到好处，其舆论引导所营造出的舆论氛围作用不可小觑。

2013 年 10 月，在一段被网友认为“尺度很大”的轻松幽默的 5 分多钟视频《领导人是怎样炼成的》中，习近平以卡通形象出现，以他的晋升之路为例介绍了中国领导人的选拔过程，并与英美等国的领导人产生机制进行对比。这既是中国的干部选拔制度首次通过讲故事的形式被介绍，也是中国的国家领导人首次以动漫卡通人物的形象出现在公众面前。两天时间内该视频点击量超过了 100 万次，这在此类政治视频短片中绝对遥遥领先，属于破纪录水平。

2013 年 12 月 28 日，习近平主席在北京考察民生工作，看望一线职工，慰问困难群众。当天中午 12 时许，习近平主席走进西城区庆丰包子铺月坛店，自己排队买包子、买单、端盘子、取包子，并与在场群众交谈。这一消息最早于 13 时 20 分由加 V 认证为“时事评论员”的新浪微博账号“@四海微传播”首发，该消息用词极富微博色彩：“亲们，我没看错吧！习大大来庆丰吃包子啦！果断上图。”微博附有两张现场照片。一分钟后，有 900 多万粉丝的新浪认证用户“@新华视点”转发了这条微博。

当天下午 4 时，各路记者已经云集小小的包子铺，包子铺经理只能举行“新闻发布会”以答记者。包子铺的服务员史玲玉、收银员郭雪琴、副店长贺媛丽以及包子铺门口外的停车收费员易昌荣等都成为媒体竞相追逐的信息源，他们与习主席对话的每一个字都被反复问起。

12 月 29 日起，众多媒体就此发表评论。《京华时报》的评论说，这条新闻被民众追捧，就在于这样的举动在民众的心理上产生了共鸣，因为这种举动背后有一种深沉的平民情怀，这启示各级领导干部，应找机会走进群众，回归平民本色。人民网的评论《从二两包子感受民本之重》指出，只有把自己当成民众中的一员，才会主动走到民众之间，也只有真正理解权为民所赋，才会做到权为民所用，习主席吃包子引起关注，表达了民众的一种期待，即希望我们的官员都有民本思想，都做到尊重民众，为民众多做事、做实事。《北京晨报》文章称，二两包子，一碗炒肝，本身说明不了什么，但它体现出党坚持艰苦朴素、深入群众良好传统的决心。《环球时报》评论认为，领导人日常生活细节被民间舆论力量自行传播并评论，这才是官员同民众应有的联系和互动方式，这件小事可能预示着中国社会对党风、政风看法和印象的转折。《成都商报》则称我们应以平常心看待此事，应该还原领导干部作为普通人的一面，这样的政治生态将更加和谐、自然和成熟。

自习主席吃包子引发舆论关注和民众好评如潮以来，见诸媒体的各级政府官员的类似行为也受到更多的关注。2013 年 12 月 30 日，郑州媒体报道记者采访时偶遇市委书记在自助售卖机前购票乘坐地铁；2014 年 1 月 1 日，网络视频热传广东佛山市市长在电视上同厨师一起烧多宝鱼向市民致贺新年；2014 年 1 月 2 日，记者称在王府井偶遇公安部副部长配枪巡逻并满足市民合影要求；2014 年 1 月 13 日，媒体报道云南大理市委书记在环境卫生整治活动中带头扫厕所；2014 年 1 月 14 日，湖北媒体报道省委书记到移民安置区慰问群众并下厨煮饺子。

这一系列政府改变形象、重塑形象的做法，其实是潜移默化地改变公众固有的偏见认知，重塑公众心目中对政府和官员形象的认知模式。而这一系列措施确实起到了相应的效果，2014 年，网络舆论环境中正能量的声音增加了不少，整个舆论环境较以前发生了积极正向的变化。

三、多管齐下加强网络环境治理

（一）网络治理顶层设计

2013 年 8 月，中央全面深化改革领导小组审议通过《关于推动传统媒体和新兴媒体整合发展的指导意见》，在随后的全国宣传思想工作会议上，习近平发表讲话指出："要把网上舆论工作作为宣传思想工作的重中之重来抓。"

2014 年 2 月，中央网络安全和信息化领导小组成立，习近平总书记担任组长；8 月，国务院授权重新组建国家互联网信息办公室，负责互联网信息内容管理工作，并负责监督管理执行。新成立的国家网信办出台《即时通信工具公众信息服务发展管理暂行规定》（俗称"微信十条"），并于 10 月召开网络空间法治化座谈会，11 月召开"依法办好网站，讲好中国故事"座谈会、移动互联网业界代表座谈会、网络案例标准化工作座谈会等一系列会议，逐步构建出网络治理的顶层设计方案。

（二）依法治理网络环境

为压缩网络谣言的滋生空间，2013 年 8 月，相关部门开展了打击网络有组织制造传播谣言等违法犯罪专项行动，9 月，"两高"出台《关于办理利用网络实施诽谤等刑事案件适用法律若干问题的解释》。2014 年，全国"扫黄打非"办公室、国家互联网信息办公室、工业和信息化部、公安部联合开展"净网行动"，一系列网络推手因散布谣言被判刑，一些网络营销公司和网站被查处和关停；2014 年 10 月，最高法出台《关于审理利用信息网络侵害人身权益民事纠纷案件适用法律若干问题的规定》，同时《刑法修正案（九）》（草案）也拟定了完善网络犯罪的规定，一系列依法治理网络环境的行动取得良好成效。

（三）加强技术手段管理

网络是一种技术工具，对网络的治理也离不开技术手段的发展，特别是在大数据背景下，我们还需要充分利用大数据发挥正面积极作用。美国前总统奥巴马的顾问团队基于大数据的挖掘，每天实时监测网络信息，从中提取、归纳出形象发展方向。比如研究发现大量家庭妇女其实并没有投票意向，而且她们热衷于讨论脱口秀明星主持人奥普拉，那么奥巴马就会被安排接受奥普拉的专访，以此来拉选票。同样，奥巴马的演讲一结束，大规模的舆情监测和数据分析就开始启动，公众对该演讲的讨论要点及评论倾向会成为奥巴马下一场新闻发布会的重要议题。如今美国政府宣布将“大数据战略”上升为国家战略，甚至被定义为“未来的新石油”。

四、传统媒体发力重塑舆论格局

在网络时代，传统媒体的价值何在？研究表明，社会化媒体往往是网络谣言的重灾区，有不少谣言是由论坛发源之后被转至微博中广为传播，这成为网络谣言传播的重要模式，而传统媒体及其下属网站成为辟谣和澄清的重要力量。所以在应对舆情和谣言时，传统媒体还应发挥更重要的作用。

（一）及时公开透明发布信息，遏制谣言滋生

正规渠道的信息公开透明，小道消息就没有了生存的空间。传统媒体应发挥自己的专业优势，以专业的新闻报道为己任，全力做好信息传播，使得人们愿意寻求并能够从传统媒体获取信息，从而主动抛弃各种小道消息。

（二）吸收舆情中的积极因素扩展信息来源

部分确有价值的舆情信息其实相当于新闻线索爆料，媒体应抓住这样的机会深挖下去，既把网络舆情纳入合理合法的途径，又拓展了新闻媒体的信息来源。而且这些能够引起网民兴趣的信息也对传统媒体提升自己的关注度进行了有益的补充。目前不仅不少媒体纷纷开始从事舆情监测业务，而且也普遍兴起“舆情体”的新闻，即以报道网络舆情的发展过程为主题的新闻体裁。

（三）重视新闻传播规律，夺回舆论阵地

传统媒体毕竟聚焦了传媒领域的大量优秀人才，只要转变思路，真正尊重新闻传播规律并勇于有所作为，就能够在较短的时间内充分体现出媒体的专业素养。2014 年不少媒体积极作为，以扎实的新闻报道重新树立媒体形象，特别是一些传统媒体开始学会在社会化媒体上发声，使得主流媒体成为社会化媒体上的主流声音。

（四）传统媒体积极走新媒体融合之路

传统媒体与新媒体的融合是必由之路。传统媒体抓住机遇努力发展自己的客户端平台，并且多条腿走路，充分利用已有的社会化媒体平台，如《人民日报》、新华社、中央电视台等陆续开设微博、微信账号，而且影响力在不断扩大。截至 2014 年年底，《人民日报》在新浪微博上已经有将近 3 000 万的粉丝，远超过《人民日报》的发行量。此外，传统媒体的各个部门、栏目等以团体小组方式在微博、微信上开设多个账号，尝试放低姿态以平等的态度与网友沟通，也取得了较好的效果。

【案例】 天津蓟县火灾中的谣言传播及其启示

2012 年 6 月 30 日下午，天津蓟县（现蓟州区）莱德商厦失火，这场火灾持续了数小时。现场大火扑灭后，另一场由此引发的舆情火焰又“燃起”：官方公布的伤亡数字遭遇前所未有的信任危机，网上另一版本的伤亡数字流传甚广。蓟县有关部门成为众矢之的，被网友指责隐瞒真实伤亡数字、屏蔽事实真相。这场网络上的舆论大火经久不息，致使政府公信力陷入困境。

当天晚上，新华社报道称至少 7 人死亡。22 时 50 分，天津门户网北方网刊出 78 字快讯，称“初步确认 10 人死亡，16 人受轻伤”。7月1日下午5时，人民网官方微博发布信息，称《人民日报》记者在调查采访蓟县火灾事件的过程中遭遇当地相关部门人员的跟踪。这激起了人们的好奇心：火灾背后到底隐藏着什么？稍后，中国新闻网发布新闻，称在已知 10 人死亡的情况下，仍有家属表示不知道自己亲人的下落，这与政府发布的消息有些出入。火灾死亡人数到底是多少？这成为公众质疑的主要焦点。

与此同时，一些天津网民聚集的论坛成为舆情发酵场所，无数网友在此发布火灾跟踪报道，张贴大量火灾现场的图文及视频，并在微博里抱怨“官方媒体在集体睡觉，死难者亲属在哭泣”。7 月 3 日，财新网记者的调查报道对火灾发生现场进行了细节还原，文中提到商厦老板为防止顾客未付费逃散而关上了大门，这一关键细节也成为公众热议话题。

7 月 4 日，北方网发布《天津市蓟县火灾事故医疗救治工作有序进行》，再次确认了先前报道的“10 名遇难者”的说法，称“9 名为商厦工作人员，1 名为顾客”，且“事故中无人员失踪”。

7 月 5 日，新浪微博中“天津蓟县火灾疑云”已经上升为被推荐的热点话题。虽然也有人声称经过逐一调查后“初步认可”官方 10 人死亡的数字，但微博中流传更广的是另外一种说法：“商场着火后，广播里高喊‘不结账不许走’，随即商场大门关上，商场如焚尸炉一样‘火化’了包括 100 多个孩子在内的 378 个活人。”此外还有更耸人听闻的说法是“县太平间都满了，火葬场冷库都装不下”，只有“从冰窖运来冰块将尸体冻住”。另有媒体报道“现场目击者”声称“多人跳楼逃生，场面惨不忍睹”。在天涯社区、凯迪社区等知名论坛，“蓟县大火”也成为热议话题。

7 月 6 日，天津官方公布 10 人遇难者名单，但是微博和论坛上却开始流传另外一份名单，在这份名单中，死难者人数远远超过 10 人。这一天也是死难者的“头七”祭日，网上流传这一天将举办纪念活动，下午起大量天津市民开始在蓟县鼓楼广场聚集，后被工作人员劝离。

7 月 8 日，天津市官方公布了蓟县火灾事故调查结果。天津市公安部门表示：“有个别网民在互联网上编造、传播谣言，造成了恶劣的社会影响。根据已查清的相关事实，公安部门依照有关法律法规对造谣传谣者进行了处理。当事人已承认夸大死亡人数、冒充武警和目击者编造传播虚假信息等事实，表示悔过。”7 月 9 日晚，官方公布莱德商厦正门、侧门监控录像，证实火灾发生时大门并未关闭。

7 月 13 日，《北京青年报》发布新闻

《蓟县大火百人死亡名单调查：多地证实并无伤亡》。报道称，记者自 7 月 7 日到 12 日走访了 20 余个村庄，依照网上流传的百人名单线索逐一进行核实，均被村民和有关部门否认。至此，这场谣言风波才算是逐渐告一段落。

此次事件的反思与启示：

其一，官方信息模糊导致谣言肆虐。

一方面，火灾发生之后，由于官方说法简单模糊、语焉不详，使得民众和媒体指责官方信息发布迟缓甚至有“有意掩盖”真实信息之嫌，给谣言的生成和传播创造了条件。另一方面，蓟县火灾发生在繁华闹市区，带给民众极大的心理冲击和震撼，但官方一开始公布的信息并不详细，这种模糊性给谣言生成创造了条件，也促使谣言快速传播。

其二，政府公信力弱，难以澄清视听。

正如媒体评论指出的那样，此次舆情事件最主要的根源在于政府公信力弱。在此背景下，任何一点风吹草动就有可能酿成公共危机。天津市有关部门在火灾发生之后采取的管制措施，在当地市民心中营造起比较压抑的氛围，特别是网络上大量与此次火灾相关的信息被屏蔽，一方面使得人们主动寻求小道消息以了解事实真相，另一方面也使政府成为被怀疑的对象，公信力一降再降，失去了舆论的主动引导权。

其三，贻误辟谣良机，损失不可挽回。

政府一开始公布伤亡人数之后，谣言立即在网络上四散流传，但此时政府未能及时回应谣言所指内容，导致谣言大范围扩散和传播，并且在这个过程中不断被“添油加醋”，使谣言更加“趋真”。这在一定程度上也影响了当地政府的权威性，把政府推到尴尬位置，使政府无论如何辩解都无法改变在民众心中已经形成的负面印象。

其四，结论缺少证据，难以取信于人。

要想说服已经持有成见的受众，最好的办法是摆出有力证据，让对方自己得出与原有成见相反的结论。也就是说，证据有时候比结论更重要。在此舆情事件中，当地政府的做法刚好相反。在官方公布的信息中，只是简单地给出结论，却缺乏相关的证据支持。直到后来多家媒体自行进行调查，逐步摆出证据，才使谣言不攻自破。

其五，面对谣言应该科学有序应对。

谣言的生成和传播有自己的规律，谣言的处置和应对也有规律可循。当谣言发生时不应慌忙应对，更不该逆势强行，而要遵循规律进行科学应对。一般而言，应对谣言的规律包括：公开比捂盖子强，信息公开透明可以扼制谣言滋生的土壤；早说比晚说强，占据先机主动发言可以使谣言无法扩散；主动说比辟谣强，摆出证据比给出结论强，证据可以令谣言不攻自破；允许质疑，让媒体和民众参与、监督调查进程以展示信心。

五、网络新媒体的自律与自净

为了规范微博的表达，减少网络谣言，自 2011 年年底开始，微博实名制开始推行。北京市 2011 年 12 月推出《北京市微博客发展管理若干规定》，提出“后台实名，前台自愿”，微博用户在注册时必须使用真实身份信息，但用户昵称可自愿选择。新浪、搜狐、网易等各大网站微博从2012年3月16日起全部实行实名制，采取的都是前台自愿、后台实名的方式。微博实名制强化了微博用户的责任意识和自律意识，实现了对微博平台虚假信息、谣言和不良信息的有效打击，同时又保护了用户的话语权。

2012年12月28日，十一届全国人大常委会第三十次会议审议并通过《关于加强网络信息保护的决定草案》，其中规定“网络服务提供者为用户办理网站接入服务，办理固定电话、移动电话等入互联网手续，或者为用户提供信息发布服务，应当在与用户签订协议时，要求用户提供真实身份信息”，允许有限度的网络匿名和前台匿名。

与此同时，网络运营商自身也开始采取一定自律措施，以规范公众的网络表达。新浪微博发布《新浪微博社区公约（试行）》《新浪微博社区管理规定（试行）》《新浪微博社区委员会制度（试行）》等一系列网络新规，对微博用户权利、行为规范及社区管理机制进行了明确的规范；对有争议的微博引入了类似“陪审团”制度的“微博社区委员会”，通过公开投票来决定“争议微博”的去留。

一些网友也自发组织起来，利用网络传播的优势对谣言宣战。其中科普网站果壳网的一群网友们建立起“谣言粉碎机”小组，这是一个由20多人组成的小团队，他们有着较高的学历或国外留学经历，学科背景涵盖物理、生物、电子、植物、数学等领域。据媒体报道，他们破解一个谣言短则需要一两天，长则需要一周，这当中大部分精力花在了数据资料的搜集上。在辟谣之前，他们会查阅、搜集国内外大量相关信息，从中找到相关数据。编辑会先以自己的专业水准来判断。另外，他们的外国专家团队，包括科学松鼠会成员，还有各学科专家等，都会成为他们的信息来源。

网络舆论还具有自净的功能。谣言在传播过程中有时候会显露出自己的本来面目，从而使网络公众对其加深认识，以达到自我净化的效果。例如在各地频繁暴发因担心PX项目而导致的抗议活动之后，2014年4月，清华大学化工系学生在网站上掀起“PX词条保卫战”，用专业的科学知识捍卫PX低毒的特性，引发媒体的广泛关注。而这场论战也让社会公众真正了解到PX的特性。

【案例】 所谓神秘的35人“红线”谣言

2014年12月31日23时35分许，上海外滩陈毅广场发生踩踏事故。官方通报，截至2015年1月1日凌晨，已致35人死亡。

新浪微博认证为@芙蓉姐姐的博主发布微博称：“35是一个神奇的数字，动车相撞35人死亡，河南平顶山矿难35人死亡，重庆暴雨造成35人死亡，云南遭大雨袭击全省35人死亡……灾难一开始发生，就注定了死亡人数不会超过35。”一时引发争论。虽然博主随后删除了这条微博，但这种说法到底是真是假？

其实《人民日报》2012年就曾辟谣：35不是特定数字。2012年8月27日，《人民日报》就刊发题为《30人以上死亡为特别重大安全事故》的报道。文中指出，死亡人数“35”并不是一个特定的数字，也不是事故等级的分界线。

报道称，每次发生重大安全事故，网络上都会出现一些声音，认为死亡人数“36”“37”是关系该事故是否上升为重大安全事故的高压线，决定了事故的等级和处理结果。而实际上根据记者对随机选择的一张死亡人数都是37的事故名单进行的核实结果发现，许多事故死亡人数并不是37人。比如网传岷县特大冰雹山洪泥石流灾害死亡37人，实际上截至2012年5月14日，全县累计有45人遇难，14人失踪；再比如网传王家岭煤矿透水事故死亡37人，据查询，该事故2010年3月28日发生，38名矿工遇难；网传黑龙江鹤岗特大瓦斯爆炸事件死亡37人，据查询，该事件2009年11月21日发生，最终确认遇难人数108人；网传铁岭昌图爆炸事件死亡37人，据查询，该事件于2003年12月30日发生，截至31日遇难人数增至38人。

2007年颁布的《生产安全事故报告和调查处理条例》规定，根据生产安全事故（以下简称事故）造成的人员伤亡或者直接经济损失，事故一般分为以下等级：

（一）特别重大事故，是指造成30人以上死亡，或者100人以上重伤（包括急性工业中毒，下同），或者1亿元以上直接经济损失的事故；

（二）重大事故，是指造成10人以上30人以下死亡，或者50人以上100人以下重伤，或者5 000万元以上1亿元以下直接经济损失的事故；

（三）较大事故，是指造成3人以上10人以下死亡，或者10人以上50人以下重伤，或者1 000万元以上5 000万元以下直接经济损失的事故；

（四）一般事故，是指造成3人以下死亡，或者10人以下重伤，或者1 000万元以下直接经济损失的事故。

由此可见，只要造成30人以上死亡的事故，均构成特别重大事故，不存在“36”或“37”这样的特定数字。

六、积极传播健康网络正能量

“正能量”这个概念本身就是网络的产物，虽然网络诞生之前“能量”这个词也存在，但都是作为物理学或力学中的概念来解读。但是近年来这个词汇被网络赋予了新的意义，特别是在微博等社交媒体兴起之后，经由网友的使用，“正能量”（positive energy）成为热门网络词汇之一。在2008年北京奥运火炬传递期间，不少网友在微博上发表“点燃正能量、引爆小宇宙”以及“点燃正能量、运气挡不住”等言论。2012年这个词更是红极一时，以至于在当年年底习近平在会见美国前总统卡特时提到，中美双方要不畏艰难，勇于创新，积累正能量。当年国内语言文字专家评选出的“十大流行语”中，“正能量”一词位居榜首。

网络中的“正能量”，是指一切予人向上的希望，促使人不断追求、让生活变得圆满幸福的动力和感情，也指一种健康乐观、积极向上的主动行为，以及真正符合自然、社会和人类自身规律的行为。但这样的解释显然还不够严谨，其实说起来，“正能量”这个词与心理学有着紧密的联系。英国心理学家理查德·怀斯曼的畅销名著《正能量》(*Rip it up*) 为这个词汇的普及起到不小的作用。在此书中，怀斯曼把人体比作一个能量场，作者认为可以通过激发内在潜能，使人表现出一个新的自我，从而更加自信、更加充满活力。

研究认为，“正能量”的走红不仅是一种语言现象，更是对中国人社会心理的折射。它也是中国特有的文化符号，蕴含着相当深厚的文化意蕴。它反映了中华民族精神、主流意识、正确审美观，是具有正面价值和积极意义的精神产品的总和。从社会发展来看，由于中国正处在社会转型期，社会发展过程中不可避免地存在着社会不公、贫富差距、社会失范等问题，这些问题在网络上表现得尤其突出，使得人们内心积压了焦虑紧张、愤怒沮丧、悲伤痛苦等负面情绪；从个人发展来看，当今社会我们面临着升学、求职、购房、婚恋等各种生存压力。在这种内外双重压力下，正能量的出现以至于被网友所热议和追捧就不难理解了。

我们可以通过实例看一下网友认为的正能量具体是什么。

2012 年 12 月 14 日，《燕赵晚报》有关大雪的组稿中有一篇文章《环卫老夫妻雪中扫马路》，其中环卫老夫妻哈手取暖的照片（见图 16－5）后来被网友称为寒冬中最温暖的照片。2013 年 1 月 7 日，央视新闻频道《共同关注》追踪报道这对老夫妻相濡以沫、共同工作的温馨画面。老大爷为老伴哈手取暖的照片在电视屏幕中分外醒目，让整日因生活而奔波和忙碌的网友无限感慨：“生活原本就应该是这么的简单快乐!”

图 16－5　环卫老夫妻哈手取暖

2013 年 12 月 19 日，有网友在微博中晒出了温暖一幕：一位老人在被电动车撞倒后，对撞人的小伙子说：“孩子，我没事，我有医保，你赶紧上班去吧!”随后，骑电动车的男子和一位等车女子将老大爷扶到路边坐了一会儿，大爷自己一瘸一拐地走了。这一新闻激起网友狂赞，被认为温暖了这个冬天。网友说：“因为太多老人讹人的事让我对老人有另一种看法，今天看到这个报道，心里莫名其妙暖暖的，仿佛看到了新的社会，将来面对社会更有信心。”还有网友指出：“社会需要正能量，也需要多些正能量的新闻报道，扬善惩恶，社会导向很重要。”

从以上的理论分析和案例解读中我们应该能够看出，“正能量”应该是一个与心理学紧密相关的概念。从心理学的意义上来看，它更多地是指能够激发起人们内心深处的积极正向的情绪体验，并倾向于引导一种正面的行动力量。

网络上的内容要想成为“正能量”，其必要前提就是能够引发网友的移情和共鸣。所谓移情，是指能够站在别人的立场和角度，理解和欣赏别人的感悟，它对个体形成良好的人际关系和道德品质、保持心理健康及至走向成功都有着重要的作用。毫无疑问，拥有移情能力才能体验到网络信息所传递出来的“正能量”。移情有认知成分和情绪成分，认知是基础，在这个基础上，当网络信息能够引起我们的情感感染，并产生映射性情绪，甚至引发反应性情绪时，我们就感受到了“正能量”。

正能量引发的情绪反应指向可以分为微观和宏观两种：微观的正向情绪反应多指向个体及其环境，会让人觉得充满希望，并有利于个人的自我提升，比如励志故事、导师语录、心灵鸡汤以及其他对个人发展的利好消息等；宏观的正向情绪反应多指向更广阔的主体，比如国家、社会等，会让个体觉得社会有希望、国家有前途，比如社会典型人物、好人好事的报道，以及一些众望所归的政策措施，比如反腐倡廉、依法治国等。

就网络正能量信息所激发的情绪类型来看，也存在两个方向：一个是使人趋于平静的，比如感受到温暖和感动；另一个是使人趋于激动的，比如振奋和踊跃。正能量信息的区分也相当复杂，一条信息在传播初期可能是正能量，但随着事件的发展则有可能会发生转化，变成负能量；也有可能某件事被称为正能量，但是同类事件再次发生时则成为负能量。当前传播心理学对“正能量”的研究才刚刚开始，如何清晰界定正能量，如何对正能量进行测量，正能量所激起的积极情绪的持续性和强度等，都有待进一步科学的研究。

七、提升受众自身的媒介素养

对于参与网络活动的主体而言，公民网络表达既需要自由、宽容的网络空间，同时也要坚持其网络行为遵守法律法规底线。此外，受众还要加强自身的批判意识、科学素养，特别是加强自身的媒体素养，能够清楚地认识到网络信息传播的优势和弊端，正确地使用网络信息传播工具。

从心理学的角度说，受众往往高估自己对谣言的抵御能力而低估别人的能力，所以面对网络舆情的谣言传播，网民要能够意识到人类思维的非理性因素，避免成为谣言受害者，更要避免成为谣言传播者。网络通过其自我净化功能，在给我们带来谣言的同时，也带来了谣言鉴别的机会。而从人类的思维发展角度来说，养成独立思考不盲从的习惯至关重要，毕竟要消除谣言，最好的办法不是塞给每个人一个正确答案，而是让人们知道怎样去寻获正确答案。

【延伸阅读】 网络名人的社会责任与言论底线

随着微博客用户群体的迅速扩大，产生了一批大 V 账户，这些大 V 账户在互联网上具有越来越大的影响力。

2013 年 8 月，国家互联网信息办公室组织召开网络名人社会责任论坛，论坛对网络名人提出六点希望：

(1) 网络名人应承担更多社会责任，因为他们在网上的一言一行影响更多的人。

(2) 网络名人应自觉维护国家利益，积极发挥凝聚正能量作用，鼓舞更多网民为实现中华民族伟大复兴的中国梦做出贡献。

(3) 网络名人应自觉传播社会主义先进文化，弘扬中华民族美德。

(4) 网络名人应带头遵守法律和道德规范，努力成为法治和道德的倡导者。

(5) 网络名人应积极倡导社会诚信，为社会诚信建设做出贡献。

(6) 网络名人应带头维护公民个人合法权益，自觉抵制一切有损他人名誉和利益的行为。

同时，论坛也达成共识，提出网络言论须遵守的七条底线：

一是法律法规底线；

二是社会主义制度底线；

三是国家利益底线；

四是公民合法权益底线；

五是社会公共秩序底线；

六是道德风尚底线；

七是信息真实性底线。

不管喜欢与否，网络与新媒体都已经给我们的社会生活带来了极大的改变，而且这种改变必将持续下去，我们每个人的认知、情感和行为都被新媒体或多或少地改变着，网络新媒体不必然带来光明的未来，但也不是避之唯恐不及的洪水猛兽。网络新媒体是人类传播信息的新技术手段，我们需要更清楚地认识其信息传播对人类心理带来的影响，才能更好地适应网络新媒体，用好网络新媒体，也让我们的生活更幸福，让社会舆论更和谐。

【思考题】

1. 谣言传播者和接受者的心理动因有哪些？
2. 网络谣言有哪些心理特征？如何识别网络谣言？
3. 从心理学角度出发，如何应对网络谣言？

【推荐阅读】

1. 卡普费雷．谣言［M］．郑若麟，译．上海：上海人民出版社，2017.
2. 法尔热．法国大革命前夕的舆论与谣言［M］．陈旻乐，译．上海：文汇出版社，2018.

3. 栾保群．中国古代的谣言与谶语［M］. 南京：江苏凤凰文艺出版社，2018.

4. 王颖吉等．突发公共事件中的谣言传播与治理［M］. 北京：中国传媒大学出版社，2018.

5. 果壳 Guokr. com. 谣言粉碎机［M］. 北京：新星出版社，2012.

附　录

附录一　传播心理学研究 10 年回顾与思考（2000—2010）*

石慧敏　牛新权

传播心理学在我国已有 20 多年的发展历史，经过 20 多年的努力，传播心理学取得了一定的教学和科研成果，在学科体系建设和实践应用上都有了一定的发展和进步。本文旨在对 21 世纪以来的我国传播心理学研究加以梳理和探究，并对以后的研究趋向进行思考。

一、传播心理学的学科定位

传播心理学初步形成为学科是在 20 世纪末期，经过十多年的发展，已具有十分清晰的学科定位。传播心理学是一门传播学与心理学交叉的学科，它既属于应用心理学的一个分支，又可以归入传播理论的一个次级学科。而传播心理学专业可分为三个方向：传播心理基础理论方向、传播心理应用方向和传播心理测量与分析方向。

从 20 世纪末的新闻心理学发展成为新闻与传播心理学，传播心理学的学科发展经历了学科名称的变化，这与传播学在中国的发展和学者们研究视野的拓宽密切相关。由国家技术监督局 1992 年 11 月 1 日颁布的《学科分类与代码（中华人民共和国国家标准）》将“新闻学与传播学”列为一级学科，其下有新闻理论、新闻史、新闻业务、新闻事业经营管理、广播与电视、传播学、新闻学与传播学其他学科等七个二级学科，新闻心理学属于新闻理论这个二级学科下面的一个三级学科。2004 年，中国传媒大学（原北京广播学院）应用传播学方向的传播心理学专业原属于三级学科硕士点被批准为二级学科硕士点——传播心理学方向。也就是说，传播心理学是新闻传播学一级学科下属的二级学科。

---

* 刘京林．发展·融合与传播心理［M］．北京：中国广播电视出版社，2011：附录．

二、传播心理学10年的发展

（一）培养了多层次的传播心理学人才

从目前我国传播心理学发展的现状看，专业的研究人员和教学人员比较少，这在一定程度上制约了学科的发展。中国传媒大学传播心理研究所自2001年至2010年，共培养硕士69名，博士11名（其中11名博士分别在北京、河北、吉林、湖南、浙江、贵州、山西等高等学校任教，而硕士生则就职于全国各类事业单位、高等院校、新闻媒体、企业等），培养了一批掌握传播心理学理论并能够与实践相结合的具有较高科研素养和实践能力的复合型人才，充实了我国传播心理学的研究队伍和人才储备。

（二）形成较为系统的教材体系

10年前，中国传播心理学的教材尚未形成一定的系统。经过几年的发展和研究人员的共同努力，中国传媒大学传播心理研究所形成了较为完整的教材体系，包括《大众传播心理学》《新闻心理学概论》《新闻心理学原理》《广告心理学》等，成为国内高校传播心理学课程教学的主要参考书目，其中《大众传播心理学》一书还被评为传播心理学类受欢迎的著作之一。

国内其他新闻传播院系主编和撰写的新闻心理学和传播心理学类教材还有：虞达文撰写的《新闻心理学》（新华出版社，2001）；王为杰撰写的《传播心理学》（广西人民出版社，2004）；林之达撰写的《传播心理学新探》（北京大学出版社，2004）；方建移、章洁主编的《大众传媒心理学》（浙江大学出版社，2007）；李永健主编的《大众传播心理通论》（中国传媒大学出版社，2008）等。广告心理学类教材出版得更多，基本上每年都有新书出版或再版。

（三）成立了相应的研究和组织机构

2000年11月，中国传媒大学传播心理研究所成立，该研究所的宗旨是联合业内志同道合者，集思广益，优势互补，为推进我国新闻与传播心理学的教学和科研工作、推动我国新闻实践与传播业的深入发展尽绵薄之力。这是国内第一家传播心理的研究机构和科研院所。除了进行传播心理学的教学工作外，中国传媒大学传播心理研究所还主办并召开了六届全国新闻与传播心理研讨会，召开了中国社会心理学会传播心理专业委员会三届年会。

2001年10月，中国社会心理学会于该会第五届会员代表大会上宣布成立传播心理专业委员会，办公地点设在中国传媒大学新闻传播学院（现更名为电视与新闻学院）内。

2006年，中国人民大学舆论研究所成立了传播心理实验工作室，致力于用实验的方法对传播活动中的传受者心理和行为规律进行探究。

2010年12月19日，在中国人民大学新闻学院和泛媒研究院共同主办的“传播学与认知科学国际学术研讨会”上，“国际传播与认知科学研究学会”宣布成立。该研究学会旨在为传播学与认知科学的互动交流提供国际学术平台，以鼓励和培养更多的青年学术骨干在这两个研究领域做出更多探索。

(四) 传播心理学学科的进展

1. 公开出版的图书

根据用“传播心理”“新闻心理”“受众心理”“广告心理”“网络心理”等检索词对中国国家图书馆馆藏图书进行的检索，以及网络搜索引擎 Google 提供的图书检索，2000—2010 年的传播心理学类著作①有 90 余种，其中包括 6 种译著（见附录图 1－1）。

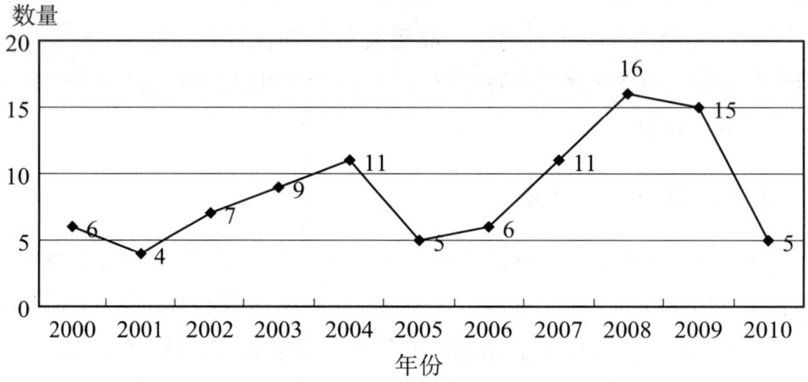

附录图 1－1　传播心理学类著作的出版情况

2000 年到 2003 年出版的传播心理学类图书共有 24 种，分别为马谋超、陆跃祥《广告与消费心理学》(2000)，马谋超、高云鹏《消费与广告心理学》(2000)，马谋超《广告心理学：理论与应用》(2000)，王雁飞《广告心理》(2000)，欧阳康《广告与推销心理：打开市场的钥匙》(2000)，张继缅《广告心理学学习指导》(2000)，刘晓红、卜卫《大众传播心理研究》(2001)，刘京林《新闻心理学》(2001)，虞达文《新闻心理学》(2001)，马谋超《广告心理：广告人对消费行为的心理把握》(2002)，王纯菲、赵凌河《广告心理学》(2002)，江波《广告心理新论：现代广告运作中的攻心战略》(2002)，李玉华、卢黎歌《网络世界与精神家园：网络心理现象透视》(2002)，巢乃鹏《网络受众心理行为研究：一种信息查寻的研究范式》(2002)，余小梅《广告心理学》(2003)，王国全《素质与结构：广告受众心理的研究》(2003)，刘朝霞《新闻心理学》(2003)，马谋超《广告心理学理论与实务》(2003)，冯江平《广告心理学》(2003)，申凡《新闻心理学辅导教材》(2003)，张家平《说服的艺术：广告心理解析》(2003)，丁家永《广告心理学：理论与策划》(2003)，王怀明、王诶《广告心理学：广告活动中心理奥秘的透视》(2003)。

2004 年到 2006 年出版的传播心理学图书有 20 种，包括刘京林《刘京林自选集：新闻心理·传播心理研究》(2004)，刘京林《大众传播心理学》(2004)，林之达《传播心理学新探》(2004)，王为杰《传播心理学》(2004)，姬建敏《编辑心理论》(2004)，方建移、张芹《传媒

① 本文中的传播心理学类著作涵盖以“传播心理、新闻心理、受众心理、广告心理、网络心理”等为研究内容的专著和正式出版发行的教材类图书。

心理学》(2004),刘京林《新闻心理学原理》(2004),舒咏平《广告心理学教程》(2004),郑兴东《受众心理与传媒引导》(2004),周润德《新闻心理学》(2004),王怀明《广告心理》(2004),盛沛林《没有硝烟的战争:传播心理战研究》(2004),刘京林《大众传播心理学(修订版)》(2005),刘京林《新闻心理学》(2005),金维一《电视观众心理学》(2005),黄合水《广告心理学》(2005),许春珍《广告心理学》(2005),秦俊香《影视接受心理》(2006),彭玲《影视心理学》(2006),余志海《记者心理与采访行为研究》(2006),余小梅《主持人心理素质》(2006),李浪《广告心理学》(2006)。

2007 年到 2008 年出版的传播心理学图书有 26 种,包括方建移、章洁《大众传媒心理学》(2007),鲁景超《广播电视有声语言传播受众心理研究》(2007),赛来西·阿不都拉、季靖主编《广告心理学》(2007),张家平《广告心理学》(2007),覃征等《网络应用心理学》(2007),刘京林《新闻心理学概论(修订版)》(2007),雷雯雯《广告创意法则与心理效果解码》(2007),程利《眼动分析法在广告心理学中的应用》(2007),李永健《大众传播心理通论》(2008),姜智彬《广告心理学》(2008),李思屈《传媒产业化时代的审美心理》(2008),饶德江、程明《广告心理学》(2008),覃晓燕《大学生心理健康的传播学解读》(2008),张骏德、刘海贵《新闻心理学》(2008 版),余小梅《广告心理学》(2008),尤建新、王莉《广告心理学》(2008),马谋超《广告心理:广告人对消费行为的心理把握》(2008),王沛《广告心理效果与评价》(2008),陈光磊《青少年网络心理》(2008),蒋晓丽《传媒宣导抚慰功能:兼论在西部地区的特殊作用》(2008),马玉坤《播音主持心理学教程》(2008)。

2009 年到 2010 年出版的传播心理学图书有 20 种,包括张春河《信任类产品营销传播心理效果的线索评价方法研究》(2009),荣荣《社会问题报道与受众心理引导研究》(2009),张景云《大众传播距离论:一种心理学视角》(2009),王诙、管益杰《现代广告心理学》(2009),张国斌《广告心理学》(2009),王怀明、王诙《广告心理学:广告活动中心理奥秘的透视》(2009),吴红雨《解读电视受众:多元化需求与大众化电视》(2009),周象贤《广告情感诉求探微:来自心理实验室的研究》(2009),黄合水《广告心理学》(2009),丁道群《网络空间的心理与行为研究》(2009),何其聪《食品安全报道的受众心理研究》(2009),倪桓《手机短信传播心理探析》(2009),刘京林《传播中的心理效应解析》(2009),姚玉芹《鄂温克人与电视》(2009),闫欢《电视与未成年人心理》(2009),丁迈《典型报道的受众心理实证研究》(2009),曹茹《新闻从业人者职业倦怠研究》(2009),申凡《传播心理与媒介社会》(2010),陈旭光《影视受众心理研究》(2010),江波《广告与消费心理学》(2010),舒咏平《广告心理学教程》(2010),谭昆智《传媒的宣导抚慰功能研究》(2010)。

从 2000 年到 2010 年传播心理学图书的出版情况来看,传播心理学的相关著作不仅在数量总体上呈上升趋势,而且研究对象和内容也十分丰富,涉及新闻、广告、电视、网络、影视等大众传播的诸多方面,对传播活动中的传者和受众的心理和行为的特点和规律都予以关注,并且对未成年人、少数民族、主持人、记者等传播活动中的特定群体的心理和行为进行了一定的研究。

此外,研究者还从国外翻译和引入部分传播心理学研究的成果,包括《媒介心理学》(哈里斯著,相德宝译,2007)、《理解电视:受众解读的心理学》(利文斯通著,龙耘译,2006)、

《广告心理学》(斯科特著,李旭大译,2004)等,这对我国传播心理学的研究具有一定的借鉴意义。

值得指出的是,为促进传播心理学教学、科研的体系化建设,2009年9月,中国传媒大学出版社正式出版我国第一套以“传播心理研究”命名的丛书,这套丛书包括《传播中的心理效应解析》《鄂温克人与电视》《手机短信传播心理探析》《典型报道的受众心理实证研究》《新闻从业者职业倦怠研究》《电视与未成年人心理》《食品安全报道的受众心理研究》。这套丛书的出版对我国传播心理学的研究具有开拓性、奠基性的意义。该丛书具有多样性、前沿性和覆盖面广等特点,它的出版标志着传播心理学的研究在国内逐步走向成熟和完善。清华大学的刘建明教授指出,作为新闻传播和心理学的交叉研究的先例,这套丛书的出版占据了“三个前沿”,即传播学交叉学科研究的前沿、传播学中国社会实践研究的前沿、传播学中国化研究的前沿。

2. 学术期刊发表的论文

笔者对国内知名的学术期刊网站CNKI数据库(其中的文史哲、教育与科学社会综合、电子技术及信息科学专辑)中2000—2010年的相关文献,以“篇名”为检索项,分别对数据库进行了检索,其中以“传播心理”为检索词,可得到202条相关数据;以“新闻心理”为检索词,可得到237条相关数据;以“广告心理”为检索词,可得到356条相关数据;以“影视心理”为检索词,可得到56条相关数据;以“报纸心理”为检索词,可得到25条相关数据;以“广播心理”为检索词,可得到38条相关数据;以“电视心理”为检索词,可得到185条相关数据;以“网络心理”为检索词,可得到1 498条相关数据;以“节目心理”为检索词,可得到127条相关数据;以“受众心理”为检索词,可得到483条相关数据;以“记者心理”为检索词,可得到66条相关数据;以“编辑心理”为检索词,可得到193条相关数据;以“主持人心理”为检索词可得到56条相关数据(见附录图1-2)。

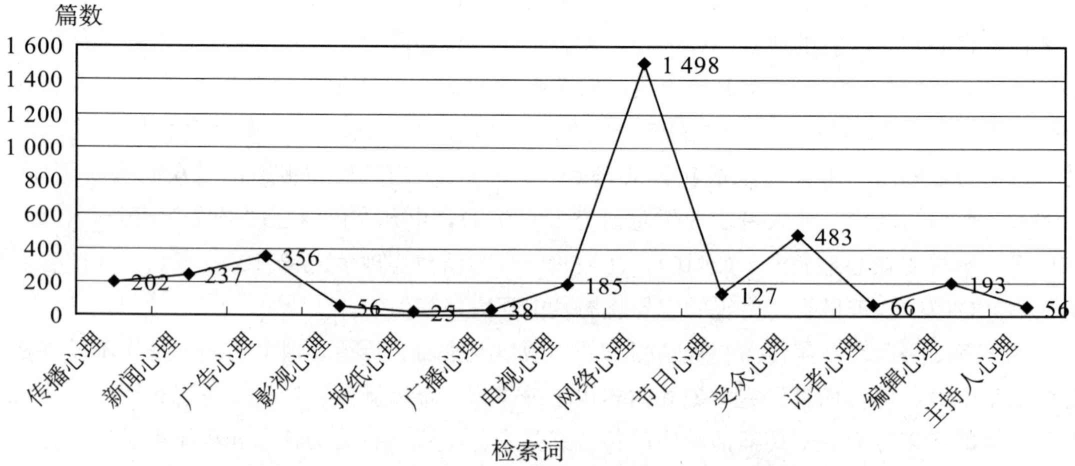

附录图1-2 CNKI中传播心理类主题词的文献检索结果

从检索到的2000年到2010年发表的传播心理学期刊论文来看,论文广泛地涉及新闻、广告、电视、网络、影视等大众传播的诸多方面,其中,对网络心理的研究有1 498篇,显示了国内研究者对网络心理研究的浓厚兴趣。另外，研究者对传播活动中的传者和受众的心理和行为的特点和规律进行了一定的研究，其中关于受众研究的论文有483篇，比研究传者心理（包括记者心理、编辑心理、主持人心理）的论文数量315篇要多出168篇，这说明受众在传播活动中的心理和行为规律是研究者较为关注的研究热点。

这些论文运用了大量的心理学理论，对传播活动中传受者的心理和行为进行了研究。这些理论主要包括社会动机、角色理论、印象管理、自我意识、态度理论、归因理论、价值观、刻板印象、人际吸引、群体心理、认知协调理论、社会学习理论、自我效能理论等在内的社会心理学理论；包括认知、注意、记忆、动机、语言与思维、情绪和情感、人格理论等在内的普通心理学理论；包括艾里克森心理社会发展理论、青少年发展阶段理论、皮亚杰儿童发展阶段理论、莱文森发展变化观、哈威格斯特发展任务观以及心理危机理论等在内的发展心理学理论。从整体来看，这些期刊论文的研究多以应用型研究为主，理论性的研究论文数量还比较少。论文对网络心理的研究是学术热点，其中对“网络成瘾”的关注也反映出网络传播时代传播心理从传统媒体向网络新媒体的拓展，以及研究者学术兴趣的转移。

在对传播心理学期刊论文的多重检索中，以“篇名”为检索项、以“传播心理”为检索词，对国内知名的学术期刊网站CNKI数据库（其中的文史哲、教育与科学社会综合、电子技术及信息科学专辑）中2000—2010年的相关文献进行检索，共搜集到202条相关数据。通过对相关数据进行分析，排除非传播心理专业类论文、会议纪要、简讯等数据后，共得到184条数据。其中2000年4篇，2001年3篇，2002年12篇，2003年9篇，2004年7篇，2005年18篇，2006年27篇，2007年20篇，2008年26篇，2009年31篇，2010年26篇。涉及传播心理的研究性文章由2000年的4篇/年增加到2010年的26篇/年，增长了近6倍（见附录图1-3）。

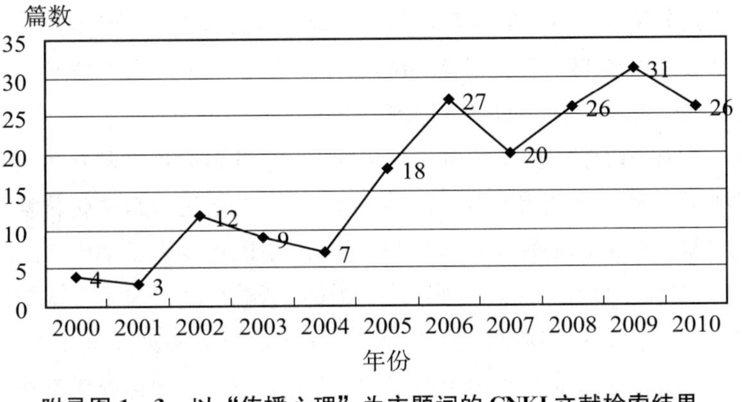

附录图1-3 以“传播心理”为主题词的CNKI文献检索结果

3. *硕博论文*

笔者对中国知识资源总库CNKI中的中国优秀硕士学位论文全文数据库2000—2010年的数据进行了检索，检索项是“学科专业名称”，检索词为“新闻学”和“传播学”，经过检索，分别获得了4 714条和3 231条相关数据，共获得7 945篇硕士学位论文的资料信息。对万方学位论文全文数据库进行检索，得到新闻学和传播学硕士论文分别为4 395篇和3 504篇，共获得新闻传播类硕士论文7 899篇。通过对两个数据库中论文相关资料信息的梳理和筛选，并参考国家图书馆学位论文数据库进行补充，约有300篇硕士论文可以划归传播心理学研究范畴。

这约300篇涉及传播心理研究范畴的硕士学位论文涵盖的研究领域十分广泛，涉及新闻、广告、影视、大众文化类等。从涉及的媒体来看，有网络、手机等新媒体，也有广播、电视、报刊等传统媒体。论文的研究对象是这些领域中的传播心理现象。

硕士论文研究的热点有特定人群的媒介形象，如女性、老年人、大学生、农民工等；有研究广告心理学中的广告诉求、受众行为与消费心理、品牌认知、品牌情感、品牌态度等；有研究普通心理学中的动机、知觉（错觉）、注意、情绪和情感、人格、认知风格、学习理论等。论文涉及的主要心理学流派有行为主义心理学、人本主义心理学、精神分析心理学、认知心理学（格式塔学派）等。

论文中涉及社会心理学内容的比较多，如刻板印象、印象管理、拟据理论及角色扮演、流言及谣言传播、社会化、社会认知、从众、偏见、自我意识、自我表露、群体心理、集群行为、群体极化等，基本涵盖社会心理学的大部分内容，这也从一个侧面反映出传播活动中存在大量的社会心理现象，以及社会心理学相关理论在传播心理学中所占的分量。

具体来说，这些论文中有50篇涉及网络传播中的心理现象，22篇论文涉及女性的媒介形象研究，22篇涉及“认知”研究，20篇涉及“动机”研究，13篇论文涉及媒体中特定人群的“刻板印象”研究，10篇涉及流言及谣言传播的研究，9篇涉及角色理论的研究，6篇涉及“集群行为”的研究，6篇涉及“社会化”的研究。

笔者对中国知识资源总库CNKI中的中国优秀博士学位论文全文数据库2000—2010年的数据进行了检索，检索项是“学科专业名称”，检索词为“新闻学”和“传播学”，经过检索，分别获得了107条和111条，共218条数据。对万方学位论文全文数据库进行检索，得到新闻学和传播学博士论文分别为83篇和94篇，共177篇新闻传播类博士学位论文。通过对两个数据库中博士学位论文相关资料信息的梳理和筛选，并参考国家图书馆学位论文数据库进行补充，约有25篇博士学位论文可以划归传播心理学研究范畴。

研究内容涉及传播心理学的博士学位论文包括：《网络舆论传播的行为与动因》（余秀才，华中科技大学2010）、《阿拉伯人和中国人的刻板印象：文化间与跨文化传播研究》（叶海亚，武汉大学2010）、《谣言传播的心理学透视》（石慧敏，中国传媒大学2010）、《危机传播视域下的传媒心理抚慰研究》（牛新权，中国传媒大学2010）、《电视观看与受众认知培养》（周莉，华中科技大学2009）、《试论刻板印象与老年传播》（汪露，中国人民大学2009）、《虚拟与现实：大陆网络虚拟即时交流主体行为与心理机制研究》（苗笑雨，中国传媒大学2009）、《网络互动中的网民自我意识研究》（郑傲，中国传媒大学2008）、《大众传播距离论：一种心理学视角》（张景云，中国人民大学2008）、《网络即时传播软件使用者需求研究》（陈锡钧，复旦大学2007）、《儿童健康信息认知的“知沟”研究》（王迪，复旦大学2007）、《两岸电视观众收视行为之研究》（黄聿清，复旦大学2006）、《两岸大学生接触对方新闻的现况与实效研究》（陈东旭，复旦大学2005）。

从检索到的传播心理学类博士论文来看，网络传播心理是研究者关注的热点领域。研究者的兴趣主要集中在社会心理学相关理论方面，涵盖社会学习理论、社会认知、自我认同、自我意识、心理距离、刻板印象、人际沟通、归因理论、态度理论、谣言传播等内容。

4. 传播心理学类课程开设情况

从全国设有新闻传播类院系的高校专业课程设置情况来看，广告学专业普遍开设广告心理学课程，还有的同时开设普通心理学和社会心理学，以及消费心理学类课程。新闻学专业和传播学专业部分开设新闻心理学和大众传播心理学类课程，有的院系将其设置为必修课，有的设置为专业选修课，还有的新闻传播院系同时开设心理学概论或社会心理学课程。部分广播电视新闻学专业开设影视心理学类课程，编辑出版专业开设读者心理学类课程。

复旦大学新闻学院新闻学专业、广播电视新闻学专业开设传播心理学课程，广告学专业开设消费心理与消费行为、心理学概要课程，传播学专业开设社会心理学课程。中国传媒大学电视与新闻学院开设新闻心理学、广告心理学、大众传播心理学课程。中国人民大学新闻学院研究生相关专业开设受众心理与传媒引导选修课程。北京大学新闻与传播学院广告学专业开设广告心理学课程。中国青年政治学院新闻与传播系开设传播心理学课程。武汉大学新闻与传播学院广告学专业开设广告心理学课程。华中科技大学新闻与信息传播学院新闻学专业开设广告心理学、新闻心理学选修课程。南京大学新闻传播学院广告学专业开设广告心理学核心课程，同时开设社会心理学、消费行为学选修课程；新闻学、广播电视新闻学专业开设社会心理学选修课程。厦门大学新闻传播学院广告学专业开设广告心理学课程。四川大学文学与新闻学院广告学专业开设广告心理学课程；编辑出版学专业开设读者心理学课程。山东大学文学与新闻传播学院开设新闻心理学、广告心理学课程。广西大学新闻传播学院新闻学和广播电视新闻学专业开设新闻心理学课程。天津师范大学新闻传播学院新闻学、广播电视新闻学专业开设社会心理学选修课；广告学专业开设消费者行为学、广告心理学课程。

（五）传播心理学研究的亮点

1. 对媒体心理抚慰功能的研究

转型期中国危机事件的频发，如 2003 年的“非典”疫情、2008 年的四川汶川大地震、2009 年的甲型 H1N1 流感疫情等，给公众心理带来不小的冲击，而媒体的心理抚慰功能日渐得到凸显。这里所指的媒体心理抚慰功能，除了上述在危机发生的时候得到体现，平日的常态生活中也时有表现，而对常态下的媒体心理抚慰功能的研究还比较少。

笔者以“篇名”为检索项，以“心理抚慰”为检索词，对国内知名的学术期刊网站 CNKI 数据库（其中的文史哲、教育与科学社会综合、电子技术及信息科学专辑）中 2000—2010 年的相关文献进行了检索，通过筛选检索结果，得到与媒体心理抚慰相关的 4 篇期刊论文，包括丁俊杰《CCTV 直播节目“快”“全”给人以心理抚慰》（《新闻与写作》，2008），彭东梅《电视传播与灾后文化重建及心理抚慰》（《天府新论》，2008），牛新权《重大突发事件报道与媒体心理抚慰功能探析——以乌鲁木齐“7·5”事件报道为例》（《电视研究》，2009），牛新权《试析灾难报道中媒体的心理抚慰功能》（《浙江传媒学院学报》，2010）。

与媒体“心理抚慰”研究论题相关的论文还有周玉黍《媒介抚慰：一种弥合阶层落差的方式——南京市民收视民生新闻行为与动机调查》（《学海》，2005），肖支群《论传媒的社会心理教育功能》，高卫华《媒介化社会的情感倾诉及其传播效果——报纸“倾诉类”栏目的内涵与价值取向分析》[《中南民族大学学报》（人文社会科学版），2005]，谭昆智《论传媒对公共情绪的宣导抚慰功能》（《四川行政学院学报》，2006），李永健《传媒对公共情绪宣导抚慰功能的研究设计》（《中国青年政治学院学报》，2006），邓秀林《论传媒的宣导抚慰功能及其社会责任》[《河南工业大学学报》（社会科学版），2007]，刘先林《抚慰弱势群体的心灵——浅谈对弱势群体的报道策略》（《新闻爱好者》，2009）。

尽管对媒体心理抚慰功能的研究还较少，但媒体的心理抚慰功能对小到公众个人、大到整个社会都具有十分重要的意义，值得研究者继续加强研究。

2. 对网络传播心理的研究

近几年来，中国新闻传播界对于网络心理的研究愈来愈重视，特别是对于研究网络心理的重要意义已经有了较深刻的认识。中国网络心理研究的几个关注点包括网络与社会心理的交互整合、现代心理学理论和社会心理学视角的网络心理研究、网络群体极化的心理机制分析。总的来看，刚刚起步的中国网络心理研究更多的还是停留在理论的探讨上，虽然对网络事件也进行了一些分析，但还不够深入。①

3. 对传播心理的实验研究

在我国的传播心理研究方面，研究者采用的研究方法多为访谈法、问卷调查法、文本分析法等，对传播心理进行的实验研究比较少。研究方法上的不足也被研究者所注意到，一些研究者开始采用实验法对传播心理进行研究，如王克芹的《平面广告不同排版方式的眼动研究》（上海师范大学2005年硕士论文），丁锦红、王军、张钦的《平面广告中图形与文本加工差异的眼动研究》（《心理学探新》，2004年第4期）。又如张慧平的《非受禁情色图文对性欲念的启动效应研究》（南昌大学2007年硕士论文），该实验发现男性被试者很明显在任何指数上均高于女性被试，从而发现性别因素是影响启动效应的重要因素之一。同时，非受禁情色图文的启动效应还受到来自年龄、受教育程度以及被试对情色内容的关注度和接纳度的影响。何其聪《食品安全报道的受众心理研究》（中国传媒大学2007年博士论文）在研究改善受众负面心理效果的途径时引入了心理实验的定量研究方法。

需要特别指出的是，从2006年开始，以喻国明教授为领导的中国人民大学舆论研究所传播心理工作室也进行了一系列传播心理的实验研究，主要的研究成果如下：

《读者阅读中文报纸版面的视觉轨迹及其规律——一项基于眼动仪的实验研究》，从2006年10月至2007年1月，喻国明教授领导的中国人民大学舆论研究所传播心理实验工作室在国内首次运用眼动仪进行了中文报纸版面的实验研究。这项研究通过实验观测人眼在阅读报纸时的视觉轨迹及相关的眼动指标，探寻人们阅读中文版面的视觉规律，以及报纸版面设计元素的引进是否会改变且如何改变这种规律。这是我国首次使用眼动实验方法所进行的关于人们阅读报纸版面的视觉规律的心理实验研究。②

---

① 刘京林．中国网络心理研究综述 [J]．湖南大众传媒职业技术学院学报，2009 (9)．

② 喻国明等．读者阅读中文报纸版面的视觉轨迹及其规律：一项基于眼动仪的实验研究 [J]．国际新闻界，2007 (8)．

《意识阈限下信息刺激的传播效果研究——一项基于 ERP 的实验研究》，研究者通过实验确定和描述了以下内容：阈下知觉是否对信息接收者评判后续信息存在影响（即是否存在启动效应），阈下信息加工和阈下启动效应在不同特质人群中会有怎样的效果。①

《恐怖诉求：传播效果的 ERP 实验研究——一种基于神经科学的传播学研究》，研究者通过 ERP 实验确定和描述了恐怖启动信息与主信息的关系、被试的幸福感差异与恐怖启动信息加工的关系、三类恐怖启动信息的加工差异以及对于目标信息的加工特点进行了测定。②

《媒介即信息：一项基于 MMN 的实证研究——关于纸质报纸和电纸书③报纸的脑认知机制比较研究》，研究者基于 MMN（失匹配负波，事件相关电位实验中衡量听觉的一个重要成分）实验，证实了纸质报纸和电纸书报纸在脑认知机制上的差异及不同特点，初步验证了麦克卢汉关于“媒介即信息”的观点。论文结论中指出，该项实验表明，纸质报纸在媒介属性上偏“冷”，需要调动更多的人脑机制参与；而电纸书报纸则相对偏“热”。实验同时证实，人们利用纸质报纸和利用电纸书报纸阅读内容时存在认知方式上的明显差异，电纸书报纸的认知发生更加全面均衡。④

三、对传播心理学未来发展的思考

综上所述，传播心理学研究经过 10 年的积累和发展，取得了一定的成绩，同时也暴露出学科基础薄弱和学术积淀不足的问题。展望未来，传播心理学作为一门处于发展和完善中的交叉学科，既要关注新闻学和传播学的最新进展，也要关注心理学和社会心理学的前沿理论，并在此基础上对已有的研究成果进行整合和理论提升，拓展和丰富传播心理学科的学术图景和学术视野及其学术领地。

（一）研究走向与研究领域的拓展

传播心理学的研究走向逐渐趋于明晰。首先，与媒介发展相结合，研究者对网络新媒体的关注，以及对新媒体的普及所引起的传播心理现象的兴趣，是当前及今后的一个主要研究热点。其次，基础性的传播心理实验研究也将成为一条新的路径。相对于之前的经验性研究，引进生理心理学的实验研究，将会丰富传播心理学的研究方法，开启新的研究范式，带来更多的理论成果。

---

① 喻国明等．意识阈限下信息刺激的传播效果研究：一项基于 ERP 的实验研究 [J]．国际新闻界，2009 (2).

② 喻国明等．恐怖诉求：传播效果的 ERP 实验研究：一种基于神经科学的传播学研究 [J]．国际新闻界，2009 (1).

③ 电纸书是一种类纸电子阅读器的简称。它是基于电子墨水最新显示技术，采用电子纸为显示屏幕，提供类似纸张阅读感受的新式数字阅读器。它的显示效果逼真，看起来和看书的效果一样，舒适环保，不伤眼睛，同时还拥有大容量和便携的特性。

④ 喻国明等．媒介即信息：一项基于 MMN 的实证研究：关于纸质报纸和电纸书报纸的脑认知机制比较研究 [J]．国际新闻界，2010 (11).

任何一门社会学科的发展总有其时代的背景因素及其社会动因。中国目前已是世界第二大经济体，经济的迅猛发展带来社会的巨大变迁，社会转型加剧所带来的社会震荡及其引起的社会心理问题已经显露出来，诸如近些年来的社会群体性事件此起彼伏，公众在社会转型期的心理震荡与适应障碍呈上升趋势。此外，现代高科技风险社会所带来的危机感也在冲击着公众的心理防波堤，重大自然灾害与重大事故呈高发趋势。在现代媒介社会，公众感知风险与危机主要是通过媒体，无论是传统媒体或新媒体，在报道新闻反映现实的同时，都需要涉及其中的传播心理现象。尤其是在网民数量位居世界第一的中国当下，与网络心理相关的研究就不仅仅是一个学术问题，而且具有迫切的实际价值（例如对微博用户及其粉丝的传播心理研究等）。诸多研究领域都需要传播心理学的介入，而传播心理学也只有在积极的传播实践中才能丰富自己，发展自己，找到学科的价值所在。

（二）学科建设与理论发展

传播心理学作为独立学科亟须整合理论和实践资源。10 多年的发展带来丰厚的研究成果和一定的学术积淀，但同时也应该看到，目前的研究成果尚处于较低的学术层次，研究队伍和研究领域比较分散，处于自发的或无意识的分散状态。这种现象反映在研究成果上，就是学术积淀比较浅，看似研究领域涉及很广，摊子铺得很大，但是多处于“水过地皮湿”、浅尝辄止的层次，系统深入的研究和理论创见比较少，这样不利于学科的健康发展，因此对已有研究成果和实践资源的理论整合就显得比较迫切。当然，这个工作需要相对较高的学术概括和提炼能力，需要相当的传播心理学术储备和学术阅历，既要熟悉传播学的最新进展，又要熟悉心理学及社会心理学的学术前沿，同时具备两门学科深厚的学术修养和底蕴。

学科的理论发展也是建立在长期的学术积淀之上，对已有研究成果的整合分析和归类，能够更加明晰本门学科的研究者所关注的研究视野及学术兴趣，将学术的自发研究上升到学术的自觉研究，以促进传播心理学的“学科意识”的宣传普及和发展。这需要相关的学术组织通过更为有效的学术活动来逐步进行。

（三）传播实践与人才培养

随着网络及新媒体的飞速发展，中国当代社会已初具网络社会形态。据中国互联网络信息中心（CNNIC）发布的第 42 次《中国互联网络发展状况统计报告》显示，截至 2018 年 6 月底，中国网民规模达到 8.02 亿，中国手机网民规模为 7.88 亿。由此可以预知，以网络为平台的新媒体将日渐成为公众的媒介接触首选。与此相应，作为交叉学科的传播心理学要想取得后发优势，必须将学术视野拓展至新媒体，关注新媒体在实践中出现的传播心理现象。中国当下拥有极好的新媒体实践机会与丰富的学术研究资源，其中的传播心理现象也亟须传播心理研究者的介入和关注。

学科的发展离不开人才的培养，具体的人才培养方面也要结合当前的媒体发展格局进行调整。传播心理学作为一门学科是研究信息传播过程中所出现的心理现象，因此如何规划出系统的基础理论体系，培养学生解决实际问题的思维意识，让他们在传播实践中融会贯通地运用所学的理论知识就显得尤为重要。

附录二 拓疆与融合：传播学与心理学的交织

——基于 CSSCI 数据库 1994—2017 年相关文献的实证分析

陈梓鑫[①] 董玮[②] 余小梅

【摘要】媒介技术驱动下，传播学与心理学两学科之间出现明显的边界拓展与融合趋势。本文选取了 CSSCI 中四本新闻传播学期刊、四本心理学期刊，对其中 1994—2017 年间涉及传播学与心理学交叉议题的文章进行了分析。通过关键词共现性分析和历时性分析，本文发现两学科间在一些议题上存在融合日渐密切的趋势：第一，传播学对心理学理论的引入越来越专业化、科学化、系统化；第二，受互联网技术的驱动，心理学的研究视阈日益聚焦到网络、社交媒体等传播学研究议题上；第三，社交媒体成为这两个学科进一步深入结合的重要场域，趋于中观的研究成为两者在研究视野上的共同趋向。两学科关于交叉议题的研究路径的差异也为传播心理学研究边界的进一步拓展提供了启发。此外，本研究也从侧面印证了传播心理学领域的发展具有重要性和必要性。

【关键词】拓疆 融合 传播 心理 CiteSpace

一、引言

1978 年至今，中国传播学已然经历了 40 年的发展历程。在此过程中，我国传播学在科学研究、人才培养、学科地位等多个层面都获得了长足的发展。陈力丹教授针对新媒体技术快速发展的当下指出，以往大众传播的传播学理论对于新的传播现象已然不适用，应当“更多地运用社会学、心理学、社会心理学和其他相关学科的理论来说明各种新传播现象，形成新的适应新传播环境的理论假设”[③]。习主席也曾在 2016 年哲学社会科学工作座谈会上倡导大力发展新兴交叉学科。[④]

作为一门交叉学科，传播学在形成与发展的过程中不可避免地借鉴了社会学、心理学等领域的理论与方法。而传播心理学即是传播学与心理学交叉而成的研究领域。刘京林教授将传播心理学定义为研究媒介化的信息传播过程中人的心理和行为变化的规律及其生理和心理

---

① 陈梓鑫，浙江大学传媒与国际文化学院博士研究生。

② 董玮，清华大学新闻与传播学院博士研究生。

③ 陈力丹，宋晓雯，邵楠．传播学面临的危机与出路［J］．新闻记者，2016（8）：4－9.

④ 习近平．在哲学社会科学工作座谈会上的讲话［N］．人民日报，2016－05－17.

机制的科学。① 从1994年5月由北京广播学院（现为中国传媒大学）召开的首届新闻心理学研讨会开始，学界对于传播心理学领域的研究开始向专业化、规范化迈进。尽管传播心理学领域已经有了多年的发展，然而其具体的研究发展脉络为何、体现了什么样的发展特点等问题至今还未有定量的研究进行解释。只有在对这些年来传播心理学领域研究内容进行了解之后，传播心理学领域的未来研究趋势为何的问题才可能得以回答。

追根溯源，笔者认为在之前传播心理学研究内容与对象的基础之上，为了取得进一步发展，应当回归该研究领域确立的最初目的，即在传播学与心理学的交叉中谋求其研究边界的扩展。并且，此前关于传播心理学的研究缺乏针对相关核心期刊的文章的实证研究。因此本文分析了1994—2017年的四本心理学、四本新闻传播学CSSCI核心期刊的相关论文，探究传播学与心理学交叉研究的趋势，侧面印证传播心理学领域发展的重要性、必要性，以探索分析其可进一步拓展研究的趋势与空间。

二、研究方法与结果

（一）研究对象

本文选取国内八本核心期刊1994—2017年传播学和心理学相交叉的论文作为研究对象。由于国内没有传播心理学学科的专门期刊，所以选取的八本核心期刊包括四本新闻传播学期刊和四本心理学期刊。本文基于CiteSpace文献可视化分析软件，结合时代背景，分析了1994—2017年相关研究关键词的历时性变化和共现性格局。1994—2017年，《国际新闻界》《现代传播》《新闻大学》《新闻记者》四本核心期刊中涉及心理学视角的论文共307篇，《心理发展与教育》《心理科学》《心理学报》《心理科学进展》四本核心期刊中涉及传播学领域的论文共206篇。选取以上八大学术期刊的理由如下：一则核心期刊学术的规范性和学术标准相对较高，二则八大期刊侧重学术研究，三则研究目的在于分析传播学与心理学的交织。而选取这一时间段的原因在于，1994年5月由北京广播学院牵头，召开了首届全国性的新闻传播心理研究领域的研讨会。笔者筛选文章的主要依据为文章中的研究对象为传播现象，并且结合心理学理论进行分析。

当然，这两类核心期刊都有着自身明确的学科界限，对传播心理学领域论文研究的容纳度有限，所以这些研究一方面能反映传播学与心理学交织的趋势与状态，但另一方面它只能作为传播心理学领域发展的侧面印证。

（二）研究工具

本文选取知识图谱研究中最为活跃和成熟的研究手段CiteSpace作为研究工具。CiteSpace是用来可视化和分析科学文献新趋势及变化的JAVE应用程序，由美籍华人、信息可视化专家陈超美于2004年开发。在知识图谱中，研究机构、作者中心度、作者和机构间合作关系、关键词、文献共被

① 刘京林．传播心理学理论与实践［M］．北京：中国言实出版社，2015．

引、作者共被引等分析因子都可以直观地展现出来，同时用户可对网络进行局部放大并深入探索。[①]CiteSpace 可以对分析对象进行关键词共现分析[②]，并绘制相应的科学知识图谱[③]。由于关键词对于文章内容的体现更突出，因此本研究通过抓取分析关键词，探讨了 1994—2017 年的核心期刊中所表现出来的传播学与心理学两学科的交叉研究情况。

研究过程中，笔者首先对关键词和引文数据进行了规范化处理，之后利用 CiteSpace 中的数据转换功能将 CNKI 数据源中导出的 Refworks 格式转换为可处理的默认格式。数据处理完毕以后，启动 CiteSpace5. 2. R2，选择时间跨度为 1994—2017 年，时间分区为一年，然后选择"关键词"作为分析对象，设定时间片阈值为 30。之后由 CiteSpace 进行共现分析，并生成时间流变与知识结构图谱，在此基础上针对我国核心期刊中所反映出来的新闻传播心理研究领域的研究状况进行分析。

（三）研究结果

通过对传播学与心理学交叉议题从历时性、结构性方面的整体分析，本研究发现传播学与心理学在议题选择上随着时间的推移具有明显的融合趋势，并呈现出阶段性特征（见附录图 2 -1、附录图 2 - 2）。具体可划分为初探阶段（1994—2000）、拓展与融合阶段（2001—2014）以及技术驱动下的新阶段（2015—2017）。各阶段都呈现出了不同的特点，并且具有明显的边界拓展与学科研究方法、内容、对象的融合趋势。

三、讨论与分析

（一）初探阶段（1994—2000）：传播心理学领域的早期建设

从附录图 2 - 1 与附录图 2 - 2 可看出，八本核心期刊中，1994—2000 年涉及传播心理学交叉领域的研究并未在结果中有显著呈现。这表明在此阶段传播心理学领域的研究在核心期刊中学术论文并不多见。其主要原因，一是新闻传播学、心理学核心期刊关注其各自领域的内容，对于作为交叉领域的传播心理学研究还未在此阶段引起核心期刊的关注，二是此阶段的相关研究欠缺深度。但该阶段我国传播心理学早期的建设已经开始，并且逐步发展，研究成果不断丰富，已粗具规模，主要体现在以下几个方面。

（1）专业研讨会的召开与学术论文集的出版。1994—1999 年，我国召开了三届全国性新闻与传播心理研究领域的研讨会，并出版了两本相关学术论文集。尤其在第三届研讨会上，学者们就传播心理学这一新兴学科的历史、现状以及未来发展走势进行了广泛的交流。[④]

---

① 李彪，赵睿. 新世纪以来新闻传播学研究的生命周期及学术权力地图（2001—2016）：基于科学知识图谱的分析［J］. 国际新闻界，2017，39（7）：6 - 29.

② WHITTAKER J. Creativity and conformity in science：titles，keywords and co-word analysis［J］. Social Studies of Science，1989，19（3）：473 - 496.

③ 刘则渊，陈悦，侯海燕. 科学知识图谱：方法与应用［M］. 北京：人民出版社，2008.

④ 刘京林. 第三届全国新闻与传播心理学研讨会圆满结束［J］. 新闻与传播研究，2000（1），82.

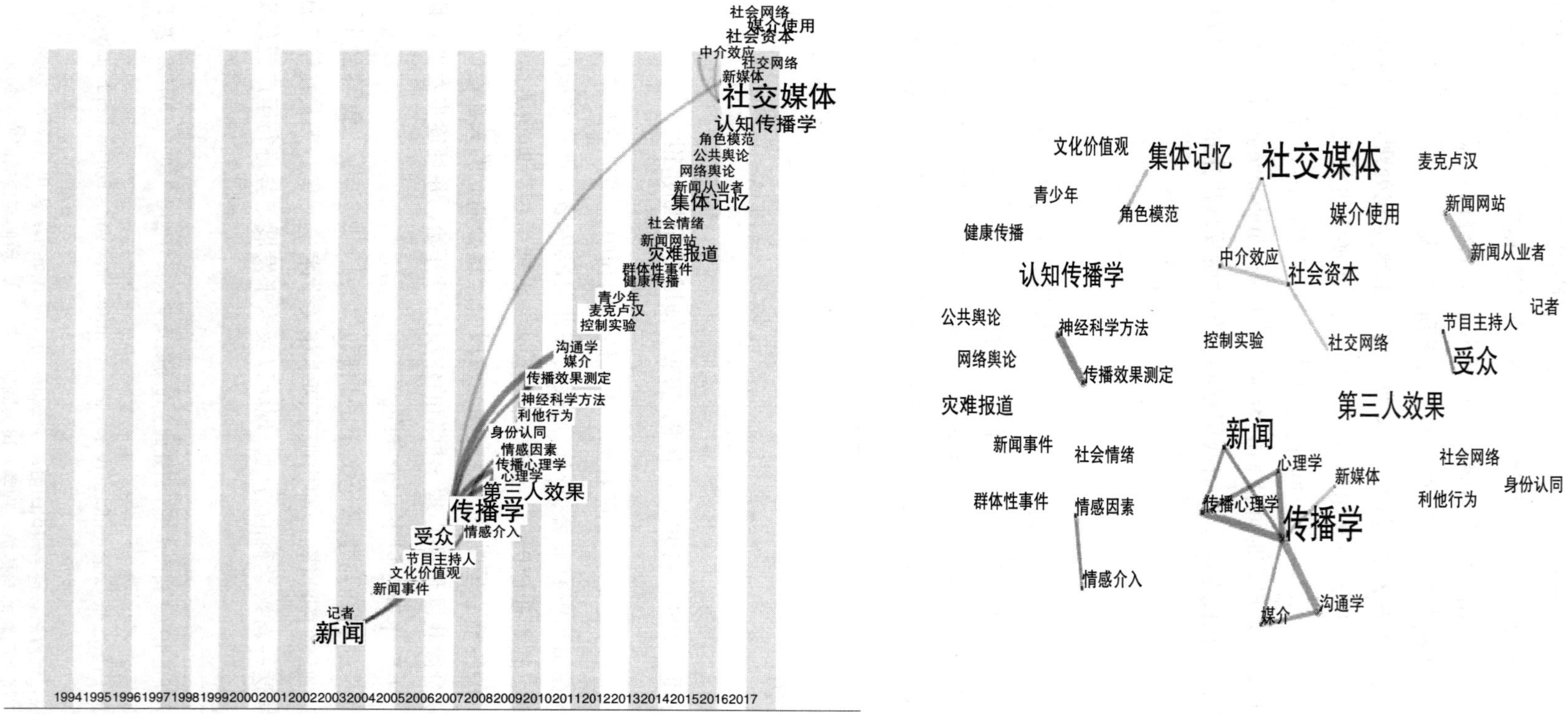

附录图2-1　新闻传播学核心期刊中与心理学交叉研究关键词的历时与结构分析图（1994—2017）

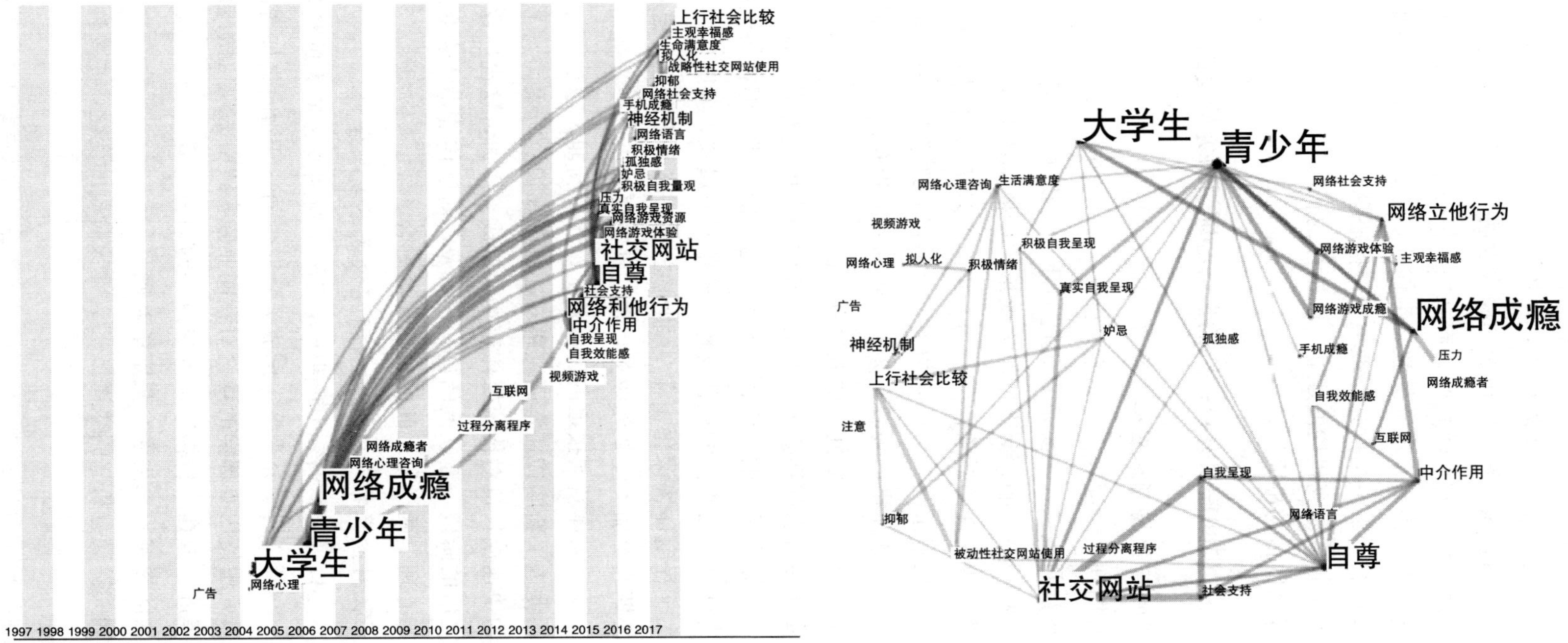

附录图2-2　心理学核心期刊中与新闻传播学交叉研究关键词的历时与结构分析图（1994—2017）

（2）专业研究机构的出现与发展。2000 年 11 月，中国传媒大学传播心理研究所成立，该研究所的宗旨是联合业内志同道合者，集思广益，优势互补，为推进我国新闻与传播心理学的教学和科研工作，为推进我国新闻实践与传播业的深入发展尽绵薄之力。作为国内第一家传播心理的研究机构和科研院所，传播心理研究所的成立使得传播心理学研究从名义上和内容上都正式进入了新的阶段。除了进行传播心理学的教学工作外，该研究所还主办并召开了十一届全国新闻与传播心理研讨会，召开了中国社会心理学会传播心理专业委员会八届年会。新闻与传播心理学教学和科研走上正轨、研究机构的建立、全国性的新闻与传播心理研讨会的举办都表明传播心理学的学科建设已取得初步成果。

（二）拓展与融合阶段（2001—2014）：传播学与心理学研究的交织

1. 2001—2005：新闻与传播领域对心理学知识的应用

基于新闻传播学核心期刊关键词分析（见附录图 2-1），2001—2005 年，传播学与心理学融合性的议题主要集中在新闻领域，主要热点关键词涉及“新闻”“记者”“新闻事件”以及“文化价值观”等，这体现出这一阶段涉及心理学视角的传播学研究主要围绕新闻业务展开。如刘京林教授探讨了央视有代表性的对象性节目与其受众心理需要之间的应对情况。① 从心理学核心期刊的关键词分析（见附录图 2-2）可以看出此阶段心理学对传播学的观照主要是开始于对“广告心理”的研究。从整体格局来看，涉及心理学研究视角的传播学研究议题、引入的心理学理论呈散点状分布，研究议题之间的关联度并不高。

形成该种现象的主要原因可追溯到我国对于大众媒体的市场化改革。对于新闻业务改良和盈利模式的追求，符合了媒体市场化的时代背景下媒介运营的需要，即在一元体制二元运作的模式下，业务精进和广告创收成为媒体的运营支撑。改革开放以来，我国传媒业市场化的进程逐步加快、范围不断扩大、程度加快深化，在 21 世纪之前，市场化的主体是体制内的市场化媒体，新闻与传播类核心期刊更加关注新闻业务，迫切地需要引入心理学视角，以更好地提升媒介从业者的业务水平、提升媒体新闻报道的传播效果，所以新闻传播学界与新闻业界的需求保持着一致的趋势，共同促进了新闻传播学研究中对心理学知识的应用。

除此之外，互联网的快速成长也对传统媒体市场化造成了压力，这也导致了学界与业界对传媒从业者的关注。在之后的阶段，互联网的进一步普及，对于传统媒体受众或者互联网用户的共同关注使得传播学与心理学两学科之间的议题逐渐融合。

2. 2006—2008：互联网技术推动下两学科研究议题逐渐融合

从附录图 2-1 可以看出，传播学核心期刊研究议题从新闻业务向大的传播、受众研究转变，该阶段“传播学”“受众”“情感介入”等词成为研究热词，开始向更加宽泛的传播学领域拓展。此前，新闻传播研究中使用心理学的理论对新闻业务实践中的现象做浅层解读，重点仍在新闻业务技能的归纳提炼。但在“传播”成为热点关键词的语境下，引入心理学视角的传播学研究受到媒介技术更迭的影响，也为融合奠定了基础。

关于心理学核心期刊关键词分析（附录图 2-2）在该阶段的变化，主要体现在其对于互联

① 刘京林，丁迈．电视对象性节目与观众心理需要的应对性研究［J］．现代传播，2005（4）：33-36.

网用户的研究开始大力发展，“网络成瘾”“青少年”“大学生”等成为研究热点，并且几者之间联系密切。互联网技术的突飞猛进使得“网络心理”的研究开始兴起，心理学界的研究者们以“大学生”和“青少年”为主要研究对象，主要关注“网络成瘾”“网络游戏成瘾”等网络媒介使用对其用户心理健康的影响。

2006—2008 年，随着互联网的进一步普及与发展，关于网络新兴媒介对大众的影响的议题成为主流。而在此阶段，一些心理学界的研究者也开始进入该领域。因此，两学科的研究议题呈现出逐渐融合的特点，其主要表现一是两者共同开始关注用户或受众研究领域，二是对于互联网媒介的关注。从附录图 2 1、附录图 2 2 的知识结构图可以看出，两个学科的融合点主要是基于互联网技术的推动下对于“人”这一角度的研究，这也成为两学科之后进一步融合的重要原因。在现实取向驱动下，两学科在研究对象及理论知识的相互拓展与应用上更为明显。

3. 2009—2014：*传播学与心理学理论应用更加深入*

从附录图 2 - 1 看出，在此阶段传播学持续关注心理学，对其应用趋向深入化，体现出传播学对心理学的边界拓展需求更加明显。“传播心理学”“身份认同”“利他主义”“神经科学方法”“控制实验”和“传播效果测定”等心理学概念或新闻传播与心理学的交叉概念更加频繁地出现在新闻传播学核心期刊中，研究量大大增加。从附录图 2 - 2 看出，心理学领域在经历互联网的初期冲击阶段之后，其对于新闻传播领域的研究热度大幅度降低，少有的相关研究依然是与互联网以及与广告心理学相关的内容，如对于平面广告记忆效果的加工分离结构研究①等。

总的来说，2009—2014 年，传播学领域对于交叉议题的研究比例增大，因此这一时期的议题整体上传播学特征明显。除了媒介技术更迭成为一条研究发展的线索，相关研究对心理学研究视角的引入更为专业化，体现在更丰富的心理学专业概念的应用上。

伴随着媒介技术更迭对社会的再建构，“群体性事件”“媒介”“沟通学”等逐渐成为研究甚至整个社会的热点。在这一阶段，以麦克卢汉为代表的媒介技术学派的视角获得关注，这也是对上述的时代变化的理论回应。同时，传播学研究对心理学研究路径的借鉴更加全面、系统化和专业化。“传播效果测定”被不断强调，“认知神经科学”这些关键词的凸显都在一定程度上表达出，在媒介力量日益凸显的情况下，传播学界对通过科学路径控制传播效果的需求日益强烈。这一时期的研究通过这些心理学的理论视角与研究方法来解释传播过程中的心理活动及规律，以更好地预测和完善传播效果。

同时，这一时期的研究视野也日益社会化，逐渐跳出传播模式的传统，即着重于新闻业务、传播过程影响因素，如情感因素、情感介入等，转向更大的媒介与社会互构的层面，从身份认同、利他行为等视角研究媒介对个体与社会的影响。除此之外，受到 2008 年汶川地震的影响，在该阶段对于灾难报道和集体记忆的相关议题占据较大比例，如李双龙等学者开始对重大灾难报道中的新闻记者心理创伤进行研究②。

---

① 彭彦琴．平面性诉求广告记忆效果的加工分离研究［J］．心理科学，2011（6）．

② 李双龙，於红梅．新闻记者在特大地震灾害中的心理调适及其效果研究［J］．新闻大学，2009（2）．

此外，2006年之后虽然研究显著特征发生了转变，但基于新闻业务实践需求的研究依旧存在。例如，在2013年、2014年依旧存在新闻业务视角的关键词——灾难报道、新闻从业者。这一方面体现出业界新闻业务的需求依旧不可忽视，另一方面也体现出之后的相关研究出现了技能总结偏向向理论审视偏向的转变。

（三）技术驱动下的新阶段（2015—2017）：社交媒体大爆发带来的新契机

由附录图2-1和附录图2-2都可以看出，在2015—2017年，无论是传播学还是心理学对于交叉领域研究的议题多是与社交媒体相关。两个学科的融合在该阶段体现得最为明显，对于社交媒体背景下用户心理与行为的研究成为两个学科的重要交叉点。以此为契机，两个学科的研究不仅仅是议题上的共同关注或者概念的借用，而是更注重理论视角以及方法应用的相互融合趋势。

形成这种趋势的主要原因在于，移动互联网技术的驱动使得社交媒体获得了爆发式的增长，成为大众重要的生活与心理空间，传播学研究对于心理学视角、理论以及方法的需求更加凸显，而心理学基于现实问题取向原则，也不得不关注新媒介所带来的新现象。两学科在该阶段对于交叉领域的研究特点主要体现在以下两个方面。

其一，传播学研究引入心理学视角方面继续保持着与时俱进。自社交网站、移动社交App兴起后，它始终聚焦于新颖的媒介形态对人们的心理影响，以期更好地引导舆论和建构新的媒介生态。

其二，在此阶段，心理学对传播现象的关注度骤然升高。心理学对社交媒体的关注体现出，它在受到传播媒介更迭的线索影响的同时，还秉持着心理学自身较为完备的理论视角系统。涉及传播现象的心理学研究呈现出持续性的特征，这主要因为心理学历史较长，有着体系化的理论积淀，所以对传播学现象的研究也具有系统化的特点，并且相关研究聚焦于传播现象对心理健康的影响。例如，"网络成瘾"自网络兴起以来一直是主要的研究关键词，而以"社交网站"为关键词的研究与其有着大量共同的理论视角，并且相关研究倾向经历了一个由负向为主转向正向为主的变化。前期主要从负向的影响因素来研究，而后期对社交网站的研究所使用的影响变量则以积极影响因素为主。

四、结论与建议

从研究结果可以看出，尽管随着互联网的发展，传播学与心理学在交叉议题中呈现明显的融合与边界拓展趋势，然而两种不同路径对于相似议题的研究仍然体现出明显的差异。在差异对比、视角互补中，本文分析了传播心理学可进一步拓展的研究空间。

（一）1994—2017年间两学科交叉研究的对比与差异

首先，在交叉议题的研究中存在着两种不同的研究路径与归宿。从传播学现象入手的研究，多是引入心理学理论加以分析、解释，以改善传播效果，并且越来越强调研究从传播过程扩展至社会影响层面。从心理学入手的研究，分析传播行为或传播过程作为影响因素对人们的心理活动的影响，以调整人们对传播的认知与行为反应。在这些研究中，媒介使用行为或传播学现象只是被作为一个影响变量来与其他心理学可测量的心理变量进行相关分析，而并未从传播过程或传播模式来对媒介使用行为和传播学现象进行分析。并且，这些研究中的实验结果更倾向于解释现象，而不注重媒介与社会的关系的进一步建构。这体现了两学科对同一研究议题的不同理解。

其次，这两种路径的研究视角也存在差异。心理学界的研究者们从个体角度对社交媒体中青少年、大学生群体的上行社会比较、社会支持、孤独感等问题进行了探讨。而传播学界的研究者们更多地借鉴了社会心理学、普通心理学的相关理论从中观与宏观角度对社交媒体上的舆论引导、传播效果进行了研究。在相互结合的过程中，传播学和心理学的研究都有了扩展，例如，在两者的结合推进中，情绪情感的研究从个体的微观的研究扩展至社会情绪的研究。

最后，两种路径的研究还存在历时性的差异。传播学研究具有阶段性，各研究关键词之间联系较少，这主要因为传播学是交叉学科，缺乏系统的理论体系，并且传播学研究追随不断变化的传播现象热点，而心理学研究议题在时间上延续性较强，始终以心理健康为研究重点。

（二）核心期刊的内容映射出传播心理学发展的一个侧面

传播学与心理学的交织日益密切，从传播学的视角看，尤其在社会媒介化的背景下，传播学对心理学的需求增强，对心理学的引入专业化、系统化；而从心理学的视角看，媒介的特性、传播的过程及规律都成为其研究不可忽视的因素。甚至 2008 年以“传播心理学”为关键词的研究凸显出来，这一交叉学科在学术地图上的凸显与传播学心理学交织程度加深的趋势一致，也印证了传播心理学发展的重要性与必要性。

本文对相关核心期刊论文的研究反映了传播学与心理学交织密切的趋势，侧面印证了传播心理学发展日渐重要、日益蓬勃的趋势，但是这一研究不能全面反映传播心理学的发展。例如，附录图 2-1、附录图 2-2 中，2001 年前并未显现出传播学与心理学交织的相关关键词，但这并不能反映 2001 年前传播心理学的发展状况。2001 年前，传播心理学的研究主要汇集于书籍、会议和其他学术期刊中。这主要因为传播心理学作为一个交叉领域，虽然国外已有针对该领域的专业期刊，如《媒介心理学》(*Media Psychology*) 等，但国内传播心理学起步较晚，至今尚未有专门的期刊。传播学核心期刊和心理学核心期刊都有着明确的学科界定，对传播心理学研究论文的容纳度有限。所以，关于传播心理学发展的研究如果要秉持更全面的视角，还需要关注传播心理学的书籍、会议及其他期刊论文。

（三）对传播心理学领域可拓展空间的建议

社交媒体越来越成为人们重要的线上生活空间，对于传统线下心理的探讨已无法满足当前的需求。移动化时代，社交媒体甚至更多更新的媒体形式将是两个学科的进一步融合的重要场域。在这一共同的研究场域中，两种不同的研究路径间的差异为传播心理学的发展提供了一些启示。其一，由心理学进入的跨学科研究路径强调心理健康，并且具有理论系统化的显著特点，在新媒体与传统媒体变革、融合的背景下，传播心理学的进一步研究可以重视媒介从业者及用户、受众的心理健康问题；其二，由传播学进入的跨学科研究路径注重分析传播行为过程，传播心理学进一步研究不仅要注重某一传播行为对某一心理特点的影响，还要深化心理过程各环节因素与传播过程各个环节因素的结合分析；其三，对于现实导向思路的坚持，媒介社会学视角下媒介问题、心理问题、社会问题等是互相影响的，所以传播心理学的进一步研究也需要更系统专业地运用传播学、心理学的研究方法去注重这三个问题在不同层面的结合与解决。

五、结语

由于国内传播心理学起步较晚，对传播心理学领域的研究集中于学科建构与建设，并未出现专门的期刊，因此本研究选取新闻传播学与心理学两学科的八本核心期刊中涉及传播学与心理学的交叉研究进行了实证分析，研究结果显示，1994—2017 年，两学科之间存在融合日益密切的趋势，并且呈现出显著的阶段性特征，具体表现在以下几个方面：其一，传播学对心理学概念、理论和方法的引入更加专业化、科学化、系统化；其二，心理学的研究日益聚焦于网络、社交媒体等传播媒介驱动下的议题上；其三，社交媒体成为两学科进一步融合的重要场域，为学科之间的边界拓展与融合提供了新的契机。这也从侧面印证了传播心理学作为交叉领域发展的必要性与重要性。

值得注意的是，由于国内的传播心理学领域尚无专业期刊，本文选取的文章局限于新闻传播学、心理学核心期刊，这些期刊具有较为明晰的学科界定，对跨学科研究的容纳度存在局限。除此之外，受 CiteSpace 分析工具的局限性，本研究只采用了关键词分析的方式，对于研究主题的概括性受限，因此本研究只能从侧面印证，而并非正面、全面的对 1994—2017 年传播心理学研究的概括与总结，未来的研究可以继续在方法以及研究对象上进行完善。

附录三　新闻与传播心理：现状与未来*

袁军

一、研究缘起与方法说明

如果从 1994 年召开第一届全国新闻心理学研讨会算起，至今已经过去 22 个年头，在这 20 多年当中，我国新闻与传播心理学的理论和应用研究不断深入：研究内容、研究队伍和研究方法从单一向多元扩散；教学和科研逐步走上正轨，研究机构陆续建立，研究的规范性得到加

* 本文系中国社会心理学会传播心理专业委员会主任袁军教授于 2016 年 9 月在第十届全国新闻与传播心理研讨会暨中国社会心理学会传播心理专业委员会第七届年会上的发言。

强；整个学科从以描述性为主向学科建构方向发展，更加注重理论与实践相结合，学科的科学性越来越强。那么发展至今，新闻与传播心理学的研究现状如何，当前的研究有哪些特征，又存在哪些问题，未来会朝着什么样的方向发展，本文以调研和文献研究为主，力求对以上问题做出回答。

本文的调研部分依托中国社会心理学会传播专业心理委员会，由秘书处向多位专家特别是专委会的委员们发放信函，搜集其近两年来的著作、论文、课程、科研项目、参会情况以及获奖情况，同时对近年来的图书出版目录进行整理，搜集新闻与传播心理相关著作的出版情况，此外还借助学校间的交流或出差、会议等机会，了解全国新闻传播院系对于新闻与传播心理学的课程设置与师资配备等，并向有关专家就学科发展等问题进行专项沟通访谈；本文的文献研究部分依托专委会秘书处所在机构——中国传媒大学传播心理研究所编撰的《新闻与传播心理研究动态》（简称《研究动态》）。自 2001 年起，传播心理研究所组织师生开始编撰《研究动态》，从全国正式出版的学术期刊特别是新闻传播类权威核心期刊以及心理学权威期刊中挑选出研究主题符合新闻与传播心理学研究的学术论文，并发放给对新闻与传播心理研究感兴趣的同行，至少已经连续编撰 52 期，本研究截取的是自 2014 年 9 月第九届全国新闻与传播心理研讨会召开以来将近两年的时间内所编撰的七期《研究动态》共 147 篇中文文献。

二、新闻与传播心理的发展

研究发现，新闻与传播心理学不管是其作为一个学科还是具体的研究课题及成果，在当前已经得到各界的广泛认可。新闻传播研究与心理学的结合越来越密不可分，在新闻传播领域，更多的论文使用心理学的概念或理论，甚至直接使用“新闻心理”或“传播心理”这样的概念作为关键词。从 1994 年到 2014 年，新闻与传播心理研究相关论文的数量增速较快，其中传播心理远远领先于新闻心理的论文数量，或者说新闻心理已经成为传播心理学研究的一个分支。

在心理学研究领域，也有越来越多的学者关注新闻与传播课题，在我们所搜集到的文献中，来自心理学学术期刊中的论文越来越多。2001 年，中国社会心理学会正式成立传播心理专业委员会，截至目前该委员会已经成为中国社会心理学中非常活跃的专委会之一，2015 年中国社会心理学年会期间，传播心理专委会组织和主持了两个“媒介融合背景下的传播心理研究新常态”分论坛，此外中国社会心理学会该年度会议中还专设“社会传媒与网络心理”为名的分会场，这在社会心理学年会中是第一次。在 2016 年 7 月刚刚召开的第 31 届国际心理学大会中，“沟通传播”和“媒体与心理学”被单列为心理学领域的两个独立学科领域，共计有 170 多篇研究报告。

据不完全统计，自 2000 年以来，全国共出版与新闻和传播心理研究相关的著作（包括教材）153 本，平均每年将近 10 本专著。2016 年最新出版的有方建移教授的《传播心理学》、柯泽教授的《传播学研究的社会心理学传统——兼论中国本土传播心理学的建设》，以及翻译自俄罗斯莫斯科大学普罗宁娜教授的《媒介心理学》等。在近年出版的新闻与传播心理学专著中，有不少著作获得各类奖项，比如 2015 年刘京林教授的《新闻心理学概论（第五版）》荣获“第四届中国大学出版社优秀图书奖”优秀教材类一等奖，成为新闻传播学科唯一的一等奖著作；曹茹与王秋菊合著的《心理学视野中的网络舆论引导研究》获河北省第十五届优秀社科成果二等奖。

传播心理学学科建设持续完善，将近一半（44.7%）的高校新闻传播院系开设心理学相关课程，而几乎所有被调研的新闻院系均有开设心理学相关课程的意愿，但面临的问题是师资匮乏。还有不少高校在新闻与传播心理的人才培养上不断探索，中国传媒大学自1995年开始招收新闻心理学方向硕士研究生，并于1998年起改为传播心理学方向，2003年起开始招收传播心理学博士研究生，2016年原中国社会心理学会会长杨宜音研究员被聘为兼职博士生导师，截至目前中国传媒大学已经培养新闻心理学和传播心理学硕士、博士生150余人，毕业生遍布各大新闻院系，成为新闻和传播心理学方面的重要师资力量，其中不少已经成长为院系领导，并且也已经招收和培养了多名硕博研究生。

新闻与传播心理研究不仅在学界获得认可，也因其广泛的应用性而引起业界的高度关注，成为学界与业界交流的典范，1994年首届新闻与传播心理研讨会就是与人民日报社联合主办，此后每届年会均有媒体从业者参会，他们来自报社、杂志社、通讯社、广播电台和电视台，近年来又有网络媒体从业者积极参会，传播心理学年会也成为学界和业界交流的重要平台。此外，各高校传播心理研究机构或团队也承担了大量应用性研究课题，为政府相关部门提供决策参考，其中中国传媒大学传播心理研究所参与中宣部组织的“十三五期间中国社会心理预期研究”得到相关领导的高度肯定，研究所老师还成为中宣部社会心态年度调查专家组成员，研究所与团结报社连续多年合作进行的民主党派宣传效果评估报告也得到统战部领导和各民主党派中央的高度评价。

综上所述，新闻与传播心理研究方兴未艾，所取得的成绩有目共睹，新闻与传播心理研究的蓬勃发展已经成为不争的事实，而且正日益成为新闻传播研究领域的一支重要力量，在学界、业界、政界均获得高度认可。但是随着新闻与传播心理学研究的快速发展，当前的研究呈现出新的特点，也随之出现一些新的问题。

三、新闻与传播心理研究的现状与特点

从文献研究中可以看出，当前新闻与传播心理研究主要呈现下列特点。

（一）研究内容更加丰富，网络和自媒体是热点

从研究主题和内容来看，新闻与传播心理研究更加多元化。在近两年的文献中，从新闻学的角度来看，涉及新闻理论、新闻业务和新闻史等各方面，比如从心理角度研究虚假新闻的防治，研究“标题党”的产生动因及“标题焦虑”，研究新闻采访中心理学技巧的运用等；从传播学的角度来看，既有从传播者和受众角度对电视节目、媒介事件等进行的研究，又有对传播内容比如微信朋友圈、网络剧等进行的研究；就传播渠道而言，既涉及传统的报刊、广播、电视、电影的研究，又涉及网络、自媒体等新兴传播渠道的研究。可以说，在新闻传播研究领域，心理学已经渗透进几乎每一个细分研究领域。

但是在研究多元化的同时也可以看出，新闻心理学正逐步融入传播心理学的研究领域，严

格意义上的紧扣新闻学研究的文献仅占10.3%，而可以纳入传播心理学研究范畴的文献占比为68.3%，这中间除了传统的传播学研究内容外，还涉及网络舆情、网络谣言、情绪传播、健康传播等多个领域，显示出强劲的发展势头。

同时，网络及新媒体领域的心理研究占据绝对优势，近两年文献中约59.5%与网络及新媒体有关，其中微信等社交媒体以及手机、手机端App等成为研究热点，仅有的少数对传统媒体的研究还多是在探讨新媒体环境下传统媒体面临的困境及变革。

（二）研究队伍不断壮大，团队力量不断增强

从论文作者所属机构的分布来看，新闻与传播心理研究一直以来拥有的学界与业界互动的传统仍然存在，近两年的论文作者中有8%是来自媒体一线的从业者，其中有的来自中央人民广播电台、中央电视台这样的国家级媒体，也有的来自古田县广电局、大庆电视台这样的基层媒体单位。

在高校研究者中，从论文作者所属院系来看，既有传统的新闻传播院系，也有新加入的诸如艺术设计、传媒影视等院系。从地域分布来看，研究者既有人来自北、上、广等一线城市，也有人来自中西部地区的高校。从作者自身来看，既有我们熟知的长期以来耕耘在新闻与传播心理研究的学者，更有不时冒出的并不为人所知的新鲜年轻的研究力量。总体而言，研究队伍正在越来越发展壮大。

就作者署名情况来看，平均每篇文章的署名作者数量为1.7，其中两位及以上作者共同署名的文章占比为37.6%，三位及以上作者共同署名的文章占比为16.8%，署名作者数量最多的文章为6人。从中可以看出，新闻与传播心理研究的团队力量正在不断增强。

从文章作者所属机构或单位，并结合历年来传播心理学年会参会者来看，我国当前已经形成了相对稳定的持续关注新闻与传播心理研究的力量，而且一些新闻院系陆续涌现出多位关注新闻与传播心理的研究者，比如东北师范大学、浙江传媒学院、华中科技大学、河北大学、中国传媒大学等，本次年会中厦门大学也是多位研究者提交了数篇论文，显示出团队研究的力量。

此外，还有一些研究者从不同的方面给予新闻与传播心理研究以莫大的支持，比如中国社会心理学会前任会长杨宜音研究员，一直大力支持传播心理专业委员会以及传播心理学科的发展，并且寻找机会为新闻传播领域和心理学研究领域的学者搭建交流平台；北京电影学院的朱青君教授多年来积极参与传播心理学年会；北京师范大学的闫巩固博士持续不断地为我们引介心理学领域有关媒体研究的最新进展；上海交通大学葛岩教授则从认知与生理的角度为我们提供传播心理研究的新视角。

（三）国际化与本土化研究同步发展

首先，我们睁眼看国外的传播心理研究，比如中国传媒大学刘昶教授对欧洲新闻传播心理学研究路径与范围的梳理，西北政法大学柯泽教授对美国传播学研究中的社会心理学传统进行分析，提供了大量极其宝贵的史料事实。

其次，近年来国外学者的研究成果也进入中国，国内先后翻译出版了罗伯特的《传播与认

知科学：媒介心理生理学测量的理论与方法》、哈瑞斯的《媒介心理学》、霍夫兰的《传播与劝说》、普罗宁娜的《媒介心理学：记者思维与新闻文本生成》等。而且近几届传播心理年会也都有境外学者参会，比如已经连续三届参加年会的普罗宁娜教授，总是为我们带来当代俄罗斯的媒介心理研究最新成果。同时，中国年轻一代研究者越来越具有“走出去”的能力，在国际会议、期刊上发表传播心理研究论文，新闻与传播心理研究领域的国际交流也越来越频繁。

再次，由于中国几乎同步于西方的网络和自媒体的实践发展，为中国研究者提供了相比西方而言可能更加前沿的研究课题，特别是在自媒体、网络谣言和网络情绪传播方面，中国研究者表现出极大的热情。

最后，中国独有的新闻传播实践也为本土化研究提供了素材和源泉，比如中国独特的受众群体和网民心态、社会舆情事件的层出不穷、阶层分化和冲突所带来的舆论对抗、媒体融合背景下从业者的心理素质和职业危机、管理部门对社会公众的心态把握和宣传引导，老龄和残障群体传播技术发展中的心理障碍等，不仅成为中国研究者的课题，还吸引着国外研究者的关注，成为中国独有的研究内容。

（四）研究方法更加规范，研究工具更加多样

近两年的文献统计表明，使用规范化并在文中对方法有所说明的论文占比为30.2%，这一比例从纵向对比来说已经远高于以往，从横向对比来说，也高于新闻传播领域的其他研究论文。在明确提及研究方法的论文中，63.2%使用问卷调查，5.3%使用深度访谈，7.9%使用内容分析，15.8%使用实验法，10.5%使用数据挖掘。

在这些研究方法的使用过程中，研究者也更重视规范性，比如在问卷调查中使用抽样技术，在深度访谈使用结构化的提纲并对访谈结果进行内容提取。心理学中最受重视的实验法也在新闻与传播心理研究领域被越来越频繁地使用，比如中国人民大学喻国明教授尝试采用脑电采集等方式进行研究，中国传媒大学传播心理研究所采用眼动方式对社会主义核心价值观街头宣传画进行系列研究等。随着传播心理学研究的不断深入，同时技术成本也在不断降低，越来越多的新闻院系开始或者已经采购心理实验设备如眼动及脑电采集设备等，新闻与传播心理研究更加具备“心理学的样子”。

四、新闻与传播心理的未来

综上所述，新闻与传播心理学业已取得一定的发展成果，但其未来发展前景更令人憧憬。

（一）中央重视指明方向

2016年年初，习近平在新闻舆论工作座谈会上指出，要适应分众化要求，差异化传播趋势，抓住时机、把握节奏、讲究策略，善于运用媒体宣讲政策主张、了解社情民意、发现矛盾问题、引导社会情绪、动员人民群众、推动实际工作。4月，在网络安全和信息化工作会议上，习近平要求各级领导干部要学会通过网络走群众路线，了解群众所思所愿，积极回应网民关切，让网络成为与群众交流沟通的平台。5月，在哲学社会科学工作座谈会上，习近平特别

指出的要加快完善的对哲学社会科学具有支撑作用的学科中，新闻学和心理学同时名列其中，而且习近平还特意提出，要加快发展具有现实意义的新兴学科和交叉学科，使这些学科成为我国哲学社会科学的重要突破点。

（二）实践发展急需理论

新的传播技术的应用改变着人们的心理和行为，传统媒体和新媒体的融合给我们带来全新的思考和改变。一个有影响的社会事件的发生经过新媒体的传播，将会产生难以想象的舆论力量和持续发酵的多方反应，给社会舆情工作和社会管理提出风险和挑战，而这些新课题也亟待回答。传播心理学的视角能够帮助我们触及这些现实问题的本质，传播心理学应更好地发挥作用，深入探索传媒变革中的传授者心理规律，更好地了解和把握社会心态和公众的心理需求，为媒体有针对性地改善传播活动和有效地进行舆论引导提供科学依据。

（三）理论建设空间广阔

在传播学的历史发展中，心理学一直有着重要影响。心理学不仅是奠定传播学的学科渊源之一，而且传播学中有大量的理论来自心理学、社会心理学的启发，心理学在传播学发展中具有重要地位。作为新兴学科和交叉学科的新闻与传播心理学，其发展离不开母体学科心理学、传播学和新闻学的给养，目前心理学和传播学两大母体学科都在快速发展，那么作为其交叉学科的传播心理学更是任重道远。如果说理论的生命力在于创新，那么对于理论创新来说，知识交叉地带更易于创新，新闻与传播心理研究为理论创新提供了一个极具可能的突破口。

传播心理研究者面临着未来学科发展的巨大机遇，但同时也身负重担，使命在肩。能不能静下心来认真研读心理学经典理论，能不能密切关注新闻传播实践的发展变化，能不能紧跟心理学最新发展前沿动态，能不能遵循严格的规范的科学的研究方法，决定了未来我们能不能抓住机遇，在机遇中大显身手。我们对传播心理研究的未来充满期待。

附录四 历届新闻与传播心理研讨会暨中国社会心理学会传播心理专业委员会年会概述*

第一届 1994 年 北京

主办：北京广播学院（今中国传媒大学）

1994 年 5 月 25 日至 27 日，第一届新闻心理学研讨会在北京广播学院召开。参加本次心理学研讨会的代表共 30 人，其中有高级职称者占三分之二。来自新闻学界（25 人）和心理学界（5 人）的领导及专家学者提交论文（含论文提要、论文题目）共 20 篇（个），著作三部。

本次研讨会是在建立社会主义市场经济快速发展、人们的社会心理发生巨大变化的大背景

* 本文由陈锐整理自历年会议综述等公开资料，各届年会涉及的研究者身份均为当年参加会议时的身份。

下召开的。研讨会总结了我国新闻心理学的研究成果，并提出了不少新的研究课题：华中理工大学的申凡、北京社会心理研究所的冯伯麟、云南大学的罗大眉、解放军报社的苏若舟和《人民日报》驻辽宁记者站的段心强等人就新闻活动中的传、受双方心理活动互动规律的研究进行了讨论。王纪言的《电视观众对新闻节目的心理感应》、郭景哲对国外听众心理需求的调查研究、何立婴有关电视节目对青少年社会化的影响、沙莲香对社区信息传播的社会整合作用的分析、陆小华对受众群体心理的阐述都从不同的角度叙述了新闻宣传对受众心理的导向作用。中国社科院新闻研究所陈力丹研究员提出了马克思恩格斯的传播心理观，用历史唯物主义论证认知过程中的感觉、知觉、记忆、思维问题，并对新闻心理学的学科建设提出自己的建议，比如考虑新闻心理学逐步转向大众传播心理学等。

本届研讨会还提出把心理学的研究方法移植到新闻学的研究中，对新闻传播者和新闻受众心理不仅做质的描述而且做出量的规定，要运用心理测量、心理实验、心理统计等方法对新闻活动认识主体的心理活动进行量化的分析，对新闻工作者的心理素质做出科学的界定。中国社会科学院新闻研究所的卜卫在《心理实验在传播研究中的作用》一文中特别强调指出，采用心理实验的方法是认定媒介传播对社会产生或正或负的社会价值的有效手段。因为心理实验可以通过控制某些因素有效地测量和确定传播现象中的一些因果关系以验证和发展传播学理论。中科院心理所的时勘和广播学院播音系的吴郁合作研究《电视主持人职业心理素质评价系统的研究构想》，试图在已有的职业心理测验的基础上研制专门用于主持人职业素质评价的计算机辅助系统。

此次研讨会旨在把各自零散的、局部的研究成果汇集起来，共同寻找新闻学和心理学之间的内在联系，探讨这两门学科相互间的交叉点，从而逐步构筑这门学科的整体框架。与会代表就新闻心理学的理论、研究方法、新闻传者和受众的心理活动规律以及新闻心理学教学等问题进行了热烈的讨论。讨论内容归纳为以下四个方面：对传播心理学（含新闻心理学）理论的研究；对新闻活动中的传、受双方心理活动互动规律的研究；对新闻活动认识主体的研究在方法论上的突破；对新闻心理学教学经验的总结。

此次会议召开时值北京广播学院 40 周年校庆，会议受到当时广电部领导和学校领导的高度重视，在会议提交论文的基础上，北京广播学院出版社于 1996 年出版了《新闻心理学论文集》。

第二届　1996 年　沈阳

主办：北京广播学院、人民日报社辽宁记者站

1996 年 5 月 27 日至 28 日，由北京广播学院和《人民日报》驻辽宁记者站主办的第二届全国新闻心理学研讨会在沈阳召开。北京广播学院、中国社会科学院新闻研究所、北京社会心理研究所、新华社新闻研究所、中国新闻学院、中国人民大学、北京大学、北京师范大学、北京电影学院、武汉华中理工大学、广西大学、安徽大学、暨南大学、云南大学、中央电视台、国际广播电台、《北京青年报》等 16 个单位、25 位研究者参加了研讨会。研讨会共收到论著四部，论文 18 篇，论文摘要三篇（1999 年，刘京林、罗观星将研讨会成果整理成《传播·媒介与心理》一书）。

本届会议主要围绕着新闻心理学和传播心理学、新闻传播者心理和新闻受众心理这四个方面的问题进行讨论。讨论涉及新闻心理学的学科构架及新闻心理学研究的历史、现状及其走向，新闻受众（包括国内外）在接收新闻时的心理活动特点和规律等十几个课题。

通过热烈的讨沦，多数研究者认为，新闻心理学应当以新闻实践为研究的出发点和归宿，但同时新闻心理学又必须能够运用现代心理学的理论去解释回答人们在新闻实践中产生的心理活动的特点和规律，并在此基础上逐步形成独有的理论和专用术语来构建自己的科学体系，使其最终形成一门独立的学科。会上还有学者提出将这门学科称为"新闻传播心理学"的意见，认为这种提法更合理。华中理工大学新闻传播学院申凡教授在会上提及，我国对传播心理学的研究可以分为两个阶段：第一阶段，从 20 世纪 80 年代初到 80 年代末，研究主要以新闻心理研究的形式呈现出来的，研究传者（记者、编辑）心理、受众心理，研究采访、写作、编辑活动中的心理规律；第二阶段从 20 世纪 80 年代末至今，直接以传播心理学的形式展开。

第三届　1999 年　大连

主办：北京广播学院、人民日报社驻辽宁记者站

1999 年 10 月 31 日至 11 月 3 日由北京广播学院和人民日报社驻辽宁记者站联合主办的"第三届全国新闻与传播心理学研讨会"在大连召开，参加会议的有来自心理学、社会学界的教师 21 人，研究所人员 6 人，来自新闻院系的高校教师 46 人，研究所人员 10 人，此外还有来自各个专业媒体的记者、编导。与会者就传播心理学这一新兴学科的历史、现状以及未来发展走势进行了广泛的交流。

在本届研讨会上，研究者们在新闻心理学建立本学科概念体系方面有意识地进行了尝试。华中理工大学新闻学院申凡教授提出由于记者与采访对象之间心理上的不平衡而造成的"心理势差"概念，中国人民大学新闻学院赵啧副教授在他所提交讨论记者思维方式的文章中提出系统思维、逆向思维、求异思维在记者采访活动中的应用，复旦大学新闻学院博士生童清艳提出"新闻预见力"概念。

在第三届全国新闻与传播心理学研讨会中，研究者们对新闻活动中传者与受众心理的研究已不再局限于思辨性质的描述，而是运用心理实验、心理测验、量化统计等方法，对新闻工作者的心理素质和受众的接受心理以及媒体与社会之间信息交流过程中的各个心理环节进行量化分析。

本届研讨会起更名为"新闻与传播心理学研讨会"，而不是单纯的"新闻心理学"研讨会。"传播"二字的加入不仅是名称上的改变，更是整个研究范围和研究趋势的变化。

2001 年 10 月在中国社会心理学会第五届会员代表大会暨 2001 年学术年会上决定设立传播心理专业委员会，专委会秘书处设在当时的北京广播学院，日常工作由北京广播学院传播心理研究所承担。此后，全国新闻与传播心理研讨会与中国社会心理学会传播心理专业委员会的学术年会合并召开。

第四届　2002 年　张家界

主办：北京广播学院新闻传播学院、中国社会心理学会传播心理专业委员会、湖南社会心理学会

第四届全国新闻与传播心理研讨会暨中国社会心理学会新闻与传播心理专业委员会第一届年会于2002年11月1日至4日在湖南省张家界市举行，来自全国16个省、直辖市的43位专家学者出席会议。参会者有北京广播学院、复旦大学、中国人民大学、北京师范大学等21所高等院校（包括新闻学、传播学、心理学和社会学专业）的研究人员；有中国社会科学院新闻与传播研究所、新华社新闻研究所、北京社会心理研究所等科研机构的学者；有中国国际广播电台等新闻媒体的从业人员。

大会收到论文56篇，涉及新闻心理、传播心理、广播电视心理、互联网心理和广告心理等几大方面。其中既有对基本理论的探讨，又有应用方面的研究，既注重抽样调查，也注重实证分析。

本届会议上有关传播心理的研讨比较热烈，提交论文的篇数也最多。前一届研讨会上探讨的主题有80%是围绕新闻心理展开的，传播心理研究仅仅占20%，本届会议正好把这个比例颠倒过来，有关传播心理的研究约占80%，其他约占20%，表明传播学在我国兴起后，传播心理研究也受到关注。

在此次研讨会上，学科建构问题依旧备受关注。华中理工大学新闻传播学院申凡教授认为，我国对传播心理学的研究可以分为两个阶段；湖南师范大学教育科学学院周庆元教授将整个20世纪对于新闻与传播心理研究对象的认知历程归纳为四个阶段；四川省社会科学院林之达研究员发表了对传播心理学建构革新的两种路径；北京广播学院国际传播学院陈卫星教授从帕洛·阿尔托学派的基本原理出发，探讨传播心理的建构过程。

在第四届研讨会上，互联网心理问题引起了学者热烈讨论，在会议提交的论文中有22%与网民心理研究有关。复旦大学新闻学院教授张骏德、刘海贵研究的课题《试论网络传播对传受者的心理影响》，新华社新闻研究所副所长、高级编辑方小翔的《从网络时代受众心理看媒体新闻报道方式的改变》，都讨论了网络使传播者与受众的关系发生变化的问题，关注媒体要如何研究和适应网络时代受众心理的变化。

在本届研讨会上，来自媒体科研单位的学者呼吁，高等院校的新闻与传播心理研究者与媒介实践领域的工作者在未来的发展中应加强沟通、互相借鉴、优势互补，形成联动效应，这一提议得到了与会专家学者的一致赞同。

第五届　2005年　北京

主办：中国传媒大学、中国社会心理学会

承办：中国传媒大学电视与新闻学院、中国社会心理学会传播心理专业委员会

2005年11月4日至5日，第五届全国新闻与传播心理研讨会暨中国社会心理学会新闻与传播心理专业委员会第二届年会在中国传媒大学召开。参加本次会议的研究者共59人，来自37家单位，其中有中国传媒大学、北京大学、清华大学、北京师范大学、武汉大学、华中科技大学等26所高等院校；有中国社会科学院新闻与传播研究所、新华社新闻研究所、四川省社会科学院新闻与传播研究所等科研机构；有人民日报社、中央人民广播电台、中华新闻报社等8家媒介机构。大会提交论文83篇，研究主题涉及新闻与传播心理、广播影视心理、广告心理、网络心理、媒介与社会文化心理以及新闻与传播心理教育等诸多研究领域。

本届研讨会与前一届相比，概括起来有这样几个特点：一是高职称、高学历的参会者增多；二是实证研究增多，研究者在驾驭自己思想的前提下提供数据来支持个人观点的实证意识增强；三是会议研讨的内容增加了新的亮点，与会者更加关注媒介内容对接受者心理的影响以及传播的社会效果和价值所在，关注新闻与传播心理研究对媒介实践的意义，关注新闻与传播心理教学的发展和趋向。

在本届研讨会上，复旦大学张骏德教授把中国新闻与传播心理学研究大体划分为三个阶段；中国传媒大学刘京林教授指出新闻与传播心理研究的发展趋势，一是研究从单一向多元辐射，二是从随意性向规范化迈进，三是从前科学向科学性过渡；四川省社科院林之达在会议上提出应重视和挖掘我国古代传播心理思想；武汉大学钟年教授探讨了传播心理学与开放社会学的关系。

北京大学程曼丽教授及其博士研究生陈小申就引起社会高度关注、给人们日常生活带来很大影响的巨能钙、苏丹红、高露洁等事件，从传播心理学的角度探讨其成因；暨南大学讲师、北京大学博士研究生彭伟步就恐怖主义的传媒心理战进行探讨；河北大学吴庚振教授对“超女现象”进行了受众心理分析；中央人民广播电台记者、清华大学栾轶玫博士分析了平民化传播的心理动因；中国传媒大学余小梅教授就广告传播中的效果问题加以说明，指出应考察广告传播效果的主要心理指标及其整合效果；清华大学刘建明教授研究了媒体对受众的心理治疗问题；中国社科院新闻与传播研究所的研究员刘晓红和孙五三以中国人的成就意识作为具体研究对象，考察了大众媒介在延续中国传统文化中成就意识的作用；江汉大学副教授温华从媒介的图像传播出发探讨了社会的文化心理；中国人民公安大学的李玫瑾教授谈到了传播中社会暗示的影响。

第六届　2008 年　昆明

主办：中国社会心理学会传播心理专业委员会、中国传媒大学、云南财经大学

承办：中国传媒大学电视与新闻学院、云南财经大学传媒学院

主题：媒体多样性与传播心理研究

2008 年 11 月 1 日至 4 日，第六届全国新闻与传播心理研讨会暨中国社会心理学会传播心理专业委员会第三届年会在云南昆明召开。各位代表围绕“媒体多样性与传播心理研究”主题，聚焦传播心理学学科构建及未来传播心理多样化发展态势等问题展开了多元交锋与对话。来自北京大学、北京师范大学、中国人民大学、华东师范大学、武汉大学、中国传媒大学、云南财经大学等多所高等院校的专家学者及新华社新闻研究所、中国国际广播电台等单位的传媒业界精英共 65 位代表参加了会议。

本届研讨会对我国传播心理学理论的探索持续深化：武汉大学钟年教授认为，心理学的主要关注点应该是以人为核心来考察自我、他人、传播乃至文明等关键概念；中国传媒大学陈卫星教授认为，传播行为和心理机制的相互转换成为传播本身得以不断演变的一种动力；中国人民大学周俊则从社会心理学和社会学的视角，对新闻失范这一传播现象进行深度探究，尝试将新闻职业道德纳入失范范畴中进行跨学科的理论创新；中国传媒大学刘京林教授对心理学中“心理效应”一词的内涵进行了界定，并着重探讨了各种心理效应在传播活动中的应用；中国

传媒大学余小梅教授强调大众传播心理效果与和谐社会的关系，认为研究大众传播活动如何达到有效的心理影响是构建和谐社会的重要课题。

2008年北京奥运会的召开和四川汶川地震也成为本届会议的研究热点：河北大学曹茹副教授通过对奥运报道的内容分析和话语分析，构建了奥运报道中使用的互动框架和手段，她认为互动框架作为新闻报道的组织框架，可以尽量避免个体认知图式的偏向；南昌大学王仙凤副教授则以中央电视台体育频道的残奥报道为例，分析受众对残奥报道的满意度，从心理的角度指出由于报道内容符合受众愿望和需求，从而获得较好收视率；中山大学杨萍针对网络媒体对突发危机事件独特的传播优势，指出在突发危机事件中，要把握网民心理，有效引导网络舆论，控制消极心理的不良影响，发挥网络媒体的积极作用；中国传媒大学在读硕士车玥作为汶川地震中心理危机干预的志愿者，以亲身经历分享了人际传播在震后心理干预中的突出作用，阐释了专业人士和非专业人士在震后心理干预中发挥作用的优势和劣势。

媒体多样化背景下传播心理的应用性研究也是本届会议的热点。浙江传媒学院方建移研究员、章洁副教授提出电子媒介引发的"明星效应"使得青少年在追星过程中出现"病理性准社会交往"状态，并在定量调查的基础上，试图解释电子媒介的人物形象对青少年的影响，探索电子媒介对社会交往和社会心理的潜移默化作用；华中科技大学申凡教授以近年来活跃于网络的"粉丝"群体为研究对象，探讨这类数量庞大的网络群体行为背后的心理动因，以及在没有强制约束力的情况下，该群体如何形成决策、开展各种活动；中国传媒大学倪桓对有"第五媒体"之称的手机短信进行了跨文化考察，认为对不同族群手机短信使用主体进行文化心理的研究是进一步探询媒介使用差异内在原因的有效路径，同时分析中国人手机短信人际传播中的打造"自己人"、说话"绕圈子"、维护"面子"等特有的传播现象。

第七届　2010年　上海

主办：中国社会心理学会传播心理专业委员会、中国传媒大学、华东师范大学

承办：华东师范大学传播学院、中国传媒大学电视与新闻学院

主题：融合、发展与传播心理

2010年9月25日至26日，第七届全国新闻与传播心理研讨会暨中国社会心理学会传播心理专业委员会第四届年会在华东师范大学召开。本次会议与会代表60余人，来自中国传媒大学、华东师范大学、北京大学、北京师范大学、华中科技大学、上海交通大学、中国社会科学院、四川省社会科学院等30所大学和科研机构以及《解放日报》报业集团、《21世纪经济报道》、河南教育报刊社等多家媒体。大会提交论文60篇，研究主题涉及传播心理理论研究和传播心理专题研究，其中包括新闻传播心理、网络传播心理、影视与广告心理、传播心理综合类研究等。

在本届研讨会上，中国传媒大学刘京林教授做了《我国传播心理研究的10年回顾及思考》的专题报告，就传播心理学专业人才培养、传播心理研究机构的建立、传播心理研究的成果、传播心理研究的亮点等方面对我国传播心理研究进行了回顾，并提出对传播心理研究的思考；《解放日报》报业集团党委书记、社长尹明华以报业为例探讨了新媒体环境，认为一方面，从传者来看，报业作为一种产业已不再垄断，媒体要靠自己独有的观点取胜，内容为王，另一方

面，读者不再忠诚，收费阅读已成明日黄花；中国社会心理学会秘书长、北京师范大学心理学院刘力教授以内容分析法考察了历届春晚涉及农民工的13个小品所呈现出的农民工媒介形象，分析了主流媒体对农民工的表征及建构策略；上海交通大学媒体与设计学院张国良教授以多项社会调查的数据为基础，探讨了网络民意与真实民意细部存在的差异，指出网络民意必须高度重视，但不能完全替代现实民意。本届研讨会与会学者还研究了上海世博会报道的受众心理，探索了互联网内容分级标准的发展心理学依据，解读了像《唐山大地震》等灾难影片的心理抚慰功能，探讨了相亲类电视节目蹿红原因、体育赞助效果、网络红人的生产与消费心理、微博客使用者的自我表露等主题，表现出研究者对社会的密切关注，具有较强的问题意识。

中国社会心理学会传播心理专业委员会副主任委员、华中科技大学新闻与信息传播学院申凡教授在大会总结报告中指出，本届研讨会的论文有四个特点：一是学科研究的视野进一步拓展，二是社会问题的关注点进一步扩散，三是网络研究进一步升温，四是研究方法进一步受到重视。

第八届　2012年　长春

主办：中国社会心理学会传播心理专业委员会、中国传媒大学、东北师范大学

承办：中国传媒大学电视与新闻学院、东北师范大学传媒科学学院

主题：开放与发展中的传播心理研究

2012年9月22日至23日，第八届新闻与传播心理研讨会暨中国社会心理学会传播心理专业委员会第五届年会在长春召开。本届研讨会其规格和影响都比以往有很大提高，首次邀请了美国、俄罗斯和中国香港的国外、境外学者参会。研讨会共收到论文44篇，53名与会代表分别来自高校、科研机构和媒体等29家单位。研讨会的主题是“开放与发展中的传播心理研究”。研究主题涉及传播心理学的学科思考、新闻传播心理研究、网络传播心理研究、影视和广告心理研究、全媒体与传播心理研究等。

在本届研讨会上，刘京林教授从对传播心理学研究对象再认识的角度探讨如何有意识地框定传播心理学自身的边界，把它与母体学科传播学和心理学区分开来。她指出不仅“应当在理论上不断探究这门学科的独特性，还需要在操作层面上寻找这门学科研究的核心问题”，并且强调传播心理学研究需要深度，尽量减少低水平的重复。中国社会心理学会会长、中国社科院研究员杨宜音从共享现实理论的视角探讨了社会心态形成的心理机制，提出社会心态的建构离不开人际传播和大众传播，并具有本土文化和转型社会的特殊意涵。上海交通大学认知与决策研究中心葛岩教授介绍了社会认知神经科学对社会心理学核心领域态度的研究成果，指出传播心理研究需要运用现代认知神经科学的方法，从生理机制和脑神经科学的角度考察传播效果并指导传播活动。东北师范大学传媒科学学院闫欢副教授和王以宁教授从理论上探讨了复杂性科学对网络传播心理研究的启示，指出复杂性网络的自组织性、涌现特征、小世界与无标度特性等基本理论，及其所采纳的模型分析法、数值计算和计算机模拟等研究方法对网络传播心理研究具有借鉴意义。

香港城市大学媒体与传播系的姚正宇副教授研究了网络化身及虚拟环境中的行为，认为理解虚拟行为的要义是，要想理解真人用户和化身之间的交互关系，就要理解影响人与化身互动

的因素，包括真人用户的特点、物理环境带来的社会影响、系统问题、化身的特点以及虚拟世界带来的社会影响等。俄罗斯莫斯科大学新闻系的叶琳娜·普罗宁娜教授介绍了媒介心理学在俄罗斯的发展情况以及莫斯科大学所做的相关研究，指出媒介心理学有三个相互关联的应用方向：媒介分析、媒介治疗和媒介教育。美国得克萨斯 A&M 大学传播系的斯里维迪亚·拉马苏布拉曼尼安（Srividya Ra-masubramanian）博士介绍了美国传播心理研究的情况，指出其目前关注点集中在媒介暴力、性以及受众态度，尤其是儿童的态度的转变，研究内容除新闻节目外，新的方向包括娱乐节目、新媒体技术、全球化、环境和健康等问题。传播心理学的理论不仅强调了传统研究中媒介的负面影响，同时借鉴了积极心理学的研究成果，探索媒介对受众情绪、情感及道德的影响。

第九届　2014 年　北京

主办：中国社会心理学会传播心理专业委员会、中国传媒大学

承办：中国传媒大学新闻传播学部新闻学院

主题：新闻与传播心理研究的多元视野

2014 年 9 月 13 日至 14 日，第九届新闻与传播心理研讨会暨中国社会心理学会传播心理专业委员会第六届年会在中国传媒大学召开。此次会议共收到学术论文 70 余篇，来自国内外高等院校、研究机构和媒介机构的 80 多位专家学者参会。

与会代表围绕“新闻与传播心理研究的多元视野”这一主题，共同探讨了新闻与传播心理研究的变革与发展，并就在传统媒体和新兴媒体融合的背景下，新闻与传播心理研究如何与媒介发展和传媒实践相适应等议题进行了广泛的讨论，研究会议论文呈现出国际视野、多元视角和多样化的研究方法等特点。

在本届研讨会上，清华大学刘建明教授对当前学界关于新闻与传播心理学研究边界不清导致“学术乌龙”的现状进行了反思。上海交通大学葛岩教授基于社会认知心理学和计算机自然语言处理技术对地区和国家的媒介形象进行分析。浙江传媒学院方建移教授提出对杭州市“垃圾分类”政策实施效果的评估研究和对策建议。贵州民族大学郑傲副教授对新媒体时代人机互动中的自我生产进行了探讨。南京师范大学靖鸣教授基于用户手机使用行为进行了实证研究。而华中科技大学申凡教授探讨了网络传播心理学的建构问题。传播心理专业委员会前主任、中国传媒大学刘京林教授以 2008 年汶川地震央视直播报道为例，探析了新闻采访主体的心理生活空间。新任传播心理专业委员会主任、中国传媒大学袁军教授以 2014 年“4·10 兰州饮用水污染”事件为例，通过实证研究方式，系统性地分析了危机事件新闻报道对受众心理影响的多个层面。中国传媒大学的丁迈教授以“昆明暴恐”事件为例，分析了心理应激影响下突发性公共危机事件的公众舆论流变。传播心理专业委员会副主任委员闫巩固副教授对第 28 届国际应用心理学大会中有关媒体心理学的研究内容进行了归纳和分析，指出在国际应用心理学研究领域，媒体相关的心理研究已经成为热点。俄罗斯莫斯科大学叶琳娜·普罗宁娜教授分析了受众心理融通性现象，认为媒介心理学正好可以观察研究大众传播过程中心理融通存在的形态。

大会开幕式上还举行了中国社会心理学会传播心理专业委员会主任委员换届仪式，中国传媒大学副校长袁军教授就任新一届主任委员，前主任委员中国传媒大学新闻学院刘京林教授就

换届情况进行了说明，并宣读了中国社会心理学会的任命函。

第十届　2016 年　保定

主办：中国社会心理学会传播心理专业委员会、中国传媒大学、河北大学

承办：中国传媒大学新闻传播学部新闻学院、河北大学新闻传播学院

主题：传播心理研究与舆论引导

2016 年 9 月 24 日，第十届全国新闻与传播心理研讨会暨中国社会心理学会传播心理专业委员会第七届年会在河北保定举行。来自国内外高等院校、研究机构和媒体的近百位代表参会，本届研讨会共发布学术论文和研究报告 46 篇。与会学者围绕“传播心理研究与舆论引导”这一主题，就传播心理与舆论研究、传播心理与媒体实践研究、传播心理与社会管理研究等议题进行了充分交流和讨论。

中国社会心理学会传播心理专业委员会主任委员、中国传媒大学副校长袁军教授出席并做主题报告，就新闻与传播心理近两年的研究进行了回顾，总结出学科发展特点，并提出学科未来方向应进一步稳定教学科研队伍、继续增强开放性并加强本土化研究，以及努力服务于中国传媒实践。

在本届研讨会上，莫斯科大学新闻系叶琳娜·普罗宁娜教授报告了大众传媒转型期背景下记者的职业身份认同问题；北京师范大学新闻传播学院喻国明教授基于生态学的复杂性原理与互联网的“关系赋权”范式，研究了如何构建有助于达成社会共识的舆情生态；中国传媒大学新闻传播学部传播研究院雷跃捷教授就网络民粹主义思潮及舆论引导对策发表演讲；河北大学新闻传播学院曹茹教授阐述了网络舆论研究引入心理学的意义与框架；中国传媒大学刘昶教授对欧洲新闻传播心理学研究的路径与范式进行了梳理；北京师范大学心理学院闫巩固博士就第 31 届国际心理学大会对于传媒心理学研究的启示发表看法；西北政法大学新闻传播学院柯泽教授对中国本土传播心理学本体理论建设进行了思考；浙江大学的薛冉冉对俄罗斯媒介心理学研究的源起与发展的脉络进行了梳理；中国传媒大学余小梅教授、陈锐副教授从传播活动内容与形式两个方面分析了当下舆论引导中的心理因素，以及融媒时代媒体的新特性和舆论引导的心理依据及心理策略；浙江传媒学院的方建移通过对海盐“4·21 事件”和余杭“5·10 事件”的实地访谈，研究了居民的风险感知及受众的认知和情感问题；中国传媒大学的刘京林教授和北京信息科技大学的牛新权运用社会心理学理论逐一分析“彭宇案”中不同类别的人的内在因素、行为和环境三者之间的交互关系；宁波大学的王丽以新浪微博平台中的微公益项目为例，从利他对象特点的维度探讨利他行为的影响因素，发现受助者的性别、年龄、身份、境遇会对求助效果产生影响；中国传媒大学的张晓辉教授以《奇葩说》为例，通过受众调查，探索节目创新的社会心理依据以及受众在理解和评价一个新节目时所遵循的规范；上海交通大学的葛岩、秦裕林、林喜芬认为可将高效认知界面设计的理论框架引入社会干预个体行为中；四川师范大学的车玥从舆论场域分化与社会心态背后的微观因素入手，讨论网络舆论参与者其个体舆论立场的选择与其所体验的社会心态之间的关系，进而考察转型期的中国社会发展与变迁。

第十一届　2018 年　贵阳

主办：中国社会心理学会传播心理专业委员会、中国传媒大学、贵州民族大学、北京外国语大学

承办：中国传媒大学新闻传播学部新闻学院、贵州民族大学传媒学院

主题：多元·对话·展望——新时代的新闻与传播心理研究

2018 年 6 月 30 日至 7 月 1 日，第十一届新闻与传播心理研讨会暨中国社会心理学会传播心理专业委员会第八届年会在贵阳召开，来自国内外高等院校、科研机构和媒体的 180 多名专家学者围绕“多元·对话·展望——新时代的新闻与传播心理研究”展开讨论，会议收录论文 70 余篇，分四个分论坛同时进行交流。

中国社会心理学会会长、北京师范大学心理学部教授许燕参会并致辞，在致辞中许燕指出，传播心理专业委员会是中国社会心理学会下属各二级学会中规模最大、组织最规范、成果最突出、表现最活跃的专委会之一。

中国社会心理学会传播心理专业委员会主任委员、北京外国语大学副校长袁军对新闻与传播心理研究两年来的进展和趋势进行了梳理，并对专委会的工作进行了汇报。

清华大学新闻传播学院教授郭镇之探讨了意识形态主体性的传播建构；上海交通大学媒体与传播学院教授葛岩分享了关于内隐认知与隐性传播的新话题；中广索福瑞副总经理丁迈从收视率角度分析了新时代电视剧观众的收视行为；中国社会科学院研究员王俊秀探讨了大数据时代下的监控社会与隐私保护；中国人民大学新闻学院教授栾轶玫对丧文化流行的传播机制与心理动因进行了分析；贵州民族大学教授刘祥平从认知差序的角度分析了第三人效果心理机制的研究模式；中国传媒大学新闻学院余小梅教授、陈锐副教授分享了媒介融合背景下新闻从业者心理素质测评研究的最新成果。

俄罗斯莫斯科大学教授叶琳娜·普罗宁娜分享了当今信息战时代信息与传播的特点；法国雷恩大学教授埃里克·纳夫从情感社会学的角度探讨了新闻业界发生的变化；哥伦比亚大学新闻学院达特研究中心博士凯瑟琳·麦克马洪分享了关于创伤主题的新闻报道对新闻从业者的影响，以及新闻应如何发挥为社会疗伤的功能。

【参考文献】

[1] 李小冬．探究新闻传播心理的轨迹：记北京广播学院“新闻心理学研讨会”［J］．新闻界，1994（4）：14－15.

[2] 张晓辉，余小梅．新闻与传播心理研究现状与未来［J］．现代传播，2002（6）：123－124.

[3] 张骏德，叶昌前．传播心理学的体系构建与发展：第四届全国新闻与传播心理研讨会纪要［J］．新闻记者，2002（12）：62－63.

[4] 张晓辉．新闻与传播心理研究对现实社会与媒介的观照：第五届全国新闻与传播心理研讨会综述［J］．现代传播，2006（1）：130－131.

[5] 倪桓．多元对话：构建和谐传播心理：第六届全国新闻与传播心理研讨会暨中国社会心理学会传播心理专业委员会第三届年会会议综述［J］．现代传播，2008（6）：133－135.

[6] 第六届全国新闻与传播心理研讨会暨中国社会心理学会传播心理专业委员会第三届年会在云南昆明举行［J］．国际新闻界，2008（11）：57.

[7] 张晓辉．媒介融合下的新闻与传播心理研究：第七届全国新闻与传播心理研讨会暨中国社会心理学会传播心理专业委员会第四届年会会议综述［J］．现代传播，2010（11）：136－137．
[8] 张晓辉．开放与发展中的传播心理研究：第八届新闻与传播心理研讨会暨中国社会心理学会传播心理专业委员会第五届年会会议综述［J］．现代传播，2012，34（12）：129－130．
[9] 田欣怡，张晓辉．第九届新闻与传播心理研讨会在京召开［J］．中国广播电视学刊，2014（10）：12．
[10] 陈锐．新闻与传播心理研究的多元视野：第九届新闻与传播心理研讨会暨中国社会心理学会传播心理专业委员会第六届年会会议综述［J］．现代传播，2014，36（12）：140－141．
[11] 刘京林．新闻心理学论文集［M］．北京：北京广播学院出版社，1996．
[12] 刘京林．发展・融合与传播心理［M］．北京：中国广播电视出版社，2011．
[13] 刘京林．新闻心理学概论［M］．5版．北京：中国传媒大学出版社，2014．
[14] 新闻与传播心理研究动态（第1期到第60期）．中国社会心理学会传播心理专业委员会内部资料．

后　记

要写后记的时候，终于感觉心里有一块大石头落了地。诚如前言所说，本书确实是命途多舛。当然，主要责任在于我们编著团队的“慵懒”，而且心理学理论总是可以给我们提供无数冠冕堂皇的拖延借口。不过拖得越久，其实压力越大，而今终于放下这块石头，却也并不感觉轻松，因为我们知道，这仅仅是个开始。

媒体融合发展突飞猛进，新媒体新技术平台层出不穷，新闻传播学面临着巨大变革，媒体从业者从理论储备到技能操作都面临着全新的挑战。作为研究者，特别是作为新闻传播学这一学科的教师，我们能为学生以及现在和未来的传媒从业者们做些什么呢？本书的编著正是基于这样的考虑。我们希望能够帮助从业者从“人”的角度去考虑技术的变革，去考虑媒介及传媒内容对社会、对公众的影响，去考虑“自我”的职业角色和应承担的社会责任，去考虑如何平衡自己的内心世界与外部的沧海桑田。或许由于能力有限，本书尚不能达此目的，但我们初心如此。

在书稿完成之际，我们首先要感谢中国人民大学出版社的策划编辑翟江虹女士，她充满耐心地在五年的时间里与我们持续沟通书稿进展情况，并提出了诸多宝贵的意见；感谢中国人民大学出版社的编辑赵建荣和胡颖，为书稿的完善付出了巨大的努力。

还要感谢中国传媒大学历任校领导和新闻学院的领导，他们一直对新闻与传播心理学这一学科高度重视，从人力、财力、物力等各方面给予支持，使得传播心理研究所师生的教学科研工作能够顺利进行。感谢中国社会心理学会历任领导的支持，感谢中国社会心理学会传播心理专业委员会的各位委员，以及历次参加新闻与传播心理研讨会的朋友们，你们的研究成果让新闻与传播心理学这个新兴学科充满活力。

更要感谢我们所在团队（中国传媒大学新闻学院传播心理研究所）的每位成员。尤其是所长刘京林教授。刘老师作为国内新闻与传播心理学科的先行者，一直为学科的建设和发展殚精竭虑，她对学术研究的孜孜不倦和勤奋钻研也一直是我们学习的榜样。本书也是在刘老师的不断鞭策下完成的。感谢研究所张晓辉教授为本书章节体例和内容的确定提供了十分宝贵的意见。感谢我们研究所和谐的工作氛围，为我们持续探索传播心理学的理论与实践提供了良好的平台，大家能在教学与研究中愉快地分工与合作，充分地讨论与交流，使得我们的编著过程成为享受学习之旅。感谢历届硕士研究生、博士研究生同学，所谓教学相长在你们身上有着最好的证明，每次课堂讨论、课后作业甚至是课外生活中日常交流所激起的思维火花，都成为本书的灵感源泉。特别要感谢硕士研究生李宁、洪欣宜、穆一婧、谢琳、林鹭茜、田欣怡、顾嘉铭、张晓婧等，他们在本书搜集材料和校订文字方面做了很多工作。

本书各章节的分工如下：余小梅负责统合本书框架结构与第一章、第八章的写作；倪桓负责第二章、第四章、第五章、第六章的写作；陈锐负责第三章、第七章、第九章、第十章、第十一章、第十二章、第十三章、第十四章、第十五章、第十六章的写作并完成全书各章节的体例和格式调整。

本书的成稿得益于上述各位朋友的共同努力。对于书稿中存在的不足，恳请各位读者与同人提出宝贵意见，我们将在以后的版本中加以完善。

编著者

2019 年 7 月

图书在版编目（CIP）数据

传播心理学 / 陈锐，倪桓，余小梅编著 . —北京：中国人民大学出版社，2020.1
新编 21 世纪新闻传播学系列教材
ISBN 978-7-300-27601-4

Ⅰ.①传… Ⅱ.①陈… ②倪… ③余… Ⅲ.①传播学-应用心理学-高等学校-教材 Ⅳ.①G206

中国版本图书馆 CIP 数据核字（2019）第 237033 号

首批国家级一流本科课程　配套教材
新编 21 世纪新闻传播学系列教材
传播心理学
陈锐　倪桓　余小梅　编著
Chuanbo Xinlixue

出版发行	中国人民大学出版社		
社　　址	北京中关村大街 31 号	**邮政编码**	100080
电　　话	010－62511242（总编室）		010－62511770（质管部）
	010－82501766（邮购部）		010－62514148（门市部）
	010－62515195（发行公司）		010－62515275（盗版举报）
网　　址	http://www.crup.com.cn		
经　　销	新华书店		
印　　刷	北京七色印务有限公司		
开　　本	787 mm×1092 mm　1/16	**版　　次**	2020 年 1 月第 1 版
印　　张	21	**印　　次**	2025 年 7 月第 11 次印刷
字　　数	495 000	**定　　价**	49.80 元

关联课程教材推荐

书号	书名	第一作者	定价（元）	出书时间
978-7-300-19940-5	媒介心理学：记者思维模式与新闻文本生成	［俄］叶琳娜·普罗宁娜	49.80	2016-01-01
978-7-300-16897-5	社会心理学：挑战你的成见	［美］金伯莉·J. 达夫（Kimberley J. Duff）	68.00	2013-01-25
978-7-300-31972-8	网络传播概论（第5版）	彭兰	69.80	2023-09-01
978-7-300-31434-1	网络舆情概论（第2版）	周蔚华　徐发波	49.80	2023-03-15

配套教学资源支持

尊敬的老师：

衷心感谢您选择使用人大版教材！

相关的配套教学资源，请到人大出版社网站（www.crup.com.cn）下载，或是随时与我们联系，我们将向您免费提供。

欢迎您随时反馈教材使用过程中的疑问、修订建议并提供您个人制作的课件。您的课件一经采用，我们将署名并付费。让我们与教材共成长！

联系人信息：

地址：北京海淀区中关村大街31号206室　龚洪训 收　　邮编：100080

电子邮件：gonghx@crup.com.cn　　电话：010－62515637　　QQ：6130616

如有相关教材的选题计划，也欢迎您与我们联系，我们将竭诚为您服务！

选题联系人：	电子邮件：	电话：
翟江虹	zhaijh@crup.com.cn	010－62515636
周　莹	383902102@qq.com.cn	010－62511612

俯仰天地　心系人文

人大社网站　www.crup.com.cn

专业教师QQ群：723715191（全国新闻教师群）

欢迎您登录人大社网站浏览，了解图书信息，共享教学资源

期待您加入专业教师QQ群，开展学术讨论，交流教学心得

群名称:全国新闻教师2群

群　号:723715191